U0925657

旅游危机管理研究

谷慧敏　著

南开大学出版社
天　津

图书在版编目(CIP)数据

旅游危机管理研究 / 谷慧敏著. —天津：南开大学出版社,2007.5（2009.1重印）

ISBN 978-7-310-02705-7

Ⅰ.旅...　Ⅱ.谷...　Ⅲ.旅游经济—风险管理—研究　Ⅳ.F590

中国版本图书馆CIP数据核字(2007)第054348号

南开大学出版社出版发行

出版人:肖占鹏

地址:天津市南开区卫津路94号　邮政编码:300071

营销部电话:(022)23508339　23500755

营销部传真:(022)23508542　邮购部电话:(022)23502200

*

河北昌黎太阳红彩色印刷有限责任公司印刷

全国各地新华书店经销

*

2007年5月第1版　2009年1月第2次印刷

880×1230毫米　32开本　13印张　2插页　370千字

定价:28.00元

如遇图书印装质量问题,请与本社营销部联系调换,电话:(022)23507125

序

旅游业作为全球经济持续发展的一种主要力量已经得到广泛认可。对于被访问的目的地而言，这种作用时好时坏。中国的旅游业规模快速扩张，在过去的四分之一世纪里中国成为全球旅游业舞台上的主要角色，根据世界旅游组织预测，到 2020 年中国将成为最大的旅游目的地和最大的出境客源国之一。与此同时，中国的国内旅游也增长迅猛。国际国内显著的增长规模和速度促使全球人们对中国旅游业更为关注。

全球旅游业增长一直处在震荡的世界之中，始终伴随着各种自然灾害如地震、海啸、火山爆发，以及人为灾害如战争、恐怖主义。给人类和动物带来威胁的公共卫生突发事件如 SARS、禽流感、口蹄疫等，时常干扰旅游业的发展进程。这些不可控因素尽管存在于旅游业之外，但需要人们对此作出回应，且通常必须是即时的回应。从长远来看，旅游业能够从这些冲击中得到反弹，但短期影响却往往是灾难性的。因此，在旅游业面临的不断增长的动荡环境中，外部灾难不应该被认为是偶发事件，必须将其作为预料之中的因素并做好充分应对准备。

在短短的几十年中，中国从一个微不足道的角色成长为全球旅游业的主要力量，这是一个惊人的成就。毋庸置疑，中国的旅游业历史可以以 20 世纪 90 年代为界划分为前后两个阶段，此外，2003 年的 SARS 也造成中国旅游业的下降。但是，在不到十年的时间内 2008 年北京奥运会和 2010 年上海世博会将使中国登上世界旅游业的巅峰。

本书写作基于对这一观点深信不疑：波动和危机是旅游运营的常态环境，谨慎的从业者必须制定预案以应对那些预料之中但无法预测的极端环境。本书作者将自然和人为危机同样作为这些旅游业控制之外但必须应对的事件。作者的结论建立在大量国内外文献和案例研究，尤其是对 SARS 的案例研究的基础上，其分析涉及国际和国内旅游、需求与供给、政策和营销等方面。

旅游业，尤其是国际旅游业作为众多地区的经济基础已经成为一种全球现象，一个地区所发生的事件对于遥远的目的地会产生巨大的影响，在原因和结果之间通常存在空间的不连续。基于此，本书适合于对于全球变化、全球旅游波动、中国在国际旅游中的角色变化以及各种难以预料的事件对旅游产生的影响等充满兴趣的人们。同时，本书还适合那些在敌对环境中的旅游经营者、突发性危机预案制定和实施者，更广义地说即适合那些在不利环境中寻求最佳结果的人们。

杰夫·沃博士

加拿大滑铁卢大学环境学院教授

2006年10月25日

Preface

It is widely recognized that tourism is a major force in the global economy with substantial implications, for both good and ill, for the places that are visited. As tourism has expanded, China has risen to become an increasingly important player in international tourism over the past quarter of a century or so and it is expected that it will be the most visited country and one of the largest generators of international tourism by the year 2020. At the same time, Chinese domestic tourism has also grown enormously. The sheer size and rate of change in both global and Chinese tourism make them worthy of attention to both domestic and international audiences.

This global growth in tourism has occurred in an increasingly volatile world as natural events such as earthquakes, tsunamis and volcanic eruptions, and human-made circumstances such as wars, threats of wars and terrorism have dislocated tourism patterns. Medical emergencies in both humans, such as SARS, and animals, such as bird flu and foot and mouth disease, have also disrupted tourism flows. These are all circumstances that are outside of the control of the tourism industry but to which it is forced to respond, often at short notice. Although in the long term, tourism has often proven to be resilient to such shocks, the immediate consequences are often devastating. Thus, in the increasingly turbulent environment in which tourism occurs, external perturbations should no longer be considered as unusual events but are circumstances that are to be expected and prepared for.

In the case of China, the country has grown from being a minor to a major player in international tourism in a few decades — a remarkable achievement! Nevertheless, its recent tourism history is often divided into pre- and post-1990s' phases. Furthermore, SARS essentially eliminated tourism in China for a period of time in 2003 but, in less than a decade, the Beijing Olympics and the Shanghai World Fair will place China at the apex of the international tourism world.

This book is written in the belief that volatility and crisis are now a normal part of the tourism operating environment and that the prudent operator will have plans in place to respond to the extreme circumstances that are to be expected but that cannot be predicted. The author sees both natural and human-made crises as part of the same set of unexpected events that are outside of the control of the tourism industry but to which it must respond. She draws upon the international literature and case studies from throughout the world but places primary emphasis on the Chinese experience with SARS, examining this situation from international and domestic, demand and supply, and policy and marketing perspectives.

Tourism, particularly international tourism, is a global phenomenon that is now fundamental to the economies of many places and the events that occur in one location can have implications for distant destinations. There are often spatial discontinuities between cause and effects. As such, this book will be of interest to all those interested in the forces of global change, the fluctuating fortunes of global tourism, China's changing role in the international tourism economy and the impacts of various unexpected events on the tourism industry. It is also important reading for those charged with managing tourism enterprises in a hostile environment, for making crisis management plans and implementing them and, more generally, for those seeking to make the best of bad situations.

Dr. Geoffrey Wall
Professor of Geography
Faculty of Environmental Studies
University of Waterloo
Waterloo, Ontario N2L 3G1, Canada

25 October, 2006

前　言

危机是一种常态，而危机带来的后果则往往取决于人们的态度。邱吉尔说："乐观主义者总是能在每个危险中看到机遇，而悲观主义者却在每个机遇中看到危险。"

历史告诉我们，灾难和危机通常都是难以预见的，对于旅游业来讲危机往往是突然而至，难以处理。在"9·11"恐怖袭击发生前的 10 年中，世界经历的旅游灾难包括那些影响大的如发生在英国的口蹄疫、台湾地区和日本的地震、海湾战争、亚洲金融危机，还有无数相对影响较小的灾难和危机。世界旅游组织秘书处弗朗加利指出："旅游业的积极发展正日益面临着负面事件的威胁。近年来所发生的负面事件对旅游业所造成的经济后果是其他经济领域前所未有的。'9·11'事件不仅给国际旅游业带来了继第二次世界大战之后最严重的冲击，而且也显示出引发整个世界经济衰退的迹象。"2003 年的伊拉克战争、SARS 事件和持续低迷的经济，2004 年底发生在印度洋国家的海啸给受灾地区乃至世界的旅游业带来又一次冲击，这些都进一步强化了建立一个精心规划的危机应对机制的必要性。

印度洋海啸使世界旅游业经历了又一次打击，但弗朗加利认为："这并不是全面萎缩。下降仅仅出现在一定范围内。对旅游和休闲不可或缺的需求是后工业社会消费者的特征，这一点保证了旅游业在恶劣环境中的恢复和反弹。——如果我们能避免可能出现的危机，如果我们没有让恐惧——有时是非理性的恐惧——淹没一切，如果政府采取必要的安全措施，特别是在航空运输方面，那么旅行的愿望就不会被熄灭，我们可以相信旅游业将继续向前发展。——我们刚刚度过的困难至少有一个积极的后果。当旅游业正常发展时，大家觉得它的发展趋势是自然而然的；只有在艰难的时日，人们才认识到，旅游业在经济增长、对外交往和就业方面发挥着重要作用。"

Cassedy 认为，尽管旅游本身容易受到灾难的巨大影响，但很少有相关旅游组织从目的地和企业层面制定完善的灾难战略计划并将其作为整体计划的有机组成部分。2001年发生在美国的“9·11”恐怖袭击事件将旅游业面临突发事件时的脆弱性以一种极端戏剧化的方式表现了出来。这种巨大危机相对而言很少发生，但一旦发生，将给旅游业带来严重冲击。不幸的是，它们随后又被忘掉，人们仍然忽视建立一个应对这种突发事件机制的必要性。很多国家包括中国在内尚未为旅游业建立起全面、系统和高效的危机应对机制，而对由其他类型的灾难造成了基础设施和财产的损害，国际社会和各国政府的应对就是截然相反的了。Drabek通过对美国的研究发现，尽管旅游高层管理人员做了较高程度的准备并制定非正式的战略和文件，但往往仅针对某一种灾难；同时，员工的高流动率可能导致的员工培训高频率和对灾难影响的认识误区，对计划的反应尚未引起足够的重视；相对而言，具有专业化管理的大型企业往往比小型企业对灾难的准备更为充分。

与过去一样，在将来，新的、不可预期的灾难仍然会冲击旅游业。如果没有建立一个正式的和适合的旅游危机管理机制，旅游业仍将遭受不必要的破坏；如果没有任何组织——无论是公共的还是私人的组织，将共同的危机管理知识和经验整合在一起，将其很好地保留下来并不断与时俱进，那么我们从灾难中学到的非常有价值的内容，很快就会被人遗忘，历史的悲剧将被反复重演。

因此，本书的目的在于为面临灾难威胁的旅游业梳理前人的经验与知识，并在此基础上进行完善和创新。

就在本书即将交付出版社之际，我国《公共突发性危机应急预案》正式发布，这一举措标志着我国已经将应对危机工作提升到国家层面。这为我国今后应对危机提供了政策、法律、制度和基础保障。但这一目标的实现还有赖于社会的共识和努力。希望本书能为旅游产业的健康发展提供有益的帮助。

谷慧敏

2007年1月于清华园

目　录

图表目录

表

图

第 1 章　绪 论

1.1　问题的提出及研究意义

1.1.1　研究背景

从 20 世纪 90 年代开始，旅游业就已经超过汽车、钢铁、电子等产业大户，发展成为世界上最大的产业。2003 年，世界旅游收入达 4 200 亿美元，占世界各国国内生产总值的 10.4%；旅游就业人数 2 千万，占总就业人数的 8.1%[①]。然而，近几年来一系列大型的危机对世界上的一些经济活动产生了前所未有的负面影响。作为对危机更为敏感的产业，国际恐怖主义、战争、自然灾害等危机对世界旅游业产生了深刻的影响。"二战"以来，旅游业以年平均增长率 5%的速度增长，只是在 1982 年增长率为 −0.4%（主要是因为英阿马岛战争、波兰的军事冲突以及以色列与黎巴嫩之间的纷争）。甚至在 1992 年发生海湾战争的情况下，旅游业仍增长了 1.2%。美国"9·11"恐怖袭击使得旅游产业出现了长时间的倒退趋势。由于恐怖袭击以及其他一些负面因素的影响，2002 年国际旅游业的

---

① www.wttc.org.2004 年 7 月.

增长率为－0.6%[①]。2003 年世界旅游业度过了特别艰难的一年，这一年中三个不利影响因素集中出现：伊拉克战争、SARS 事件和持续低迷的经济。世界旅游组织秘书长弗朗加利称："旅游业遭受严重影响，其他行业从来没有陷入这样的困境。"2003 年国际旅游接待人数下降 1.2%。2004 年国际旅游业在经历三年零增长后出现反弹，比 2003 年提高 10%，达到 7.6 亿人次[②]。然而发生在 2004 年 12 月 26 日的印度洋海啸使该地区国家旅游业再一次受到冲击。人们的目光又聚焦到突发性危机对旅游业的冲击及旅游业如何激活和恢复上。

旅游已经成为我国小康社会的重要标志。我国旅游业自从 1978 年起步以来，经过二十多年的快速发展，产业规模进一步扩大，产业结构进一步完善，产业地位、产出水平和国际地位进一步提高。到 2003 年年末，全国共有各类旅游企业 29.38 万个，比上年增长 8.5%。旅游业直接从业人员 612.63 万人，比上年增长 6.0%；旅游业拥有固定资产 8 238.20亿元。入境旅游人数在世界排名为第 5 位，旅游外汇收入位居世界第 6 位。SARS 后，经过政府及企业的努力，我国旅游业迅速恢复，2004 年入境旅游人数达到 10 903.82 万人次，首次突破 1 亿大关，比 2003 年增长 18.96%，比 2002 年增长 25.99%。其中，外国人 1 693.25 万人次，与 2003 年和 2002 年相比增幅分别为 48.49%和 25.99%。国际旅游外汇收入达到 257.39 亿美元，比 2003 年增长 47.87%，比 2002 年增长 26.26%。2004 年国内旅游人数达到 11.02 亿人次，与 2003 年和 2002 年相比增幅分别为 26.61%和 25.46%；国内旅游收入达到 4 177亿元人民币，分别增长 36.86%和 21.47%；旅游业总收入达到 6 840亿元人民币，分别增长 40.11%和 22.89%。2004 年全年，中国公民出境人数达 2 885.28 万人次，与 2003 年和 2002 年相比分别增长

---

① WTO. *Tourism after 11 September 2001: Analysis, remedial actions and prospects*. Madrid: World Tourism Organization, 2002; WTO, Statement by Francesco Frangialli, Secretary-General of the World Tourism Organization, at the third meeting of the Tourism Recovery Committee (London, U.K., 12 November 2002. www.world-tourism.org).

② WTO. Press release, www.world-tourism.org. 2005 年 1 月 13 日.

42.68%和73.80%[①]。

2003年的SARS及其他危机对我国社会经济产生了深刻的影响，尤其是旅游业经受了巨大考验。这一事件导致2003年旅游产业自1978年以来的第二次全面下降(第一次为1989年的政治风波)。主导中国市场的主要旅行社如中国国际旅行社、中国旅行社、中国青年旅行社面临巨大经营压力。饭店业由于国内旅游市场的主导作用，市场的可替代性较之旅行社业弱，在经营上影响略小，但受危机负面冲击，在危机爆发时仍然出现突发性下降。与此同时，SARS危机对我国的冲击使我国多年塑造的安全旅游目的地形象在国际市场上受到一定打击。

国际国内经验显示，旅游业始终处于不确定形势下，如何面对难以预料的各种突发性危机，并从危机灾难中学习如何应对，是旅游业亟待研究和解决的问题。

1.1.2 学术价值

1. 从产业角度研究危机冲击及激活市场机制，有助于经济学的深化

由于社会和技术的发展，今天的社会面临着更多的冲突和危机。不确定性使危机成为目前理论界及实践行业关注的热点，危机管理理论也成为当代政治及经济学最前沿的研究领域之一。从经济学角度看，不确定性已经极大地改变了经济学家看待世界的方法，成为推动经济学不断发展的一个十分活跃的增长点[②]。对由危机导致的经济不确定性也是不确定性研究中十分重要的方面。研究危机带来的冲击及在不确定性条件下激活市场、使风险最小化决策是一个新的研究领域，因此本书在选题上具有理论前沿性。

2. 现有研究成果的不足为本选题提供了进一步深化研究的空间

如何应对危机的负面影响，国际学术界兴起危机管理研究热潮，但大多是从政府公共管理和企业微观管理层面进行研究。从目前已有研究成果看，国内外学者对危机管理的研究领域主要涉及两个方面：一是

---

① 国家旅游局. 中国旅游统计公报. 中国旅游报，2005－1－24(1).

② 黄淳，李彬. 不确定性经济学研究. 经济学动态，2004(1)：63～68.

从广义范畴上来研究危机管理理论，二是从特定角度研究危机管理，例如企业危机管理、国际关系危机管理、营销危机管理和公共关系危机管理等。主要涉及危机的定义、特征、分类和应对策略以及危机管理的阶段、内容等，对于危机对经济与特定产业的影响研究则倾向于一般描述性解释和预测性判断，从理论上深入探讨如何预测与评估危机冲击风险、建立产业安全应急及激活市场机制方面的研究还十分缺乏，尤其是通过实证分析的研究很少。在旅游危机研究领域，无论是理论体系的构建，还是实践案例的深度分析，具有现实指导意义的系统性、创新性研究都还很缺乏。SARS 危机后，产业界和学术界对 SARS 在世界及中国旅游业所产生的影响十分关注，对该议题的研究成为 2003 年以来的研究热点，但相应成果多限于一般性描述，采用规范学术研究方法的成果还十分有限。本领域已有研究成果的相对不足，决定了本书具有较大的研究空间。本书以旅游产业为例，立足突发性危机冲击及激活市场和产业恢复，它有助于将危机管理从政治和企业层面扩展到产业层面，深化产业经济学的研究。

1.1.3 实践价值

1. 旅游产业特殊性决定其研究价值

(1)在各种产业中，旅游产业对危机具有更高的敏感性。由于旅游产业的综合性和高度关联性而导致的对外部环境震荡——战争、恐怖活动、交通中断、社会动荡和环境事故等危机事件的敏感性，相比之下决定了它对产业安全的依赖度更高。因而，研究突发性危机的成因、对旅游业的影响及产业激活机制，具有重要的理论价值。

(2)旅游产业地位的进一步提升决定了对旅游危机研究的现实性。如前所述，旅游业已经成为经济和社会生活的重要组成部分，在创造价值、增加外汇、提供就业机会、改善投资环境、消除贫困、扩大交往、构建和谐社会等方面作用更加显著。作为由“精英旅游”向“大众旅游”模式转型的副产品，危机对旅游业进而对整个社会的冲击强度也大大提高，尤其是那些将旅游作为支柱产业的海岛经济地区和不发达地区。由于旅游在社会生活中的意义和旅游业对经济的作用，旅游业的灾后振兴也显得越发重要。因此，必须对旅游危机予以高度重视。

(3)自然和社会的不确定性使旅游业的经营环境面临更多风险。影响旅游产业的不确定因素，尤其是危机对于旅游业的冲击也越来越明显。旅游活动的全球性和旅游者表现外显性特征，使旅游者越来越多地成为国际恐怖主义组织及其他组织达到政治目的的对象；自然环境的恶化及边远地区的旅游开发也使旅游目的地面临更大的环境风险。

(4)随着全球化程度的加深以及旅游者空间的移动频率及范围的增大，旅游本身可能导致的危机及其他危机对旅游的影响都大大增加。由于其分散性和国际性，旅游业面对危机受到的冲击更为直接，影响程度也更为严重。

2. 我国现有旅游危机管理体系的不健全催生高质量的研究成果

(1)我国亟待建立完善的危机应急机制

SARS 发生后，如何应对危机冲击及如何应对危机受到我国政府和社会的高度重视。建立健全应对自然灾害、事故灾难、公共卫生和社会安全等方面的社会预警体系，形成统一指挥、功能齐全、反应灵敏、运转高效的应急机制，提高保障公共安全和处置突发事件的能力，成为政府全面履行职能，特别是加强社会管理和公共服务职能的一项重要工作，也是构建和谐社会的一项重要任务。国务院总理温家宝于 2005 年 1 月 26 日主持召开国务院常务会议，听取国家突发公共事件应急预案编制工作汇报，审议并原则通过了《国家突发公共事件总体应急预案》①。根据党中央、国务院的部署，各地区、各部门围绕编制突发公共事件应急预案，建立健全突发公共事件的应急机制、体制和法制，做了大量工作。经过一年多时间的努力，国家突发公共事件总体应急预案、105 个专项和部门预案以及绝大部分省级应急预案编制基本完成，全国应急预案框架休系初步建立。2006 年 1 月 8 日《国家突发公共事件总体应急预案》正式发布。然而它还仅仅停留在原则框架阶段，尤其是现有预案主要集中在政府公共管理层面，研究危机的预防和应急，对于危机发生时如何测量危机冲击度、如何激活市场以实现产业振兴仍未涉及。

① www.sina.com.cn. 2005 年 1 月 26 日.

(2)我国需要建立与国内外危机管理体系协同的旅游危机管理体系

在现实中,旅游产业尽管始终受到危机事件影响,世界旅游组织、亚太旅游业协会及澳大利亚、美国等一些国家建立了政府或企业层面的旅游预警和恢复机制,并提出了相应的行动指南,但我国旅游业还未建立与之相适应的国家旅游应对机制。由于旅游活动的综合性,冲击旅游业的危机仅靠旅游业本身很难应对,旅游业的应对机制不可能单独存在,必须纳入国家整体框架中。尽管我国旅游业从 SARS 危机中得以迅速恢复,但这并不意味着对危机可以听之任之,或者只是开展事后的补救。事实上,2004 年底发生的印度洋海啸灾难恰恰警示我们,分析评估危机对产业的损害程度,建立危机应对机制,尤其是如何在危机后激活市场,恢复产业景气,从而保证旅游产业安全及可持续发展,必须成为国家旅游产业政策的重要组成部分。在这种背景下,从国家产业及企业层面研究危机管理,建立相应的危机管理机制,对于我国旅游业的健康和可持续发展具有特别重要的现实意义。

笔者选择突发性危机对旅游业冲击及激活市场作为本书的研究对象,是因为笔者相信这一研究对推动我国旅游产业危机管理理论的突破及建立危机管理体系能够提供一些有益的启示。总之,本书选题不仅在理论上具有一定的前沿性和研究价值,而且对探讨我国旅游产业的恢复及旅游产业危机管理体系建设等问题也具有重要的现实意义。

1.2 论题界定、研究目标、研究内容

1.2.1 论题界定

本书的论题为旅游危机管理,重点探讨突发性危机对旅游业的冲击与激活市场机制。

关于旅游危机的定义很多,世界旅游组织对旅游危机的定义为:

“影响旅行者对一个目的地的信心并扰乱继续正常经营的非预期性事件。这类事件可能以无限多样的形式在许多年中不断发生。”①也有学者提出,“旅游危机是指影响旅游者信心、妨碍旅游业正常运转的各种不曾预见的事件。其中包括那些对目的地形象的影响远甚于对基础设施的影响的诸如洪水、飓风、火灾或者火山爆发等事件,也包括将对目的地的旅游吸引力产生影响的国内动荡、意外事故、犯罪、疾病等事件,甚至也包括诸如汇率的剧烈波动等经济因素”。②

本书中的定义主要采用世界旅游组织的表述,重点研究外在的、突发性的且对旅游业产生巨大冲击的自然和人为的公共危机事件。

冲击指由于危机作用而给对象物(旅游客源地、旅游通道和旅游目的地)造成的有形和无形的积极或/和消极影响(重点在于消极影响)。

旅游危机管理在于对旅游危机全过程进行的预防、准备、应急、恢复等环节。

激活市场指在旅游市场受到危机冲击而导致旅游者信心丧失,产业崩溃、停顿、萧条或萎缩情况下各种组织进行的主动性(积极)或/和被动性(消极)反应(重点在于主动性反应)。

1.2.2 研究目标

本研究希望达到两个目的:

(1)分析突发性危机对旅游业的冲击机制及表现,揭示旅游危机对旅游业的负面影响;

(2)探究旅游业危机管理和激活市场的机制,为我国应对未来可能的突发性危机提供理论框架及实践指南。

本书将要解决的核心问题是突发性危机冲击度衡量与危机管理的框架、内在要素及具体实现途径。

---

① WTO. Crisis Guidelines for the tourism Industry. www.world-tourism.org. Accessed on July 7,2003.

② Stafferd, G., Yu, L. and Kobina Armoo, A. Crisis management and recovery: How Washington, D. C. hotels responded to terrorism. *The Cornell Hotel and Restaurant Administration Quarterly*, 2002,43:27~40.

1.2.3 研究内容

在许多情况下,突发性危机对旅游业的短期影响是直接而严重的,而长期影响则具有差异性,因此从理论上研究危机冲击机制及测量尺度是本研究的重点之一。同时,突发性危机由于其外在性和突发性,冲击后果往往难以避免,如何通过建立合理机制以激活受损的旅游业,使灾难影响最小化,乃至化危机为机会便成为本研究的核心。具体研究内容包括:

1.旅游业特征和旅游危机理论

其中包括旅游的性质,旅游业特征,旅游危机的界定、分类等。此部分在一般危机管理理论基础上,探讨旅游业的特殊性、旅游危机类型及对旅游业的影响机制。

2.危机的突发性及对旅游业的冲击

这部分是本书的创新部分,研究旅游危机对旅游者、旅游企业和旅游目的地产生的冲击。希望建立旅游危机度评估的框架和数学模型,从逻辑上揭示旅游业对突发性危机冲击的敏感程度。

3.旅游危机管理研究

这是本书的主要理论创新部分,将依据危机管理的理论,试图建立危机条件下的管理及激活旅游市场的理论体系。在危机生命周期理论基础上,提出了不同危机阶段应该采取的战略及对策。包括:危机的5阶段及5R框架,即危机酝酿期的弱化战略(Reduction)、危机潜伏期的准备战略(Readiness)、危机爆发期的应急战略(Response)、危机消退期的恢复战略(Recovery)和危机学习期的解决与振兴战略(Resolution & Rejuvenate)。同时,本书还提出激活市场的5C要素,它们是:合作(Corporation)、协调(Coordination)、沟通(Communication)、责任(Commitment)和社区参与(Community involvement)。本部分还从战略和策略层面对危机管理进行了剖析,并分析了政府和企业如何进行危机应急和激活市场的措施,包括建立相应产业基金等激励性政策,恢复和重振目的地公众认知及安全信心,促进产业振兴等。

4.危机对中国旅游业的冲击及激活旅游市场的实证研究

本书以SARS为例，研究了该事件对我国旅游业的冲击及我国采取的措施及其效果，重点从旅游者和旅游企业角度分析了我国旅游业受到的负面冲击，危机中旅游者和旅游企业的态度及相关政策和措施产生的结果。

5. 国外针对危机冲击与危机管理的实证研究

由于旅游业的敏感性，世界旅游组织及各国政府在旅游危机管理中发挥积极作用。此外，西方国家由于市场化程度高，政府在旅游产业中的作用主要在于创造和维护市场环境。大型跨国旅游企业大多建立起自身的"应急计划"（Emergency Plan）以应对各种不同类型的危机。我国旅游产业要实现赶超发展，政府主导仍然具有重要意义。然而，目前，我国旅游产业政策主要集中在产业发展、产业标准制定和规制体系上，尚未建立起相应的危机管理机制。本书试图通过对世界旅游组织及一些国家如美国、加拿大、澳大利亚、新加坡、巴西、印度尼西亚等对典型危机应对实践的研究，为我国制定相应政策及对策提供依据。

6. 我国应对未来可能突发性旅游危机的对策研究

本书主要分析我国未来发生突发性危机的可能性，提出在危机不同阶段应采取的对策，包括危机前的国家及地方突发性旅游危机预案的建立，危机中的沟通、应急和救助，危机后的学习等方面。如建立国家旅游业突发性危机预案、建立突发性旅游危机应急联动机制、建立旅游业政府危机基金、通过危机沟通建立和恢复旅游者和公众信心消费、恢复及再造旅游目的地安全形象、寻求新市场等相关对策建议。

1.3 基本观点与主要创新

1.3.1 基本观点

1. 与其他产业相比，旅游业面对突发性危机具有更大的风险性和敏感性。

2. 突发性危机对旅游业的负面冲击具有广泛性、迁延性、不可预期性、非连续性和周期性等特征。

3. 评价危机冲击度的指标包括危机强度、持续时间、距离和社区应对危机能力等四个维度。

4. 旅游市场能否被激活的关键是旅游者信心是否存在。如果旅游者信心未受到根本冲击,则冲击表现为短期性。因此,激活市场的关键在于重建旅游者信心。

5. 危机管理包括在危机不同生命周期阶段从个体(旅游者)、群体(旅游企业)和宏观(政府)三个层面所采取的旨在使冲击最小化的5R框架机制、5C要素机制及相应战略和策略。

6. 有效的危机管理可以弱化危机负面影响,并带来新的发展契机。危机管理的目标不仅仅在于恢复市场,更在于通过"创造性破坏"来提升旅游产业素质和水平。

1.3.2 主要创新

1. 对旅游危机、危机管理理论、危机研究的方法论发展等进行了较为全面和系统的梳理。

2. 建立了四维度的旅游危机冲击度分析模型。

3. 构建危机状态下激活旅游市场机制的理论体系,丰富了国内外在这一研究领域的成果。具体包括:(1)在危机生命周期理论基础上,提出了不同阶段应该采取的5R战略及对策框架机制理论;(2)提出了旅游市场激活中的"5C组合"要素机制理论。

4. 利用中外案例对不同危机下的不同主体面对旅游危机采取的有效和/或无效反应进行了实证研究。

5. 以SARS为例就突发性危机对我国旅游业的冲击和应对危机进行了实证分析。

6. 对我国旅游业未来可能出现的突发性危机进行了分析,并就激活旅游市场提出了建设性对策。

1.4 研究方法

1. 研究思路和方法

主要采用规范理论研究及实证研究方法：

(1)文献归纳及逻辑推理。主要对危机管理理论现有研究成果进行系统归纳总结，并建立旅游危机冲击和激活市场的理论体系。

(2)统计分析。对中国、美国、澳大利亚、加拿大、印度尼西亚等国家突发性危机对旅游业产生的冲击(主要是经济冲击)进行描述统计分析，揭示其中的规律性。

(3)实地调研。主要以 SARS 为例，从消费者和旅游产业角度对突发性危机产生影响和激活市场机制进行抽样调查研究。具体包括：①SARS 对我国旅游消费行为的影响研究；②SARS 对我国旅游企业影响研究。

(4)实证分析。选择国际上主要国家和旅游组织，分析了不同类型危机对其带来的冲击，并就激活市场的措施和战略等进行分析。

2. 技术路线

第一步：通过危机及危机管理相关文献的收集、分析、总结，建立相应的理论研究体系。

第二步：选择具有代表性的危机事件，通过背景研究、第二手统计数据分析、第一手抽样调查数据分析和危机中行动对策分析，揭示危机对不同地区旅游业的冲击特征，分析其激活市场机制。我国主要选择SARS，国外包括“9·11”、SARS、印度尼西亚巴厘岛爆炸、巴西海滩污染、东南亚金融和环境危机、印度洋海啸等事件。

第三步：进行我国危机管理的对策研究，提出相关建议。

3. 研究逻辑框架

本书研究逻辑框架如图 1-1 所示。

自然系统失衡
社会系统失衡
突发性危机
● 强度
● 持续时间
● 距离
● 社区应对能力
冲击
损害
冲击
损害
冲击
损害
旅游客源地
● 旅游者信心
● 旅游者消费能力
旅游通道
● 经营能力
● 投资信心
旅游目的地
● 基础设施
● 社区信心
● 旅游接待设施
● 旅游吸引力
● 形象声誉
谁
什么
谁
什么
谁
什么
旅游危机管理
何时
为什么
如何
危机生命周期
5R战略
5C要素
国内外实践
中国未来对策

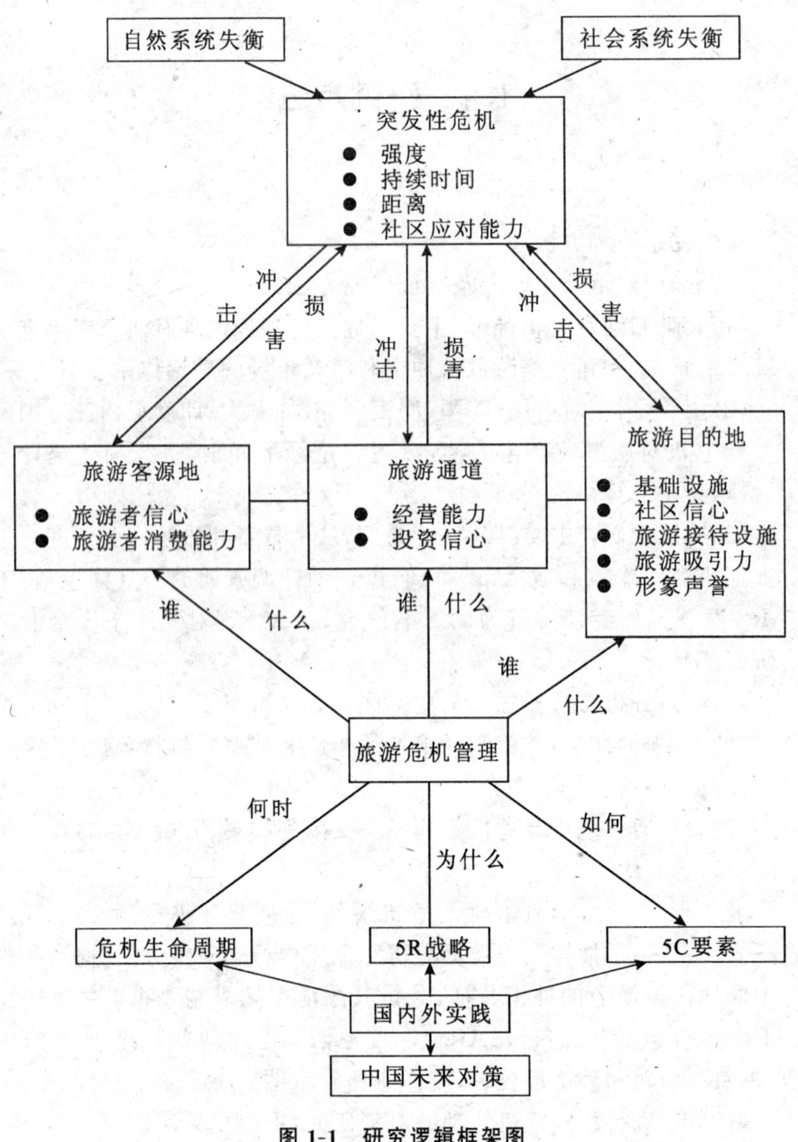

图 1-1 研究逻辑框架图

4.基础资料

本书采用的文献资料主要包括：

(1)国内外现有研究成果；

(2)国际组织和国内组织统计数据；

(3)国际组织和国内组织研究报告；

(4)第一手调研资料。

1.5 研究局限性及待研究问题

在国际上广泛使用的通过CGE(总体均衡模型)模型来测量突发性危机对旅游业的冲击,由于我国缺乏系统数据,未能通过数学模型来验证危机对我国旅游业及关联产业和国民经济的影响程度。

由于各国统计口径不一,且受国际旅游业整体研究水平限制,无法获得系统和准确的统计数据,未能就本书提出的危机冲击度测量理论模型进行验证。

在本书抽样调查分析中,由于研究局限性,样本企业未能涵盖旅游业相关的全部领域,如航空业等。

第 2 章　旅游危机管理理论研究

2.1　危机与危机管理理论

2.1.1　危机与危机管理研究的理论基础

“危机”是很多容易混淆使用的词汇中的一个。“危机”一词从希腊语“Krisis”演化而来，意思为鉴别或判断[①]。在法学界，采用该词来区分公正与不公正的判决；而在神学界，则用于区别灵魂获得拯救和被罚入狱；作为医学术语，它指的是某一个连续发展过程的中断，是疾病的转折点，在这个阶段看个体组织的自我恢复系统能否有效地恢复[②]。在16世纪，随着古典医学的复兴，该词变成人们日常用语的一部分，被广泛应用到政治、社会、经济等众多领域。

危机的冲击尽管由来已久，根据检索文献，国外对这方面的研究开始于20世纪60年代，但真正得到重视还是在20世纪90年代后期。目

---

① O'Conner, J. *The meaning of crisis: A theoretical introduction*. New York: Basil Blackwell, 1987.

② Pauchant, T. C. and Mitroff, I. I. Crisis Prone versus crisis avoiding organizations: is your company's culture its own worst enemy in creating crises? *Industrial Crisis Quarterly*, 1988, 2(1): 56～63.

前，国内外学者对危机管理的研究领域主要涉及两个层面，并综合了多门学科的相关理论。

1. 危机的研究层次

随着“危机”一词在日常用语中的频繁出现，人们开始对“危机”现象进行科学讨论。依据人们讨论的不同焦点，可将这些莫衷一是的结果划分为不同层面。格莱泽提出可以分为关于人类/制度方面的讨论和围绕个体/群体模式展开[①]。

个体经历的危机表现为现实生活中矛盾的激化，在极端情况下，它甚至会导致个体生命的终结。对个体研究模式作出贡献的学科包括医学、身心医学和精神病学及心理学中的危机干预理论。而群体研究模式则分析处于特定危机环境下的社会系统。经济学、管理学和政治学及传媒沟通的研究都有助于了解群体模式。此外，借鉴政治学的细分方法，人们将“危机”的研究方法划分为系统导向和决策导向两种。在决策理论框架内，“危机”被理解为面对危险和异常的境遇，在时间紧急情况下必须作出决策的情形。从这一角度出发，研究主要集中在对危机严重状态的分析，并了解组织在危机中的工作流程等方面的知识；在系统导向方法中，“危机”被看成是系统中某些重要变量的变化达到了临界点，它可能威胁或摧毁系统的任意部分或全部。对这一领域研究作出贡献的是政治学和经济学，其目标在于开发预警系统和风险评估系统。表2-1列出了危机研究所涉及的相关知识领域。

表2-1　危机研究所涉及的相关知识领域

	系统导向方法	决策导向方法
个体模式	医学 · 危机的转折点表现为患病过程中的生死抉择 心理学 · 认识到自己要面临难以承受的突发事件或艰难的窘境，而个体又力所不及 · 认识到个体行为模式的失败 · 面临个性丧失的危险	在危机状态下，决策者面对个体认知方面的困难所具备的解决问题的能力

① 德克·格莱泽.旅游业危机管理.安辉译.北京：中国旅游出版社，2003.2.

续表

	系统导向方法	决策导向方法
群体模式	社会科学 · 表现为社会现象的危机：由于冲突升级而导致战争使国家利益危在旦夕 · 表现为社会子系统现象的危机①政治：政治关系格局的变化（如政变、革命）；②经济：外生的经济休克、经济周期中恶化的趋势	在危机状态下，寻求群体决策的行动

资料来源：德克·格莱泽.旅游业危机管理.安辉译.北京：中国旅游出版社，2003.2.

薛澜等提出可以因循社会、组织到个体的逻辑过程进行分析，见表 2-2①。在社会的分析层面里具体分为自然、政治、经济和文化四个方面；组织层面分为政府和非政府组织、经济组织；个体层面则主要侧重个体行为心理分析。该框架将研究视角由社会科学拓展到自然科学领域，有助于人们重新思考人类活动与自然环境之间的互动。

表 2-2 社会/组织/个体分析框架下的社会问题

分析层面	细分领域	危机诱因事件例示
社会整体	自然领域	环境污染 自然灾害 疾病传染
	经济领域	下岗失业 相对贫富差距 农村发展面临问题 国际间经济摩擦
	政治体制	社会阶层分化 腐败 政治合法性危机 新公共管理及市场化、全球化挑战 法制化建设遇到的矛盾 黑社会组织犯罪
	文化体系	信仰危机（邪教） 治安恶化（网络犯罪）

① 薛澜，张强，钟开斌.危机管理——转型期中国面临的挑战.北京：清华大学出版社，2003.11.

续表

分析层面	细分领域	危机诱因事件例示
组织运作	公共管理体系(政府及 NGO)	与上一层面讨论交叉融合
	经济组织	
个体行为	个体行为心理分析	社会不满意度

资料来源:薛澜,张强,钟开斌. 危机管理——转型期中国面临的挑战. 北京:清华大学出版社,2003. 11.

2. 危机管理研究的理论基础

从掌握文献看,危机管理研究是近三十年来新兴的研究方向,主要涉及两个方面:一是从广义范畴上来探讨危机管理,如自然灾害、社会冲突等;二是从特定角度研究危机管理,例如企业危机管理、国际关系危机管理、营销危机管理和公共关系危机管理等。主要涉及危机的定义、特征、分类和应对策略以及危机管理的阶段、内容等。这些研究从危机概念、类型、范围和性质出发,分析产生危机的根源,试图建立起危机管理的理论体系。同时,对一些理论通过相关产业和企业的案例进行了实证分析。

现有研究成果综合了如自然科学、心理学、社会学、管理学、经济学等学科的相关理论,主要涉及以下几个方面:

(1)自然科学

从自然科学角度,危机的研究方法与灾难理论存在渊源。灾难理论(Catastrophe theory)是用于描述当参数发生变化时其数量如何改变的数学分支①。Thom 研究了灾难的过程形态,用数学公式表述为:B×T。B 为灾难象限,T 为时间。在 Thom 看来,灾难与非连续性相关②。

将危机引入科学研究采用了物理学中重要的理论——混沌论,该理论认为一个简单的确定但非线性的联系可能导致十分复杂的时间轨迹。各个区间行为可能因为随机冲击带来干扰,并导致在时间和质量上

---

① Feinberg, G. *Solid Clues*. New York: Touchstone Books, 1985. 264.

② Thom, R. *Structureal Stability and Morphogenesisi*. trans. D. H. Fowler, Mass: Addison-Wesley, 1989. 12～100.

的动荡和不连续变化[①]。Gleick[②]、Peat[③]和 Prigoing[④]从混沌和耗散结构现象角度对危机和灾难进行了概括。根据混沌理论，自然界总是处于不规则状态，甚至稳定系统也经常处于"混沌边缘"，一个微小的事件所引起的不稳定和变化可能对整个系统带来巨大的威胁。Fink[⑤]强调了在商业领域普遍存在的"混沌边缘"现象，提出企业通常属于"危机等待"状况——当它不在危机中时，它则处于"危机前"或"潜伏状态"。因此，危机管理的核心是"将风险或不确定性转移，使你对命运具有更大的控制权的一种艺术"[⑥]。用混沌论的核心概念"蝴蝶效应"(Butterfly Effect)可以很好地解释连锁反应与危机的联系。该概念指对初始条件的敏感性依赖(sensitive dependence on initial conditions)，是 1960 年冬天气象学家和数学家 Edward Lorenz 在气象学方面的一个发现。"蝴蝶效应"假设：初始条件的细微变化将导致终端事件的动态大变革。换言之，初始一个小小的错误，通过相互加强反馈的正向过程，可能导致将来一个巨大的错误。Lorenz 最初用"海鸥"来描述他的发现，不过更出名的是"蝴蝶效应"。该名称是 Gleick 在 1979 年 12 月 29 日发表于美国科学进步协会年度会议上的论文《可预性：巴西的蝴蝶振动翅膀是否会导致德克萨斯的龙卷风》中提出来的，后来成为混沌论的核心概念[⑦]。

---

① William J. Baumol and Jess Benhabib. Chaos: Significance, Mechanism, and Economic Applications. *Journal of Economic Perspective*, 3:77～105, 79～80.

② Gleick, J. *Chaos: making a new science*. London: Heinemann, 1987; Gleick, J. *Chaos*. New York: Penguine Book, 1988. 3.

③ Peat, F. D. *The philosopher's Stone: Chaos, synchronicity and the hidden order of the world*. New York: Bantam, 1991.

④ Prigoing, I. and Stengers, I. *Order out of chaos: Man's new dialogue with nature*. Hammersmith: Flamingo, 1985.

⑤ Fink, S. *Crisis Management—Planning for the inevitable*. AMACOM, American Management Association, 1986, 7.

⑥ Fink, S. *Crisis Management—Planning for the inevitable*. AMACOM, American Management Association, 1986, 15.

⑦ 邓冰，吴必虎，蔡利平. 国内外旅游业危机管理研究综述. 旅游科学，2004, 18(1): 1～8.

在实践研究中，对灾难成因、后果及预防进行了广泛的研究。有人提出：灾害成因发生的根本原因在于自然界和人类社会这两大系统内部要素的紊乱失衡，以及两者之间相互不协调①。“灾害”是人类依赖的自然界中所发生的异常现象，灾害对人类社会所造成的危害往往是触目惊心的。它们之中既有地震、火山、泥石流、海啸、台风、洪水等突发性灾害，也有地面沉降、土地沙漠化、干旱、海岸线变化等在较长时间中才能逐渐显现的渐变性灾害，有臭氧层变化、水体污染、水土流失、酸雨等人类活动导致的环境灾害，还有让人类恐惧的SARS和禽流感等新兴传染性疾病。而且现在灾害的发生频率呈现出增高的趋势。这些灾害和环境破坏之间又有着复杂的相互联系。人类如何从科学的意义上认识这些灾害的发生、发展并尽可能减小它们所造成的危害，已是国际社会的一个共同主题。自然灾害属于社会危机中的灾害型危机②。产生原因有多种：受季风气候的强烈影响，某国境内的气候在时间和地域上分布不均，如在中国，华北、西北、西南等常年受旱灾困扰，而长江、黄河、淮河等的中下游地区是洪涝灾害的高风险区，另外，东部沿海常受台风的影响；受地壳板块运动的影响产生的灾害，如20世纪全球发生的破坏性地震中有1/3发生在中国，全球发生8.5级以上的地震3次，还有2004年底的印度洋海啸灾难；国土面积中平原、山地、高原的分布不均；受全球气候变化和人类活动影响，自然灾害发生的频率和风险有进一步增大的趋势。对于自然灾害的应对和管理，主要包括以下几个方面：将防灾、抗灾和救灾纳入社会经济发展规划中；加强灾害的预警预报工作，进行科学防范；完善灾害中的应急机制；完善灾后的救援和重建机制；树立人们的灾害意识③。在实践应用中灾难研究强调灾难产生原因及灾害预防和建立预警机制。

(2)心理学

心理学领域汇集了与人相关的全部信息，每个人的心理行为都可能向某个方向移动和被控制。Guillen 指出：使人激动的与众不同的数

① 李经中.政府危机管理.北京：中国城市出版社，2003.17.

② 马小军.当代社会危机的类型分析与变量分析.理论前沿，2003(2)：15.

③ 李学举.中国的自然灾害与灾害管理.中国行政管理，2004，230(8)：23～24.

学思维告诉我们,从过去2 000年的事件中我们学习到:事物存在于人们的眼中和那些具有想象力的人们的相象之中。在心理学中风险和形象是不可分的,因为两者都是通过个体对未来不确定是否会发生的事件(风险)、而不是当前目标/事件的认知过程和感知联系在一起的[①]。

心理学中对心理危机的研究主要从个体角度研究出现的冲突和非人格化行为,强调通过"危机干预"来矫正行为。心理危机干预理论的鼻祖Caplan认为,当一个人面对困难情境而他先前处理问题的方式及其惯常的支持系统不足以应对眼前的处境,即他必须面对的困难情境超过了他的能力时,这个人就会产生暂时的心理困扰,这种暂时性的心理失衡状态就是心理危机[②]。这个"困难情境"是指一个个体赖以生存和发展的基本需要和供给发生了改变,也即如果一个个体的这些基本供给严重不足或过剩,或存在出现过多或过少变化的可能性,他就有可能会产生心理危机。个体赖以生存和发展的基本供给包括三个方面:生理供给,即衣食住行的物质条件;心理供给,即安全感、归属感、被人喜欢、得到承认等;文化供给,参与社会生活、群体交往和家庭生活。另外,一个个体会不会产生心理危机,不仅取决于他是否正在经历或即将经历基本供给的改变,更取决于他对自己应对困难情境能力的评估[③],所以心理危机不是个体经历的事件本身,而是他对自己所经历的困难情境出现的情绪反应状态。

根据危机刺激的来源可以将其分为成长性危机和境遇性危机。Burgess把境遇性危机分为个体经历了不可预料的生活事件、灾难性危机和生命中预期发生的生活事件[④]。

Caplan在他的危机理论中描述了危机反应的演变过程,认为处于

① Guillen, M. *A realm of manifold possibilities, in bridges to infinity*. Los Angeles: Jeremy P. Tarcher, 1983. 92.

② Caplan, G. *The Principles of Preventive Psychaitry*. New York: Basic Book, 1964; Caplan, G. *The Theory and Practice of Mental Health Consultation*. New York: Basic Book, 1970.

③ Lazarus, R. S. The Psychology of Stress and Coping. In: Spielberger & I. G. Sarason (eds.). *Stress and Anxiety*. New York: Hemisphere, 1986. 399~418.

④ 龙迪.心理危机的概念、类别、演变和结局.青年研究,1998(12):42~44.

心理危机的个体要经历四个阶段：第一个阶段是当个体感受到自己的生活突然出现变化，或即将出现变化时，他内心的基本平衡被打破了，表现为警觉性提高，开始体验到紧张。第二个阶段，经过第一个阶段的努力，发现自己习惯的解决问题的办法未能奏效，焦虑程度开始增加。第三个阶段，如果经过尝试未能有效地解决问题，当事人内心紧张程度持续增加，并想方设法地寻求和尝试新异的解决办法。第四个阶段是，如果当事人经过前三个阶段仍未能有效地解决问题，他很容易产生习惯性无助。

(3)社会学

社会冲突的外在表现就是危机。在社会学领域，与危机相关的研究早期主要考察社会冲突。社会学家采用冲突理论来强调社会内部结构的重要性，他们倾向于把社会看成是由追求各自利益的不同群体组成的。不同利益的存在意味着矛盾和危机是永远潜在的。冲突理论的源泉来自于马克思的阶级矛盾论、齐美尔的有机功能理论和韦伯的权威结构论思想。20 世纪 50 年代，德国社会学家科塞(Coser)和达伦多夫(Dahrendeorf)分别对社会冲突问题进行了研究，提出了现代社会冲突理论。科塞提出：冲突是一种为了价值、地位、权利和资源而提出要求的斗争，冲突双方的目的是使对手中立、受损或者被消灭①。达伦多夫认为个体和群体利益的不同产生了矛盾，他将其与权威和权力宽泛地联系起来，考察强势群体和弱势群体之间的紧张状态②。

20 世纪 60 年代以来，社会冲突问题越来越多地受到西方社会学家的关注，并成为他们分析社会变迁和进步的理论依据。他们认为，社会进程是由某种程度上与他人利益相一致，同时又在某种程度上与他人利益冲突的个体利益、集团利益所驱使的连续过程。以至于冲突都是社会存在的基本形态③。美国的西摩·马丁·李普塞特将社会危机分为四类：国家建设的中心文化与边缘身份的芸芸大众之间在种族、语言和宗教上日益增长的敌视和冲突；中央集权的、大一统的和实施动员的

① 秦启文等. 突发事件的管理与应对. 北京：新华出版社，2004. 19.

② 安东尼·吉登斯. 社会学. 赵序东等译. 北京：北京大学出版社，2003. 27.

③ 李经中. 政府危机管理. 北京：中国城市出版社，2003. 17.

民族国家与教会拥有的在历史上承袭下来的一些特权之间的冲突；地主阶级和新兴工业企业家之间的利益冲突；以所有者或雇主为一方和以承租人、劳动者为另一方之间的冲突[①]。冲突的形成根源解释为：支配他人的主观主义；不平等；强制力量。

随着全球化进程的加快，社会学家开始关注社会风险问题。德国社会学家乌尔里西·贝克(Ulrich Beck)[②]就风险和全球化问题进行了广泛的研究。他提出，随着科学技术的进步，产生了不同于以前年代的新的风险形势。科学技术在带来利益的同时，也产生了难以计算的风险。随着技术变革的进程越来越快，新的风险形式随之产生，人们必须不断依据这些变革作出回应和调整。他认为，风险社会并非仅限于环境和健康风险，而且包含着当代社会生活中一系列相互交织的变革。根据贝克的观点，风险社会的一个重要方面就是其危险不受空间、时间和社会的限制。今天的风险会影响到所有国家及所有的社会阶层，它们具有全球性而非仅仅个体的后果。

我国一些学者如尹学萍、刘洪、郑士贵、刘绛华和胡云乔[③]等也对冲突进行了研究，但都未脱离上述研究范式，其研究主要借用西方社会冲突理论对我国实践进行解释和提供对策性建议。

(4)管理学

管理学理论也是危机管理的一个重要的理论基础。管理的目的在于从混乱中创造出秩序、在混沌中确保生存。传统的管理学理论关注如何确保组织的连贯性。自从20世纪80年代初开始，管理的传统方法受到西方社会中日益增长的不确定性的挑战。如今我们已经接受了这样的观念：不变的只有变化本身，变化却是持续的。因此，今天的管理学理

---

① 宋林飞.西方社会学理论.南京：南京大学出版社，1997.388.

② Ulrich, B. *Risk Society: Towards a New Modernity*. London: Sage, 1992; Ulrich, B. *Ecological Polities in an Age of Risk*. Cambridge: Polity, 1995.

③ 尹学萍.毛泽东两类矛盾学说与西方社会冲突理论比较研究.毛泽东邓小平理论研究，1994(1)；刘洪.冲突分析理论的原理及其应用.技术经济，1994(11)；郑士贵.管理冲突及其解决的可能性.管理科学文摘，1998(10)；刘绛华.试论冲突.求实，1999(12)；胡云乔.管理.中国人才，2002(3).

论把防止组织衰弱和危机情况的管理，整合到规划、协调和指导组织，并作为一个经常的过程。危机管理不再是事后的，它是事前、事中和事后全过程的管理。在西方企业危机管理领域，以系统思考理论为主线，从组织行为学的角度进行了大量研究[①]。

(5)经济学

危机理论在经济学上的应用起源于对经济危机和经济周期理论的研究[②]。经济学家将经济周期划分为四个阶段：扩张、高峰、收缩和低谷。特别高的扩张时常被称为经济繁荣，特别大幅度或延长的收缩被称为衰退[③]。

经济危机理论，广义地说也是经济周期理论，从经济学史角度已提出不下数十种理论。其中有代表性的有：①李嘉图提出的局部危机论，否认了普遍生产过剩危机的可能性；②"萨伊定律"认为供给会自行创造需求，所以经济无危机；③消费不足论，如马尔萨斯和西斯蒙第等人认为经济危机及萧条产生的原因归结为消费不足；④资本主义基本矛盾论，如马克思认为经济危机只有在资本主义制度下才会发生，其实只是生产相对过剩的危机，根源在于资本主义基本矛盾；⑤投资过度论，认为投资过大导致生产资料过多，是发生经济周期的根本原因，代表人物有哈耶克、马克路普等；⑥凯恩斯的有效需求不足论，认为资本主义经济危机在于有效需求不足，包括投资需求不足和消费需求不足等；⑦心理周期论，认为经济危机产生于人们心理上的周期变化，代表人物有拉文顿、庇古；⑧太阳黑子论，认为经济周期产生于太阳黑子的周期性变动；⑨纯货币论，认为经济危机的原因是由于货币信用过度扩张，早期代表为霍特里，后来的代表是货币学派的弗里德曼。但总的来说，经

---

① Stead, E. and Smallman, C. Understanding Business Failure: Learning and Unlearning Lessons from Industrial Crises. *Journal of Contingencies and Crisis Management*, 1999,7(1):1～18.

② Nicholai D. Kondratieff. *The Long Wave Cycle*. New York: Richardson and Snyder, 1984; Josehua S. Goldstein. *Long Cycles: New heaven*. Conn.: Yale University Press, 1988.

③ 安塞尔·M.夏普，查尔斯·A.雷吉斯特，保罗·W.格兰姆斯.社会问题经济学.第15版.郭庆旺译.北京：中国人民大学出版社，2003.

济危机是市场经济的产物，其实只是无效供给过多，有效需求不足[①]。Berry 在分析经济周期理论时发现"表面上随机的行为其实完全不随机"[②]。Stiglitz 认为危机是经济发展的正常组成部分，是经济结构调整和体制改革发生的一个契机[③]。他强调通过政府的力量和强权来进行干预。Rich 系统介绍了危机理论，并阐述了其在经济学中的应用。他分析了危机与变化、模仿与行动及创新的关系，指出：由于上述要素的存在，使经济学家认为的长期波动周期理论发生偏离，政府的财政和税收政策、竞争、企业创新等干扰了经典模型[④]。有关经济危机的研究包括石油危机、东南亚金融危机等[⑤]。东南亚金融危机的爆发对现代经济学理论提出了挑战，如东南亚国家实行高利率以满足投资资金的需要，金顶美元的联系汇率制刺激了进口和消费，国内储蓄稀缺，凯恩斯的低利率政策受到挑战[⑥]。

危机从本质上是一种风险和不确定性。在经济学领域，门格尔、费雪和埃奇沃斯都曾经指出风险和不确定性将深刻改变整个经济学的体系和内容。奈特最早论述了风险和不确定性对经济研究的重要性，并对这两个概念进行了定义。希克斯、凯恩斯、斯蒂格勒、哈特等经济学家根据数学期望最大化原则开始解释利润、投资决策、企业结构等问题[⑦]。

---

① 崔友平.经济危机理论述评及借鉴.财经理论与实践，1999，20(101)：120～121.

② Berry, J. L. *Long-wave Rhythms in Economic Development and Political Behavior*. Baltimore: Johns Hopkins University Press, 1991. 14～15.

③ Stiglitz, J. Globalization and the economic role of the state in the new millennium. *Industrial and Corporate Change*, 2003, 12(1): 3～26.

④ Rich, D. Z. *Crisis Theory*. London: Praeger. 1997.

⑤ Payne, J. The Asian Financial Crisis and the Asian Development Bank (and is the crisis over?), Foreign Affairs and International Trade, Embassy of Canada, Manila, 1998 May 13; Sirivedhin, T. and Watengese, T. Common Threads in Regional Banking System Distress, The Economic Development Institute of the World Bank, Presented at the World Bank Seminar on Global Lessons in Banking Crisis Resolution for East Asia, Singapore, 1998 May 12～13; World Bank. Korean Reforms Boosted with Future US $ 2 Billion in World Bank Aid, The World Bank Group, New Release Number 99/1977/EAP, October 22, 1998.

⑥ 刘亚于.东南亚金融危机对现代经济学理论的挑战.北京商学院学报，1998(83)：18.

⑦ 黄淳，李彬.不确定性经济学研究.经济学动态，2004(1)：63～68.

冯·诺伊曼和摩根斯顿(Von Neumann & Morgenstern)提出期望效用最大化原则,该理论被 Savage、Anscombe 和 Aumann 等完善为主观期望效用理论(SEU 理论)①。Savage 提出了"人与自然博弈"体系,指出事件是世界的状态的集合(state of the world),行动为由世界的状态空间到结果空间的映射(function),决策者选择行动相当于在各种可能发生的事件上压赌②。Friedman 和 Savage 提出了风险厌恶理论并对此进行了分析③。在理论体系中,概率分布描述了世界状态的不确定性。Anscombe 和 Aumann 对概率的主观性质进行了分析。Arrow 和 Pratt 对效用中蕴涵的风险偏好性质进行了分析(绝对风险度量)④。由于 SEU 理论和现实的背离,一些经济学家构建了新的理论,例如著名的阿莱悖论(Allais Paradox)和埃尔斯伯格悖论(Ellsberg Paradox)等。这些理论的共同之处是试图扩展主观效用期望理论的假设,建立更为一般化的理论。同时将风险和不确定性用于对生产、消费、投资及分配等各种经济活动,以及对各种经济组织结构的分析。不确定性经济学在一定程度上为分析和解释现实经济现象提供了新的工具。

2.1.2　危机管理研究的主要内容

2.1.2.1　危机及相关概念的研究——一个有待梳理的体系

1. 危机的界定

危机,是人们对出乎意料事件的总称。通常,危机包括各种自然灾害、严重事故、恐怖主义行为及重大群众性骚乱、重大政治事件、重大经

---

① Savage, L. J. *The Foundations of Statistics*, New York: Dover, 1954; Anscombe. F. J. and Aumann R. J. A definition of subjective probability. *Annals of Mathematical Statistics*, 1963,34,199～205.

② *Ibid*.

③ Friedman, M. and Savage, L. J. The utility analysis of choices involveing risk. *Journal of Political Economy*, 1948,56:279～304.

④ Arrow, K. L. *Aspects of the Theory of Risk—Bearing*. Helsinki: Yrjo Hahnsson Foundation, 1965; Pratt, J. W. Risk aversion in the small and in the large. *Econometrica*, 1964,32:122～136.

济事件等。一方面,社会组织面临范围广泛的危机以及由此产生的风险①,此外,灾难,尤其是自然灾难,对于地方层面影响巨大,它带来人员和商业的巨大损失。政府甚至很难重建其基础设施②。有学者预测21世纪人们将面临的威胁包括:恐怖主义,已经存在的技术性灾难的进一步恶化,自然灾害的毁坏性加大,物理系统、信息系统等的安全问题,人类的错误行为③。

其实,"危机"这个概念,是人们一个约定俗成的词,它并不规范,所涵盖的时间外延也过狭窄,因为危机对社会的影响不是转瞬即逝,而会持续一个过程。

《辞源》将危机解释为潜伏的祸端④。韦氏字典对危机的解释是"转机与恶化的分水岭"⑤。因此危机或灾难具有积极和消极的双重含义。这一定义与混沌理论中将其称为创造性而非破坏性的过程的观点相一致。Berman 和 Roel 指出:"危机既带来衰退,同时也创造新的机会。它们是揭开种族和社会文化分歧和愤恨盖子的转折点,同时也是扣动增长潜力和走向团结的扳机。"⑥

---

① Mitroff, I. I., Pauchant, T. C. and Shrivastava, P. The Structure of Man-made Organizational Crises: Conceptual and Empirical Issues in the development of a General Theory of Crisis Management. *Technological Forecasting and Social Change*, 1988, 33(2): 83～107; Pearson, C. M. and Mitroff, I. I. From crisis prone to crisis prepared: A framework for crisis management, *Academy of Management Executive*, 1993, 7(1): 48～59; Pearson, C. M. and Clair, J. A. Reframing Crisis Management. *Academy of Management Executive*, 1993, 23(1): 59～76.

② Newkirk, R. T. The Increasing Cost of Disasters in Developed Counties: A Challenge to Local Planning and Government. *Journal of Contingencies and Crisis Management*, 2001, 9(3), 159～170.

③ Claire, B. What hazards and Disasters are likely in the 21st century-or Sooner? Natural Hazards Research Working Paper #99, Natural Hazards Research and Applications Information center Institute of Behavioral Science University of Colorado, 1999.

④ 《辞源》第一部. 北京:商务印书馆, 1979. 434.

⑤ Fink, S. *Crisis Management—Planning for the inevitable*. AMACOM, American Management Association, 1986.

⑥ Berman, R. and Roel, G. Encounter with death and destruction: The 1985 Mexico city earthquake. *Group Analysis*, 1993, 26: 82.

Carter 将灾难定义为"那些对社区产生严重影响,而社区必须采取例外措施加以应对的自然或人为的事件"[①]。Booth 指出,"危机是个体、团体或组织所面对的难以通过常规程序加以应对且其压力由外力所致的状况。"[②]

Hermann 认为:危机就是一种情景状态,其决策主体的根本目标受到威胁,在改变决策之间可获得的反应时间很有限,其发生也出乎决策主体的意料[③]。Rosenthal 等认为:危机是对一个社会系统的基本价值和行为准则构架产生严重威胁,并且在时间压力和不确定性极高的情况下,必须对其作出关键决策的事件[④]。Barton 认为:危机是"一个会引起潜在负面影响的具有不确定性的大事件,这种事件及其后果可能对组织及其人员、产品、服务、资产和声誉造成巨大的损害"[⑤]。森德利斯(Sundelius)等认为,作为一个国家所面对的危机就是指中央决策者面对这样一种场景:重要的价值受到威胁,而且可以采取行动的时间十分有限,同时环境的变化具有高度的不确定性[⑥]。Otto Lerbinger 将危机定义为:导致一企业组织陷入争议并危及未来获利、成长甚至生存的事件[⑦]。在其他学者所下的定义中,危机同时也会威胁组织的优先价值,认为信誉及主要成就目标,如获利、成长及生存等才是一个组织的中心价值。Pauchant 和 Mitroff 在《改变组织的危机倾向》(*Transforming the Crisis-prone Organization*)中从组织本质的角度,将危机定义为"一种会影响系统整体运作并威胁其基本设定、自我主观认知与眼前核心目标的干扰"。这里

---

① Carter, W. N. *Disaster management: A disaster manager's handbook*. Manila: Asia Development Bank. 1991. xxiii.

② Booth, S. A. *Crisis Management Strategy*. London: Routledge, 1993. 6.

③ 罗伯特·希斯. 危机管理. 王成,宋炳辉,金瑛译. 北京:中信出版社,2001.

④ Rosenthal, U. and Charles M. T. *The World of Crises and Crisis Management*. In: Rosenthal, U. Charles, M. T., ed. *Coping with Crises: The Management of Disasters, Riots and Terrorism*. Springfield: Charles C. Thomas, 1989.

⑤ 罗伯特·希斯. 危机管理. 王成,宋炳辉,金瑛译. 北京:中信出版社,2001.

⑥ 薛澜,张强,钟开斌. 危机管理——转型期中国面临的挑战. 北京:清华大学出版社,2003. 6.

⑦ Otto Lerbinger. 危机管理. 于凤娟译. 台北:五南图书出版公司,2001.

所说的系统指工厂、组织或整个工业，而非单指其中的某个单一部分[①]。卡波尼格罗在《危机顾问》中对企业危机进行了界定：危机是指能够潜在地给企业的声誉或信用造成负面影响的事件或活动。危机发生的典型情况是失去控制，或很快将要失去控制[②]。

我国学者多将危机表述为“突发事件”，并从不同角度进行了界定。其中林汉川从危机后果出发认为：“所谓突发事件是指突然发生的危及到生命财产的重大事故。”[③]袁辉从组织行为角度提出：“突发事件是在特殊情况下，由于系统的内部条件和外部环境发生急剧变化，系统的稳定性和可控性遭到破坏，系统的行为出现异常情况而发生的一类无秩序的意外事件。”[④]赵伟鹏等则提出：“突发事件指超常规的、突然发生的、需要立即处理的事件。”[⑤]任生德等从哲学层面将突发事件定义为：“事物内在矛盾由量变到质变的飞跃过程。”[⑥]高世屹宽泛地指出：“突发事件是人们对出乎意料事件的总称。”秦启文等归纳为：“突发事件是指在某种必然因素支配下出人意料地发生，给社会造成严重危害、损失或影响且需要立即处理的负面事件。”[⑦]

为了完全了解危机的本质，并区分危机管理与日常管理的不同之处，必须对危机的定义加以延伸，全盘检视危机的特征，最早对此作出说明的是 Hermann。他在 1963 年指出，危机的发生必须具备三个条件：第一，管理阶层已经感受到威胁的存在，并意识到它会阻碍公司达成其优先目标；第二，管理阶层了解到，如果不采取行动，情况将会恶化，终致无法挽回；第三，管理阶层面对的是突发状况。

---

① 诺尔曼·奥古斯丁等. 危机管理. 吴佩玲译. 台北：天下远见出版公司，2002.

② Rosenthal, U. and Kouzmin, A. Globalizing an agenda for contingencies and crisis management: an editorial statement. *Journal of Contingencies and Crisis Management*, 1993, 1(1):1～12.

③ 林汉川. 公关策划学. 上海：复旦大学出版社，1994.

④ 袁辉. 重大突发事件及其应急决策研究. 安全，1996(2).

⑤ 赵伟鹏，戴元祥. 政府公共关系理论与实践. 天津：天津人民出版社，2001.

⑥ 任生德，解冰，王智猛，邹蓝. 危机处理手册. 北京：新世界出版社，2003.

⑦ 秦启文等. 突发事件的管理与应对. 北京：新华出版社，2004. 19.

考虑到危机的概念在许多不同的领域使用，危机的定义以及引发危机的原因十分多样化，因此根据它们被研究的不同领域而定义。文献也区分了危机的来源。一些学者将危机定义为“普通事故”，即是从复杂事件中自然衍生出来的与现代技术紧密联系的事故[①]；另外一些学者认为危机是决策制定者错误决策的结果[②]；还有一些学者认为危机的出现可以在存在于人与技术之间，存在于环境与组织的因果结构之间的复杂的关系中被发现[③]；再有一些人认为危机是重复成功和逐渐的适应性[④]。现有文献并没有提供被普遍接受的危机定义和危机种类。学者们已经探索了很多危机的形式，一些学者视危机为一种单独的现象，或者只关注危机的一种表象。但总体上看存在结构的问题[⑤]。此外在文献中，由于使用许多“危机”的同义词，如“突发事件”(contingency event)、“灾难”(disaster)、“灾害”(hazard)、“事故”(accident)、“风险”(risk)、“冲击”(shock)、“转折点”(turning point)等词，使得结构的问题进一步复杂化，甚至出现在很多领域被滥用的情况。秦启文等在纷乱的定义中，对“突发事件”、“危机”(crisis)、“冲突”(conflict)、“事故”(accident)、“风险”(risk)等相关概念的异同进行了区分。本书将现有关于危机定义及特征的研究成果归纳于表 2-3 中。

2. 危机的特征

危机有一些明显的特征。对组织而言，它们是一种新情况，总是无

---

① Perrow, C. *Normal Accidents: Living with High Risk Technologies*. New York: Basic Books, 1984.

② Janis, I. L. *Crucial Decisions—Leadship and policy making study of foreign-policy decisions and fiascos*. Boston: Houghton Mifflin, 1989.

③ Shrivastava, P. *Bhopal-Anatomy of a crisis* (2nd Edition). London: Paul Chanman Publishing Ltd., 1992; Pauchant, T. and Mitroff, I. *Transforming the Crisis-prone Organization: Preventing Individual, Organizational, and Environmental Tragedies*. San Francisco: Jossey-bass Publishers, 1992.

④ Starbuck, W. H. and Milliken, F. J. Challenger: Fine-turning the odds until something breaks. *Journal of Management Studies*, 1998, 25(4): 319～330.

⑤ Punchant, T. and Douville, R. Recent Research in crisis management: A study of 24 authors' publications from 1986～1991. *International and Environmental Crisis Quarterly*, 1993, 7(1): 43～63.

表 2-3 与危机有关概念比较

相关概念	主要作者	特征	差异性
突发事件	1.《辞源》(1979) 2. 林汉川(1994) 3. 袁辉(1996) 4. 赵伟鹏(2001) 5. 高士屹(2003),353,2001 6. 任生德(2003) 7. 牛文元(2003),356,66,2001	突发性 难以预期 紧急处理 复杂性 破坏性 可控性 机遇性 持续性	时间外延窄 显性的和现实的影响 难以接受的结果 质变的结果 人和自然因素相关 难以预见性
危机	1. 韦伯词典(1961) 2. Fink, Steven(1986) 3. Barton, L. (1993),157,158 4. Hermann,C. F. (1972) 5. Rosenthal, Uriel(1989) 6. Mitroff, I. I. (2000) 7. 薛谰等(2003) 8. 高士屹(2003) 9. 任生德等(2003)	负面事件 紧急处理高度不确定性 时间紧迫性 领域广,不局限组织内 潜在和现实的	时间较长 显性和隐性
风险	1. Velk & Stallen(1981): ·有可能造成损失的事件 ·可能产生损失大小的估计量 ·是一种功能,标志事件产生的结果和损失大小 ·所有可能结果概率分布的变异 2. 卡普兰和盖利克(1981):数学定义 R=Si,Pi,Xi。其中:R 为风险,Si 是场景描述,Pi 是该场景出现的概率,Xi 是对该场景的评估或结果 3. 林义(1990):可能发生的、带来不确定损失事件 4. 任生德等(2003):感受到的可能引发危机并导致损害或损失因素的事件 5. 李伯聪(2000):针对个体、群体或人类社会而言有可能在未来带来有害后果的不定性事件	不确定性 相对性 预期损害性	包含已知的、可预测的因素 可以接受 量变结果 人和社会因素相关

续表

相关概念	主要作者	特征	差异性
事故	1. 法维尔:事故是生产过程的任何未预见到的中断 2.《辞海》(1980):意外的变故或灾祸 3. 李汉林(1995):人们在生产活动中,突然出现的与人意图相反的,而且迫使该活动暂时地或永久地停止的事件 4. 袁华荣(1997):事故发生由于存在的各种不安全因素相互作用,在时间和空间上的巧合所致 5. 陆洪兴(1998):事故是作为一种现象结果而存在的一个偶然的随机事件 6. 陈莹(1998):事故隐患指存在于生产劳动过程中的可能导致事故的潜在危险性	与生产活动密切相关 负面事件 潜在性 因果性 条件性 偶然性	与生产生活相关 由确定现象转化而来 可预见性 可预防性
冲突	1. 科塞(1950's) 2. 达伦多夫(1950's) 3. 尹雪萍(1994):指两个统一体或几个对立面之间尖锐、剧烈的对抗 4. 夏淑梅(1994):由于工作群体或个体试图满足自身需要而使另一群体或个体受到挫折时的社会心理现象 5. 刘洪(1994):两个或两个以上参加者构成的一种态势 6. 郑士贵(1998):目的、意见、利益和愿望等的矛盾和斗争 7. 刘绛华(1999):组织动态的表现形式之一 8. 胡云乔(2002):由于某种抵触或对立状况而感知到的差异	普遍性 参与者为两方或两方以上 存在矛盾或分歧 具有双重影响 难以避免	属于人类行为 不一定为事件

注:在文中已经有描述的定义表中略。

法预料的,完全没有结构,且在组织经营框架之外。正因为如此,解决危机要求非程序化的应对措施。把程序化的解决方式运用于非正常的情况往往使问题更严重。危机还有一个特点:是由一系列不完全的相互矛盾的信息构成。通常,危机总是一种感性的情况,因此总是给决策者在情感上和精神上施加巨大压力。这些因素(高情感和精神压力)使得高质量的决策制定和战略实施十分困难,对后果也极为敏感。因此需要创造性的决策,但是很难获得。

勒宾格(Lerbinger)提出,危机的特征包括三点:突发性、不确定性、时间紧迫性。突发性是指危机的发生通常都是令人猝不及防的;不确定性又被称为未知性和不可预期性;时间紧迫性是指管理层必须在最短的时间内降低危机对组织所造成的损害,在高风险及高度不确定的状况下掌握情势不致恶化,所有的决定都必须在巨大压力与焦虑下作出。福斯特(Foster)发现危机有四个显著特征:急需快速作出决策,并且要在严重缺乏必要的训练有素的人员、物质资源和时间的情况下来完成;危机具有高度的不确定性;危机的影响具有一定的社会性;危机的实质是非程序化决策问题。布雷彻(Brecher)列举了危机的四项特质:第一,内外环境突然发生变化,而且该变化已经影响到组织体基本目标的达成;第二,各种变化之间具有连动性,即使是微小的顾客诉愿风波都可能酿成致命伤害;第三,变化会带来风险,但充其量只能事前预估,却不能完全避免,所以危机的发生是条件几率的概念,当各种条件都具备时,危机爆发的几率就达到警戒标准;第四,对变化作出反应的时间非常有限,而且紧迫①。高世屹提出,危机事件具有四个特点:一是高度不确定性;二是事件演变迅速;三是事件的独特性使得无法照章办事;四是信息不全,小道消息流行②。

Keller 和 Al-Madhari③采用专断的统计标杆方法对灾难加以界定。由此而来,灾难是指死亡人数达到 10 人、损失 100 万美元和疏散 50 人的状况。该方法提供了一个稳定和清晰的描述灾难的基础,有助

① 罗伯特·希斯.危机管理.王成,宋炳辉,金瑛译.北京:中信出版社,2001.

② 薛澜,张强,钟开斌.危机管理——转型期中国面临的挑战.北京:清华大学出版社,2003.6.

③ Keller, A. Z. and Al-Madhari, A. F. Risk management and disasters. *Disaster Prevention and Management*, 1996,5(5):20.

于进行统计研究，如灾难概率及程度预测。但该方法忽视了上述定义中在数据为达到上述指标时的定性特征。

综上所述，危机具有下列特征：

· 突然爆发，完全发生在人们的预料之外；

· 触发事件，短暂的决策时间和具有惊奇及紧急要素；

· 巨大威胁和严重后果，其严重性体现在其对现有结构、常规程序或组织生存提出挑战，并给直接受到影响的人难以应对的印象；

· 转折点，当变化十分巨大时，其影响可能是积极和消极双方面的；

· 具有易变、不稳定和活动性特征。

3. 危机的类型

危机的分类可以具有不同的维度，如影响范围、产生根源等。按照危机产生根源，通常将危机分为自然的和人为的两类。自然危机包括：雪崩、洪水、瘟疫、地震、飓风、风暴、森林/草原大火、泥石流等；人为危机则包含恐怖活动、火灾、人身骚扰、冒险运动、劫持、政治运动、空难、工业运动、暴动、攻击、绑架、交通事故、倒塌、谋杀、航海事故、机械故障等①。按照危机发生地域，可分为国际性的、国内的、地区性的或不同组织内部的。也有学者从危机情景中危机主体的态度角度将危机划分为一致性和冲突性两种②。还有人按照危机性质，把危机分为两大类：一类是针对社会制度基本结构的危机；另一类是针对具体行为规范或价值观的危机。虽然二者各有所侧重，但在实际情况中，二者的界限有时并不明显，特别是当自然灾害、具体事件危机处理不当时，很有可能会引发针对整个社会制度的全面危机③。

---

① Travel Advice. Australian Department of Foreign Affairs and Trade, 2002 (ADFAT).

② Stallings, R. A., Schepart C. B. Contrasting local government responses to a tornado disaster in two communities. In: R. T. Sylves, W. L. Waugh(eds.). *Cities and Disaster: North American Studies in Emergency Management*. 1990.

③ 薛澜，张强，钟开斌. 危机管理——转型期中国面临的挑战. 北京：清华大学出版社，2003. 6.

勒宾格(Lerbinger)认为,广义的危机可区分为三个大类:第一类,物质界造成的危机(大自然与科技)。自然灾害一向是危机的首要定义。此外,决策者尚需面对新的议题,包括臭氧层破洞与温室效应等生态环境问题;在发达国家,科技所引发的危机可能更甚于大自然引发的危机,比如核泄漏、化学污染、产品瑕疵引发的事件。第二类,人类趋势演进形成的危机(对立与恶意),指由于某些人的期望无法得到满足、沮丧所导致的激烈行为的产生。许多人加入社会行动组织,因而造成了对立甚至引发冲突,激进分子或团体常使用暴力或恐怖手段来达到目的;许多公司面临着遭勒索、电脑被侵入、被散布谣言等各种危机,政府也常成为攻击目标。第三类,管理疏失造成的危机(扭曲的价值观、欺骗与行为不当),包括:当经理人过度关心"底线"且不惜牺牲股东权益所形成的价值扭曲;欺骗、故意隐瞒消费者确实信息;经理人行为不当,可能是不道德的、非法的,甚至是犯罪行为。

Mitroff 等根据内在与外在、人为与非人为的标准将危机分为四类:内在的非人为性危机,如工业意外灾害;外在的非人为性危机,如环境破坏、自然灾害、政府危机、国际危机;内在的人为性危机,如组织冲突、沟通失灵、怠工、厂内产品遭下毒等;外在的人为性危机,如恐怖活动、厂外产品遭下毒或仿冒、被散布谣言等。卡波尼格罗提出,能够对企业产生影响的危机种类包括:员工解雇/流失、财务指标低于预期值、员工士气低落、企业诉讼、歧视/骚扰索赔、负面影响的媒体报道、破坏性的传闻、产品缺陷或质量问题、技术上的失误、有不满情绪的现任或前任员工引发的暴力威胁行为、工作事故、某位高层决策者的突然死亡、丢失主要的客户、政府调查或罚款、天灾人祸、经济抵制或罢工、企业成为并购的目标,等等①。泷泽正雄在《企业危机管理:组织迈向安全经营的法则》中提出企业的危机分类为:投机危机(动态危机),企业活动、社会的经济的变动都

① Mitroff, I. I. and Anagnos, G. *Managing Crises Before They Happen—what every executive and manager needs to know about crisis management*. AMACOM, American Management Association, 2001.

属于其中;纯粹危机(静态危机),包含自然灾害和偶发灾害等[①]。

基于危机种类的各种划分标准的讨论,Rosenthal 和 Kouzmin[②]提出了一个基本的归类方法,即危机的分类方法基本上可以归为两类:一类是基于危机影响的范围,包括国际的和国内的。在国内范围研究时,又细分为地区性、本地和个别组织内。另一类是基于诱因或危机参与者的态度,分为冲突型危机,如国际恐怖主义活动、地方暴乱、暴力冲突和工厂停产等;一致型危机,如切尔诺贝利核电站核泄漏对西欧的影响和工厂火灾等。它们表现为内生型和外生型两种形态[③]。胡宁生提出危机包括能量积累型和能量放大型两种[④]。他认为,不同的判断标准产生不同的划分方式。按动因性质划分,包括自然危机(自然现象、灾难事故)和人为危机(恐怖活动、犯罪行为、破坏性事件);从影响时空范围看,分为国际危机、国内危机、组织危机;从主要成因及涉及范围看,有政治危机、经济危机、社会危机、价值危机;从采取手段看,分为和平的冲突方式(如静坐、示威、游行等)及暴力性的流血冲突方式(恐怖活动、骚乱、暴乱、国内战争等);从特殊状态角度,包括核危机和非核危机。他还提出了综合标准划分,选取危机状态的复杂程度、性质及控制的可能性等指标,从而划分成结构良好的危机和结构不良的危机两种基本类型。

4. 危机的诱因

危机的发生具有其不可忽视的社会原因。一些西方学者基于以往对人性的假设,提出了两种基本假定的思维模式。第一种是以吉尔、亨廷顿和齐默尔曼为代表的危机"偶发"理论。该理论认为,人类的本性是

---

① 泷泽正雄. 企业危机管理:组织迈向安全经营的法则. 徐汗章译. 台北:高宝国际有限公司,1999.

② Rosenthal, U., Charles M. T. The World of Crises and Crisis Management. In: Rosenthal, U., Charles, M. T. (ed.) *Coping with crises: The Management of Disasters, Riots and Terrorism*. Springfield: Charles C. Thomas, 1989; Kouzmin, A., Jarman, A. M. G. Crisis Decision-Making: Towards a Contingent Decision Path Perspective. In: Rosenthal Uriel, Charles Michael T. (ed.) *Coping with crises: The Management of Disasters, Riots and Terrorism*. Springfield: Charles C. Thomas, 1989.

③ 沈致远,李训经,雍炯敏. 研究危机:数学金融学的重要课题. 科学,1999(2).

④ 胡宁生. 中国政府形象战略. 北京:中共中央党校出版社,1999.

追求和平,爱好安宁,向往友好的。危机状态是一种偏离正常秩序轨道的非正常状态,而不是永恒的状态。因此,我们需要说明的是,什么因素使人们行为产生偏离?第二种是以蒂莉为代表的学者提出的危机“固有”的理论。他们认为,人的本性中充满了冲突性和攻击性,而这种攻击性使得人类偏好于在政治领域中最大限度地影响权利和政策。因此,危机和冲突应是人类本性要求而呈现的永恒状态,是一种正常现象。那么,此时我们所需要说明的就变为,是什么因素使得人们用冲突和对抗方式来解决问题。牛文元提出了社会燃烧理论,认为危机事件的发生实际上就是社会系统由有序向无序发展,最终可能导致衰亡(即社会爆发重大突发性危机事件),其内在机理实质是一个由量变到质变、系统逐渐被破坏的进程。他在此基础上提出了社会稳定预警系统。薛澜等提出了从社会因素、组织因素和个体因素三个不同层面来考察危机诱因观点①。从诱发的角度看,学者们将人的内心冲突、外部压力与攻击行为之间的统一性归结为挫折—攻击理论,用戴维斯曲线形象刻画出期望、挫折与冲突发生的关系②。

2.1.2.2 危机影响理论

在危机影响方面,国内外学者从个体、组织和社区层面进行了较多研究,认为危机影响表现为:对人员和财产的伤害③;减缓经济发展④;

---

① 马宗晋.自然灾害与减灾.北京:中国地震出版社,1990;彭可珊.中国现阶段缓发性灾害研究.北京联合大学学报(自然科学版),1997,11(1):16~24;林海.当前世界减灾科技的现状与发展趋势.地球科学进展,1994(6):41~48.

② Charles Wolf. Three Syetems Surrounded by Crisis. In: *The Chinese Economy: A New Scenario*. A Conference Report. Edited by Murray Weidenbaum and Harvey Sicheman. Philadelphia: Foreign Policy Research Institute, 1999;汤敏.世界经济放缓与国际恐怖事件对中国经济的影响.经济纵横,2002(2):42~45.

③ 薛澜,张强,钟开斌.危机管理——转型期中国面临的挑战.北京:清华大学出版社,2003.6.

④ 许文惠,张成福主编.危机状态下的政府管理.北京:中国人民大学出版社,1998;Charles Wolf. Three Syetems Surrounded by Crisis. In: *The Chinese Economy: A New Scenario*. A Conference Report. Edited by Murray Weidenbaum and Harvey Sicheman. Philadelphia: Foreign Policy Research Institute, 1999;汤敏.世界经济放缓与国际恐怖事件对中国经济的影响.经济纵横,2002(2):42~45.

引起政治动荡①；引起社会心理恐慌②。总体上，现有理论主要包括个体反应理论、组织反应理论和社区反应理论三个层面。

(1)个体反应理论

Fisher 和 Henry 分析了人们面对灾难时可能出现的反应。他们归纳了人们对危机的错误观念、对危机预期的原因、灾难中正确的经历，为管理者准确把握受害者的心理提供了很好的参照。见表 2-4。

表 2-4　人们面对灾难可能出现的反应

错误观念	预期的原因	正确的经历
放弃受害的地区	恐惧、恐慌	人们自发地留在受害地
反社会的行为	灾难中未受到社会关注	受害者互相帮助
混乱的、失去判断且不可预测的行为	无力理解和控制形势	人们在压力下显示出更甚于平时的理智
歇斯底里	不可控制、彻底的激动情绪	个别人的歇斯底里，并没有影响到大多数人
抢劫和哄抬物价	自私和机会主义	很少发生，即使发生也是别处的，而非受害者

资料来源：转引自周玲强，邓娟.旅游地灾害管理机制初探.后 SARS 时代的中国旅游业国际研讨会，北京：2003.

秦启文等提出，面对同类突发事件，不同的个体会呈现出不同的心理特征，但同时也存在共性，包括警戒、自信、利他和从众。人们在经历危机时，其心理会出现几种状态：第一，挫折——当人们从事有目的活动时，由于遇到危机导致的障碍和干扰，其需求和愿望得不到满足时的一种消极情绪状态。第二，恐惧——人们对特定危机事件引起的个体无法克服的危险所产生的逃避或自御的心理反应。第三，压力——人们由

① Bruce Koppel. Is Asia Emerging or Submerging? *Nortic Newsletter Studies*, 1997 (4): 5～10; Paul Krugman, Saving Asia: It's time to get radical, No free lunch. Fortune, 1998; 丁学良.对印度尼西亚(1997～1998)经济危机的社会学观察.社会科学战线，2002(4)；叶国文.预警和救援：从"9·11"看政府危机管理.国际论坛，2002,4(3):22～23.

② Lifton, R. F. *Death in life*. New York: Simon & Schuster, 1967; Walster, E., Brscheid, E., and Walster, C. G. W. New directions in equity research. In: Berkowitz(ed.), *Advances in Experimental Social Psychology*. New York: Acedemic Press, 1976; Mitroff, I. I., Murat, C. Alpasian. Coping with a crisis century. *USA Today*, 2002, 131:18～19.

于环境威胁或其他心理或生理难以适应危机后果而产生的身心障碍。第四,责任感——人们对危机中自身承担责任的感知和感受。第五,负罪感——人们受自我良心谴责对自我价值产生怀疑或否定的极端情绪[①]。

(2)组织反应理论

卡波尼格罗认为,对于企业而言,危机可能造成的影响包括:声誉受到明显损害,损害企业的信用以及对企业的信任和信心,员工忠诚度下降,销售量下降,利润减少,使危机造成的损失最小化的必要成本,员工生产力的下降,全神贯注于危机的解决而占用了时间和预算从而减少了营利性的活动,高层人事变动,改进主要产品/服务,企业名称改变。其中"使危机造成的损失最小化的必要成本"主要包括罚款或处罚、诉讼费、危机管理/公关顾问咨询费、向新闻媒体提供材料的费用、交通费和住宿费、信息宣传册、直邮费、电话或电视会议、目标广告、媒体监控费用、大量的上网费用。柴松林指出,企业危机产生之后,可能发生的结果有六个:造成财物的损失:可能会降低利润,甚至导致企业的破产;人身的伤害;产生赔偿的责任;丧失权利;使市场消失;商誉被破坏[②]。

(3)社区反应理论

①Arnold 社区反应理论

从社会学角度,Arnold 认为社区对灾难的迅速反应通常分为几个阶段[③]:第一,在个体和群体层面同时感到震惊(Shock at both the individual and the collective level)。预期之外的事件及严重影响导致压力和无助感及缺乏判断力。当事件带来的压力开始损害适应性反应时,对那些卷入其中者而言也是一个变动因素。第二,否认或防御性撤退。指社区否认处于灾难并试图回到已知安全地带,或试图通过阻止行为来避免危机;防御性撤退包含从影响区域撤离或在影响区内进行战略性转移,使之回到安全区域。通过逃避行为来确保安全,这对重新组合起

---

① 秦启文等.突发事件的管理与应对.北京:新华出版社,2004.19.

② 杰弗里·R.卡波尼格罗.危机顾问.湖北:中国三峡出版社,2001.

③ Booth, S. *Crisis management strategy: Competition and change in modern enterprises*. New York: Routledge, 1993.

到积极推动作用。第三,承认。体现为社区接受变化的现实的转折点。第四,适应。指社区从危机中学习,开发新的处理危机和开展重建的方法。该模型从个体角度揭示了人们面对灾难的心理和行为反应,但这一逻辑顺序可能更适用于个体模式,而非组织或社区层面的群体模式。

②Chan 灾难反应理论

Chan 认为,在灾难发生之际,反应可能涉及更广泛的范围,包括:第一,防卫。对灾难进行预防或调整。第二,适应。调整人类应急系统来适应灾难。第三,撤离。定居在其他区域。第四,无所作为。在上述四方面,无所作为可能很难成为一个能成立的选择,即使某一事件再发生的概率非常有限,一些改善危机长远影响的恢复预案仍然需要加以实施。其他三种战略将取决于灾难危害程度、再发生概率及受影响社区的适应能力[①]。

③Geipel 社区复原理论

Geipel 对社区影响程度及复原力进行了分类,包括:第一,社区未受影响,因此具有援助他人的能力;第二,社区得以逃避,只有少量人员和财产损失,社区体系基本完整无损,正常资源建设弹性使之具有自主复原力;第三,社区损失巨大,必须依靠外力复原,在外力帮助下其体系有能力应对并最终恢复;第四,社区影响巨大,导致体系完全崩溃[②]。该理论主要分析了灾难发生后社区整体恢复能力水平,但未说明社区如何主动进行灾难恢复。

④Granot 非线性理论

Granot 对连续性提出了挑战,他认为,灾难发生地社区的影响更适用于过滤原则,其变化状态呈现非线性特征[③]。他建议"当某一行动在足够多的子系统开始时,社区整个系统开始变化,并影响整个社区应

① Chan, N. W. Flood disaster management in Malasia: An evaluation of the effectiveness of government resenttlement scheme. *Disaster Prevention and Management*, 1995,4(4):22~29.

② Geipel, R. *Disaster and reconstruction*. London: Allen and Unwin, 1982.

③ Granot, H. Proposed scaling of communal consequences of disaster. *Disaster Prevention and Management*, 1995,4(3):6.

对能力”。影响社区应对力的因素包括:第一,社区背景因素(人口、社会经济、政治、文化、组织和资源程度特征)。第二,事件因素。指导致事件发生或事故发生的客观因素。第三,影响因素。即时的可辨别结果,如死亡数、财产损失额等。

⑤Richardson 的循环理论

Richardson 通过对组织危机管理的研究提出了依据“单循环”和“双循环”学习方法来区分社区调整力的观点[①]。在“单循环”状况下,社区对灾难的反应倾向于“或多或少保持传统目标和角色”,而“双循环”对传统的关于“什么是社区管理,它应该做什么”的观念提出挑战。这一方法认识到使用的管理系统可以滋生产生混沌和灾难的元素,组织一方面必须对危机阶段做好准备,另一方面,组织管理者还必须认识到组织本身也是危机的创造者。

2.1.2.3 危机管理理论

危机管理(Crisis Management,CM)并非新的概念。近三十年以来,CM 受到广泛关注。根据调查,在 1990 年,50%的美国大型公司建立了危机管理项目[②]。对危机管理的研究存在不同的导向。Heath 将危机管理看作是影响管理,并强调重点在于减轻影响程度。Siomkos 则强调危机后的恢复。Mitroff 重视制定危机计划。尽管许多学者重点强调持续不断的计划,有一些人则对危机管理模型的有效性提出质疑,但二者都坚信在危机形势下必须坚持不懈地对危机管理进行执行、评估和修正[③]。有关危机管理的代表性理论包括下列内容:

1.危机管理职能

Robert Girr 提出危机研究和管理的目的就是要最大限度地降低

---

① Richardson, B. Crisis management and the management strategy: Time to “loop the loop”. *Disaster Prevention and Management*, 1994,3(3):59~80.

② Pauchant, T. C. and Mitroff, I. I. Crisis management: managing paradox in a chaotic world. *Technological Forecasting and Social Change*, 1990,38(2):117~134.

③ Siomkos, G. J. Managing airline disasters: The role of consumer safety perceptions and sense-making. *Journal of Air Transport Management*, 2000,6(2):101~108; Mitroff, I. I. Crisis Management: Cutting through the confusion. *Sloan Management Review*, 1988, Winter:15~20.

人类社会悲剧的发生。Green 注意到危机管理的一个特征是"事态已发展到无法控制的程度"。危机管理的任务是尽可能控制事态，在危机中把损失控制在一定的范围内，在事态失控后要争取重现控制的情况。Mitroff 和 Pearson 认为，收集、分析和传播信息是危机管理的直接任务。危机发生的最初几小时（或持续时间很长的危机最初几天），管理者应同步采取一系列关键的行动。这些行动是"甄别事实，深度分析，控制损失，加强沟通"。罗伯特·希斯（Robert Heath）用一个简单的几何图形来描述完整的危机管理过程（图 2-1）。在图中，左边两个象限代表危机管理的沟通活动，而右边两个象限代表危机管理的行为构成。上面两个象限反映的是开始清理危机事件的初期阶段，以生理上可见的影响为主，而下边两个象限反映的是恢复管理时期，在该阶段精神影响更加突出。反应和恢复管理中强调的是公众认知。危机管理中所针对的是利益相关者，因为在危机的不可预见的影响中，人们需要对每一利益相关群体进行分析，才能够作出相对准确的判断，从而降低不确定性[①]。

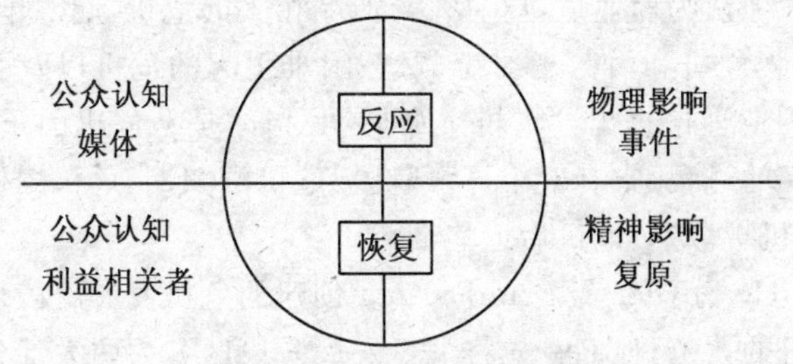

图 2-1　危机管理示意图

薛澜等提出现代危机管理体系的构建包含三个层面：第一，时间序列分析，包括危机预警与准备、识别危机、隔离危机、管理危机、危机后处理；第二，组织行为分析，包括危机中的政府效能、媒体作用、应对网络和法律原则；第三，决策过程分析，包括危机决策流程分析及主要方法等。此外，他们对国际危机管理经验进行了介绍，并选择中国的案例进行了解析。

---

① 罗伯特·希斯. 危机管理. 王成，宋炳辉，金瑛译. 北京：中信出版社，2001.

2.危机管理阶段理论

对于危机管理的阶段界定有多种说法，如预防(Prevention)、准备(Preparation)、反应(Response)和恢复(Recovery)四个阶段(简称PPRR)。美国联邦安全委员会将其修正为：减缓(Mitigation)、准备(Preparation)、反应(Response)和恢复(Recovery)。Heath提出危机管理的4R模型：减少(Reduction)、预备(Readiness)、反应(Response)和恢复(Recovery)。W. Timothy Coombs指出，危机管理涉及四个基本因素：预防(Prevention)、准备(Preparation)、绩效(Performance)、学习(Learn)。这些危机管理阶段界定的实质是把危机管理行为渗透到危机生命周期中，渗透到一个组织的日常行为中①。诺曼·R.奥古斯丁②在其著作《危机管理》中提出危机管理分为六个阶段：预防；拟定危机处理计划、行动计划、沟通计划、防灾演习及确立基本关系；嗅到危机的存在，避免对问题做错误的归类；避免危机扩大；迅速解决危机；化危机为转机，回收部分损失，并开始修补之前的混乱。他主张对力求规避的危机的管理。他认为商业危机包括：与产品相关的危机，起源于意外事故的危机，工程危机和由劳工纠纷、财务困难引起的危机以及恶意收购。危机生命周期理论提出，"危机生命周期"指的是从危机因子出现到被处理"结束"的过程。它有五个显著阶段：危机酝酿期、危机爆发期、危机处理期、危机扩散期、危机后遗症期③。

Glenn H. Snyder与Paul Diesing创建的危机发展阶段理论，是研究国际危机的典范。他们首先将危机发展阶段区分为两大部分，一是前危机阶段，另一个是危机阶段。前危机阶段转变到危机阶段，关键在于"危机门槛"(Crisis Threshold)。在危机处理期，可能会有很多不规则的震荡起伏，表示危机处理不是一次就能彻底完成的，可能需要沟通、协调，或配合各种外交及物理展示等手段。该理论在下列方面引起争议：第一，过了危机门槛，才称危机，在这之前并不称危机。因为危机背

---

① 薛澜，张强，钟开斌.危机管理——转型期中国面临的挑战.北京：清华大学出版社，2003.6.

② 诺尔曼·奥古斯丁等.危机管理.吴佩玲译.台北：天下远见出版公司，2002.

③ 霍士富.危机管理与公关运作：理论、实务与事例.台北：超越企管公司，1996.

后的结构是长期逐渐积累的，因此若过危机门槛才确认为危机，那么危机处理显然要等到过了门槛才进行处理，这自然失去了宝贵的解决先机。第二，该理论缺乏危机处理的指导方针。第三，缺乏客观的危机门槛：该模型未清楚说明危机门槛由谁界定，而模糊的门槛极易使挑衅的一方认为“行动”的后果不会怎样，结果却引发大规模的冲突。第四，危机的解决并不代表已将危机彻底解决，故有后遗症的存在。然而危机发展阶段理论途径，却并未显示。第五，前危机阶段如何变化，如何发展，又如何会跨过危机门槛，未能充分说明。第六，在危机变化的过程中，无法确认是何种变项导致危机增大，何种变项导致危机变小。

在众多的危机管理的阶段分析方法中，有三种最为学界所认同的模型，它们分别是：Fink 的四阶段生命周期模型、Mittroff 的五阶段模型和最基本的三阶段模型。Fink 的模型（简称 F 模型）最早出现在他的文集“Crisis Management: Planning for the Inevitable”中，直到 20 世纪 90 年代才被完整地阐述出来。Fink 认为危机很像疾病，用医学上的名称套用分别为：危机潜伏期（prodromal crisis stage）、危机爆发期（Breakout or acute crisis stage）、危机后遗症期（chronic crisis stage）和危机解决期（crisis resolution stage）。一般而言，危机处理者注重爆发期的应对，属于异常性管理的范畴。而危机管理则应涵盖四个阶段，尤其要重视潜伏期的侦测、预警和危机的检讨反馈、心理恢复，所以危机管理是恒常性的管理，而非异常状态下的权变举措；潜伏期（即警告期）常常是一件事发生转折的一刻。如果病源或问题完全遭到忽略，严重的危机就会迅速袭来，所谓的危机管理，事实上变成了“损害控制”。有时候潜伏期又称作“危机发生前”的阶段。爆发期指事情发展到此阶段，就再也没有挽回的机会。后遗症期即善后期，也是恢复期，自我分析、自我检讨的疗伤止痛期。如果处理危机手法高明，这个时期也可转变成自我庆祝的日子。聪明干练的管理者会运用这一时期，做好进一步的危机管理计划（crisis management planning），分析毛病出在什么地方，并且采取补救措施。与此同时，它也是公司财务动荡不安、人事改组、被其他公司接收或宣布破产的时期。恢复期可能无限期延续下去，但危机处理计划可以缩短这个阶段的时间。解决期是危机发生后的第四个时期,也是最后的一个阶段,更是前述三阶段的目标。一旦发现预兆,处理危机的人就要马上掌握大局,找出解决危机最直接最迅速的方法,转危为安。

第二种流行的阶段研究方法源自 Mittroff。他将危机管理分成五个阶段(简称 M 模型):信号侦测——识别新的危机,发出警示并采取预防行动;探测和预防——组织成员搜寻已知的危机风险因素并尽力减少潜在损害;控制危害——危机发生阶段,组织成员努力使其不影响组织运作的其他部分或外部环境;恢复阶段——尽可能地让组织运转正常;学习阶段——组织成员回顾和审视所采取的危机管理措施,并整理之,使其成为今后运作的基础。

尽管 M 模型和 F 模型在细节上存在明显不同,但本质上具有很大的相似性。M 模型在很大程度上反映了 F 模型,信号侦测、探测和预防可以被看作 F 模型中的潜伏期,不同的只是重视程度:F 模型只是说明危机可以预防,而 M 模型着重怎么预防;控制危害与爆发期以及恢复阶段和后遗症期相对应。危害控制和爆发期都着重在引发事件危害的控制,M 模型更重视如何限制危机的影响,避免危机向组织的"健康"部分传播[①]。关于恢复阶段和后遗症期的阐述也都反映了组织中保持正常运转的自然需求。实际上,衡量危机管理是否成功的一个因素就是正常运转恢复的速度[②]。M 模型强调如何通过危机管理促进组织从危机中恢复,F 模型仅仅指出组织会以不同速度恢复。学习阶段和解决期都意味着危机的结束,然而 F 模型中是危机管理职能的结束,M 模型中却形成了一个循环,经过回顾和自我表现批评审视阶段以及探测、预防阶段提供有效反馈。Gonzalez-Herreo 和 Pratt 也把最后一阶段看作恢复的继续。除了评估和重组,还包括对利益相关者的沟通和追踪[③]。

---

① Augustine, N. R. Managing the Crisis You Tried to Prevent. *Harvard Business Review*, 1995,73(6):147～158.

② Mitroff, I. I. Crisis Management and Environmentalism: A Natural Conflict. *California Management Review*, 1994,36(2).

③ Gonzalez-Herreo, A. and Pratt, C. B. An Integrated Symmetrical Model of Crisis-Communications Management. *Journal of Public Relations Research*, 1996,8(2):79～106.

总体上看，两个模型的根本区别在于M模型更为积极主动，关注危机管理者在每一阶段应该作出的决策；而F模型更具描述性，勾勒出危机的过程，并侧重阐述危机每一阶段的特点。

三阶段模型为Birch和Guth等专家推崇。它把危机管理分为危机前、危机和危机后三个大的阶段，每一阶段再可分为不同的子阶段。F模型和M模型的阶段可以自然地与三阶段相对应，危机前期包括危机征兆、信号侦测、预防等过程；危机阶段可以包括危机爆发时间以至危机正在得到解决的全部阶段，控制危害、危机爆发以及恢复和后遗症期都可以归入此阶段；危机后阶段则涵盖了学习期和解决期①。

总之，以上的阶段划分的研究模型提供了一个可以完整、清晰地研究危机及危机管理的框架与机制。

3. 早期预警体系(EWS)

EWS是危机即将到来的指示器。在危机潜伏期侦探及早期警报是开展有效危机管理的关键。现有研究主要集中在两大方面：第一，为什么组织未能认识和对早期警报作出反应？研究认为，应该预先具备可靠的侦探和解释能力以及高弹性的组织。任何对早期信号在侦探、识别和行动中的失误都是组织冲突的结果，解决的办法在于消除积极危机管理的阻碍识别和行动的因素。第二，如何发现和解释早期警报？研究认为，侦探能力是组织学习、经验和侦探体系的功能。必须提供相应的工具如模型、理论和培训手段等来增强信号识别能力②。

由于威胁的刚性、缺乏预见性③或管理阶层的错误估计④，这些早

---

① 薛澜，张强，钟开斌. 危机管理——转型期中国面临的挑战. 北京：清华大学出版社，2003. 6.

② Milenkovic，G. Early warning of organizational crises：A research project from the international air express industry. *Journal of Communication Management*，2001，5(4)：360～373.

③ Turner，B. A. The organizational and Interorganizational Development of Disaster. *Administrative Quarterly*，1976，21：378～397.

④ Mitroff，I. I. and Pearson C. M. *Crisis Management—A Diagnostic Guide for Improving Your Organization's Crisis-Preparedness*. San Francisico：Jossey-Bass Publishers，1993.

期警报和“贴在墙上的”提示被忽视或者被错误地加以解释。危机管理研究院(ICM)从1990年到1999年的研究成果显示[①],只有23%的商业危机是“没有预警”或“突发”的,大部分危机起初都是“小火星”,带来微小的内部影响,人们能够看到,但未加以重视。75%的危机是由于高层管理者不恰当的行为或不作为所造成的。如果忽视早期警报信号,将造成顾客流失、收益损失和声誉受损等严重后果。为此,必须放弃“杀死送信者”(Kill the messanger)的态度,坦然面对危机。

许多学者都提出,组织危机并非孤立的和在管理阶层影响之外的现象。除非是自然灾害,所有的组织危机都具有以下共同的特征:第一,危机影响因素在产生形式和范围上非常宽泛。早期预警体系可能对危机因素非常敏感,如果对此加以重视,则组织的探测能力会得到加强[②]。第二,早期预警体系在某种程度上归属于不同的危机家族[③]。在危机准备阶段,组织应针对危机家族采用“组合方法”(portfolio approach)和计划而不是就事论事。第三,在危机引爆前,危机会反复地发出早期预警。Clair发现,早期预警和噪声带来危机,它们具有特定性。因此,组织应建立起具有观察市场能力的信号侦探体系以应对不同类型的危机[④]。第四,从结构观点看,组织危机随着时间推移呈现出序列特征,其生命周期通常是循环的和非连续性的,而不是线性的和连续性的。冲突爆发的阶段具有显著特征,但它们往往是不同事件累积[⑤]、

---

① Strozniak, P. Learn to spot early-warning signs. *Industry Week*/IW, 2001, 250(2): 11~12.

② Sheaffer, Z., Richardson, B. and Rosenblatt, Z. Early-warning signals management: A lesson from Baring's crisis. *Journal of Contingencies and Crisis Management*, 1998, 6(1): 1~22.

③ Mitroff, I. I. Crisis Management: Cutting through the confusion. *Sloan Management Review*, 1988, Winter: 15~20.

④ Clair, J. Turning poison into medicine: A grounded theoretical analysis of processes, pathologies, and designs in the detection of potential organizational crises. PhD dissertation, University of Southern California, 1993.

⑤ Turner, B. and Pidgeon, N. *Man-made Disasters* (2nd ed.). Oxford: Butterworth Heinemann, 1997.

系统破坏[①]和对组织内外基本估计挑战[②]的结果。Turner 指出，危机酝酿期长短差异很大，从一个月到 80 年不等。其他研究发现多数危机案例的潜伏期为三年[③]。霍士富提出建立早期警报信息体系[④]。危机预警机制有数量模型和定性分析两种，前者多用于财务管理中，如用多变量分析法来建立预警模型，将各种财务比率综合加权后，判断企业的财务状况。Fink 提出了危机预测的观点，并建立了组织危机预测的晴雨表(图 2-2)。该表以危机影响价值为横轴，反映危机影响的高低，纵轴为因素可能性比例，反映发生危机的概率大小，据此分为红色区、黄色区、绿色区和灰色区[⑤]。不过，越来越多的是危机突然来袭，无法事前予以正确侦测，也难以数量化，只能依赖定性分析[⑥]。

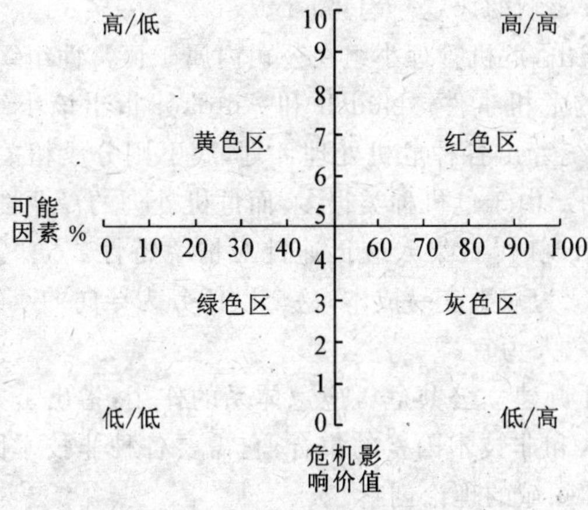

图 2-2　危机晴雨表

① Lagadec, P. *Preventing chaos in a crisis*. London: MacGraw Hill, 1993.

② Turner, B. A. The organizational and Interorganizational Development of Disaster. *Administrative Quarterly*, 1976, 21: 378～397.

③ Tunner, B. and Pidgeon, N. *Man-made disasters*. (2nd ed.). Oxford: Butterworth Heinemann, 1997

④ 霍士富. 危机管理与公关运作：理论、实务与事例. 台北：超越企管公司，1996.

⑤ Fink, S. *Crisis Management: Planning for the Inevitable*. AMACOM, American Management Association, 1986.

⑥ 邱毅. 危机管理：二十一世纪新显学. 台北：中华征信所企业公司，1999.

议题管理(Issue Management)是现代最新的危机处理手段之一，该理论在20世纪70年代已经存在，在不断充实更新后，目前已是企业管理、公共关系、传播等领域的主流危机处理思想。原本“议题”指的是一种会威胁企业的“危机因子”，“管理”强调的是企业有必要及早在经营环境中，标出可能威胁企业的议题，并进行预防处理。议题管理是有系统、有组织地确认危机因子的发展趋势及未来可能的环境变化，以便组织能够发展出最快、最佳的反应策略。所谓“早期界定”，就是在议题刚刚浮现、尚未扩大之际，或议题还没有浮现之时，就抢得“议题管理”的先机。议题管理的实质内容包括：搜寻环境的趋势与议题，对这些趋势与议题进行持续的侦测分析，预测这些趋势与议题的未来变化，界定出对企业组织有影响的议题与趋势。

奥古斯丁指出，危机管理小组在公司内属于恒常性组织，负责处理未来可能发生的危机事件。Nudell 和 Antokol 指出该小组的有效设置，应由召集人统筹出各种危机处理计划，底下则分设相关权责单位，负责任务的推动。由于危机种类很多，而危机处理的专业性也很强，因此当危机情境出现时，召集人应迅速针对情境特性成立“紧急处理小组”来负责办理。为减少交易成本，这个以任务为导向的小组成员不宜过多，一般以五六人为宜。

我国学者强调建立公共危机应急体系的作用，指出公共危机应急系统是技术因素和非技术因素的集合，它需要各种非技术因素的整合和相关社会科学领域的理论创新①。

4. 危机处理流程

Fink 提出危机处理的步骤包括危机预测、遏止危机和制定危机应变计划②。在《企业危机管理：组织迈向安全经营的法则》中提出企业危机管理程序。诺尔曼·奥古斯丁提出了危机管理的动态模式。根据危机管理架构，在危机爆发前，应建立储存相关组织危机信息的知识库，

① 冯惠玲主编. 公共危机启示录——对 SARS 的多维审视. 北京：中国人民大学出版社，2003.

② 泷泽正雄. 企业危机管理：组织迈向安全经营的法则. 徐汗章译. 台北：高宝国际有限公司，1999.

并在专家的指导下，针对各种危机组合，汲取他人危机处理的经验，草拟出最糟剧本，根据这些虚拟之情境，建立危机计划系统。危机计划系统内存在两个次系统，一为危机训练系统，负责最糟剧本的模拟练习；二为危机感应系统，司职危机情境的侦测和预警。

在危机发生时，有两个主要的机制，一个是危机资源管理系统，主控人力、财力、物力和人际网路的资源分配；另一个是危机指挥中心，该指挥中心是危机发生时应对危机机制的心脏，其中包含危机处理小组、危机模拟专家和危机情境监测小组，三者相互搭配，对危机发展状况做及时有效的处理，并拟定可执行的行动计划。此外，危机指挥中心也要随时依情境变化下达命令给危机资源管理系统，征调所必需的各项资源。在危机落幕之后，须由危机资源管理系统向危机评估系统汇报资源耗用状况，并由该系统做危机处理的成本效益评估。此外，危机后的评估系统也要提出危机后复原计划，帮助组织变革与重整。最后，评估系统将此次危机过程中所获得的经验，反馈给储存相关危机信息的知识库，作为危机计划系统执行危机预防作业时的参考，包括：经营理念，经营目的，经营目标，危机管理的目的，危机管理的目标，企业危机的发现、确认，已经确认的危机分析、测定，选择、实施最适当的危机处理手段，危机控制，危机资助，危机处理成果的评估、修正及记录存档等。

系统循环理论用在危机处理方面，主要说明危机因子出现后，会逐渐威胁到社会大众与企业，因此社会领域如何提出解决危机的"要求"，政府体系又如何回应这项"要求"，同时在回应外来危机与挑战之际，政策是否真能化解威胁，如果不能，社会又会如何提出新一轮的"要求"，这是系统循环理论的精髓。故此，系统循环理论强调的变项有："要求"解决危机输入项的类型与强度、在何种情况下危机输入项会动摇政治体系、产生危机的环境因素、系统处理及应付危机的典型方式、信息回馈角色、输出项在转化与处理过程中的角色。

卡波尼格罗提出了危机顾问管理这一概念，他认为危机管理是一种使危机对企业造成的潜在损失最小化，并有助于控制事态的职能。危机管理主要用于使危机对公司声誉所造成的损害最小化，并充分利用危机可能带来的好处。"危机管理"不是"灾难控制"或"危机沟通"的另一种说法，实际上，危机管理的理论和时间范围更广阔，而灾难控制或危机沟通仅仅是在危机发生以后才实施的活动。危机管理涉及一系列的特定活动。

还有一些理论从战略和策略层面研究如何在灾难中生存，典型代表包括 Turner 和 Quarantelli 的理论，其中 Turner 强调战略本身，而 Quarantelli 则侧重战略的实施，见表 2-5 所示。

表 2-5 灾难生存战略组成

战略(Turner，1994)	实施(Quarantelli，1984)
· 组成灾难恢复委员会和建立联席会议机制以共享信息 · 风险评估。确定潜在威胁/灾难并依据发生概率、可能和曾经威胁等进行重要性排序 · 分析短期和长期影响 · 确定避免/减轻影响战略、重要行动、协调机制、职责和资源 · 准备并分发相关机构和组织的指南和救援职责(联系信息必须包含在内)	· 开展灾难演习和训练 · 开展技术训练、知识转移和评估 · 制定相互了解和救援协议 · 教育公众和其他相关者 · 获得、安置并保持相应水准的物质储备 · 开展公众教育活动 · 建立各方非正式沟通机制 · 考虑并沟通未来机构及灾难信息 · 制定组织灾难预案并将其纳入整个社区紧急预案中 · 不断更新陈旧的资料/战略

资料来源：Faulkner，B. Towards a framework for tourism disaster management. *Tourism Management*，2001，22：135～147.

从上述分析可以看出，西方国家学者对于危机的概念、性质、特征和危机管理框架体系及具体的手段和方法从多角度进行了研究，尤其在组织行为方面，指出了大多数危机的突发性本质，同时 Mitroff 和 Fink 提出的危机生命周期阶段理论给指导危机管理提供了清晰的逻辑路径。

然而，多数理论主要关注人为危机，且大多从企业组织层面对建立预警体系、危机应对和危机沟通进行研究，强调企业领导人的作用，对于产业层面的解释可能不足。限于西方市场化程度高的现实，现有成果较少研究除媒体外的政府及其他组织在危机中的作用。

2.2 旅游危机管理研究

1974 年，在当时世界（尤其是发达国家的）旅游业遭受全球范围内能源危机的严重冲击的背景下，旅行研究协会（The Travel Research Association）开始关注危机，该协会年会的主题为“旅行研究在危机年代中的贡献”。旅游研究者们在这次会议上探讨旅行和旅游在灾难和危机时的脆弱性，这是旅游业危机管理方面的首次共同的努力。尽管这次会议的报告只有对某类危机影响的描述和汇报，但还是在旅游科学和实践中率先引入了关于危机的研究课题。

在接下来的 30 年中，旅游研究者们在旅游业危机管理的各个不同方面展开了越来越深入的调查研究。从获得的文献来分析，国内外旅游业危机和危机管理的主要的研究可以概括为两个方面：一方面是前期主流以特定危机事件为对象，对危机影响及反应与管理现象进行的实证分析；另一方面是目前兴起的对旅游业危机管理的基础理论研究。文献涵盖以下领域：危机的定义与分类；危机对旅游业的影响；不同的危机类型研究（包括：恐怖主义与旅游、自然灾害与旅游、战争与旅游、经济危机与旅游、犯罪与旅游、生态危机与旅游等）；危机管理研究（具体分为：危机时期的旅游目的地营销，危机情况下的旅游组织经营和危机后的旅游等）。

2.2.1 旅游危机界定

旅游危机最早是作为安全问题来进行研究的。安全问题作为负面事件研究的一部分，占据特殊的位置。“安全”被界定为害怕自己可能成为暴力犯罪、飞机失事、恐怖分子活动等事件的受害者[①]。对于是否存

① WTO. Document SEC/2/94/BM, 1994.

在独立的旅游危机概念目前学术界尚未有定论。在现有的旅游文献中，旅游危机的定义(或与旅游相关的危机)较少，而那些已出现的定义也仅仅是出于某一特定目的，通常是为了在上下文中间解释特定的危机现象而下的。

Gee和Gain对使用"旅游危机"这一术语的评论为："术语'旅游危机'正在被旅游目的地越来越多地使用，这些目的地的经济由于旅游者数量的急剧下降而出现滑坡。"[①]Sonmez、Bachmann和Alien将"旅游危机"更具体地定义为："任何对旅游业及其相关业务的正常经营构成威胁的事件，由于它负面地影响了旅游业对目的地的认知，进而对旅游目的地有关安全、吸引力和舒适度的声誉造成损害；结果由于旅游者数量及相应的旅游支出减少，使当地旅行和旅游出现衰退，中断了当地旅行与旅游产业活动的持续经营。"[②]Stafferd、Yu和kobina提出："旅游危机是指影响旅游者信心、妨碍旅游业正常运转的各种不曾预见的事件。其中包括那些对目的地形象的影响远甚于对基础设施的影响的诸如洪水、飓风、火灾或者火山爆发等事件，也包括将对目的地的旅游吸引力产生影响的国内动荡、意外事故、犯罪、疾病等事件，甚至也包括诸如汇率的剧烈波动等经济因素。"[③]世界旅游组织(WTO)把旅游危机阐述为："影响旅行者对一个目的地的信心并扰乱继续正常经营的非预期性事件。这类事件可能以无限多样的形式在许多年中不断发生。"[④]

Faulkner[⑤]在其所做的一项旨在构建一个通用的旅游灾难管理模

① Gee, C. and Gain, C. Coping with crises. *Travel & Tourism Analyst*, 1986,6:3～12.

② Sonmez, S. F., Bachmann, S. J. and Alien, L. R. *Managing Crises*. Clemson University Press, 1994.

③ Stafferd, G., Yu, L., and Kobina, A. Crisis management and recovery: How Washington, D. C. hotels responded to terrorism. *The Cornell Hotel and Restaurant Administration Quarterly*, 2002,43:27～40.

④ WTO, *Handbook on Natural Disaster Reduction in Tourist Areas*. Madrid: World Tourism Organization, 1998.

⑤ Faulkner, B. Towards a framework for tourism disaster management. *Tourism Management*, 2001,22:135～147.

型的研究中，将“危机”与“灾难”进行了区分。根据他的观点，危机的根本原因是管理结构和管理活动不当，而灾难则是指旅游目的地所经历的无法预知、且几乎无法控制的变化。Faulkner强调管理的作用，他认为：危机和灾难“是指给事物带来巨大负面影响的事件，管理活动有助于在短期内将其影响最小化并得以恢复”。他还根据危机性质，将危机分为经济、信息、有形、人为、声望和自然等的灾难。他进一步解释道：我们很难明确判断一个事件到底是一次危机还是一场灾难，因为我们很难确定引起破坏的实际原因。除了管理失败造成的危机和外部因素造成的灾难这两类之外[①]，他又增加了另一类被称为“趋势”的事件，这类事件也会影响到旅游业的发展。与危机和灾难相比，趋势的预警信号更容易观察到，比如：发达地区人口出生率降低、人口老龄化将会改变旅游细分市场的特点；全球变暖会对旅游目的地的环境和气候条件造成威胁；资源的短缺，不断增长的世界人口，国家之间的政治、经济联盟将促成新的贸易格局的形成，从而把非成员国挤出有利的市场位置；全球化引起的新的消费者潮流。他进一步指出，尽管趋势没有危机和灾难那样大的震撼作用，但是我们仍然需要通过系统的计划来管理它们，以减轻任何潜在的不利影响。

将旅游业中自然发生的危机和人为导致的危机进行区分十分重要。自然界的危机如由于自然灾害(热带飓风、风暴潮、洪水、雪崩和地震等被认为是旅游业中最重要的自然灾害[②])引发的危机与人为导致的危机相比，二者所产生的结果有着明显的不同。通常，自然界的危机是由不可避免的原因所导致的，而人为的危机则是由人们的行为所导致的，它会使人们在更长时间内丧失信心，负面后果更加严重。1992年发生的洛杉矶事件和旧金山事件就是一例。与旧金山的地震相比，洛杉矶的种族骚乱事件不仅在短期内造成了负面影响，而且对旅游业的长

① Prideaux, B., Laws, E., and Faulkner, B. Events in Indonesia: Exploring the limits to formal tourism trends forecasting methods in complex crisis situations. *Tourism Management*, 2003,24(4):475～487.

② WTO. *Handbook on Natural Disaster Reduction in Tourist Areas.* Madrid: World Tourism Organization, 1998.

期收益产生了负面影响。而旧金山在地震发生的12个月内，旅游人数就已经有所回升①。从危机的发生到危机的严重性为组织所认知，依据两者间隔的时间，可将危机区分为快速爆发的危机（突发性危机）和缓慢显露的危机（渐进性危机）。快速爆发的危机比缓慢显露的危机要经历更加剧烈迅猛的变化。邓冰、吴必虎和蔡利平对相关危机管理现有成果进行了较为全面的综述，提出："从危机产生的根源，可以将旅游业危机划分为旅游业受波及引起的危机、旅游业内部的危机两大类。旅游业受波及引起的危机，是指发生在其他行业里的危机产生的负面影响波及到旅游业，使旅游客源骤减，目的地形象受损的危机，如战争、金融风暴、恐怖主义、公共卫生危机等。旅游业内部的危机，是指发生在旅游业运营的范围内，直接对旅游业或旅游从业人员发生威胁，影响旅游活动的危机，如针对旅游业的恐怖袭击、饭店火灾、旅游娱乐设施发生意外等。"②

总体上，由于缺少被广泛接受的旅游危机定义，影响了该领域研究的科学性。

2.2.2 旅游危机影响与管理的实证研究

学术界对于旅游危机的研究与已经发生的危机密切相关，因而呈现出高度分化和解释性的特点。这部分的研究内容，根据文献集中度和研究对象的时间序列，可以概括为以下几个方面。

1. 旅游与犯罪及社会不稳定

犯罪活动一直以来就是人们日常生活中的一部分，但在旅游活动的背景下分析犯罪活动，较为少见。1995年Kemmer主持的对Longwood的研究中，证实了安全问题在旅行决策过程中的重要性，指出人们在选择旅游目的地时，会将目的地的安全放在考虑的第二位或第三位。这主要是由于旅游活动往往与求新、猎奇、冒险有关，因此旅游者往

① Glaeβer, Dirk. *Crisis Management in the Tourism Industry*. Oxford: Butterworth-Heinemann, 2003.

② 邓冰，吴必虎，蔡利平. 国内外旅游业危机管理研究综述. 旅游科学，2004，18(1)：1～8.

往就成为特别脆弱的袭击目标[①]。该研究认为旅游活动增加了犯罪发生的可能性,并重点讨论了旅游业成为受害者的问题,还就英国旅游者表现出来的对度假犯罪的担忧和恐惧感进行了测量。

Ryan 按照与旅游活动的关系,将犯罪活动分为 5 类。类型 1 为犯罪活动与旅游目的地性质无关,旅游者只是偶尔成为受害者;类型 2 为犯罪地点的选择是源于旅游目的地的性质,目标并不专门对准旅游者;类型 3 为由于旅游者易于袭击而吸引犯罪分子在旅游目的地进行犯罪;类型 4 为针对特定类型旅游者组织的犯罪活动;类型 5 为有组织的犯罪和恐怖团伙针对旅游者和旅游设施采取的各种暴力活动[②]。Cohen 则区分关于"旅游业相关犯罪"和"旅游者相关犯罪"的概念,认为前者指旅游活动中的各种犯罪,包括当地人针对旅游者犯罪、旅游者针对当地人的犯罪、旅游者与旅游者之间的犯罪和当地人针对当地人的犯罪。而旅游者相关犯罪特指当地人针对旅游者的犯罪[③]。

早期关于旅游与犯罪的研究一般侧重探讨旅游活动的增加与犯罪之间的数量关系[④]。Jud 收集了墨西哥 32 个州的数据,发现财产犯罪对旅游业的影响较之暴力犯罪大得多,后者的作用是微弱的,仅仅是辅助性的。对于犯罪对旅游的影响,Wilkinson 认为,如果由于一般的犯罪

---

① Brunt, P., Mawby, R., and Hambly, Z. Tourist victimization and the fear of crime on holiday. *Tourism Management*, 2000,21:417～424.

② Ryan, C. Tourism and crime: A intrinsic or accidental relationship? *Tourism Management*, 1993,14(3):173～183; Santana, G. Crisis management and the hospitality industry. In: *Security and Risks in Travel and Tourism*. Proceedings of the International Conference at Mid Sweden University, 1995,148～167.

③ Cohen, E. Touting tourists in Thailand: tourist-oriented crime and social structure. In: Pizam, A. and Mansfeld, (eds). *Tourism, Crime and International Security Issues*. New York: John Willey & Sons, 1996. 77～90.

④ Mathieson, A. and Wall, G. *Tourism, Economic, Physical and Social Impacts*. Harlow: Longmans, 1982; Jud, G. D. Tourism and Crime in Mexico. *Social Science Quarterly*, 1975,56:324～330; Nicholas, A. L. Using Third-party Advocates in a Crisis. *SCM*, 2003,7(5):6～7; Pizam, A. Tourism and crime: Is there a relationship. *Journal of Travel Research*, 1982,20:7～10.

活动使旅游者成为了受害者，则短期内总体的旅游发展不会受到影响[①]。然而，必须对此予以警觉，因为从长远来看，这会引起人们态度的完全改变。由此将导致人们或者选择另一国为旅游目的地，或者重新选择旅游区域和旅游目的地。而且，这些犯罪活动只会在一定限度内为人们所接受，一旦它们带来的伤亡引起了旅游者的警觉，旅游者的行为就会突然发生改变。即使该旅游目的地长期以来都非常吸引人，也会被人们列为危险的目的地[②]。

Fujii 和 Mak 对夏威夷的情形进行研究后发现，旅游业人数的上升使得当地的入室盗窃和抢劫犯罪明显增多[③]。De Albuquerque 从一项对加勒比海旅游业的调查中发现，旅游人数的增减与美属维尔京群岛(Virgin Islands)行政开支及财产犯罪数量具有密切的关系。他最后得出结论说，以旅游业为主的大量现代活动的影响是导致犯罪率上升的重要原因[④]。而 Pizam 却在对美国的一次全国性调查中发现，旅游业和犯罪之间并没有多少联系[⑤]。但此后他的一项跨文化的研究显示，旅游业使有组织的犯罪增加[⑥]。McElroy 和 De Albuquerque 在后来的拓展研究中，试图划分出包括旅游在内的各种现代活动对犯罪的具体影响范围。虽然结果不尽如人意，但还是表明财产犯罪(包括抢劫)在旅游

---

① Wilkinson, P. Policy Study of Traveller Safety—Confidential Report for the World Trade & Tourism Council, 1993.

② Ahmed, Z. The need for the identification of the constituents of a destination's image: a promotional segmentation perspective. *Review de Tourisme*, 1996,2:44～57.

③ Fujii, E. T. and Mak, J. Tourism and crime: Implications for regional development policy. *Regional Studies*, 1980,14:27～36.

④ De Albuquerque, K. Tourism and crime in the Caribbean: Some lessons from the United States Virgin Islands. In port-au-Prince, Haiti: The Third Annual Meeting of the Association of Caribbean Studies, 1981.

⑤ Pizam, A. Tourism and crime: Is there a relationship. *Journal of Travel Research*, 1982,20:7～10.

⑥ 邓冰，吴必虎，蔡利平. 国内外旅游业危机管理研究综述. 旅游科学，2004,18(1):1～8.

旺季增加，在淡季减少[①]。De Albuquerque 和 McElroy 回顾了旅游和犯罪的文献，并考察了加勒比海地区暴力和财产犯罪的近期历史纪录，发现旅游目的地居民更多遇到的是暴力犯罪，而旅游者则更多遇到针对财产的犯罪和抢劫，同时还给出了一系列的加强旅游业安全的措施[②]。

Tarlow 和 Muehsam 根据 19～20 世纪社会学理论对旅游与犯罪之间的关系进行了研究。他们依据 Durkheim 理论，将其作为一种自然行为偏差的社会现象，同时依据芝加哥学派理论来研究城市化对犯罪的影响，根据马克思的阶级斗争理论将犯罪描绘为阶级矛盾的体现，同时还借鉴了 Veblen 的“炫耀消费”和“休闲阶层”、Tannenbaum 的“标签化”、Ditton 的“控制”、Tonnies 和 Mestrovic 的“心智习惯”等理论。最后，作者使用后现代社会学家如 Baudrillard、Ero、Rojek 和 Urry 等人的观点，即“旅游不仅使现实变得模糊，而且还强化了粗俗文化”和“享乐主义”。作者列举了与针对旅游者的犯罪有关的社会现象及对旅游的影响[③]。Prideaux 则以澳大利亚为例对“享乐主义型形象”和“家庭型形象”的旅游目的地进行了比较。他提出：通过市场营销和广告等来强化“享乐主义型形象”，不仅能够吸引旅游者，同时也促进寻求工作的年轻移民数量上升，这些人与当地没有情感联系但喜欢享受和夜生活。这些与年轻、对金钱的渴望混合在一起带来对酒精和毒品的大量消费进而成为犯罪的根源[④]。Cohen 通过对泰国的研究，揭示了现代社会基

---

① McElroy, J. and De Albuquerque, K. Crime and modernization: The U. S. Virgin Islands Experience. In Kingston, Jamaica: The Seventh Annual Conference of the Caribbean Association, 1982; McElroy, J. and De Albuquerque, K. Crime in the context of modernization: Theories and a Test case. In Charleston SC: The Twentieth Annual Meeting of the Southern Region, 1983.

② De Albuquerque, K. and McElroy, J. Tourism and crime in the Caribbean. *Annals of Tourism Research*, 1999, 26: 968～964.

③ Tarlow, P. and Muehsam, M. Theoretical aspect of crime as they impact the tourism industry. In: Pizam, A. and Mansfeld, Y. (eds.) *Tourism, Crime and International Security Issues*. New York: John Willey & Sons, 1996. 11～22.

④ Prideaux, B. The tourism crime cycle: a beach destination case and social structure. In: Pizam, A. and Mansfeld, Y. (eds.) *Tourism, Crime and International Security Issues*. New York: John Willey & Sons, 1996. 59～76.

本要素与旅游犯罪的关系，如以荒唐价格向旅游者出售珠宝。他提出模糊性（冲突的文化主题存在，如松散而非紧密、正式而非非正式）、不透明（描述社会机构的复杂性和冲突）和二重性（注重形式而非内容如“要面子”）可能都与旅游犯罪存在关系①。

Bloom 以南非为例研究了旅游业中的犯罪和暴力的影响，重点探讨了媒体负面报道对国家旅游形象的作用，他提出：必须给予社区在地区旅游组织机构上的权利，建立旅游相关的人力资源发展目标，重建旅游业应对未来危机的子系统，建立人力和财力快速追踪体系，加强社区责任感和自我行动力，强调透明和控制等②。其他研究则倾向于讨论犯罪或更广义的安全是否对特定旅游目的地的旅游流向产生影响③。还有少量的研究探讨不同旅游者类型、旅游行为与受害者之间的关系，并建议建立地方性司法机构以保证其安全④。

国内学者黄建军在对昆明的旅游犯罪个案进行实证性研究后也得出类似的结论。林香民、赵波等从社会影响角度对旅游犯罪问题作了描述性探讨⑤。

2. 旅游与战争

旅游与战争似乎是文化活动中的两极，即词汇中的一致性和不一致性。但事实上，两类活动却始终交叉在一起：战争旅游、战争之于旅

---

① Eric Cohen. Touting tourists in Thailand: tourist-oriented crime and social structure. In: Pizam, A. and Mansfeld, Y. (eds.) *Tourism, Crime and International Security Issues*. New York: John Willey & Sons, 1996. 77～90.

② Bloom, J. A south African perspective of the effects of crime and violence on the tourism industry. In: Pizam, A. and Mansfeld, Y. (eds.) *Tourism, Crime and International Security Issues*. New York: John Willey & Sons, 1996. 91～102.

③ Pizam, A. Tourism's impacts: The social cost of the destination as perceived by its residents. *Journal of Travel Research*, 1978, 16(4): 8～12; Elliot, L. and Ryan, C. The impact of crime on Corsican tourism. *World Travel and Tourism Review*, 1993, 3: 287～293.

④ Chesney-Lind and Lind I. Y. Visitors as victims: Crimes against tourists in Hawaii. *Annals of Tourism research*, 1986, 13: 167091; Eric Cohen. *The tourist as victim and protégé of law enforcing agencies*. Bangkok: White Lotus, 1987.

⑤ 林香民，王庆鹏，李剑峰. 我国旅游业的发展与旅游安全研究. 安全与环境工程，2003(10)：60～62；赵波. 旅行安全及其保障论略. 江西教育学院学报，2002(4)：31～33.

游、作为战争的旅游、针对旅游的战争、战争中的旅游、作为旅游的战争等往往交织在一起[①]。

Mansfeld 从国际旅游者流动角度，分析了阿以冲突对入境旅游的影响。研究表明，尽管各国大体趋势相近，但对各国影响方式并不完全相同。旅游人数减少与卷入战争的程度高度相关。那些在冲突中采取积极介入姿态的国家，其结果是旅游者数量迅速下降，而未过多介入的国家则下降较少。该研究得出的结论否定了所谓整个中东都属于不适宜旅游的目的地的"中东因素"说[②]。

Mihalic 从总体上分析了战争对旅游业的消极影响，并通过斯洛文尼亚案例进行了验证。结果显示，前南斯拉夫战争导致 1991 年旅游者下降 44％，旅游停留时间下降 39％，两年后这一数据还未恢复到战前水平。这个结果同时反映出不同国家旅游者对战后旅游表现出不同态度，近距离的市场恢复快，而远程旅游市场仍然对该国抱有偏见[③]。有的学者则从战争对某些类型的旅游的促进方面做了研究。Smith 考察"一战"以来美国旅游业的发展以及"二战"对现代大众旅游的影响，探讨了战争与文化变化、战争与纪念意义、英雄主义时代、悼念逝者等之间的关系，发现战争刺激了奖励型、情感型、军事型和政治型的旅游，和战争有关的吸引物是其最大的旅游吸引物类型[④]。Henderson 以越南为

① Diller and Scofidio. Back to the Front：Tourism of War. Basse-Noemandie：FRAC. Commerce，US Travel and Tourism Administration（USTTA），1994，19.

② Mansfeld，Y. War，Tourism and the "Middle East" factor. In：Pizam，A. and Mansfeld，Y.(eds.) *Tourism，Crime and International Security Issues.* New York：John Willey & Sons，1996. 265～278.

③ Mihalic，T. Tourism and warfare—the case of Slovenia. In：Pizam，A. and Mansfeld，Y.(eds.) *Tourism，Crime and International Security Issues.* New York：John Willey & Sons，1996. 231～246.

④ Smith，V. L. War and its tourist Attractions. In：Pizam，A. and Mansfeld，Y.(eds.) *Tourism，Crime and International Security Issues.* New York：John Willey & Sons，1996. 247～264.

例探讨了战争吸引物问题[①]。

3.旅游与政治不稳定

Hall 和 Sullivan 通过克罗地亚和中国 1989 年政治风波两个案例研究政治不稳定对旅游业带来的影响，提出规划和经营者必须建立更成熟的旅游危机管理方法[②]。Lea 研究了南太平洋地区自 1990 年以来由于动荡对旅游地的影响及旅游开发超过当地居民社会安全容忍度后所带来的动荡。他得出结论：当旅游业遭遇政治动荡时，将受到巨大冲击。一旦动荡结束，将很快得到恢复。他预言，未来动荡将主要来自于开发规划不当、习俗疏远和争夺旅游开发中的“好位置”[③]。Wall 分析了旅游业容易成为恐怖主义实现其世界性目标的攻击对象的原因，如引起媒体关注、对经济造成影响。他通过比较爱尔兰和北爱尔兰的数据得出结论：休闲型目的地比家庭型目的地更容易受到攻击，且造成的负面影响更大[④]。

Bar-On 采用线性回归模型分析了地区性敌对事件对地中海 4 个国家(以色列、西班牙、埃及和土耳其)旅游者数据及随后采取的促销手段的效果[⑤]。Wahab 从理论上区分了恐怖主义与其他动荡之间的差异，研究了伊斯兰恐怖主义对 1992 年至 1994 年间埃及旅游业的消极影

---

① Henderson, J. C. Managing a tourist crisis in Southeast Asia: the role of national tourism organizations. *International Journal of Hospitality & Tourism Administration*, 2002,3(1):85～105.

② Hall, C. M. and O'sullivan. Tourism, political stability and violence. In: Pizam, A. and Mansfeld, Y. (eds.) *Tourism, Crime and International Security Issues*. New York: John Willey & Sons, 1996. 105～122.

③ Lea, J. P. Tourism, realpolitic and development in the south pacific. In: Pizam, A. and Mansfeld, Y. (eds.) *Tourism, Crime and International Security Issues*. New York: John Willey & Sons, 1996. 123～143.

④ Wall, G. Terrorism and tourism: an overview and an Irish example. In: Pizam, A. and Mansfeld, Y. (eds.) *Tourism, Crime and International Security Issues*. New York: John Willey & Sons, 1996. 143～158.

⑤ Bar-On, R. R. Measuring the effects on tourism of violence and of promotional following violence acts. In: Pizam, A. and Mansfeld, Y. (eds.) *Tourism, Crime and International Security Issues*. New York: John Willey & Sons, 1996. 159～174.

响。结果显示：这种消极影响由于媒体的渲染使之变得漆黑一团。如果政府采取有效防范措施，同时对从社会和经济层面受到打击的地区提供相应解决方案，针对旅游者的恐怖活动将会得到延迟甚至停止。此外，政府旅游局必须提供相应营销预算以消除人们对实际风险的偏见[①]。Mansfeld 与 Kliot 通过对塞浦路斯的土耳其和希腊两岛战争的案例研究揭示出：尽管消极影响相同，但由于国际社会态度不同，结果却大相径庭。土耳其控制的北岛旅游业全面崩溃，而由希腊控制的南岛由于国际社会的同情和支持，加上自身内部积极的恢复努力，则建立了全新的旅游产业体系。在这里战争成为发展的催化剂[②]。Pizam 对"旅游能够带来和平"的论断进行了验证[③]。他通过对以色列游客到埃及、美国游客到前苏联、土耳其游客到希腊和希腊游客到土耳其的旅行，分析了旅游能否改变人们对敌对国家的态度。结论显示这种变化十分有限，且朝着相反方向变化。他还提出旅行中的措辞、条件和约束限制与东道国居民态度改变之间具有相关性。因此旅游具有改变态度的可能性，但这一目标的实现需要目的地和客源国双方精心规划和组织[④]。Pitts 对发生在墨西哥契亚帕斯(Chiapas)地区的暴动对当地入境及国内旅游的影响进行了深入分析，他发现，尽管暴动导致入境的旅游人数急剧下降，且经济受到消极影响，但总体上并未阻止人们前往该地区旅行。原

---

① Wahab, S. Tourism and terrorism: synthesisi of the problem with emphasis on Egypt. In: Pizam, A. and Mansfeld, Y. (eds.) *Tourism Crime and International Security Issues*. New York: John Willey & Sons, 1996. 175～186.

② Mansfeld, Y. and Kliot, N. The tourism industry in the partitioned Cyprus. In: Pizam, A. and Mansfeld Y. (eds.) *Tourism, Crime and International Security Issues*. New York: John Willey & Sons, 1996. 175～186.

③ Pizam, A. Does tourism promote peace and understanding between unfriendly nations? In: Pizam, A. and Mansfeld, Y. (eds.) *Tourism, Crime and International Security Issues*. New York: John Willey & Sons, 1996. 203～214.

④ Ioannides, D. and Apostolopoulos, Y. Political Instability, War and Tourism in Cyprus: Effects, Management, and Prospects for Recovery. *Journal of Travel Research*, 1999, 38(1): 51～56; Pizam, A. Tourism and Terrorism. *Hospitality Management*, 2002, 21: 1～3; Sonmez, S. F., Apostolopoulos, Y., and Tarlow, P. Tourism in crisis: Managing the effects of terrorism. *Journal of Travel Research*, 1999, 38(1): 13～18.

因在于,原来的文化旅游者(ethic tourist)被 Pitts 称之为"战争旅游者"(war tourist)的新客源所取代。当地旅游业的恢复主要在于重建国内旅游者信心,而建立这种信心仅仅依靠改变该地区安全形象远远不够,关键在于消除暴动产生的根源①。

在政治风险分析领域,Porier 考察了跨国公司在导致危机中的角色,以及政治风险分析在跨国公司和欠发达国家之间的关系变化、属性和扩展范围中所扮演的角色。其他研究者也提出了应对此类危机的对策和建议②。Keck 对旅游政治风险加以归类及评估③,Ascher 对国际旅游壁垒进行研究④,Edgell 阐述了国际旅游政策⑤,Cockrell 分析了不确定环境中国际旅游组织的角色⑥,Chuck 系统介绍了国际旅游企业应对风险及其"应急计划"⑦,Page 从航空安全的角度对旅游危机及安全机制建立的意义进行了阐述⑧。

4.旅游与恐怖主义

由于在过去的几十年中对旅游者的恐怖袭击事件屡屡发生,如恐怖分子劫持客机和游轮,杀害无辜的旅游者等,因此国外学者对这方面极其关注。早在 20 世纪 80 年代,旅游业界的学者们就注意到由恐怖主

---

① Pitts, W. J. Uprising in Chiapas, Mexico: Zapata lives-tourism falters. In: Pizam, A. and Mansfeld, Y. (eds.) *Tourism, Crime and International Security Issues*. New Yokr: John Willey & Sons, 1996. 215～228.

② Porier, R. A. Political risk analysis and tourism. *Annals of Tourism Research*, 1997,24(3):675～686.

③ 朱卓任.国际饭店管理.谷慧敏主译.北京:中国旅游出版社,2002.

④ Ascher, B. Obstacles to International Travel and Tourism. *Journal of Travel Research*, 1984, Winter.

⑤ Edgell, D. L. *International Tourism Policy*. New York: Van Nostrand Reinhold, 1990; Edgell, D. L., Sr. *Tourism Policy: The Next Millennium*. Champaign, IL: Sagamore, 1999.

⑥ Cockrell, N. The Changing Role of International Travel and Tourism Organization, *EIU Travel & Tourism Analyst*, 1990,(5):7.

⑦ Chuck, Gee. *International Hotel Management*. American Hotel & Lodging Institute, 1996.

⑧ Page, S. J. *Tourism Management—Managing for Change*. London: Butterworth Heinemann, 2003.

义和政治动乱引发的旅游业危机。D'Amore 和 Anunza 是最早进行这方面研究的，他们在 20 世纪 80 年代中期就对此类事件做了系统的调查[①]。Richter[②]认为旅行者很容易成为恐怖分子的袭击目标，因为他们往往会被当成是代表其母国的"外交大使"。同时，广泛的媒体报道和多国政府针对恐怖分子的政策，促使了恐怖分子更多地拿旅游者作为袭击目标。Somez 分析了旅游、恐怖活动和政治动荡三者之间的相互关系，他通过对 1980 年到 1998 年的 36 篇相关文献分析发现的研究主题，包括恐怖主义和政治动荡对旅游业需求的影响、恐怖分子袭击旅游业的动机、利用旅游作为政治的工具、政治暴乱对目的地形象的影响、危机管理和恢复营销的效果等[③]。其中 Aziz 在分析埃及旅游和穆斯林组织发动的恐怖袭击之间的深层关系时指出，旅游业入侵了伊斯兰教的文化价值和传统，正是这种把当地人的利益排除在外的豪华型旅游的发展引发了穆斯林组织的暴力行动[④]。

尽管恐怖事件的数量在 20 世纪 80 年代晚期到 90 年代早期开始有所下降，但是从 20 世纪 90 年代后期开始，恐怖主义再度引起世界的关注。1995 年，由瑞典大学主办的第一届旅游业安全与风险研究大会在瑞典召开。与会者包括 20 个国家的代表(包括研究者、旅游业界代表、国际组织以及媒体记者)，讨论的内容覆盖全球范围。这次大会是一次重大的进步，它使人们极大地提高了对旅游业保障与安全问题的认识。代表们提出了"促进全球旅游业相关的风险研究的紧急必要性、旅行与旅游保障和安全问题中媒体所发挥的重要作用、旅游业和居民保

---

① Stafferd, G., Yu, L., and Kobina Armoo, A. Crisis management and recovery: How Washington, D. C. hotels responded to terrorism. *The Cornell Hotel and Restaurant Administration Quarterly*, 2002, 43:27～40.

② Richter, L. K. and Waugh Jr., W. L. Terrorism and tourism as logical companions. *Tourism Management*, 1986, 7(4):230～238.

③ Somez, S. F. Tourism, terrorism, and political instability. *Annals of Tourism Research*, 1998, 25:416～456.

④ Aziz, H. Understanding attacks on tourists in Egypt. *Tourism Management*, 1995, 16(2):91～95.

障与安全地方网络建设的必要性”等问题[①]。根据大会建议，在Ostersund成立了“旅游业安全与风险中心”。1996年夏季不断发生的恐怖事件，进一步强化了该研究的紧迫性。1997年萨格勒布的旅游业研究协会和克罗地亚萨格勒布大学的经济系主持召开了题为“战争、恐怖主义、旅游业：危机与振兴时期”大会。这次克罗地亚会议为旅游业和旅游界学者们提供了一个论坛，使他们能够对由恐怖主义、政治斗争和犯罪活动引起的旅游业危机的振兴策略进行探讨。

1998年以后，这方面的研究重点是面临恐怖危机时旅游业所遭受的影响以及如何防范与处理危机的各种方法、技术与经验的探讨和措施评估。Tarlow阐述了如何预防和应对旅游活动中的不安全因素[②]。Kavanaugh通过美国俄亥俄州恐怖事件案例探讨了应急机制所产生的积极影响及旅游教育组织如何通过危机倡导参与型学习[③]。针对美国的“9·11”事件，Goodrich描述了对美国旅行和旅游业的即时影响[④]。Blake与Sinclair通过建立可计算的一般均衡模式，对美国“9·11”事件引起的旅游危机以及潜在的和实际的危机反应所产生的效果进行分析发现，具体的目标津贴和减免税收是旅游业危机管理的最有效手段[⑤]。WTO也对“9·11”事件进行了分析，研究了补救行动并做了展望[⑥]。Frisby分析了“9·11”事件和口蹄疫的爆发对英国旅游业

---

① Johansson, A. and Nyberg, L. Tourism conference on safety and establishment of a center. *Annals of Tourism Research*, 1996, 23:724～725.

② Tarlow, P. E. *Event Risk Management and Safety*. New York: John Wiley & Sons, 2002.

③ Kavanaugh, R. R. 通过参与性学习提高饭店专业教育质量. 中国旅游饭店, 2003(5).

④ Goodrich, J. N. September 11, 2001 attack on America: a record of the immediate impacts and reactions in the USA travel and tourism industry. *Tourism Management*, 2002, 23:573～580.

⑤ Blake A. and Sinclair, T. M. *Tourism Crisis Management: Response to Semptember 11*. Christel DeHaan Tourism and Travel Research Institute, Nottingham University Business School, 2002.

⑥ WTO. *Tourism after 11 Semptember, 2001: Analysis, remedial actions and prospects*. Madrid: World Tourism Organization, 2002.

的影响[①]。Stafford 等考察了华盛顿饭店业对"9·11"危机的反应，说明当地饭店业如何与其他部门合作来面对这些难以预料的情形以及制定恢复策略，并以"9·11"事件危机管理的经验和教训作为其他地方饭店业危机预防策略或者危机发生后恢复策略参考[②]。Fainstein 在"9·11"事件一周年后针对纽约旅游业的调整，反思"9·11"事件和恐怖主义战争的影响[③]。

此外，Henderson 和世界银行分析了印度尼西亚巴厘岛爆炸事件与旅游业的关系，揭示了旅游业的脆弱性，对当年发生的巴厘岛惨案所造成的影响和采取的措施做了评价[④]。Leslie 以北爱尔兰为例，透视了恐怖主义与旅游之间的关系问题[⑤]。

在我国，有高舜礼和任佳燕[⑥]的关于"9·11"事件对我国入境旅游影响的研究等。

5. 旅游与经济、金融危机

在全球经济趋向一体化的过程中，一国或一地区的经济如果产生危机，必然会影响旅游、特别是国际旅行的流向。Crouch 指出，对于国际旅行的价格衡量、境外目的地的旅游商品和服务的外汇价格以及不

---

① Frisby, E. Communicating in a crisis: the British Tourist Authority's response to foot-and mouth outbreak and 11th Semptember, 2001. 2002, 9(1): 89～100.

② Stafford, G., Yu, L., and Kobina Armoo, A. Crisis management and recovery how Wasgington, D. C. hotels responded to terrorism. *The Cornell Hotel and Restaruant Administration Quarterly*, 2002, 43: 27～40.

③ Fainstein, S. S. One year on. Reflections on September 11th and the "War On Terrorism": regulating New York City's visitors in the aftermath of September 11th *International Journal of Urban and Regional Research*, 2002, 26(3): 591～595.

④ Henderson, J. C. War as a tourist attraction: the case of Vietnam. *International Journal of Tourism Research*, 2003, 2(4): 269～280; World Bank. Confronting crisis: impacts and responses to Bali Tragedy. Retrieved June 20, 2003, from: www.balisos.com/pages/CGI/BaliUpdated－Jan－21－2003.pdf.

⑤ Leslie, D. Terrorism and Tourism: The Northern Ireland Situation—A Look behind the Veil of Certainty. *Journal of Travel Research*, 1999, 38(1): 37～40.

⑥ 高舜礼，任佳燕. 浅析"9·11"恐怖事件对中国入境旅游的影响. 旅游调研. 2001(11): 35～38.

同汇率的影响是旅游业所要考虑的重要变量①。Agarwal 考察了商业经营发生的一般性经济危机所造成的影响以及旅游景区的重新恢复政策②。

发生在最近一次的经济危机是在 20 世纪 90 年代末期的亚洲金融危机，Pine、Chan 和 Leung 评估了这次金融危机对旅游业的影响及旅游业发展的趋势③。Raab 和 Schwer 调查了亚洲金融危机对拉斯维加斯博彩收入的短期和长期影响④。Sausmarez 研究了亚洲金融危机对马来西亚旅游业的影响，并对旅游业及其他部门采取的应对措施进行了回顾，提出公共和私人部门建立危机应急基金等的必要性⑤。Prideaux 对危机与旅游业的关系进行了全面和深入的分析，在评估此次金融危机对旅游业的影响方面作出了重要的贡献⑥。鞠文风、周玲强和梁昭等也做了亚洲金融危机对我国国际旅游业的影响及对策研究⑦。

在研究方法上，对经济影响的研究，境外一些学者的研究偏重于从计量经济学角度进行研究，通过建立模型揭示危机对一个国家或特定

---

① Crouch, G. L. The study of international tourism demand: a review of findings. *Journal of Travel Research*, 1994,33(1):12～23.

② Agarwal, S. Restructuring and local economic development: Implications for seaside resort regeneration in Southwest Britain. *Tourism Management*, 1999,20:511～522.

③ Pine, R., Chan, A. and Leung, P. The current and future impact of Asia's economic downtown on the region's hospitality industry. *International Journal of Contemporary Hospitality Management*, 1998,10(7):252～256.

④ Raab, C. and Schwer, R. K. The short- and long-term impact of the Asian financial crisisi on Las Vegas Strip baccarat revenues. *International Journal of Hospitality Management*, 2003,22(1):37～45.

⑤ Nicolette de Sausmarez. Malaysia's Response to the Asia Financial Crisis: Implications for Tourism and Sectoral Crisis Management. *Journal of Travel & Tourism Marketing*, 2003,15(4).

⑥ Prideaux, B. Tourism Perspectives of the Asian Financial Crisis. *Current Issues in Tourism*, 1999,4(2):279～293.

⑦ 鞠文风. 关于金融危机对去年中国旅游业影响情况的专题研究报告. 旅游调研，1999(6):18～23；周玲强. 亚洲金融危机对我国国际旅游业的影响及对策研究. 浙江大学学报，1999(1)；梁昭. 东南亚金融危机对我国旅游业的影响. 北京第二外国语学院学报，1998,83(6):46～47.

目的地或某一产业的影响的研究。Dwyer 等依据 Monash 模型建立了多区域 CGE 旅游危机影响模型，通过该模型对 2003 年 SARS 和伊拉克战争对澳大利亚旅游业的直接影响及对经济的影响进行了分析，并通过模拟，对 2004 年经济进行了预测。他们的结论认为：当危机发生时必须考虑替代品消费①。

Kuo Chun-Min 和 Jin We 采用 ARIMA 模型（干预模型）研究了"9·11"事件、台湾地震及 SARS 等灾难对中国台湾地区饭店业的影响，提出危机强度、持续时间及与危机发生地距离对产业冲击正相关②。

在前文中提到的我国学者的研究则主要是通过统计数据变化说明影响的程度，而未通过建立模型进行分析和检验。

6. 旅游与自然灾难及事故

有关因自然灾害而发生的旅游业危机，除了个案的研究（如澳大利亚 Katherine 的洪水③、台湾地震的破坏和恢复等）之外，研究者们还做了很多工作，主要有减少灾后影响的工作手册④、危机后恢复措施的评估、灾后旅游营销对策等。2004 年底印度洋海啸发生后，引起国际社会对自然灾害的重新关注。此外，还有针对一般性的旅游者事故或航空飞

① Larry Dwyer, Peter Forsyth, Ray Spurr and Thiep Van Ho. Impacts of a tourism crisis: The Effect on the Australian economy of the 2003 SARS and Iraq induced tourism downturn. In: Kaye Chon, Cathy Hsu and Nobuyuki Okamoto (eds.). *Globalization and Tourism Research: east meets west.* Asia Pacific Tourism Association Tenth Annual Conference, Conference proceedings, 4～7 July, 2004, Nagasaki, Japan, 2004, 469～478.

② Kuo Chun-Min and Jin We. The impact on intervention events on the international hotels in Taiwan. In: Kaye Chon, Cathy Hsu and Nobuyuki Okamoto (eds.). *Globalization and Tourism Research: east meets west.* Asia Pacific Tourism Association Tenth Annual Conference, Conference proceedings, 4～7 July, 2004, Nagasaki, Japan, 2004, 856～867.

③ Faulkner, B. and Vilulov, S. Katherine, washed out one day, back on track the next: a post-morterm of a tourism disaster. *Tourism Management*, 2001, 22: 331～344.

④ WTO. *Handbook on Natural Disaster Reduction in Tourist Areas.* Madrid: World Tourism Organization, 1998.

行事故的研究[①]。

我国尽管对灾害研究很多，但从旅游角度的研究成果比较少见，如刘赵平就洪涝灾害对我国旅游业的影响进行的实证研究[②]。

7. 旅游与公共卫生

公共卫生领域的危机也越来越受重视。这方面的研究包括一些特定危机事件如艾滋病[③]、国际旅游与公众健康事件[④]、口蹄疫危机对旅游业的影响和对策[⑤]。SARS 后我国出现了较多对公共卫生领域危机的研究成果[⑥]。

Richter 专门研究了国际旅游与全球公共健康的关系。她对全球旅游导致的公共健康危机进行了探讨，认为人口增长、森林采伐、放松管制、分权化、私有化和权力分散等使应对公共健康危机的紧迫性进一步加强。由于国际交往的增加，加强管制和合作变得越来越重要。

从现实研究看，世界旅游组织就 SARS 对世界旅游业的影响进行了调查，揭示了世界主要国家在入境旅游、出境旅游及国内旅游方面受到冲击的程度，并提出：必须开展积极的沟通和信息共享，采取全面控制措施。世界旅游组织认为，政府和卫生部门的反应行动、与世界卫生组织和全社会的合作，都有助于防止 SARS 出现。在 2003 年 5 月 15 日至 17 日召开的第三届全球旅游峰会上，世界旅游理事会从总体影响、旅游需求、旅游出口、旅游 GDP、旅游就业等角度就 SARS 对世界旅游

---

① Henderson, J. C. Communication in a crisis: Fights SQ 006. *Tourism Management*, 2003,24(3):279～287.

② 刘赵平. 关于 1998 年洪涝灾害对旅游业影响情况的专题研究报告. 旅游调研，1999(2):23～27.

③ Cohen, E. Tourism and AIDS in Thailand. *Annals of Tourism Research*, 1998,15: 467～486.

④ Richter, L. K. International Tourism and its Global Public Health Consequences. *Journal of Travel Research*, 2003 May:340～347.

⑤ Frisby, E. Communicating in a crisis: the British Tourist Authority's response to foot—and mouth outbreak and 11th September, 2001. 2002,9(1):89～100.

⑥ Mason, P. Grabowski and Wei Du. Severe Acute Respiratory Syndrome, Tourism and the Media in International. *Journal of Tourism Research*, 2005,7(1):11～21.

业的影响发布了专门报告①。

相对而言，由于SARS在国内外的爆发和控制，对旅游危机管理的研究主要集中在对SARS的影响及对策的研究方面。代表性成果包括：何光玮、李盛霖等系统收集了SARS发生后各国旅游管理部门领导及学者进行的研究成果，阐述了旅游业的敏感性特性，反思我国旅游业的地位及作用，并介绍了国家及部分地区针对SARS所采取的对策及建议②。

张广瑞、魏小安主编的《中国旅游业：SARS影响与全面振兴》一书收集了SARS发生后我国旅游业部分研究成果，内容涉及SARS影响、应对措施、危机管理、形势判断、政策动态、振兴策略和国际借鉴等方面。魏小安提出SARS对中国旅游业是一个危机，并分析了各类旅游企业采取的措施。他认为，从总体来看，一年重创，两年恢复，三年发展的形势是完全可能的，这也就意味着至少在两年之内，旅游业全行业处于低谷运行的状态；杜一力对后SARS旅游业进行了剖析。其他研究还包括：石培华等提出旅游产业的第四特性是“敏感产业”，并就我国旅游产业轻视危机管理现状提出从宏观层面开展“风险管理”的必要性，及重建对策③。李九全等在理论研究基础上提出，旅游业危机管理是“为避免和减轻危机事件给旅游业所带来的严重威胁，通过研究危机、危机预警和危机救援达到恢复旅游经营环境、恢复旅游消费信心的目的，进行的非程序化的决策过程”。旅游危机管理体系包括政府（主要指政府旅游主管部门）、旅游企业、旅游从业人员、公众（旅游者）等多个行为主体；其主要途径包括沟通、宣传、安全保障和市场研究等方面④。马勇、王勇探讨了SARS与中国旅游业可持续发展问题，提出建立预

① 张广瑞，魏小安主编.中国旅游业：SARS影响与全面振兴.北京：社会科学文献出版社，2003年.

② 何光玮，李盛霖主编.走出SARS——中国旅游业的振兴与发展.北京：中国旅游出版社，2004.

③ 石培华.“非典”后的经济重建与风险管理.旅游学刊，2003，18(4)：46～47.

④ 李九全，李开宇，张艳芳.旅游危机事件与旅游业危机管理.人文地理，2003，18(6)：35～39.

警和应变系统，扩展安全和健康概念[①]；舒伯阳、何彪将旅游危机分为安全危机、形象危机和政治危机，提出应全面认识旅游业危机，适时进行危机管理，并从政策资源、媒体资源、人力资源、物质资源和技术资源层面提出应对 SARS 的对策[②]。潘皓波和邱丹等分析了 SARS 对中国旅游业影响及旅游产业应对措施，提出应制定旅游环境中公共卫生及健康的行业标准，创造新形象，规范旅游市场，推进网上旅游等建议[③]。黄福才、黄颖华从一般危机管理阶段理论出发，提出了我国旅游危机管理中的预防、准备、反应和恢复(PPRR)模式，李树民等建议建立旅游危机预警机制[④]。王建平研究了 SARS 改变人们生活的几大趋势，并提出提升饭店业经营管理的启示[⑤]。此外，嵇振年和周丰年也对 SARS 引发的危机管理从不同层面进行了探索[⑥]。

2.2.3 旅游危机影响与管理的基础理论研究

旅游业危机影响与管理的基础研究，包括旅游特性与危机影响测度、旅游者安全感知与消费行为、旅游危机管理理论模型等几个方面。

1. 旅游特性与危机影响测度研究

旅游研究者们尤其关注旅游业特性的研究，希望能从根本上对其做出解释。一些学者对旅游目的地及旅游者对灾难的脆弱性作了研究，他们认为旅游者比其他人更容易面临危险[⑦]。许多位于遥远旅游目的地的高风险不仅来自自然灾难(诸如台风、火山爆发等)，同时还面临劫

---

① 马勇，王勇. SARS 冲击与中国旅游业的可持续发展. 中国旅游报，2003－5－30(7).

② 舒伯阳，何彪. 从 SARS 事件看中国旅游业的危机管理. 中国旅游报，2003－5－30(7).

③ 潘皓波，邱丹. 中国旅游业直面 SARS. 中国旅游报，2003－5－20.

④ 黄福才，黄颖华. 论 SARS 后中国旅游业危机管理机制建设. 北京：后 SARS 时代中国国际旅游研讨会，2003；李树民，温秀. 论我国旅游业突发性危机预警机制建构，西北大学学报(哲学社会科学版)，2004，5：45～48.

⑤ 王建平. 非典对提升饭店业经营管理的启示. 旅游学刊，2003，18(4)：11～13.

⑥ 嵇振年，周丰年. SARS 对旅游行业的影响及建议. 旅游调研，2003(7)：12～14.

⑦ Drabek, T. E. Disaster responses within the tourism industry. *International Journal of Mass Emergencies and Disasters*, 1995, 13(1): 7～23; Murphy, P. E. and Bayley, R. Tourism and disaster planning. *Geographical Review*, 1989, 79(1): 36～46.

机和其他恐怖主义活动的威胁。正如 Luhrmann 观察到的那样：当安全措施的广泛使用使传统的目标（如政治家和外交人员）对恐怖分子的吸引力下降时，旅游者越来越多地成为其软性攻击目标。此外，面对灾难，旅游者自身比当地居民更脆弱，因为他们对当地风险及能够预防风险的资源等了解更少，独立性更弱[①]。

此外，由于媒体的渲染，通常灾难对市场的负面影响往往被过度扩大[②]，正如 Young 和 Montgomery 所言："危机对所有旅游目的地市场能力具有潜在的危害性，尤其是在谣言和媒体加以歪曲和误导时。"[③]由于正常沟通体系被破坏，加上媒体时效性限制了报道准确性及广泛关注带来的轰动效性，灾难情形便为错误信息提供了肥沃的土壤。媒体报道对受灾旅游目的地往往存在致命的影响，原因在于休闲旅游往往为可自由支配的部分。在消费者心目中"对天堂的渴望可能立即成为地狱之旅，而大部分旅游者通常会加以规避"[④]。从经济学角度看，"由于旅游者所消费的为快乐、利益性产品和服务，因此在灾难情景下，旅游需求比其他产业具有更高的弹性系数"[⑤]。由于媒体的作用力及负面影响长时间停留，旅游目的地往往要比服务体系等恢复常态需要更长时间。这在许多旅游危机中已经得到印证，如 1987 年的斐济政变、1989

---

① Glaeβer, Dirk. *Crisis Management in the Tourism Industry*. Oxford: Butterworth-Heinemann, 2003.

② Cassedy, K. *Crisis management planning in the travel and tourism management: A study of three destinations and a crisis management planning manual*. San Francisco: PATA, 1991; Murphy, P. E. and Bayley, R. Tourism and disaster planning. *Geographical Review*, 1989, 79(1): 36～46.

③ Young, W. B. and Montgomery, R. J. Crisis management and its impact on destination marketing: A guide to convention and visitors bureaus. *Journal of Convention and Exhibition Management*, 1998, 4.

④ Cassedy, K. *Crisis management planning in the travel and tourism management: A study of three destinations and a crisis management planning manual*. San Francisco: PATA, 1991, 4.

⑤ Gonzalez-Herrero, A. and Pratt, C. B. Marketing crises in tourism: Communication strategies in the United States and Spain. *Public Relations Review*, 1998, 24(1): 86.

年洛杉矶大地震和1989年中国的政治风波①。

旅游业极易受到危机的影响,原因之一就是旅游各个环节之间是高度依赖的,极易产生连锁反应的。Tarlows、Faulkner 和 Moscardo 认为,旅游业以"多方位的混沌"(dynamic chaos)著称。Santana 论述了全球化时代旅游业的脆弱性(vulnerability)②。世界银行在巴厘岛爆炸事件之后,考察了巴厘岛旅游经济的脆弱性③。我国学者在 SARS 过后,也对旅游业的特性做出自己的思考,针对"旅游是脆弱性产业"的观点,张广瑞、魏小安等从我国旅游业强劲发展的态势出发,强调旅游业是"敏感的"、"弹性的",但并不"脆弱"④。

总体上看,现有成果对旅游业的敏感性特征及其形成进行了剖析,尤其提出媒体过度渲染具有加速作用,对于危机中的沟通等具有现实意义。然而,尽管旅游对国内政治、经济、军事和文化事件的变化表现出极大的敏感性,但是对于灾难和危机的归类及对其影响测度研究,尤其是从数量上加以衡量还显得比较薄弱。

2. 旅游者安全感知与消费行为研究

心理学中与旅游业危机最为相关的是旅游感知、体验与目的地形象(声誉)等理论。在心理学中风险和形象是不可分的,因为两者都是通过个体对未来不确定是否会发生的事件(风险)、而不是当前的目标/事件的认知过程和其感知联系在一起的。正是两个概念之间这种不可分的关系,将旅游者和目的地联系在一起。旅游者对某地的感知,形成了目的地形象。旅游者决定是否前往某个目的地,是根据形象而不是现实。因此,目的地营销能否成功,在很大程度上依靠潜在旅游者头脑中确定和形成的目的地形象。旅游者选择目的地依赖于旅游者心理认为

---

① Murphy, P. E. and Bayley, R. Tourism and disaster planning. *Geographical Review*, 1989,79(1):36～46.

② Santana, G. Global safety and national security. In: Wahab, S. and Cooper, V. (eds.) *Tourism in the age of globalization*. London: Routledge, 2001. 213～141.

③ World Bank Vulnerabilities of Bali's tourism economy: A Preliminary Assessment. Informal World Bank Staff Paper, Retrieved June 20,2003, from: Inweb 18. worldbank. org.

④ 张广瑞,魏小安主编. 中国旅游业:SARS影响与全面振兴. 北京:社会科学文献出版社,2003.

潜在目的地能提供给他们需要的相关事物。因此，目的地形象是激发旅游业的重要刺激物，不管形象是否真实地代表了该地所能提供的东西，它都有可能是目的地选择过程中的关键因素[①]。在旅行中，旅游者过去的旅行经历、风险的类型以及对安全的感觉程度都会影响旅游者将来的旅行行为[②]。Somez 等以信息集合理论和安全动机理论为框架，解释为什么旅行者会避免某些目的地。他们详细考察包括国际旅行经历、对风险的感知程度、国际旅行的态度、年龄、性别、受教育程度、收入和家庭是否有孩子等在内的相关变量，以研究选择因素和国际度假旅游决策过程中的几个关键阶段之间的关系。研究发现，国际旅行态度、风险感知程度和收入对国际度假目的地选择有直接影响(见图 2-3)[③]。Hall 等提供了一个针对目的地政治特征的媒体角色、政府政策和旅游者态度的理论模型(见图 2-4)[④]。

在实证研究方面，George 通过对 438 份去南非开普顿度假的旅行者的调查的反馈研究，建议旅游产业和法律制度上要同时对犯罪采取防范措施[⑤]。Lovelock 在对新西兰进行实践研究的基础上考察了旅游

---

① Baloglu, S. The relationship between destination images and sociodemographic and trip characteristics of international travelers. *Journal of Travel Research*, 1997, 36:11～15; Dann, G. M. S. Tourists' images of a destination—an alternative analysis. *Journal of Travel and Tourism Marketing*, 1996, 5(1/2):41～55; Fakeye, P. C., and Cromptong, J. L. Image differences between prospective, first time, and repeat visitors to the Lower Rio Grande Valley. *Journal of Travel Research*, 1991, 30:10～16; Gartner, C. G. and Hunt, J. D. An analysis of state image change over a twelve-year period(1971～1983). *Journal of Travel Research*, 1987, 26:15～19.

② Somez, S. F. and Graefe, A. R. Influences of terrorism risk on foreign tourism decision. *Annals of Tourism Research*, 1998, 25(1):112～144.

③ Somez, S. F. and Graefe, A. R. Determining Future Travel Behavior from Past Travel Experience and Perceptions of Risk and Safety. *Journal of Travel Research*, 1998, 37(2):171～176.

④ Hall, C. M. and Vanessa O'Sullivan. Tourism, political stability and violence. In: Pizam, A. and Mansfeld, Y. (eds.) *Tourism, Crime and International Security Issues*. New York: John Willey & Sons, 1996. 105～122.

⑤ George, R. Tourist's perceptions of safety and security while visiting Cape Town. *Tourism Management*, In Press, Corrected Proof, 2002.

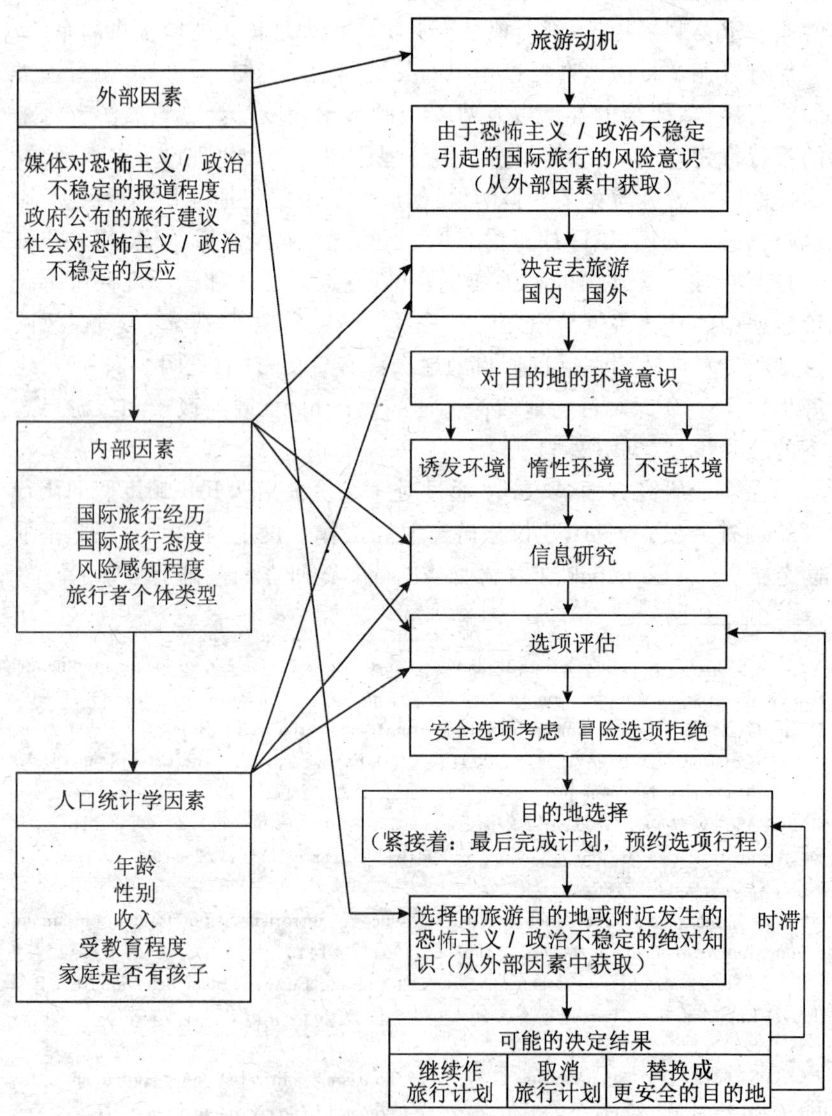

图 2-3　国际旅游决策过程模型

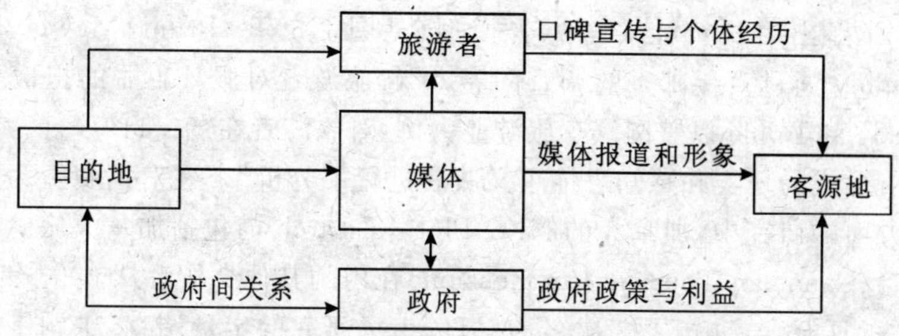

图 2-4 政治不稳定、动荡和形象形成过程

资料来源：Hall，C. M. and Vanessa O'Sullivan. Tourism，political stability and violence. In：Pizam，A. and Mansfeld，Y. (eds.) *Tourism，Crime and International Security Issues*. New York：John Willey & Sons，1996. 105～122.

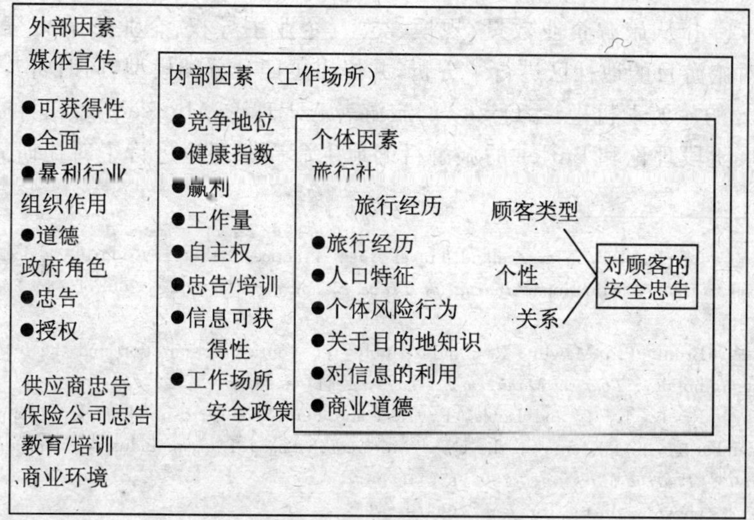

图 2-5 旅行社安全忠告模型

资料来源：Lovelock，B. New Zealand Travel Agent Practice in the Provision of Advice for Travel to Risky Destinations. *Journal of Travel & Tourism Marketing*，2003，15(4)：264.

事故的范围和程度，分析了旅游者危险体验情景及对各国安全等级评估，并提出了旅行社安全忠告模型（见图 2-5）[①]。Brunt、Mawby 和 Hambly 通过直接邮寄的调查问卷，了解旅游者对假日犯罪的担忧[②]。Ready 和 Dobie 以美国汽车旅游业为例，对旅游者在"9·11"事件背景下所形成的现实和感知恐怖主义威胁进行了分析[③]。在对消费行为影响方面的研究中，加拿大的 NFO Plog Research 与包括加拿大旅游委员会（Canadian Tourism Commission）在内的其他合作者从 2003 年 5 月 31 日至今，进行了 3 次名为 CTC 市场研究的定量调查，主题围绕 SARS 对美国旅游者的影响[④]。国内的研究中，吴必虎等研究了中国的大学生对旅游安全的感知评价[⑤]。张文等就 SARS 对中国旅游者的影响进行了分析[⑥]。

3. 旅游危机管理理论模型

(1)旅游目的地社区能力模型

Koh 从旅游企业数量、规模、类型、企业主导权、企业影响力等方面对旅游目的地社区进行了分析，并提出了四种分类模型，同时将其与 Plog 的旅游动机理论、Doxey 的旅游者心理理论、Miossec 旅游目的地发展阶段理论和 Butler 的旅游目的地生命周期理论进行了对比研究。

---

① Lovelock, B. New Zealand Travel Agent Practice in the Provision of Advice for Travel to Risky Destinations. *Journal of Travel & Tourism Marketing*, 2003,15(4):259～279.

② Brunt, P., Mawby, R., and Hambly, Z. Tourist victimization and the fear of crime on holiday. *Tourism Management*, 2000,21:417～424.

③ Ready, K. J. and Dobie, K. Real and Perceived Terrosit Threats: Effects of September 11,2001 Events on the U. S. Motorcoach-Based Tourism Industry. *Journal of Travel & Tourism Marketing*, 2005,15(4).

④ www.world-tourism.org. 2003.9.

⑤ 吴必虎，张晓，李咪咪. 中国大学生对旅游安全的感知与评价研究. 桂林旅游高等专科学校学报，2001(3):62～68.

⑥ Zhang Wen, Gu Huimin, and R. R. Kavanaugh. The Impact of SARS on Tourist Behavior in China. In: Kaye Chon, Cathy Hsu, and Nobuyuki Okamoto(eds.). *Globalization and Tourism Research: east meets west*. Asia Pacific Tourism Association Tenth Annual Conference, Conference proceedings, 4～7 July, 2004, Nagasaki, Japan, 868～881.

他认为第一类型社区具有较高的质量和数量[①]。相关结果见表 2-6。

表 2-6　Khoon Koh 旅游社区类型

旅游社区类型	类型 1	类型 2	类型 3	类型 4
旅游企业数量	高	高	低	低
旅游企业环境质量	高	低	低	高
企业出生率	高	偏低	低	偏高
企业类型	异质性	同质性	同质性	异质性
企业规模	异质性	同质性	同质性	异质性
主导所有权	混合	本地	本地	外国
主导部分	正式	非正式	非正式	正式
经济影响力	高	中低	低	高
社会影响力	中	低	低	高
物质影响力	特高	一般偏低	低	中
Plog 模型	心理中心型	中等中心型	异构中心型	中等中心型
Doxey 模型	漠不关心	困惑	安乐感	敌对
Miossec 模型	第 4 阶段	第 2 阶段	0～1 阶段	第 3 阶段
Butler 模型	统一	参与	探索	开发

资料来源：Khoon Koh. Explaining a Community Touristscape：An entrepreneurism model. 2002,3(2):29～62.

(2)旅游危机管理战略理论

在旅游危机管理战略理论中,不同学者从不同角度进行了研究,其中具有代表性的包括以下四种理论模型。

①旅游市场沟通模型

旅游业应对危机的效率取决于其准备程度及迅速将服务恢复到常规的水平,而旅游目的地的恢复速度则有赖于市场沟通计划与灾难管理战略一体化的程度。因此,许多旅游灾难计划模型往往侧重于强调市场沟通。多数学者强调了在组织危机中有效沟通的重要性,Young 和 Montgomery 也倾向于在考虑其他方面的消费时强调营销沟通[②]。但是根据 Cammisa 对佛罗里达旅游局针对 1992 年“安德鲁飓风”采取的反

① Khoon Koh. Explaining a Community Touristscape：An entrepreneurism model. 2002,3(2):29～62.

② Young, W. B. and Montgomery, R. J. Crisis management and its impact on destination marketing：A guide to convention and visitors bureaus. *Journal of Convention and Exhibition Management*,1998.

应措施的观察，这种方法会冒反应过度的风险，从而产生相反的效果[①]。但在后来越来越多的研究中，比如旅游业危机管理的特征[②]、后危机营销策略[③]、管理策略[④]等，都非常注重沟通的效果，而忽略了其他方面。

②旅游危机管理规划模型

Arbel 和 Bargur 是较早尝试建立旅游危机管理规划模型的[⑤]。该模型以运营为基础，通过线性规划技术研究最优反应。这种方法主要适用于能够提供具体数据的体系(如工业企业和饭店)，但是在旅游目的地上因影响变量多且难以量化使实用性受到影响。与一个特定企业相比，旅游目的地包括更松散的体系(社会、经济、环境和基础设施)，对外在冲击的反应往往牵涉各方面的关系。随后又出现相对更为均衡的模型，其代表包括 Cassedy 和 Drabek 模型。Cassedy 强调制定有效战略的过程，而 Drabek 则主要围绕应对紧急状况的时间序列(见表 2-7)[⑥]。

总体上，上述模型都假设事件带来的危机情景必然带来短期系统失常，主要目标在于将系统复苏为先前(冲击前)的均衡状态。然而，根据混沌理论，危机和灾难具有双重作用。积极的反馈可能使系统冲击前均衡失去意义。同时，危机产生的混乱可能造就创造性过程(创造性破

---

① Cammisa, J. V. The Miami experience: Natural and manmade disaster, 1992～1993. In *Expanding responsibilities: A blueprint for the travel industry*. 24th annual conference proceedings of travel and tourim research association, Whistler, BC:1993,294～295.

② Barton, L. Crisis management: preparing for and managing disasters. *The Cornell Hotel and restaurant Administration Quarterly*, 1994,35:59～65.

③ Pottorff, S. M. and Neal, D. M. Marketing implications for post-disaster tourism destinations. *Journal of Travel & Tourism Marketing*, 1994,3(1):115～122.

④ Sonmez, S. F., Apostolopoulos, Y., and Tarlow, P. Tourism in crisis: Managing the effects of terrorism. *Journal of Travel Research*, 1999,38(8):18～18.

⑤ Arbel, A., and Bargur, J. A planning model for crisis management in the tourism industry. *European Journal of Operational Research*, 1980,5(2):77～85.

⑥ Cassedy, K. *Crisis management planning in the travel and tourism management: A study of three destinations and a crisis management planning manual*. San Francisco: PATA, 1991; Drabek, T. E. Disaster responses within the tourism industry. *International Journal of Mass Emergencies and Disasters*, 1995,13(1):7～23.

表 2-7　旅游灾难战略组成

Cassedy(1991)	Drabek(1995)
·选择团队领导。高级的具有权利和指挥权的(能够有效沟通、确定优先计划及管理各种任务、协调与控制,与危机管理小组协同工作,快速制定明智计划) ·团队发展。一个长期和整合的战略计划;能够辨别和分析可能危机,制定紧急计划 ·紧急计划。包括启动计划机制,可能危机、目标和最糟情景模拟,激发机制 ·行动。任务分配计划,包括获取信息及与其他组织发展关系(政府、旅游经营者、紧急求援机构、卫生服务、媒体、社区、旅游公众) ·危机管理指挥中心。具有特定地点和设施及相应沟通和其他资源的危机管理团队	·预警 ·确认 ·动员 ·消费者信息 ·消费者安置 ·员工问题 ·交通运输 ·员工安置 ·防止盗窃 ·重新进入问题

资料来源:Faulkner, B. Towards a framework for tourism disaster management. *Tourism Management*, 2001,22:135～147.

坏),从而带来创新和更具有活力和适应性的旅游业。因此,危机之后的恢复措施能够带来旅游业发展的额外资源,从而使危机前状况得到进一步改善。

③TDMF 模型

旅游业在灾后阶段的即时应对方式取决于多种因素,包括:组织内部的文化、组织应对危机的方式、各种组织共同合作工作以解决问题的能力、通常情况下政府官僚组织的应对策略、媒体对该事件的态度、公共部门应对危机时所用资源的可获性、私人部门在危机发生时及发生后进行经营活动的能力等。在建立短期危机应急战略时还要考虑到应对危机的长期因素。Faulkner 通过对一系列与旅游业中不可预期的事件的影响相联系的问题的研究,发现现有模型如 Cassedy 模型和 Drabek 模型不能为旅游业应对灾难和危机提供有效的概念框架①。基于 Turner 和 Quarantelli 的研究,Faulkner 增加了"灾难生存战略"作为 Cassedy 和 Drabek 建立的旅游灾难战略的组成要素,提出了 TDMF 旅游危机管理框架(如表 2-8 所示)。该模型成为目前旅游业危

① Faulkner, B. Towards a framework for tourism disaster management. *Tourism Management*, 2001,22:135～147.

机管理中最为普遍采用的模型。

表 2-8　TDMF 旅游危机管理框架

危机过程中的阶段	危机应对管理的组成要素	危机管理战略的主要组成部分
1. 事前阶段 此时可以采取行动以阻止或减轻潜在危机的影响	前兆 · 识别相关的公共/私人部门机构/组织 · 建立合作/协商框架和沟通系统 · 建立、记录和沟通灾难管理战略 · 教育产业股东、员工、顾客和社区居民 · 同意草案或承诺协议 · 建立一个联合的行业/政府灾难协调委员会	风险评估 · 对潜在灾难及其发生的可能性进行评估 · 潜在灾难的成因和影响及其系列发展 · 建立灾难统一规划 · 形成预测能力 · 识别可能的公共部门政策应对
2. 前兆 很显然，此时危机即将来临	动员 · 警告体系(包括大众传媒) · 建立灾难管理命令中心	灾难一致性规划 · 确认可能的影响及处于危险境地的人群 · 评价社区和顾问处理影响的能力 · 清楚阐述各个(具体的灾难)一致性规划的目标 · 确认各个阶段可以避免或最小化消极影响所应采取的必要行动 · 修正以下各个时期战略的优先轮廓 前兆 紧急情况 危机中间阶段 长期(恢复) · 依据以下几点继续回顾和修正 经验 组织结构改变和人事变动 环境改变 · 事件过去以后对风险评估进行回顾
3. 紧急情况 人们已经感觉到危机的影响，应该采取措施保护人们的生命和财产	行动 · 救援/评价程序 · 媒体大战以使人们恢复信心或者获得新的市场 · 决定政府援助所需的水平 · 其他的安全策略	
4. 危机中间阶段 此时人们的短期需求受到重视，活动的主要焦点集中在恢复服务和使社区生活恢复正常	恢复 · 破坏程度审查/监视系统 · 清扫和修复 · 媒体沟通战略	
5. 长期恢复 前面阶段的延续，那些不能很快顾及的项目在这个阶段会得到处理。事后的调查分析、自我分析、复原	再造和重新评估 · 对被破坏的地区和设施进行修复和复原 · 安慰受害者 · 恢复商业、消费者信心，发展投资计划 · 听取修改后的战略汇报 · 公共部门资金支持需要	
6. 解决阶段 秩序恢复或者新的更好的秩序状态形成	回顾 · 回顾政策成功或失败，改正任何缺点	

注：本处将 disaster 译为危机。

资料来源：Faulkner，B. Towards a framework for tourism disaster management. *Tourism Management*，2001，22：144.

TDMF 模型框架有三个主要部分：第一是危机过程分析部分，包括事前、前兆、紧急情况、危机中间、长期恢复和解决六个主要阶段，开始于事前阶段，结束于解决阶段；第二是细化危机管理应对过程要素部分；第三是灾难管理战略的主要组成部分。对于大多数危机来讲，第一和第三部分都是类同的，第二部分却会因灾难类型的不同而不同。在随后的研究中，Faulkner 和 Vikulov 运用 TDMF 模型对 1998 年发生在澳大利亚 Katherine 的洪水对旅游业产生的影响进行了研究。他们发现，TDMF 模型既可以用作事前的规划工具，也可以作为灾难发生时的管理模板。但是，用 TDMF 模型处理大型灾难的条件尚未成熟，而且也没有形成合适的框架。在现实中，除了处理单个的大型灾难的需要外，还需要建立一个可以处理多个危机和灾难的模型①。

TDMF 模型的优点在于它不仅关注重大事故本身，而且延伸到事前预防。Henderson 利用 TDMF 模型对新加坡航空公司空难危机进行了实证研究，并指出危机还会导致学习过程②。在前述两个模型中都暗含着危机难以避免的假设。因此，他们都倾向于危机影响的缓解战略，而非危机的预防。尽管 TDMF 模型比原有的模型进了一大步，但是对它的检验只是在一个范围相对较小的灾难中进行的。TDFM 模型看上去有很强的可操作性，对于具体的灾难类型有很好的适应性和灵活性，但是将其作为一个管理工具应用于大型危机和灾难，迄今还从未有人尝试过。

④扩展旅游危机管理模型

在 TDMF 模型基础上，Paul Leung 和 Creamy Kong 认为，政府失误和公众过度反应等都会对危机恢复产生影响，由此他们建立了扩展的旅游危机管理模型（图 2-6），并通过香港应对 SARS 的实践进行了验证③。

---

① Faulkner, B. and Vilulov, S. Katherine, washed out one day, back on track the next: a post-morterm of a tourism disaster. *Tourism Management*, 2001, 22: 331～344.

② Henderson, J. C. Communication in a crisis: Fights SQ 006. *Tourism Management*, 2003, 24(3): 279～287.

③ Paul Leung and Creamy Kong. *A Typical Case of Crisis Management: The Outbreak of a typical Pneumonia (SARS)*. Asia Pacific Tourism Association Tenth Annual Conference Proceedings, Nagasaki, Japan, July 4～7, 2004, 73.

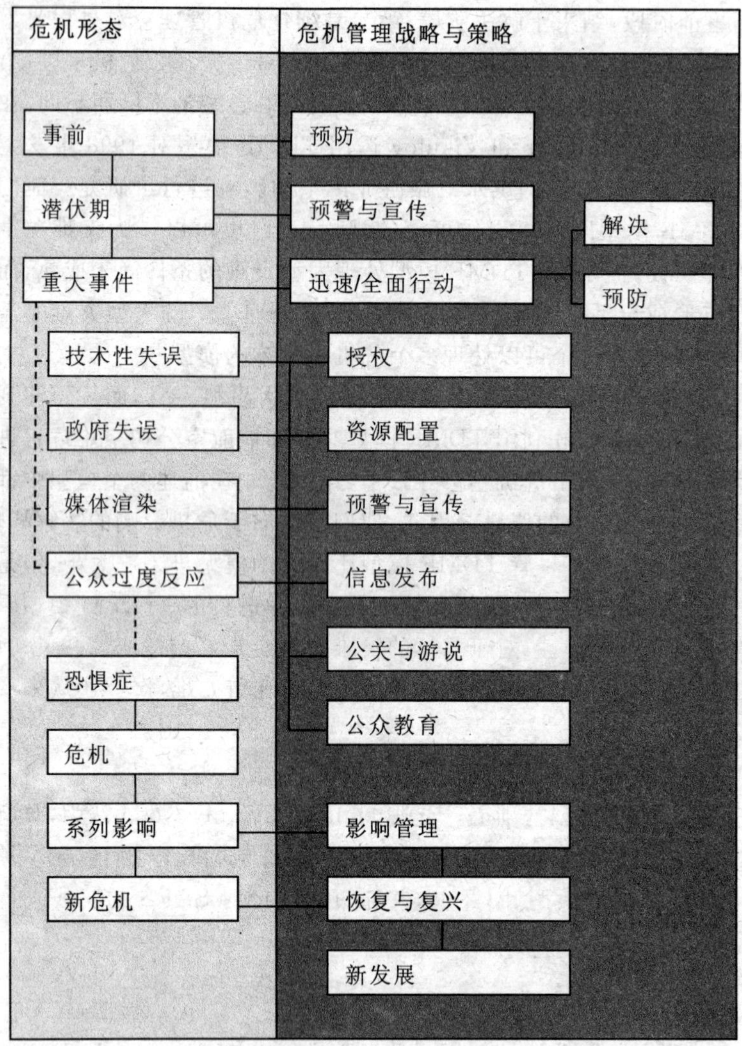

图 2-6　扩展旅游危机管理模型

资料来源：Paul Leung and Creamy Kong. *A Typical Case of Crisis Management: The Outbreak of a typical Pneumonia（SARS）*. Asia Pacific Tourism Association Tenth Annual Conference Proceedings，Nagasaki，Japan，July 4～7，2004，73.

在上述理论中，对于危机管理的分析基本都在于危机爆发期后期，在恢复阶段采取相应措施，但这样一来，结果往往只是被动的反应，而非积极的应对。而且现有理论都强调一般性应对方法，而较少考虑将市场主体处于积极、主动的地位。

(3)其他框架性研究

Glaeβer 的《旅游业危机管理》一书是当今仅有的一本全面、系统论述旅游危机管理的著作，在国际旅游学术界和实业界产生了广泛影响。在该书中，作者从消费者、旅游产品、竞争、政府等出发，列举了旅游危机活动的范畴，开展危机分析和诊断的方法，提出早期预警体系和方法，并探讨了旅游危机管理的战略、危机计划和组织及各危机管理工具。①

Doeg 的《餐饮业危机管理》一书系统论述了餐饮业应对危机的对策②，包括企业品牌的维护、防范于未然、食品安全预警、危机沟通、与媒体打交道、跨国公司带来的影响、危机管理等内容。

Stafferd 等对饭店的危机类型进行了分类，他们指出美国饭店业在"9・11"危机中受到重创，对于任何一个受到恐怖袭击的组织而言，只有通过协调人力、财力和公关力量才能渡过危机。他们提倡组织要有一套精心计划和组织的危机管理策略。通常饭店经理要接受必要的培训，以便在饭店经营过程中处理各种类型的危机：地震等自然灾害、食物中毒等安全问题、抢劫等治安问题、种族歧视或性骚扰等指控。有效的危机管理措施能够减少这些事件对饭店的负面影响，将饭店形象的损害和营业收入的损失降到最低。他们还提出了饭店业内外应对恶意行为的步骤模型(图 2-7)③。

---

① Glaeβer, Dirk. *Crisis Management in the Tourism Industry*. Oxford: Butterworth-Heinemann, 2003.

② Doeg, Colin. *Crisis Management in the Food and Beverage Industry*. Oxford: Chapman & Hall, 1995.

③ Stafferd, G., Yu, L., and Kobina Armoo, A. Crisis management and recovery: How Washington, D. C. hotels responded to terrorism. *The Cornell Hotel and Restaurant Administration Quarterly*, 2002, 43: 27～40.

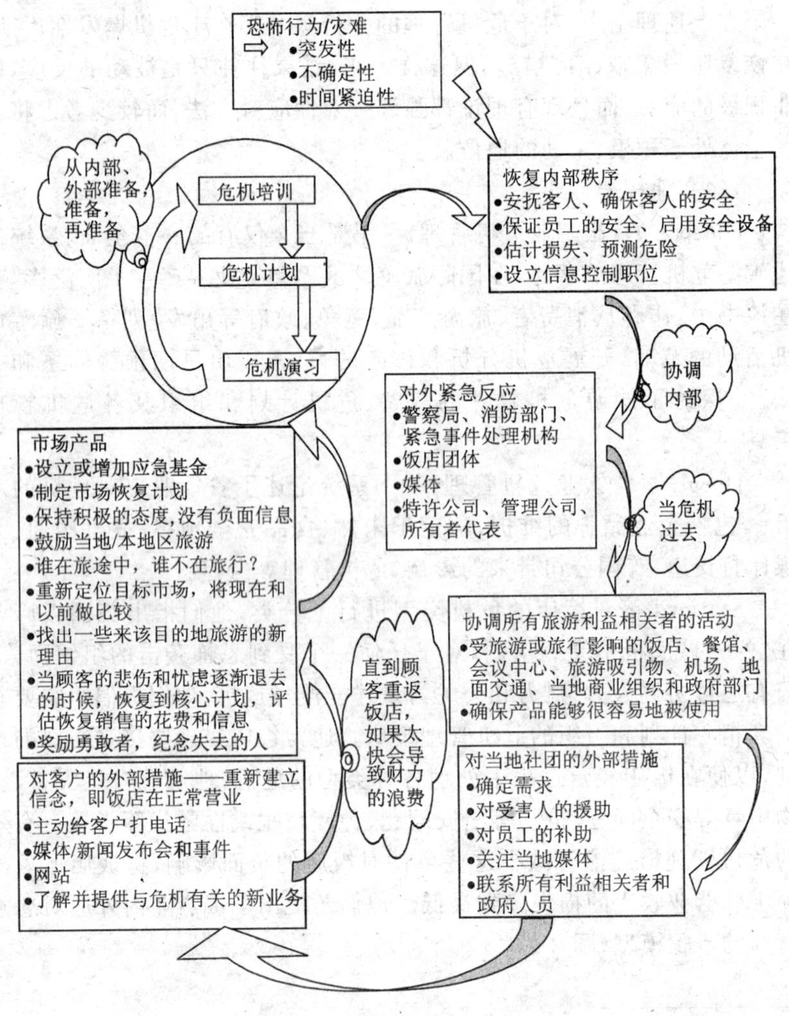

图 2-7 应对恶意行为的步骤

国内关于旅游危机管理的基础性研究成果很少。郑向敏等的《旅游安全学》较为系统地阐述了旅游安全管理的手段，对目的地旅游安全事故范畴进行了归纳[①]。SARS 后，一些学者也对旅游危机管理的框架和

① 郑向敏等.旅游安全学.北京:中国旅游出版社,2003.

危机预警机制框架模型进行了研究[1]。

4.危机应急对策研究

为了帮助各个成员能在危机过后尽快重新吸引旅游者，世界旅游组织从危机发生前、危机出现时、危机后行动等三个方面提出了相应的管理指南[2]。亚太旅游协会(APTA)也颁布了其危机管理指南。该指南以4R理论为框架，确定了其战略、策略和行动方案[3]。在实践中，一些国家和地区政府、行业协会和旅游企业也制定了其危机管理计划，如美国华盛顿旅游与会议局的危机管理手册等。

本章小结

由于世界不稳定性增加，危机及危机管理已经成为学术界和实践领域关注和研究的热点问题。对危机及危机管理的研究涉及个体和群体两个层面，其理论基础来源于自然科学、医学、心理学、社会学、管理学、经济学等不同学科。从自然科学角度看，现有研究侧重自然灾害的成因和建立突发性自然灾害的预警系统及开展灾害后的救援；从社会科学角度，产生了大量成果，尤其是经济学和管理学角度，人们对危机概念、性质、类型、冲击及管理进行了大量研究，尤其是Fink和Mitroff关于危机生命周期阶段的理论奠定了危机管理的理论基础。然而由于危机范围及定义十分宽泛，导致目前缺乏统一术语。我国主要采用“突发性事件”这一概念，但这一定义更多出于政府及国家层面的现实

① 杨兴柱，陆林.旅游危机管理初步研究.旅游资源，2004，20(6)：478～480；李树民，温秀.论我国旅游业突发性危机预警机制建构.西北大学学报(哲学社会科学版)，2004，34(5)：45～48.

② WTO. Crisis Guidelines for the Tourism Industry. www.world-tourism.org. accessed on July 7，2003.

③ APTA. Crisis：It won't happen to us！Expected the unexpected. Be prepared，APTA Brochure，2003.

考虑。

危机管理在20世纪70年代就已经成为经营管理科学中的一个成形的研究领域,但对于旅游学来讲,它仍然是一个相对较新的概念。对于旅游与危机的研究在内容上呈现多样化特征,主要涉及犯罪、恐怖主义、政治不稳定、战争、自然灾害、经济等方面,研究重点也已由开始的现象和经验描述上升到理论模型建立。其中,理论研究的重点为:旅游业特性与危机关系,旅游者关于危机的感知,借用一般危机管理理论建立的旅游危机管理模型(有代表性的是Faulkner的TDFM模型)。

我国在这方面的研究大部分出现在20世纪90年代后期,系统性成果则出现在SARS后。相比之下,国内的研究还处于事后型研究,涉及领域大多限于已经发生的危机,且多为研究报告或新闻报道,集中在危机事件对旅游业的影响及对策方面。由于危机管理在我国的研究刚刚起步,我国对旅游危机的概念、性质,旅游危机对旅游产业的影响及旅游危机管理体系建立等还缺乏全面系统的研究;对旅游危机管理的研究还停留在主观价值判断上,尤其缺乏深层次和基于实证和定量的分析。此外,由于危机管理的研究主要集中在SARS后旅游产业亟待恢复时期,一些研究更多地局限于当时的特定条件,而未能从历史和全局角度来看待危机管理,导致学术研究上的短期行为,不利于对相关理论的深入探讨。

从总体上看,现有的旅游危机研究还处于起步阶段。旅游目的地危机类型、危机事件对于旅游业的冲击及其测量、旅游业对于不同类型危机的反应及其效应,以及旅游系统之间在危机期间的应对机制建立等问题还有待深入研究。本书从分析危机状态下的旅游活动和旅游业性质出发,研究旅游危机的突发性及其对旅游业的冲击。由于旅游危机具有难以预期的突发性和非控制性,本书重点研究危机状态下如何激活市场,保持旅游业发展的可持续性。

第 3 章　旅游与危机

旅游业与其他产业的显著不同在于它主要属于精神和娱乐的范畴。旅游业的综合性等本质决定了它对危机的敏感性，大量事实证明，旅游业是对危机最敏感的行业之一。本章目的在于揭示旅游、旅游产品、旅游业特性与危机之间的内在联系，进而研究旅游危机的类型与冲击机制。

3.1　危机概念下的旅游与旅游业

3.1.1　引入危机概念的旅游及其特征

1. 旅游的概念

旅游是现代社会的一种现象，它包括所有与旅行相关的事宜。在目前的多种定义中，为学术界认可的概念性定义是由联合国会议所确定的，即：旅游是人们离开常驻地到异国他乡的旅行和暂时居留所引起的一切现象和关系的总和①。世界旅游组织(WTO)给出的定义为："旅游是人们出自非获取报酬以外的任何目的而向其日常环境以外的地方旅

---

① 李天元，王连义. 旅游学概论. 天津：南开大学出版社，1999.

行并在该地停留不超过一年的活动。”[①]WTO 的定义为大多数国家旅游行业管理部门所采用，其立足点主要建立在为旅游产业考虑，表现为技术性定义[②]。基于上述定义，可以看出，构成旅游的三个基本特征是：离开居住地、暂时逗留和存在出游动机。

2. 旅游的本质与危机

(1)精神需求——在危机时被抛弃的选择

在心理学上，人们认为：产生行为的直接原因是动机，而促使动机产生的原因有内部驱动力和外部诱因。内部驱动力(内驱力)是内在条件，是当人们处在一种生理或心理匮乏状态时产生的维持和恢复生理或心理平衡的倾向。生理内驱力往往是先天的，它所引起的需要很难通过其他间接方式得到满足。心理内驱力则是人们在社会生活中学习的产物，是后天的，它所引起的需要可以通过补偿或替代的方式获得间接满足[③]。旅游是包括一系列物质和心理要素的活动。物质要素包括住宿、交通、吸引物等；心理要素则包括对于脱离日常生活、寻求刺激等在内的广泛的态度及期望[④]，诸如沐浴阳光、放松身心、探索异域文化、从事运动、挑战自然、追求变化、寻找体验、满足兴趣爱好、宗教等[⑤]。旅游在本质上的审美和自娱的规定及活动特点[⑥]，不同于日常生活消费，重视精神内容、追求愉悦体验。因此，这种消费具有更大的弹性，对各种外生因素反应更加敏感。

(2)具有争议的概念——非必要性需求与必要性需求观念

一般认为旅游主要表现为马斯洛需求层次中的高级需求，因此它是非必需的。但也有观点认为：“度假是生活一种必需，到国外的公务或

---

① WTO. Document SEC/2/94/BM, 1994.

② 谢彦君. 基础旅游学. 北京：中国旅游出版社：1999. 69.

③ 谢彦君. 基础旅游学. 北京：中国旅游出版社，1999. 161.

④ Douglas Foster. *Travel and Tourism Management*. Macmillan, 1985. 5,83.

⑤ Gutieerez & Bordas. In: Glaeβer, Dirk. *Crisis Management in the Tourism Industry*. Oxford: Butterworth-Heinemann, 2003; Chris Ryan. *Recreation Tourism: A Social Science Perspective*. Routledge, 1991; John Urry. *The Tourist Gaze: Leisure and Travel in Contemporary Societies*. Newbury Park, CA: Sage, 1991.

⑥ 谢彦君. 基础旅游学. 北京：中国旅游出版社，1999. 60～66.

消遣旅游是经济和社会地位的象征，可以显示个体在社会中所处位置的社会价值高低。”[①]Frombling 提出：“马斯洛模型表明，在旅游中显然存在着某些基本的需要，每个个体都必须通过这些需要获得某种程度的满足。按照这种观点，危机对旅游的冲击往往是短期的或有限的，人们通常选择替代性旅游消费或延迟消费。”[②]例如，当“9·11”发生后，世界旅游组织的研究表明：形势不可能在短期内有大的改善。如果没有新外部因素影响，旅游业的消费信心能在 2002 年中得到恢复，原因不仅仅在于人们旅行的愿望以及出于商业原因而不得不旅行的必要性，而且还在于短时间内放下工作进行休闲娱乐活动的需要已经成为现在深深植根于当代生活方式中的社会范式。外部事件能对旅游产生严重的影响，能对它重新进行地区分配和影响时间安排，但是不能阻止它的前进。Feifer 提出：在现代的北美和欧洲地区，“成为一个旅游者是作为一个现代人的特征，而‘哪里都没去过’，就像没有一辆汽车和一处像样的房子一样说不过去”[③]。旅游是现代社会的一个标志，同时也是满足健康要求所必需的一种活动。在这种情况下，突发性危机作为外部诱因所导致的消极影响，往往不是完全消除旅游需求，而是带来旅游需求在时间、空间或内容上的转移。

旅游活动的产生取决于多种内生变量和外生变量因素。Ryan 将影响旅游体验的因素划分为：现在变量和干涉变量（包括人的个性、社会等级、生活方式、家庭生命周期阶段、目的地营销和形象定位、过去的知识和经验、期望和动机等）[④]。由于旅游期望在形成过程中受信息的丰度、准确度及传播质量的影响，呈现总体上的片面性和模糊性，指向上的可转移性和可替代性：当对象物因为危机影响或质量等因素令人失望时，旅游期望可能转移。

---

① 维克多·密德尔敦. 旅游营销学. 向萍等译. 北京：中国旅游出版社，2001. 53.

② Frombling, S. *Zielgrupopenmarketing im Fremdenverkehr von Regionen*. Lang, 1993.

③ Feifer, M. *Going Places*. London: MacMillan, 1985.

④ Ryan, C. *Recreation Tourism—A social science perspective*. London: Routledge, 1991.

(3)危机条件下基于个体和群体的旅游相关概念

从个体角度研究，对产业具有意义的概念主要表现为旅游需求。旅游需求是指一定时期内，核心旅游产品的各种可能的价格与在这些价格水平上，潜在旅游者愿意并能够购买的数量之间的关系[①]。旅游需求是欲求、闲暇时间、可自由支配收入、价格等多种因素交互作用的结果。通过函数可表示为：Dt＝f(Pt，P1～Pn，Y，T，L)。其中：Dt＝旅游需求，Pt＝旅游价格，P1～Pn＝替代品价格，Y＝个体收入，T＝个体偏好，L＝闲暇时间。在传统对旅游需求影响因素中引入危机概念，则体现为：危机会导致风险，而个体的风险偏好决定对特定旅游产品的选择，风险阈值高，则欲望越强，反之亦然。

从群体角度研究，我们可以引入旅游流的概念。旅游流指在一个或大或小的区域上由于旅游需求的近似性而引起的旅游者群体性空间移位现象。旅游流的特征表现为旅游时间、流向和流量三个维度。旅游时间是旅游流所集中的特定时间，如一年中的某季节、某具体日期(如黄金周)或某些特定时点(如升国旗仪式)；旅游流量是旅游流在单位时间内和一定空间上所形成的规模；旅游流向为旅游流在持续的运动过程中所经过的旅游路线，它反映着旅游目的地与旅游客源地之间关联的方式和路径[②]。

一般而言，旅游目的地吸引力大小决定上述三个维度的状态，使之在常态下运动；当危机发生时，旅游时间、旅游流量和旅游流向都可能会发生改变。从动态角度来考察某一特定时期的变动时，发现危机可能不会带来旅游流量总量的改变。由于危机冲击，被抑制的需求有可能在时间上延迟，在流向上转移到其他目的地或由于进行替代消费而减少原有的旅游消费。

3. 危机状态下的旅游特征

旅游作为离开常驻地而进行的特殊消费，具有动机多样性、异地性、暂时性和体验性等特征。

① 谢彦君. 基础旅游学. 北京：中国旅游出版社，1999. 173.

② 谢彦君. 基础旅游学. 北京：中国旅游出版社，1999. 307.

(1)动机多样性

从旅游消费来看，消费者的旅游需求是多方面的，涉及社会、经济、文化等各个方面。由于旅游消费是在人们的基本消费得到满足后，为满足享受与发展需要而进行的高层次的消费形式，对精神和心理因素的依赖性强，其消费的内容、形式、质量和数量受到很多内在和外在因素的制约和影响，因而消费弹性系数较大。尤其是当危机可能对旅游活动本身、特定旅游目的地或旅游产品等产生不安全影响时，旅游往往被其他消费或其他目的地替代。

(2)异地性

旅游的异地性特征是指旅游活动的发生要以行为主体的空间移动为前提。旅游产品的购买地与服务提供所在地之间的距离更增加了旅游活动的不确定性。凡是能影响到客源地、接待地、旅游途中的交通(通道)的因素就能影响到旅游活动，从而影响到旅游业，比如战争、金融危机以及一些突发事件(如疾病、自然灾害等)。因此，空间的广泛性和延伸性使潜在风险度增加。

(3)暂时性

暂时性指旅游为仅发生在人生时间"波谱"中某一时段上的行为。由于旅游活动的暂时性，而非日常性或周期性，也就不可避免地使旅游业成为一个风险行业，因为它只是人们的一种休闲娱乐活动，是超越日常物质消费之上的文化和精神活动，它可以因为任何因素而被人们从计划中取消。另外，旅游消费品之间的替代性无疑增加了旅游活动的不确定因素，加大了旅游业的风险性。

(4)体验性

旅游的核心是精神愉悦和享受，通过这种体验活动满足人们期望。因此旅游体验在很大程度上是期望形象和感知形象二者比较而形成的结果。由于人们通常很难将位于体验两极的"享受体验"和"危机风险"联系在一起加以考虑，旅游中所包含的是享受、愉悦、放松和安全，而危机或灾难带来的总是忧虑、恐惧、烦躁、哀伤和震惊。因此当危机发生时，美好的体验可能立即成为"人间地狱"，进而带来更大的心理冲击。但不可避免的是，危机和灾难是现实存在的，所有参与旅游活动的人不得不接受它。人们不得不承认，不管是自然的还是人为的，危机总是并将持续是组织经营中的组成部分，会直接或间接地影响所有参与其中的人员，包括社区居民、旅游者、政策制定者、经营者等在内。一旦某一目的地的经济对于与旅游相关的活动有很强的依赖性，那么它们对于危机的敏感性就会增加，就需要保持目的地形象的持久吸引力。正如Pearce[①]、Woodside 和 Lyonski[②]所指出的，目的地形象是影响旅游者购买行为的关键因素之一。上述学者所作的研究表明，对于目的地形象的正面看法和购买决策之间有着很强的关联性。同样，负面的形象（尽管没有得以证实）会阻止潜在旅游者的进入，并产生对购买行为的不良影响。作为一种自愿的且在和平时期开展的活动，旅游对于外部环境的变化相当敏感，因为它们会对旅行经历产生影响。

4. 旅游产品及其特征

(1)旅游产品的概念及构成

旅游产品是指提供给旅游者的一切吸引物及其他必需品，前者如娱乐活动、博物馆、风景和节庆；后者如食物、住宿、交通、导游服务等[③]。旅游产品通常可划分为原生性和引致性两个部分。原生性包括大自然、一般基础设施和社会文化关系，它们在本质上与旅游没有多大关系；引致性是指那些专门为满足旅游者需求而创造的产品，例如旅游基础设施或高级服务设施[④]。

(2)旅游产品的特性

旅游产品与一般产品的区别在于它具有一般服务产品的无形性、不可分性、易折损性、不可储存性，同时还具有旅游产品自身的综合性、供给刚性、季节性与需求波动等特点。旅游产品本身的特点使得旅游企

---

① Pearce, P. L. *The Social Psychology of Tourist Behavior*. Oxford: Pergamon, 1982; Pearce, P. L Perceived changes in holiday destinations. *Annals of Tourism Research*, 1982, 9:145～164.

② Woodside, A. and Lyonski, S. A. General model of travel destination choice. *Annals of Tourism Research*, 1990, 17:432～448.

③ 世界旅游组织. 旅游业可持续发展. 北京：旅游教育出版社，1993 年.

④ Glaeβer, Dirk. *Crisis Management in the Tourism Industry*. Oxford: Butterworth-Heinemann, 2003.

业承受危机的能力较弱。

①无形性：与绝大多数服务产品一样，绝大多数旅游产品是非物质性的，所以很难事先对其进行评价。换言之，无形性意味着旅游服务只是潜在购买者头脑中的想法而已。一些学者将旅游产品分为3种，即搜寻类产品（在购买之前很容易检验产品质量）、体验类产品（只有根据需求去体验才能检验产品质量）、信任类产品（由于被禁止或获得信息成本过高，无法获取信息）①。从信息经济的角度来看，旅游产品依赖于人们的信赖，它要求产品提供者能够首先降低该产品给潜在顾客带来的不确定性和风险。

②不可分性：指生产与消费的行为是同时发生的。服务的履行要求生产者和消费者同时参与。因此，任何发生在生产者或消费者方面的危机都会对旅游活动产生影响，从而决定了其高于一般产品的风险性。

③易折损性：它是由不可分性派生出来的，表明其价值必须在固定的时间和空间得以实现。因此，当发生危机时，特定时空下其产品价值将完全丧失。

④不可储存性：由于不可分性和易折损性的特点，旅游服务提供者不可能将产品储存起来用于满足需求的日常波动。因此，旅游企业面对危机时，其损失无法转移。

⑤供给刚性：旅游供给要素（如饭店、交通等）具有刚性和非弹性特征。其原因在于旅游投资具有一定的周期，其固定资产的可转换性低；同时，旅游服务人员技能也具有专属性，当危机发生时，往往带来旅游就业人数的大幅度下降。

⑥综合性：从需求角度看，旅游产品具有综合性的特征，它能够满足旅游者的一个或多个愿望，表现为大多数旅游者在前往某一目的地旅游做出购买决定时，都不止考虑一项服务或产品，而是将多项服务或产品结合起来进行考虑。景点、交通可进入性、住宿等各项产品之间是一种互补关系，其需求呈正相关关系。当由于某种危机使其中的某项产

① Glaeβer, Dirk. *Crisis Management in the Tourism Industry*. Oxford: Butterworth-Heinemann, 2003.

品需求不足或供给不足时，整个综合产品的需求就会不足，从而使整个旅游产业链上的所有企业遭受巨大损失，其他企业也面临危机。从旅游供给方面来看，旅游企业向消费者提供的满足其需求的旅游产品是由旅游资源、旅游设施、旅游服务和旅游购物等多种要素构成的。它的生产部门和行业不仅包括旅游部门内部各个行业（吃、住、行、游、购、娱），还涉及国民经济中的许多相关行业，如外贸、交通、工艺品生产、建筑业等，所涉及方面的任何变动都会波及旅游业。除这些因素外，生产过程外部的环境因素，如战争、政局变化、政策变化、经济形式、贸易关系、供求状态、文化背景、传统观念等的变化，也会使旅游产品的生产出现较大的波动性。

⑦季节性和需求波动：气候几乎总是休闲旅游的主要决定因素[①]。导致需求在不同季节之间大幅度波动，这是大多数休闲旅游市场所具有的特点。因此，发生在旅游旺季的危机可能导致的损失远远高于淡季的同类危机，且这种损失无法转移到其他季节来弥补。因此，该地区一些季节性明显的旅游目的地的损失将十分严重。例如，印度洋海啸由于发生在圣诞节和新年之际，而此时正是该地区旅游黄金时期。如果旅游业不能在短期恢复，对该地区旅游业的冲击将十分显著。

3.1.2 基于危机的旅游业与旅游系统

1. 旅游业

Douglas 认为："旅游业包括：住宿、交通、吸引物、旅行社、支持服务（如餐饮、金融、出版等）、政府及非政府旅游组织。"[②]世界旅游组织将旅游业划分为四个部分：饭店与餐馆（含饮食）、旅行代理和批发服务、导游服务及其他[③]。那些也为旅游服务的一般性服务如交通、分销、娱乐、文化和体育服务等都归属于其他项。由此可以看出，旅游业是由那些满足旅游者旅游活动需求的产品系列构成的产业链体系，包括旅

① Davidson, R. *Tourism*. NJ: Pitman, 1989. 35.

② Douglas, F. *Travel and Tourism Management*. London: Macmillan, 1990. 50.

③ WTO, Classification of Tourism-Related Services. dated 23 October, MTN. GNS/TOUR/W/1/Rev, 1990.

游景点、旅行社、饭店、交通、商品、娱乐等。

由于旅游产品的上述特性，从本质上决定了旅游业具有高风险性和敏感性。旅游业的敏感性是指旅游业对目的地自然、政治、社会状况以及客源地国与目的地国之间的外交关系、汇率关系等因素的反映程度。旅游业的敏感性与旅游业的发展模式密切相关。严重依赖外部旅游需求输入的目的地的旅游业的敏感性要高于依靠本国国内旅游需求的大国旅游业。旅游业的敏感性与旅游业的发展阶段密切相关。旅游业发展初级阶段的敏感性要高于旅游业发展高级阶段的敏感性；此外，旅游业的敏感性与旅游目的地的主流旅游吸引物以及建立在此基础上的旅游产品类型密切相关。以商务旅游、特殊兴趣旅游产品、度假产品等为主流的旅游业的敏感性要低于以观光旅游产品等为主的旅游业①。

2. 旅游系统

旅游以人际间的接触和与周围环境错综复杂的关系为特征，涉及旅游目的地和客源地两方面。旅游客源地是旅游动机和行为形成的地理集中区域。旅游目的地指旅游者或旅游团决定前往访问或供应商决定予以促销的旅游吸引物和相关设施及服务集中之地②。但旅游活动主要在目的地反应更加明显。基于此，我们将目的地描绘为一个具有开放结构、与周围环境保持某些联系的生产性社会系统。该系统内部的各个组成部分之间相互关联，且系统的整体行为受所有组成部分的综合效应影响。目的地系统外的所有要素构成了其所处环境，可以从不同维度和机构角度对环境予以细分③。Inskeep 提出，目的地旅游系统包括三个层面(见图 3-1)④，第一层面为旅游目的地的自然、文化和社会经济环境；第二层面为旅游供给要素层面，具体可分为：旅游吸引物和活

① 张辉. 旅游经济论. 北京：旅游教育出版社，2002.

② WTO. Sustainable Tourism Development，1993.

③ Glaeβer，Dirk. *Crisis Management in the Tourism Industry*. Oxford：Butterworth-Heinemann，2003.

④ Inskeep，E. *Tourism planning：An interacted and sustainable development approach*. Van Nostrant Reinhold，1991.

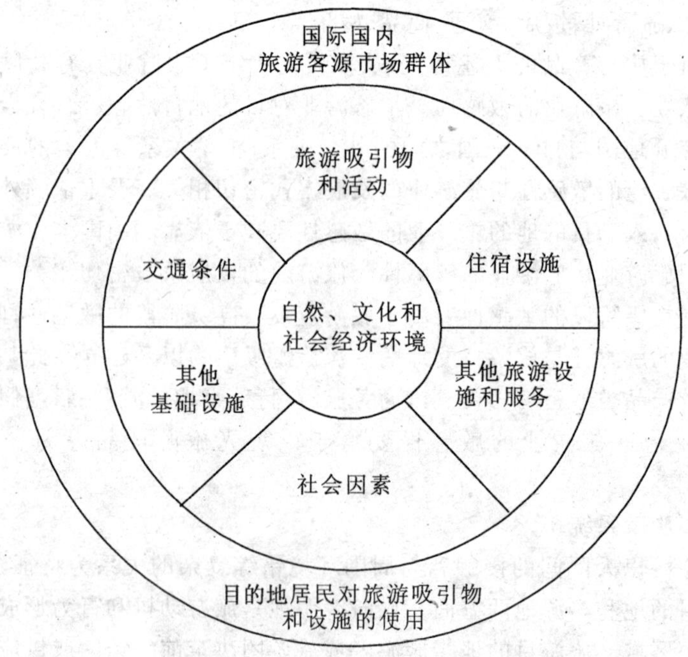

图 3-1 Edward Inskeep 旅游系统

资料来源：Inskeep，E. *Tourism Planning：An Interacted and Sustainable Development Approach*. Van Nostrant Reinhold，1991.

动、住宿设施、其他旅游设施和服务、社会因素、其他基础设施、交通条件等；第三层面为旅游外部层面，包括国际国内旅游客源市场和目的地居民对旅游吸引物的使用，它是旅游系统得以存在的关键。三个层面相互依存，协同作用。其中任何一个层面受到危机冲击，都会导致整个系统的失衡乃至崩溃。但该系统在逻辑上还比较混乱，如将社会因素与旅游吸引物等归类在一起；同时，将旅游业的外部环境作为系统的核心存在逻辑问题。可以将旅游系统描述为个体和机构子系统与外部环境之间联系的整体系统（见图 3-2）。根据不同的维度，又可以将环境划分为生态环境、技术环境、经济环境、社会环境和政治法律环境等方面。旅游系统内含个体和机构子系统。作为旅游子系统，旅游者是旅游的主体和核心。如果没有旅游者的动机和行为，就没有旅游系统的形成，而这在

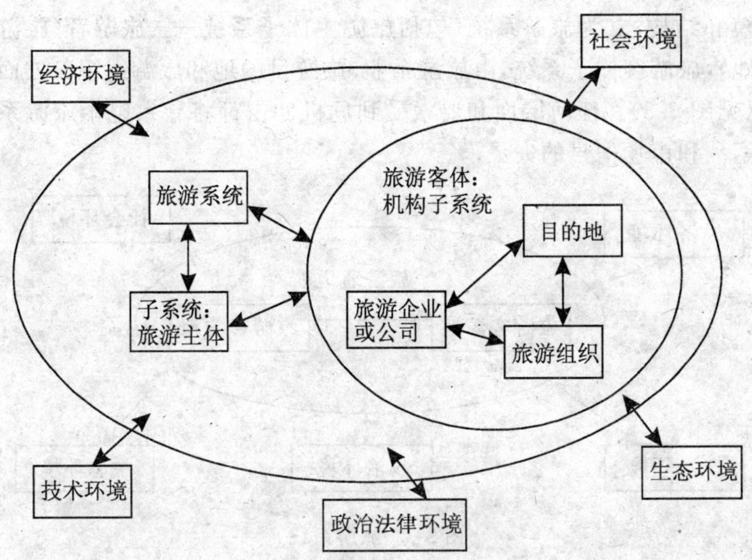

图 3-2　Glaeβer Dirk 旅游系统

资料来源：Glaeβer，Dirk. *Crisis Management in the Tourism Industry*. Oxford：Butterworth-Heinemann，2003.

很大程度上取决于旅游者自身所具有的内在需求和对目的地所感知的吸引力和风险程度。因此，旅游信心是其中的关键；机构子系统是旅游的客体，包括目的地吸引物、旅游组织和旅游企业目的地吸引物（包括各种自然的、人文的旅游吸引物，如自然景观、娱乐场所、运动设施、文化遗产、购物等各种要素）①。任何起因于外部环境和内部系统的灾难源都可能形成旅游危机，并产生影响。假设旅游者的活动都是相联系的，并且在很大程度上依赖于交通、汇率、目的地和客源地的政治社会条件以及气候等因素，旅游业对这些因素中的任何一个都相当脆弱。因此，与旅游相关的组织应当有相应的机制和专家来处理现实中或认识上的问题。

本书作者认为，旅游系统可以由两个层面构成：一为外部环境系统，包括政治法律、经济、社会文化、技术等子系统，它们决定旅游业的

① Davidson，R. *Tourism*. Pitman，1989. 35.

规模和结构；二为旅游系统，包括旅游主体子系统——旅游者（旅游客源地），旅游客体子系统，由旅游企业、旅游目的地和旅游组织三方面构成（见图 3-3）。任何层面和要素受到危机冲击都将导致整个旅游系统的紊乱和市场信号的失灵。

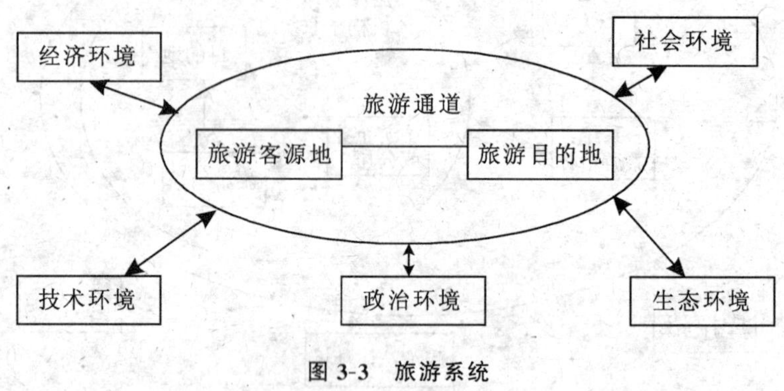

图 3-3 旅游系统

3.2 旅游危机及其分类

3.2.1 旅游危机概念

Gee 和 Gain 提出的“旅游危机”正在被旅游目的地越来越多地使用，这些目的地的经济由于旅游者数量的急剧下降而出现滑坡[①]。Sonmez 等将“旅游危机”定义为：“任何对旅游业及其相关业务的正常经营构成威胁的事件，由于它负面地影响了旅游业对目的地的认知，进而对旅游目的地有关安全、吸引力和舒适度的声誉造成损害；结果由于旅游者数量及其旅游支出减少，使当地旅行和旅游已经出现衰退，中

① Gee, C. and Gain, C. Coping with crises. *Travel & Tourism Analyst*, 1986, June: 3～12.

断了当地旅行与旅游产业活动的持续经营。”[①] Stafford 等提出：“旅游危机是指影响旅游者信心、妨碍旅游业正常运转的各种不曾预见的事件。其中包括那些对目的地形象的影响远甚于对基础设施的影响的诸如洪水、飓风、火灾或者火山爆发等事件，也包括将对目的地的旅游吸引力产生影响的国内动荡、意外事故、犯罪、疾病等事件，甚至包括诸如汇率的剧烈波动等经济因素。”世界旅游组织（WTO）把危机阐述为：“影响旅行者对一个目的地的信心并扰乱继续正常经营的非预期性事件。这类事件可能以无限多样的形式在许多年中不断发生。”在上述定义中，主要阐述了对旅游者和旅游业产生影响的各种自然和人为的事件，但未能反映与旅游产业密切相关的旅游目的地社区层面。

本书作者认为：旅游危机是指那些对旅游者和旅游目的地信心产生消极影响，对旅游业正常运转带来冲击的各种非预期的事件。这类事件可能以无限多样的形式在不同时间不断发生，包括自然灾害（如洪水、飓风、海啸、地震、火山爆发等事件），也包括将对目的地的旅游吸引力产生影响的人为灾难（如政治动荡、战争、意外事故、火灾、犯罪、公共卫生等事件），甚至包括诸如经济萧条、汇率的剧烈波动等经济因素及技术产生的消极结果。

3.2.2 旅游危机的分类

由于旅游业的分散性导致危机促成因素的多样性，许多学者对旅游危机进行了不同的划分。目前比较流行的分类方法是：在“危机”这一主要概念的基础上进行分类。在这种分类方法下，无论是外部原因还是内部原因造成的事件统称为危机，然后在此基础上，根据旅游目的地的自然、社会、政治和经济环境因素及其影响范围和程度进一步做灾难和管理失误的划分。对各种分类方法总结如表 3-1。

---

① Sonmez, S. F., Bachmann, S. J. and Alien, L. R. *Managing Crises*. South Carolina: Clemson University, 1994.

表 3-1 旅游危机类型

标准或维度	类型			
危机的由来	竞争者的危机	客源的危机		目的地的危机
危害性	轻度	中度		重度
预测性	可预测			不可预测
控制性	可控			不可控
危机影响范围	本地	局部	全国	跨国
危机的持续时间	一次性	间歇性反复		持续不断
危机的成因	自然/技术/环境/社会文化/经济/政治			

资料来源：根据 Sonmez、Apostolopoulos 和 Tarlow；Gurhan Aktas 和 Erru Gunla；Stafford、Yu 和 Armo；Beirman；Glaesser 等概念整理。

1. 根据成因划分

这是最常见的划分方法，指根据造成危机的主要原因来划分危机。

这些原因可以是自然的、社会文化的、技术的和环境的，也可以是经济的或政治的。对此，也存在不同的观点。(1)三分法。这种分法认为危机发生的原因主要有三种：一是自然产生的，如地震、洪水；二是人为引起的，如恐怖事件；三是人为导致的自然危机，这种危机可能占有的比例最大，如由于大量排放二氧化碳导致气候变暖而形成的洪水、人为大量砍伐森林导致植被破坏形成的洪水或干旱等。(2)二分法。这种方法认为，从直接原因看危机主要为两种：一是天灾，即自然危机，指旅游业以外的自然因素所导致的引致危机。旅游业是这类危机不可避免的受害者。对于这类危机，人类还没有完全了解，如某些传染病的起因等。这类危机难以控制，具有法律意义上的不可抗拒力。在这种情况下，旅游经营者不对受害者承担法律义务，消费者往往也能够接受和理解。这种危机通常不会对消费者信心带来损害。二是人祸，即人为危机，是因旅游业本身的因素所导致的局部或全行业的危机，是由人类的行为不当引起的危机，比如食物中毒、传染病、有害物质的辐射等，有些可能是蓄意的，有些可能是非蓄意的，经营者需要承担相应的后果。

自然灾害引发的危机与人为导致的危机相比，二者产生的结果有着明显的不同。通常，自然导致的危机是由于不可避免的原因造成的，而人为的事件使人们在更长时间内丧失信心，消费者对这种人为危机往往更加恐慌。如果不能采取有效恢复行动，负面后果更加严重。例如，1992 年发生的洛杉矶和旧金山事件。与旧金山的地震相比，洛杉矶的种族骚乱不仅使其在短期内造成了消极影响，而且对旅游业的长期收益带来负面后果。相反，旧金山在地震后的 1 年内，游客数量已经出现回升[①]。

Luhmann 对风险和危机进行了划分，提出：如果事件是由决策因素造成的是风险，如果事件是由于自然环境造成的则成为危机。一般而言，人们认为人为的负面事件更具有危险性，后果更富有灾难性。Jungermann 和 Slovic 指出："自然风险被视作非自愿的、不可控制的，它不是由社会因素造成的，因而很难避免，所以人们一般不会将其看得很严重。但人为的风险由于往往被看作故意的、可控制的，并且是可以避免的，因此人们会认为其情节更加恶劣。"[②]

自然危机具有不可抗拒性，人们对自然危机的认识、研究相对较早且深入，对自然危机的管理机制也比较成熟。政府基本能够比较准确地预测自然危机，提前采取措施，而且能够在自然危机发生后通过全球性合作采取积极、有效的救援行动。比如地震、洪水、台风等天灾能够通过全球性预警、救援系统提前预警和积极救援，把自然危机造成的损失降到最低。人为危机的发生机理与自然危机不同，更具有偶然性，危害也更大，政府对人为危机的预警、救援措施研究也相对少些。

图 3-4 显示了不同危机原因导致的危机如何分类成危机群。在危机群和单个危机之间也可以建立因果关系。例如，一个重大的工业事故能导致污染或污染物的产生，不恰当的广告能对目的地形象造成不良的影响。另外，危机能从普通危机转变成严重危机，这取决于危机的演变。在现实中，危机在一定框架内变化，自我化解或衍生出新的危机。

2. 从危机影响的范围角度来划分

从这个角度，可以将危机划分为本地危机、局部或区域危机、全国危机和国际性危机四种。张凌云从危机影响范围将危机分为社会危机

① Hollinger, R. and Schiebler, A. Crime and Florida's tourists. In *Security and Risks in Travel and Tourism*, Proceedings of the International Conference at Mid Sweden University, 1995, 183～215.

② Glaeβer, Dirk. *Crisis Management in the Tourism Industry*. Oxford: Butterworth-Heinemann, 2003.

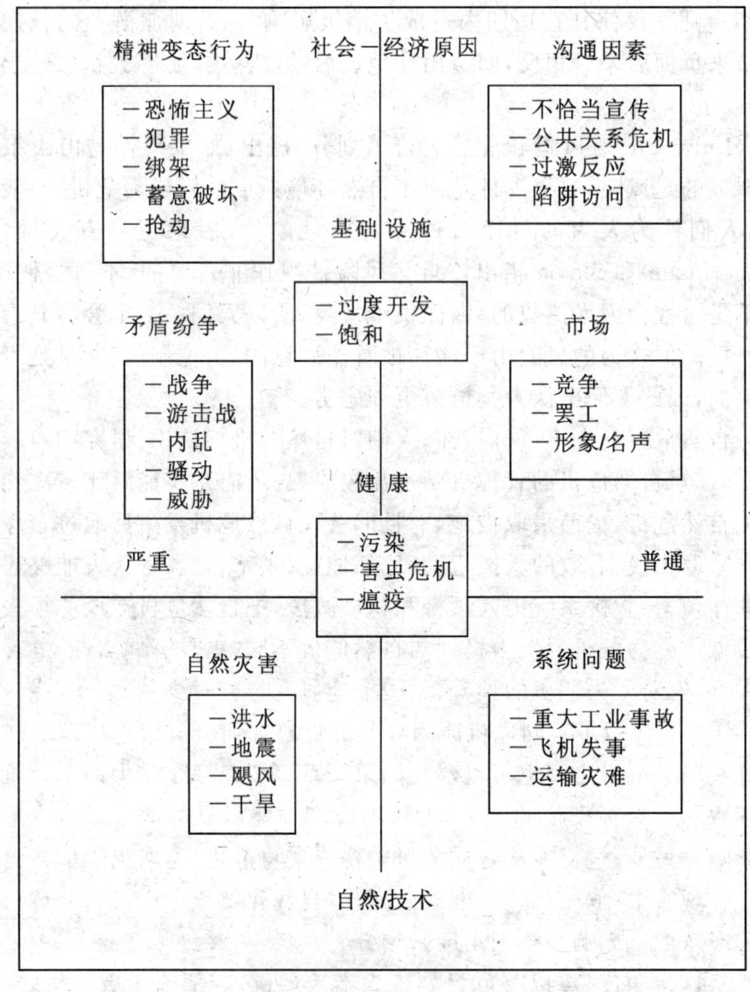

图 3-4 旅游危机框架图

资料来源：Santana，G. Crisis Management and Tourism：Beyond the Rhetoric. *Journal of Travel & Tourism Marketing*，2003，14(4)：301.

(公共危机)、行业危机和企业危机①。社会危机一般是指政治危机(政

① 张凌云. 危机与转机：后 SARS 中国旅游业再认识. 载何光玮，李盛霖. 走出"非典"——中国旅游业的振兴与发展. 中国旅游出版社，2003. 95～99.

治动荡、军事冲突)、宗教危机、公共安全(恐怖袭击、瘟疫);行业危机一般是由于某行业内因素引发的危机,但也可能对社会引起不良反应,如能源危机、金融危机;企业危机则是指企业在经营过程中遇到的突发性事故,如空难、食物中毒等。

3. 从危机持续时间长短来划分

可以将危机分为一次危机、反复危机和持续性危机三种。第一种危机其影响可能呈现短期性,如 SARS 的影响。后两类危机带来的影响通常是长期的,如中东战争对该地区的影响。

4. 从危机爆发周期及控制程度来划分

可以将危机划分为渐进性危机和突发性危机。Gee 和 Gain 根据危机从潜伏到爆发的时间周期和危机的可控制性将危机划分为四个象限(如图 3-5 所示),分为突发性不可控制危机,如恐怖主义、地震等;突发性可控制危机,如航班数量削减;渐进式不可控危机,如通货膨胀;渐进式可控制危机,如环境污染。在四类危机中,第一类危机对旅游业冲击程度往往最大,也最难防范,因此也是本书研究的主要对象。

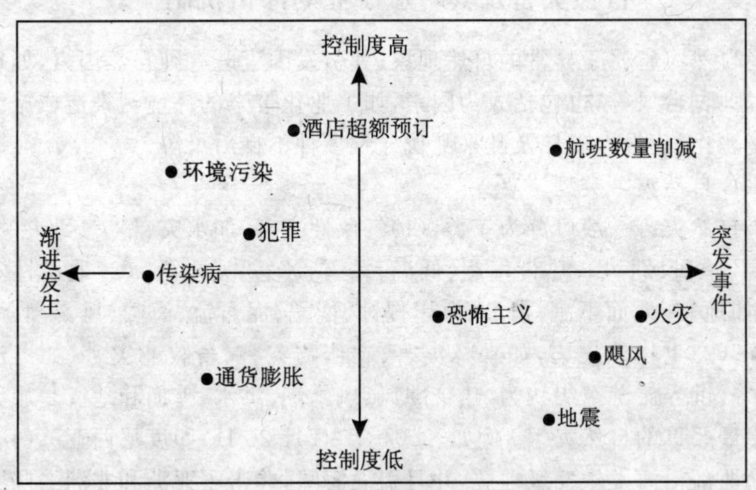

图 3-5 旅游危机

资料来源:Gee, C. and Gain, C. Coping with crises. *Travel & Tourism Analyst*, 1986, June:3~12.

3.3 突发性旅游危机的主要类型及冲击机制

如前所述，旅游危机种类繁多，其中突发性危机对旅游业冲击最为明显。在过去的十年中，一些被公众了解甚多的与旅游相关的危机事件包括：在埃及发生的针对旅游设施和旅游者本身的恐怖袭击事件、各地牵涉旅游者的重大犯罪案件、无数的空难事故、饭店火灾、旅游者遭绑架、食物中毒、产品的联合抵制、内乱、欺骗旅游者等，还有近年的印度洋海啸、“9·11”事件和SARS事件。对世界旅游业影响巨大的旅游危机归纳起来包括自然灾害、战争、恐怖主义、犯罪、经济危机、公共卫生危机、疾病流行等。

3.3.1 自然灾害及其对旅游业的冲击机制

自然灾害属于异常的自然现象，其引发因素既有纯自然因素，如地震、海啸、台风等，也包括人为因素，如工业化带来的环境污染造成旅游环境恶化、建设性破坏及乱采乱伐导致多种不良后果等。

1.自然灾害类型

自然灾害一般可分为三类：(1)气象性灾害，如水灾、旱灾、风灾(龙卷风、季风、飓风)、热带气旋、低温、霜雪、冰雹、雷电等；(2)地质性灾害，如地震、地面下沉、滑坡、海岸侵蚀、崩塌、泥石流、海啸、风暴潮、海冰等；(3)生物性灾害，如森林灾害、农作物灾害、畜牧业灾害(如禽流感)等。世界旅游组织认为，热带飓风、风暴潮、洪水、雪崩和地震是旅游业中最严重的自然灾害。例如，2004年12月26日，印度尼西亚苏门答腊岛西部沿海发生9级地震，并且引发海啸，袭击了亚洲和非洲一些国家的海岸，至少造成12万人死亡(详见第7章第7节)。2001年我国台湾省发生的“九·二一大地震”，使岛内当年50万旅游业从业人员生计受到影响[①]。2002 年夏天欧洲发生的洪灾，为 200 年来欧洲所经历的最严重的一次洪灾。自然灾害危机与旅游目的地地理和生态环境密切相关，一般而言，海岛或海滨度假型目的地往往与飓风相伴，山岳型目的地容易受到泥石流、山体滑坡、雪崩等的影响，而江河型旅游目的地则往往与洪水为伍。

2. 自然灾害特性及对旅游业的冲击机制

自然灾害具有成因、过程和后果等自然属性特征。因此，自然灾害通常具有可预见性。如飓风通常发生在热带海洋性气候地区，风雪则多在气候湿润的北方地区，广袤的非洲大陆常常与蝗灾相伴，等等。由于自然灾害的不可控制性，它们对旅游业的冲击往往更多表现在基础设施和旅游接待设施的破坏及旅游者和员工等人员伤亡上，对旅游需求和供给能力产生影响。但这种影响一般为临时性和短期性的，并容易得到人们的理解和社会的同情，在灾难后通常可以获得社会救援，部分地弥补灾害造成的损失，恢复受损的能力。此外，通过研究灾害形成的机制，建立早期预报系统，可以预测灾害发生的时间、地点及强度，如地震检测、天气预报等都属于这一范畴。建立“早期预警系统”有助于防范自然灾害，将损失降低到最小。因此，在旅游规划中加强环境因素影响评估是旅游危机管理中重要的组成部分。

3.3.2　战争及其对旅游业的冲击机制

对旅游业影响最大的是战争和军事冲突。由于战争对于旅游业来说是无法抗拒和难以控制的，可以说战争是旅游一大天敌。据挪威史学家统计，截至 1982 年，在有文字记载的 5 560 年中，世界上共发生过 14 531次战争，平均每年 2.6 次[②]。弗朗加利强调：“战争和旅游如水火一样不相容，我们希望尽量避免军事行动，一旦无法避免，我们将采取一切可能的办法以减少战争带来的影响。旅游者变得越来越成熟了，尽管他们从来没有像现在这样接触那么多关于战争威胁、炸弹爆炸事件

---

① 自然灾害使台湾民众旅游受重创. 2001 年 8 月 12 日，08：22，中新社网站。

② 张建. 旅游危机的诱因及对策初步研究成果. 淮阴工学院学报，2004，13(4)：9.

和政府的旅行警告等信息。”①

战争给旅游业带来的消极影响包括(但不仅限于):(1)战争给交战各方带来巨大的经济损失,直接影响旅游业发展。如“二战”给德国、法国、波兰、英国、前苏联等欧洲国家造成的财产损失总额达到3 949亿美元。(2)战争摧毁旅游基础。战争不仅表现为基础设施被大量破坏,更为严重的是,战争造成自然资源、人文资源被大量破坏。如阿富汗因为宗教冲突造成世界上最高的两座石雕——立式巴米扬佛像被摧毁;八国联军对北京的攻占直接导致圆明园的毁灭。战争往往对人类历史遗产产生破坏。(3)战争导致旅游市场的萎缩。如受伊拉克战争爆发的影响,澳大利亚2003年的旅游预订比同期减少了22%,旅游收入减少了24%。又如,中东被主要的客源产生国看作是一个不太安全的旅游目的地,在许多研究中这种现象被称为“中东因素”。中东地区的恐怖活动、战争及政治不稳定局面由来已久,然而在20世纪60年代末以后,这些事件开始对旅游业产生影响,当时“六日战争”改变了政治局势以及该地区的旅游版图。与国际旅游者入境人数息息相关的大多数冲突事件起因于阿拉伯国家与以色列的争端。作为这些事件的结果,该地区的国际游客访问量大幅度下降。20世纪80年代,国际入境旅游者增长了62%,意味着平均每年增长6.2%,同期中东地区的游客增长却仅达到52%,即平均每年增长5.2%。表3-2反映了中东战争对该地区的旅游影响。

表3-2 中东安全事件及它们对以色列入境游客数量的影响

年份	主要事件	中东地区参与国家	地 点	入境游客数量(万人)	与上年相比(%)
1967	战争——六日战争	4	中东区域内	26.8	−7
1970	战争——以色列与埃及摩擦	2	中东区域内	44.1	+8
1971	恐怖主义	1	中东内、外	65.7	+49
1972	恐怖主义	1	中东内、外	72.8	+11
1973	战争——犹太人赎罪日	3	中东区域内	66.1	−9
1974	恐怖主义	1	中东内、外	62.5	−6

① 魏小安,张凌云.共同的声音.北京:中国旅游出版社,2003.1.

续表

年份	主要事件	中东地区参与国家	地　点	入境游客数量(万人)	与上年相比(%)
1975	恐怖主义	1	中东区域内	62.0	－1
1976	恐怖主义	1	中东区域外	79.7	＋29
1977	恐怖主义	1	中东区域内	98.7	＋24
1978	战争与恐怖主义	1	中东区域内	107.1	＋9
1979	恐怖主义	1	中东区域内	113.9	－6
1980	经济危机、恐怖主义	1	中东区域内	117.6	＋3
1981	炸弹恐怖袭击	2	中东内、外	113.7	－3
1982	恐怖袭击及战争	2	中东内、外	99.8	－12
1983	战争	2	中东区域内	116.7	＋17
1984	恐怖主义	3	中东区域内	125.9	＋8
1985	恐怖主义	1	中东内、外	143.6	＋14
1986	恐怖主义	0	中东区域外	119.6	－17
1987	暴动	1	中东区域内	151.8	＋27
1988	暴动及恐怖主义	2	中东区域内	129.9	－14
1989	暴动及战争威胁	1	中东区域内	142.5	＋10
1990	暴动及战争威胁	1	区域内外	134.2	－6
1991	暴动及战争	1	区域内外	111.8	－17
1992	暴动及恐怖主义	2	区域内外	180.5	＋61

资料来源：Bar-On，R. R. Measuring the effects on tourism of violence and of promotion following violent acts. In：Pizam，A and Mansfeld，Y. *Tourism，Crime and International Security Issues*，1996. Chichester：John Wiley & Sons，162.

当人们受到的战争创伤渐渐愈合后，战争遗产也会带来一定的积极影响，主要反映在：由于战争在当事人心目中的情感纠葛，会产生出于纪念和缅怀需要而形成战争遗产旅游。如前所述，战争刺激了奖励型、情感型、军事型和政治型的旅游，和战争有关的吸引物是最大的旅游吸引物种类。如"越战"导致美国老兵的与"越战"相关的旅游，"二战"后在亚洲各国出现的针对日本游客的旅游产品开发。

战争对旅游业的影响程度取决于战争的持续时间、范围、强度和卷入程度。通常情况下，战争持续时间越长，带来的影响越大。例如，旷日持久的中东政治不稳定和多次中东战争，使该地区始终被认为是最不安全地区；非洲等地也由于常年战乱，旅游业难以发展。表 3-3 为国际媒体报道的世界上最危险的十个国家。战争范围也对整个国际旅游市场产生影响。一般说来，局部战争和小范围冲突往往对交战双方之间的旅游流动造成负面影响。在其他条件不变的情况下，旅游者会选择其他目的地而非完全取消旅行。战争强度对旅游业的影响尤其是旅游业的恢复具有重要意义。战争越激烈，创伤越深，则可能带来的敌对情绪越高，因而市场恢复越缓慢；同时，战争破坏性越大，基础设施恢复越困难，则旅游业振兴越缓慢。旅游人数与战争卷入程度高度相关，那些在冲突中采取积极介入的国家，其结果是旅游者数量迅速下降，而未过多介入的国家则下降较少。

表 3-3 媒体报道及评估的最危险的十个国家

最危险的旅游目的地国家	媒体报道次数	风险指数*
伊拉克	101	4.9
以色列	387	3.96
巴基斯坦	352	3.94
津巴布韦	57	3.77
苏丹	10	3.72
伊朗	95	3.68
哥伦比亚	37	3.37
尼日利亚	26	3.36
所罗门群岛	26	3.25
朝鲜	59	3.20

* 5 最危险，1 最不危险。

资料来源：Lovelock，B. Safety and Security in Tourism：Relationships，Management and Marketing. *Journal of Travel & Tourism Marketing*，2003，15：(4)，269.

3.3.3 犯罪及其对旅游业的冲击机制

安全问题作为危机研究的一部分具有特殊的位置。安全是指人们害怕自己可能成为暴力犯罪、飞机失事、恐怖活动等事件的受害者①。Kemmer 在对 Longwood 的研究中证实：安全问题在旅游决策中具有重要作用，通常人们在选择旅游目的地时，会将目的地安全放在第二或第三位。这主要是因为旅游活动往往与求新、猎奇、冒险有关，因此旅游

① Smith，V. War and tourism. *Annals of Tourism Research*，1998，25(1)：202～227；WTO，Document SEC/2/94/BM，1994；WTO，Document SEC/2/94/HEUNI，1994.

者往往特别容易成为脆弱的袭击目标[①]。例如，1992年发生在美国佛罗里达戴德县(Dade)的1.2万多起犯罪并未影响其旅游业，然而，当1993年十多位来自加拿大、英国、德国等重要客源地的游客成为袭击对象后，"阳光之都"变成"恐怖之都"，旅游人数骤减，其中德国客人减少1/3，1994年，该州旅游人数由1993年的60.8万人下降到1994年的41.1万人，旅游业受到巨大冲击[②]。

针对旅游者的犯罪活动从发生的目的性和组织性可以分为：

(1)一般性犯罪。这类犯罪在任何时候和任何地点针对任何人都可能发生，犯罪活动与旅游目的地无关，旅游者只是整体犯罪受害者中的一部分。犯罪原因及程度与社区社会经济等特征相关，犯罪率的高低对旅游目的地吸引力可能产生消极影响。

(2)针对旅游目的地的一般性犯罪。这类犯罪地点选择通常源于旅游目的地性质，往往由于旅游目的地有较多的移民及人口流动性所致，如毒品、卖淫、抢劫等，目标并不专门针对旅游者。一些社会学者的研究证明，这些犯罪与旅游发展的消极影响相关。

(3)针对旅游者的专门犯罪。这是由于旅游者脱离常住环境，更容易受到攻击而产生的犯罪。由于旅游者消费超常于自身一般消费，同时也不同于当地居民消费，因此，容易成为袭击目标，加上信息的不对称等，使旅游者相比之下更多地成为犯罪受害者。例如，由于中国公民具有使用现金消费习惯，因此在许多国家的机场和旅游目的地，中国旅游者往往更多地成为行李被盗和抢劫的牺牲品。又如1994年的"3·31千岛湖事件"，造成来自我国台湾地区及东南亚的游客锐减，严重打击了千岛湖的旅游业发展。

一般地说，由于犯罪活动的零散性，如果犯罪活动控制在人们可接受的限度内，则短期内总体的旅游不会受到影响。然而，一旦它们带来

---

① Kemmer, C. Resident and visitor safety and security in Waikiki. In *Security and Risk in Travel and Tourism*, Proceedings of the International Conference at Mid Sweden University, 75～83, 1995.

② Glaeßer, Dirk. *Crisis Management in the Tourism Indusrty*. Oxford: Butterworth-Heinemann, 2003.

的伤亡引起旅游者警觉，旅游行为也会发生改变。从长远看，犯罪会削弱旅游目的地安全形象，进而引起人们态度的变化和信心的丧失。犯罪作为人为危机，具有一定的可控性。一方面旅游目的地必须加强安全措施和提升警力，包括对难以防范的犯罪采取补救措施；另一方面，要增加对旅游者的安全保险及安全意识教育，提高其风险意识。

3.3.4 恐怖主义活动及其对旅游业的冲击机制

恐怖主义活动在危机中占有特殊地位。恐怖主义(terrorism)是指针对政府、公众或个体使用令人莫测的暴力、讹诈或威胁，以达到某种目的的政治手段。恐怖袭击是恶意行为的一种形式，目的是破坏目标国家的社会、政治和经济体系。国际恐怖主义，尤其是针对旅游者的恐怖活动给世界旅游业造成了上百亿美元的损失。研究证明：一个国际旅游目的地国家的国内恐怖主义活动对其入境旅游有明显的负面影响，并且具有显著的时滞效应[①]。

研究恐怖主义活动与旅游的关系主要包括两种角度：

1. 从恐怖活动袭击对象指向看

(1)不特别针对旅游者的恐怖活动。在这种事件中，旅游者往往作为受害者之一，其后果通常只是引起入境旅游者的轻微减少。例如新出现的生化袭击的威胁对于旅游者而言，是一种新生事物，是现实中完全不被人知的事情。

(2)将旅游者作为明确袭击目标的恐怖主义活动。这种事件通常发生在旅游业占据重要地位的国家和地区，且旅游者与当地社区存在一定文化、宗教和社会的冲突。恐怖活动的目标在于通过袭击旅游者造成巨大混乱以达到其政治目的。这种事件的后果十分严重，通常带来较大人员伤亡和财产损失，并引起媒体广泛关注，同时动摇旅游客源地消费者的信心，造成旅游目的地社区恐慌，并引起旅游目的地和旅游客源地之间的敌对态度。如 2002 年 10 月 12 日印度尼西亚旅游胜地巴厘岛发

---

① 张骁鸣，戴光全，保继刚. 从事件角度对 SARS 进行“危机管理”. 旅游学刊，2003，18(4)：7～8.

生系列爆炸事件导致多个客源国当即取消10月下旬的巴厘岛行程(详见第7章第5节)。

2. 从恐怖主义对待旅游业的态度看

(1)外向型。将旅游者作为客源国的象征。在这种情况下,对游客产生威胁的可能性与其来源国所表现出的政治倾向性相关。政治倾向性是指某国或政治组织在国际争端和危机中所采取的行动和立场。这类袭击的目的在于向游客输出地传递某种信息,而这种信息在正常情况下是被漠视的。发生在穆斯林国家和地区的许多针对旅游者的绑架、谋杀、爆炸等事件近年来频繁发生。通常恐怖主义会将大型旅游接待设施如饭店、俱乐部、娱乐场所、交通工具等作为袭击目标。这种外向型的犯罪活动情节严重、影响巨大,且规模越大,袭击后果越严重,则灾难可能性越大。飞机由于其高风险性和高威慑性往往成为制造国际恐怖主义活动的首选。例如,"9·11"事件后国际游客搭乘飞机进行旅游的人数急剧下降。此次恐怖袭击过后,一些航空公司(如 Sabina, Swissair, US Airways)跌入了破产的行列,成千上万从事旅游业的人失去了工作,国际航空业至今仍然面临困境(见图3-6)。同时,外向型恐怖主义

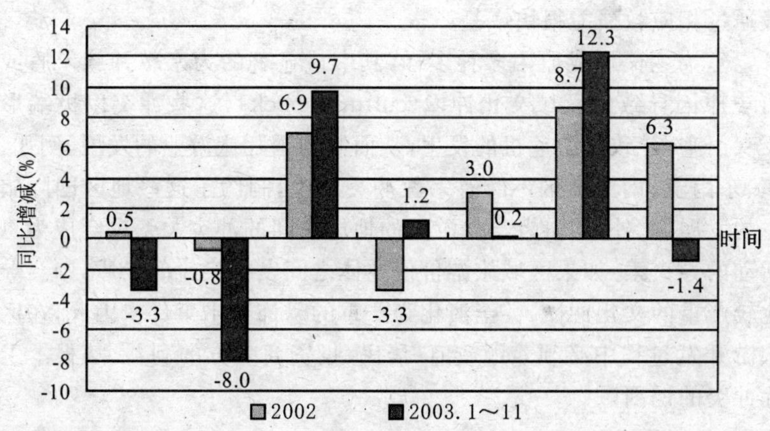

图3-6 IATA各区国际航空运输情况

资料来源:引自IATA,2004.

带来的显著后果在于打击旅游者的信心，使旅游业发展失去基础。其影响呈现出根本性和长期性。恐怖事件还对旅游者的精神和经济都产生了严重的影响。事实上，“9・11”事件使全世界在几个星期内都笼罩在恐怖袭击的阴影之下，人们承受着亲朋好友丧生在恐怖袭击中的悲痛。

(2)内向型。指恐怖主义将旅游者作为目的地经济体系的组成部分，通过各种暴力活动袭击游客和旅游设施，来反对旅游接待国家、地区或目的地。这类事件发生地区与旅游业高度相关，但要确定特定袭击对象十分困难，每一个旅游者都可能成为攻击目标。例如，西班牙一直在国际旅游接待人数上居于首位。“埃塔”(ETA)恐怖组织自20世纪70年代就将游客作为袭击目标，但受到影响的不仅仅是游客，更多为西班牙政府。类似的组织还包括秘鲁的“西德罗・卢明诺索”(Sendero Luminoso)和土耳其的PKK组织[①]。由于恐怖组织的政治倾向性明显，因此，对于旅游者影响具有一定的可预期性。通常，在这种情况下，世界各国尤其是受影响国会通过旅游劝告来阻止国民前往危险国家和地区进行旅游。由于内向型恐怖活动目标不在于旅游者，通常会事先发出警告，并选择旅游者少的地方进行破坏，因此，其后果更多反映在旅游设施的破坏上。这类事件对于旅游业的冲击呈现出局部性和短期性。一般通过相应救援能很快恢复。

恐怖主义形成原因多种多样，其中最显著的为宗教种族矛盾或者历史原因导致的区域文化冲撞(culture shock)，这些冲突以极端形式反映出来，导致旅游危机的发生，从而制约国际旅游业的发展。例如，中东、东南亚、南亚地区不时有宗教冲突发生，制约了这些地区国际旅游业的发展。此外，旅游者与旅游目的地居民间的冲突关系也会成为恐怖活动的导火索。如果区域旅游价值主体之间发生尖锐的矛盾，则会导致比较严重的文化冲撞，甚至演化为严重的恐怖袭击事件。因此，在区域旅游开发过程中必须兼顾政府、居民、投资商多方的利益，从根本上消除冲突的诱因。

---

① Smith, V. War and tourism. *Annals of Tourism Research*, 1998, 25(1): 202～227.

3.3.5 经济危机及其对旅游业的冲击机制

由于宏观经济发生剧烈波动，形成经济衰退乃至危机，会对旅游需求产生巨大冲击。经济危机对旅游业的冲击主要体现在以下几个方面。

(1)由于经济增长停滞或下降，导致人们实际收入减少，因而影响旅游需求。旅游需求的决定因素包括旅游动机、可自由支配收入和闲暇时间。尽管经济危机对旅游业的冲击并不存在现实的人身伤害等风险因素，然而，经济危机可能带来的收入下降、高失业率等会降低消费者预期，从而抑制旅游需求的总量或者导致旅游需求发生质量偏差。例如，受"9·11"事件及其他因素影响，美国经济在"9·11"事件发生后几年持续低迷，因此，消费者信心一直处于摇摆之中，这直接导致远程旅游的减少，同时促进替代性近程旅游、区域内旅游或国内旅游的上升(详见第7章第2节)。

(2)汇率变动导致国际旅游成本变化，从而加大部分国家和地区的旅游成本，进而削弱其旅游消费能力。此外，为了防止外汇流失，一些客源国也会采取多种措施限制国民出国旅游。例如，由于亚洲金融危机的影响，1997年全球国际旅游的接待人次为6.17亿，增长率仅为3.8%，全球旅游收入为4 480亿美元，增长率为3%。此前的10年里，该地区这两项指标一直以年均10%的速度递增①。

(3)经济危机可能引发目的地国家价格发生剧烈波动，也会导致旅游实际购买力下降，从而打击旅游业。例如，石油危机引发的价格上涨，客观上阻碍了国际旅游的发展，尤其是国际航空业的发展。

3.3.6 公共卫生危机及其对旅游业的冲击机制

公共卫生危机是指各种对人类健康带来巨大危害的突发性传染性疾病。传染病的蔓延往往会引起全球性或区域性旅游危机。

(1)公共卫生危机会导致人们心理恐慌，从而抑制旅游意愿。如艾

---

① WTO. *Handbook on Natural Disaster Reduction in Tourist Areas*. Madrid: World Tourism Organization, 1998.

滋病在南亚、东南亚以及非洲的感染人数迅速增加，引起旅游者对该地区旅游的恐惧心理。Carter 在 1998 年的研究中发现，大多数旅游者认为非洲充满冲突、饥荒和艾滋病，他们通常将那些有关艾滋病、霍乱、埃博拉病毒的新闻报道与整个非洲联系起来，而不是将其局限在发生地，这种共识成为非洲旅游业发展的主要障碍①。

(2)出现公共卫生危机时，政府等组织制定的相关政策会限制人们的旅游行为。一般情况下，世界卫生组织和旅游客源国政府为防止传染病蔓延和保护本国居民安全，通常会发出相应的旅游警告，从而控制因旅行出现公共卫生危机的恶化。英国、荷兰等国爆发的疯牛病、口蹄疫事件也影响它们国际旅游业的发展。英国 2001 年前 8 个月的旅游到达人数下降了 5%～6%②。我国也曾经发生过类似事件，1989 年上海"甲肝"突发性流行导致到上海的旅游者减少③。2003 年的 SARS 疫情更是引发全球性旅游危机，但不同地区程度不尽相同。亚太地区旅游人数比 2002 年减少 1 200 万人次，同比下降 9%，影响较小的美洲下降 2%，欧洲基本持平，未受影响的中东和非洲地区则分别实现增长 10%和 5%④。

由于全球化、工业化和现代生物技术等的发展，公共卫生危机风险进一步加大。而旅游由于其人际沟通特征既可能是受害者，同时也是重要的传播途径，因此，如何开展"有道德的旅游"，并加强管理，日益引起国内外广泛重视。Richter 提出应对公共卫生危机的十大行动纲要⑤：第一，即使采用市场经济的国家，仍然必须建立国家紧急计划和协调机制；第二，应该增加、而不是减少对出入境的要求；第三，建立严格的国际标准，从而杜绝给予那些管制和标准松懈的国家经济好处；第四，加

---

① Glaeβer, Dirk, *Crisis Management in the Tourism Indusrty*. Oxford: Butterworth-Heinemann, 2003.

② WTO. Tourism between "moderate optimism" and "structural changes", WTO Recovery Committee says. WTO News Release, 19 November, 2002.

③ 刘锋. 旅游地灾害风险管理初探. 达沃斯巅峰旅游景观设计中心网站，2003(5).

④ WTO. Tourism Statistics. www.world-tourism.org, 2003.

⑤ Richter, L. K. International Tourism and its Global Public Health Consequences. *Journal of Travel Research*, 2003, May: 340～347.

强根除重要蚊虫的努力,这不仅有利于旅游地居民的健康,同时也有助于保护旅游客源国安全;第五,加强对现有传染病的治疗和预防;第六,必须认识到,性旅游不仅是一个道德问题,还是一个健康问题;第七,国际卫生和旅游方面的合作应包括药品政策、医疗保险、医疗撤保(medical evacuation)、最低设备要求和培训等;第八,改进国际标识;第九,国际健康部门应为旅行社和地方健康机构建立和发布最新信息;第十,作为公众参与范围最广的活动,旅游不仅应与各级卫生部门开展合作,而且必须与旨在可持续发展的各种政策相协调。

3.3.7 环境灾难和事故及其对旅游业的冲击机制

由于技术演进、社会发展和管理失误造成的恶性事件也是引发旅游危机的重要方面,它们往往摧毁旅游业赖以生存的自然环境和基础设施,损害旅游目的地形象,弱化目的地吸引力。由于这种危机大多是人为造成的,因此其后果远远高于自然危机,而且如果危机处理不当,又会带来新的信任危机,进而打击旅游者信心。这种危机包括:

(1)针对旅游地自然环境的灾难,如水污染、空气污染等。如众所周知的人类特大灾难——前苏联切尔诺贝利的核泄漏,导致该国旅游业大幅度下降,其影响至今难以消除;再如,意大利著名的海滨浴场Romagna海岸由于1989年6月发生的海藻剧增给旅游业带来巨大影响,该年入境旅游人数骤减25%。更糟糕的是,在所有的危机消除后,又产生了连锁反应:目的地的负面形象不再局限于海水污染,还波及到先前被掩盖的消极因素,如秩序混乱、拥挤、噪声、犯罪等;其他类似事件包括巴西 Balneario Camboriu 海滩海藻及水污染事件、西班牙和葡萄牙海岸的“埃丽卡号”与“名望号”油轮燃料泄漏事件等。我国近年也连续发生“赤潮”等灾害,对海滨度假地旅游业产生了消极影响。

(2)针对基础设施和旅游设施的事故,包括空难、火灾、其他交通事故等。这类事故频繁发生,与目的地及经营者的管理息息相关,其对旅游业的影响力取决于灾难产生的后果。由于其可控性,对这类危机的防范成为旅游安全管理的重要内容。例如,2004年7月东方航空公司的“包头空难”促使中国重新审视航空运输安全状况。2004年北京密云县

“元宵节踩踏”事件也使政府认识到旅游及节庆活动的安全问题；天津水上公园游乐场伤人事故、上海动物园动物咬人事件等，都向人们提出了安全警告。

本章小结

由于旅游消费为精神消费，具有异地性、暂时性和体验性，而且这种消费往往是提前购买，因此旅游业具有更强的心理上的敏感性和对形象的依赖性。此外，旅游产品具有综合性、不可分割性、生产消费同一性、季节性等特性，决定了其对危机具有更强的敏感性，因此对旅游危机的研究就具有更加重要的现实意义。

旅游危机包括自然的和人为的两类危机。自然灾害由于其自然性和不可避免性，其影响往往是暂时的。人为危机由于其诱因往往为人类失误，因此产生更严重的消极后果，对旅游者信心产生更长远的影响。

从现实来看，影响旅游业的突发性危机主要包括：自然灾害、战争、犯罪、恐怖活动、经济危机、公共卫生危机、环境污染及事故等方面，其对旅游业的冲击方式和后果也不尽相同。

自然灾害主要对基础设施、旅游设施和人员等带来损害，但由于其不可控制性，一般不对消费者信心造成损害，往往容易得到理解和救援，因此其影响具有暂时性。

战争的消极影响在于给交战各方带来巨大人员和经济损失，摧毁旅游基础设施，但同时可能刺激与战争有关的旅游产品和旅游需求的形成。战争对旅游业的影响大小取决于战争的持续时间、范围、强度和卷入程度。

犯罪在旅游安全中占有特殊地位。针对旅游业的犯罪包括一般性犯罪、针对旅游目的地的一般性犯罪、针对旅游者的专门犯罪。由于犯罪活动的零散性，如果将其控制在人们可接受范围内，则影响较小，但如果伤亡引起人们关注则会引起旅游行为改变。从长远看，犯罪会破坏旅游目的地安全形象，进而引起人们态度转变和信心的丧失。

恐怖主义活动在旅游危机中占有突出位置，形成原因多种多样，它将冲突以极端形式表现出来，一方面打击旅游者的信心，同时也给旅游设施带来巨大的破坏。从恐怖袭击对象看，有不特别针对旅游者的一般性恐怖活动，有将旅游者作为特别袭击目标的恐怖活动。从恐怖主义对待旅游业的态度看，分为将旅游者作为客源国象征的外向型恐怖主义和将旅游者作为目的地经济体系组成部分的内向型恐怖主义，前者对旅游业的冲击高于后者。

经济危机对旅游业的冲击尽管后果严重，但往往是渐进的。主要表现为经济萧条导致收入下降和旅游成本上升，打击旅游市场消费信心，削弱旅游消费能力，但也可能促进替代性旅游消费。

公共卫生危机往往引起全球或区域性旅游危机。由于对自身健康的担忧会影响人们对危机发生地旅游目的地的看法，进而影响其旅游信心；相关政府及组织为防止传染病蔓延和维护本国居民健康安全而采用的旅游警告也会抑制人们的旅游行为。

环境灾难及事故往往是由于技术、社会发展和管理失误等人为因素造成的，包括旅游目的地的环境灾难（如污染等）、旅游设施的事故（如火灾等）。它们往往会对旅游者、旅游从业人员和旅游设施带来实质性破坏；由于环境灾难和事故通常为人为因素导致，与自然灾害相比，通常其后果更严重，并对旅游者的信心产生消极影响。

第4章　突发性危机对旅游业的冲击

危机的性质、持续时间、发生地点、破坏程度、出现频率以及旅游者对危机的感知，都可以决定其对旅游业产生的负面冲击的大小，不同危机对旅游的冲击不尽相同。本章目的在于揭示危机的突发性和对旅游业冲击的方式、冲击特征、冲击的对象及表现形式，同时，通过建立计量模型对如何测量危机冲击程度进行分析。

4.1　危机的突发性及其对旅游业的冲击

4.1.1　冲击的类型

旅游危机冲击指由于危机事件的突发性对包括旅游目的地利益相关者、旅游客源地的旅游者和作为通道的旅游企业所引发的各种后果。根据危机影响的内容、社会价值、表现方式及时间等不同角度，可以将其划分为以下形式：

按照影响的内容划分，旅游危机的冲击通常分为经济影响、环境影响和社会文化影响。首先，危机的经济影响指旅游危机活动对国民经济的消极影响，如游客数量的锐减、旅游收入和外汇收入的减少、旅游产业遭到损害、就业机会减少等。通常情况下，对经济的影响往往容易量化和预测。其次，旅游危机的环境影响是危机事件对环境产生的消极后果。危机与环境的关系十分敏感，自然灾害、过度开发会带来旅游发展赖以生存的基础环境遭到破坏。这些破坏也可以通过相应技术手段来加以衡量。最后，社会文化影响指由于危机事件而带来的对目的地和客源地的社会结构、价值观念、生活方式、习俗民风等文化要素方面的影响。如SARS使部分国人开始改变卫生习惯，分餐制受到推崇，一些不文明的陋习（如随地吐痰）得到部分抑制。旅游危机发生后，不仅会损害旅游目的地和旅游企业的信誉，同时还可能对游客的安全、目的地的可持续发展、旅游从业人员的态度和价值观念产生不同程度的影响，甚至加大社会的失业率，给社会的不稳定性增加许多未知因素。

按照带来的社会价值划分为消极影响和积极影响。总体上，危机带来的冲击更多表现为消极方面。消极影响又称负效应，指旅游危机对社会产生有害的影响，如旅游者死伤、财产损失。虽然在数量上通常无法精确测算出危机的总体损失，但最主要体现为旅游常使用的指标如旅游需求和旅游收入的下降。积极影响，又称正效应，指旅游危机对社会产生有价值的影响。危机并非总是给旅游目的地造成消极的影响，有些情况下，危机可以视为旅游目的地发展阶段中的一个转折点。正如Beirman所述，随着时间的推移，一些发生过战争、暴力事件或者自然灾害之类的危机的地方，可能会成为一个旅游景点[①]；另一方面，权威媒体报道危机发生期间和之后，目的地所采取的有效的管理措施和恰当的营销策略，能够把一个不知名的小地方变成一个闻名的旅游景点，从而使目的地知名度上升，如2004年的印度洋海啸使不怎么知名的印度尼西亚亚齐、马尔代夫等一夜之间成为国际关注焦点；此外，通过危机及其处理过程，往往会促使旅游目的地政府、企业和公众及旅游者强化安全意识，提升产业素质。

从影响的表现方式划分，可以分为隐形效应和显露效应。隐形效应指因旅游危机而产生但无法观察到其直观物质形态的效应形式，如价

① Beirman, D. Marketing of tourism destinations during a prolonged crisis: Israel and the Middle East. *Journal of Vacation Marketing*, 2002, 8(2): 167～176.

值观念和生活方式的改变；显露效应指那些外在化的、具有明显的可测量的数量结构或物质形态的效应形式，如旅游者人数、旅游收入、建筑物、人身伤亡和财产损失等。显露效应一般可以在短期内表现出来，也容易消除，而隐形效应则往往经过较长时间才体现出来，呈现出长期性，且难以消除。

按照影响的时间划分，可分为即时效应和滞后效应。即时效应是伴随危机事件的发生而立即产生的效应，如地震、海啸导致的旅游者死亡、建筑物坍塌等；滞后效应是指由即时效应累积而成的效应，包括那些暂时潜伏而不发生、要在以后显露出来的效应，如旅游者对某目的地安全度评价的改变。

4.1.2 冲击的特点

由于旅游危机在范围上的广泛性、产生的突发性和发生后的难以控制性等特征，使冲击后果也呈现出下列特征：

1.全球性

全球性指危机影响在范围上波及全球。国际范围内的人员流动与交流是旅游目的地在国际竞争中成功的必备条件，因此，虽然旅游业的生存有赖于不同国家的旅游经营企业之间通过建立商业关系从而在客源国吸引到的旅游者的数量，但是在世界的某个地方发生的危机会迅速产生一种全球效应，影响到全球的旅游业。这种影响既有可能是全球性的同方向变动，如20世纪70年代石油危机对旅游业的消极影响，也可能表现为旅游流在不同目的地之间的替代，如印度洋海啸使我国到东南亚的大部分团队取消，导致海南旅游人数和价格暴涨，一些高档团的饭店价格提高到5 000元①。

2.不可预期性

不可预期性指人类自身对危机难以先前预知。危机是自然、社会和组织所面临的环境达到了一个临界值和既定的阈值所作出的反应。理论上讲，虽然所有危机都存在潜伏期，但由于人类知识的局限性和有限

① 本刊记者印度洋海啸信息.饭店文摘，2005(8).

理性导致管理失误，使潜伏期危机被人忽视或难以察觉，人们对事件的原因、后果、变化、影响因素等很难事先料到。事件的开端无法用常规性规则进行判断，其后的衍生影响和可能涉及的影响没有经验性知识可供指导。因此大多数突发性的危机表现为预期之外的现象，人们只能被动适应和应对。由于事件的突发性使社会和组织缺少应对危机的人员、物资和时间，造成危机后人为的灾难，因此建立危机预案是防范危机风险的关键。

3. 不可控性

大多数危机并非由旅游业自身造成，往往来自自然、社会、政治、技术等外部环境，对旅游系统而言，旅游危机具有不可控性。同时，由于旅游业的综合性导致多种危机促成因素形成，使旅游危机源呈现分散性，而且这些危机很难通过旅游系统内的力量来避免和应对，如环境污染对旅游目的地环境质量的破坏，犯罪活动的增加等。在近几年发生的旅游危机造成的破坏中，有的使几十、上百人丧生，有的对后代以及环境造成不可估量的破坏性影响。因此，对旅游危机的管理往往很难依靠旅游业内部来完成，必须将其纳入到整个社会及全球角度来全面综合考虑。

4. 波及性

波及性指旅游目的地各子系统之间相互影响的机制。虽然旅游市场多种多样，既包括顾客的需要、需求、期望这一类的变化，也包括提供探险体验的新兴目的地给提供包价旅游的传统目的地带来的挑战，但是，旅游需求的骤减往往是“目的地危机”的结果。尽管旅游与好客、愉悦和娱乐这类感知关系紧密，但事实证明，它首先是一种动机和收入决定型行业，不可能避免其经营环境和客源市场中发生的暴力、丑闻和冲突事件给其带来的消极影响。一个发生在诸如住宿、交通运输或者旅游景点等子行业中的危机，有可能短时间内就在目的地引发连锁反应，并造成旅游人数和收入的锐减。同样，由于旅游业的发展要以目的地各个经济部门的支持、合作为基础，因此，危及任何一个部门并降低目的地在潜在游客心目中的安全性的危机都能够对目的地的整体形象和旅游业产生消极影响。同时，旅游业可能会因此而成为最后一个从这一次危机中恢复元气的行业。

5.迁延性

迁延性指旅游目的地之间存在的相互影响的传导机制。图 4-1 以 7 个旅游目的地为例揭示受危机冲击的目的地如何影响其他目的地，其中箭头的指向代表旅游目的地交易额的上升或下降态势。作为受到危机直接冲击的唯一地区，目的地 A 经历了旅游业的衰落直至其恢复正常的过程。危机的影响可以波及其他目的地，即使这些地方不直接与危机相关。虽然受到危机的消极影响，但目的地 C 却因在即时环境中通过吸引原本决定到目的地 A 或目的地 D 旅游的游客到本地消费而受益。那些成功地避免危机内在、外在冲击的目的地竞争对手(如图中的目的地 X、目的地 Y、目的地 Z)，其旅游业没有经历恶性下滑。对它们而言，游客人数及旅游收入的增长取决于其如何将威胁转化为机遇。它们可以通过市场营销活动实现这一目标，如突出安全性与高质量，表明自己的非危机地性质及其旅游供给对危机中目的地旅游产品的可替

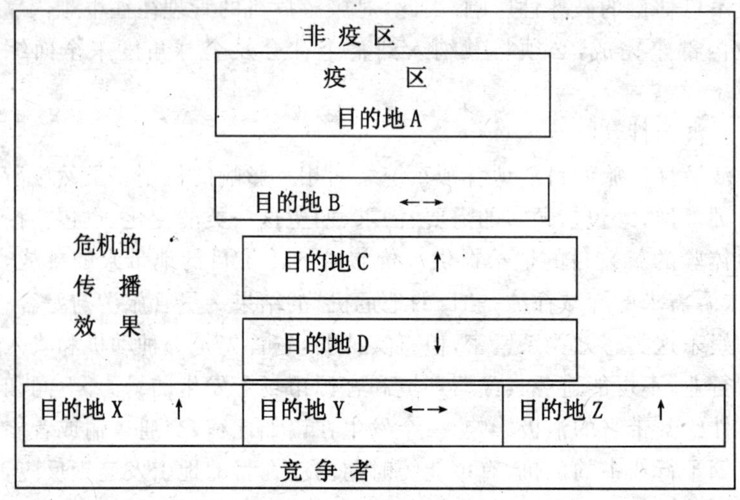

图 4-1　旅游目的地的危机类型

资料来源：Gurhan Aktas and Ebru A. Gunlu. Crisis Management in Tourist Destination. In：William F. Theobald. *Global Tourism*，3rd edition. Elsevier：Butterworth-Heinemann，2005.

代性等。那些成功地吸引了目的地A流失的市场份额的目的地，如目的地X和目的地Z，游客数量上升，而其他目的地则可能保持其原来期望的市场份额，即在目的地总体环境下产生的市场需求既无明显上升也无明显下降(如目的地Y)。

6.周期性

周期性指危机的爆发呈现出一定的时间循环性。无论是自然危机还是人为危机，往往表现出爆发的周期性。人类社会只有通过危机的反复爆发才能逐步掌握危机爆发的周期性规律。危机的阶段性表现为危机遵循潜伏期、爆发期、高峰期和衰退期的逻辑发展过程，危机处于不同阶段具有不同的表现特征，相关内容将在本书第5章中探讨。

4.2 旅游危机冲击对象及其表现

旅游系统包括旅游主体——旅游者子系统，旅游通道——旅游企业子系统，旅游客体——旅游目的地子系统等几个主要方面。在不同的系统中，危机冲击的表现形式存在差异。

4.2.1 对旅游者的冲击

1.冲击的表现

危机对旅游者的冲击体现在旅游需求的下降和旅游信心的损害两个层面。

(1)有形影响及旅游行为改变。由于危机对基础设施、旅游设施的破坏，以及政府、非政府组织和企业为解决危机等采取的措施有可能在短期内限制旅游行为，加之危机导致的影响可能损害正常的经济生活，从而导致决定旅游需求的收入和闲暇时间减少，进而影响旅游消费总量和行为结构特征。主要表现为由旅游消费能力丧失或受到抑制所带来的旅游行为的改变，如停止或推迟旅游活动、减少旅游次数、削减旅游消费、对价格更为敏感、寻求替代性旅游等。一般说来，这种影响往往具有短期性和可逆性，一旦危机结束，会较快地恢复到常规状态，甚至出现新的旅游机遇。例如，根据美国旅行社协会调查显示，“9·11”事件后，美国旅游者更愿意选择不乘坐飞机、而是采用高速公路的旅行；到就近的旅游目的地游览，如自驾车到周边城市或乡村旅游；更多美国公众认为出国旅行比国内旅行更加不安全，因此选择在美国本土旅游，减少出国旅游；缩短停留时间(3晚或更少)；访问小城镇或乡村地区、避免大城市或拥挤地区；关注最重要的目标，注意节约①等。尽管整个行业在当时形势下受到损害，但并不是所有旅游目的地和产业的所有组成部分都受到了消极的影响。区域内旅行(占国际旅游者的80%)、国内旅游、公路和铁路旅行(50%)以及个体旅行等都很好地抵制住了甚至得益于这次危机。体育、文化、社会旅游和乡村旅游等具有强烈动机的细分市场对这次危机有着特别的抵制力②。

(2)精神影响和信心受损。旅游者出门旅游通常是为了享受旅行乐趣，如放松、愉悦、和平、安宁、快乐或舒适，任何与实现这些经历相背离的都不是大多数旅游者的想法。旅游者在面临恐惧时往往是非理性的，他们对于危机的看法完全不是出于逻辑思考。旅游业受到重创是因为人们对旅游目的地作为一个具有吸引力的、安全的游览和居住的地方失去了信心。同样以“9·11”事件为例，尽管20世纪70年代早期油价上涨对世界经济的影响比“9·11”事件要深远得多③，但是，前者只是影响了旅游的购买力，并未对旅游动机产生影响。2000年，全球国际旅游者人数以7.4%的速度增长，达到6.99亿人次。从1990年到2000年的10年中，虽然有海湾战争、由前南斯拉夫解体引发的冲突以及亚

① Norman，W. S. *Outlook on U. S. Tourism，an Overview，2004 Domestic Outlook for Travel & Tourism*. Travel Industry Association of America，Washington，D. C. 2003，35～62.

② Travel Industry Association of America. *2004 Domestic Outlook for Travel & Tourism*，2004.

③ Glaeßer，Dirk. *Crisis Management in the Tourism Industry*. Oxford：Butterworth-Heinemann，2003.

洲金融危机的影响，国际旅游还是以平均每年4.3%的速度增长[①]。"9·11"恐怖袭击事件与近些年其他危机相比，其对旅游业造成了更为严重的影响。美国本土遭到袭击后，公众担心会发生更多的恐怖事件。另外，由于担心军方反应会持续很长时间，并会用一种不可预期的方式涉及其他领域。这一切造成了人们对乘坐飞机和到一些国家旅行的恐惧和犹豫不决，还使得因受衰退的国际经济环境和消费投资信心下降影响而变得更不确定。由于恐怖袭击对人们心理的巨大冲击，导致旅游者将整个中东地区视为恐怖组织的温床[②]。

2.决定旅游者对危机冲击反应的因素

决定旅游者对危机冲击反应的因素主要包括以下几个方面。

(1)个体的风险因素

消费者行为框架中的风险理论关注的是购买决策中的风险因素和它们带来的后果问题，包括经济风险和社会风险，研究的目的在于找出承受风险的阈值，制定相应的战略，并通过有效的手段提高风险的承受能力。风险是消费者在其消费行为中所认知的可能发生的负面结果。依据该观点，旅游决策风险就是旅游期望和最终的主观旅游体验之间存在偏差的可能性。如果认知的风险超过了他们能承受的特定的阈值，消费者就会想方设法降低风险。与一般的物质产品相比，旅游产品通常会很快达到这一阈值。风险预期模型尝试在合理预期基础上描述事件判断的过程，而不考虑价值的因素。根据该方法，风险可定义为"预期的损失"，它涉及损失的大小和发生的概率[③]。影响人们对"预期损失"的主观评估结果的因素包括：①事件演变为灾难的潜在可能性。事件演变为灾难的潜在可能性随着该事件后果的严重程度增加而提高。这种评估

---

① WTO，*The Impact of the September 11th Attcks on Tourism：The Light at the End of the Tunnel*. Madrid：World Tourism Organization，2002.

② Goodrich，J. N. September 11，2001 Attck on America：A Record of the Immediate Impacts and Reactions in the USA Travel and Tourism Industry. *Tourism Management*，2002，23(6)：573～580.

③ Glaeβer，Dirk. *Crisis Management in the Tourism Industry*. Oxford：Butterworth-Heinemarn，2003.

深深扎根于消费者心中，而要想从根本上改变这种观念，只有对价值观进行长期的改变。②个性因素。包括人口统计变量，如年龄、性别和受教育程度等。一项基于美国、英国所做的调查发现，女性旅游者往往比男性旅游者对风险的认知程度更高，而年龄介于18～24岁之间的年轻旅游者的风险认知程度也往往较年长的旅游者更低[①]。③对危机的了解程度。风险评估也会因个体是专家还是外行而有所不同。专家往往借助于定量的特征来评估风险，而外行却更看重定性的特征。专家倾向于将重大事件可能发生的几率估计过高；而外行却倾向于对不可能发生的重大事件予以更高的估计。④文化与心理的相近性。人们所处的文化圈不同，也会导致人们形成不同的风险认知和评价，这主要是由于不同的文化圈有着不同的社会、行为与发展模式。20世纪80年代中期，由于恐怖分子的袭击使得到欧洲的美国旅游者人数骤减，但同时欧洲内部的旅游者人数却有所增加。同理，日本人会对香港地区和菲律宾的“色情旅游”报道非常敏感，而欧洲人会对前苏联切尔诺贝利(Chernobyl)的核泄漏事件反应强烈。有些文化圈甚至表现出更强烈的风险厌恶感，危机后的旅游目的地十分冷清，恢复过程也异常缓慢[②]。⑤个体对危机处理的感知。个体承受危机的阈值水平还取决于相关组织的可信度、采取行动的速度和危机事件的反复程度。在处理公众关心的问题时，如果危机事件反复发生，人们的敏感限度即接受某事件的意愿将会降低，某一危机事件的反复发生会对旅游者的容忍极限产生消极影响。从总体上看，只要危机事件在个体的容忍限度内，它就不会对旅游者的态度产生影响。

(2)媒体的作用

旅游者真正面临的风险事实上远远小于公众所理解的程度。危机对旅游业的负面影响往往由于媒体对于针对旅游者的犯罪的扭曲报道以

---

① WTO, Document SEC/2/94/BM, 1994.

② Glaeβer, Dirk. *Crisis Management in the Tourism Industry*. Oxford: Butterworth-Heinemann, 2003.

及对于旅游者风险和欺骗的过度估计所造成的[①]。媒体在旅游行为模式的形成中扮演了十分重要的角色,因为媒体有能力使公众对某一问题形成一种看法[②]。随着信息及通信技术的进步,很多事件都是媒体作现场报道,并播放给全世界的观众。通常,生动的现场直播或图片都会对公众产生深刻的影响。通过媒体的炒作,游客对旅游业开始怀疑,原来美好的旅游形象往往被不安全的旅游目的地形象所代替,由此引起的公众和旅游者心理恐慌对旅游业产生巨大的消极影响。近年来受到媒体广泛传播的事件包括:2000年发生在奥地利 Kaprun 的隧道火灾;2000年发生在法国康珂的恶劣事件;2001年发生在美国的恐怖袭击事件以及接下来的悲惨事件;2002年世界上最差的空中飞行表演引发的灾难(一架喷气式飞机坠毁在乌克兰,八十多位观看者丧生,受伤人数超过120人);2002年夏天欧洲一些城市的旅游纪念碑和设施被洪水冲毁等等。这些都对上述危机地区的旅游业产生了十分严重的后果[③]。

(3)旅游安全溢出效应

由于旅游活动的精神本质属性,只要涉及旅游,安全问题无论是现实的或是感知的,总是存在溢出效应。也就是说,旅游者总是将危机与整个地区相联系。例如,在1992年的海湾战争中,北美的旅游者避免到所有临近该区域的地方旅游,包括欧洲以及加勒比海地区[④]。旅游者甚至不再去那些完全安全的地方旅游,因为他们认为所有地区都有危机存在[⑤]。图4-2揭示出危机发生后,由于政府行为失误、媒体夸大、公众

① Gee, C. and Gain, C. Coping with crises. *Travel & Tourism Analyst*, 1986, June: 3～12

② Evans. F. J. *Managing the Media: Proactive Strategy for Better Business-press Relations*. Quorum Books, 1987.

③ Glaeβer, Dirk. *Crisis Management in the Tourism Indusrty*. Oxford: Butterworth-Heinemann, 2003.

④ Somez, S. F. and Graefe, A. R. Influences of terrorism risk on foreign tourism decision. *Annals of Tourism Research*, 1998, 25(1): 112～144.

⑤ Wall, G. Terrorism and tourism: an overview and an Irish example. In: Pizam, A. and Mansfeld, Y. (eds.) *Tourism, Crime and International Security Issues*. New York: John Willey & Sons, 1996. 143～158.

过度反应等因素导致旅游者心理恐惧，进而强化危机的消极影响效果。

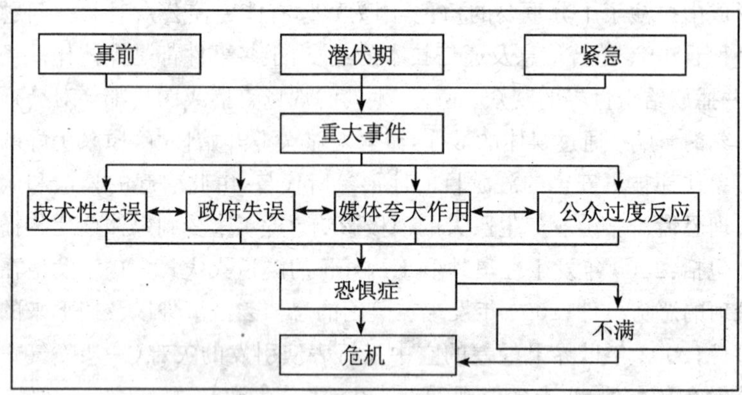

图 4-2 旅游危机形态

资料来源：Paul Leung，Creamy Kong. *A Typical Case of Crisis Management*：*The Outbreak of A Typical Pneumonia*（*SARS*）. Asia Pacific Tourism Association Tenth Annual Conference Proceedings，Nagasaki，Japan，July 4～7，2004. 71.

4.2.2 对旅游企业的冲击

对旅游产业层面的冲击主要体现在旅游企业供给能力受损方面。危机对产业的冲击往往体现在危机状态下因设施受损或缺乏市场而出现生产停顿和下降。在这种情况下，产业供给能力要么受到自然灾害破坏而出现供给能力丧失。如地震、海啸、爆炸、火灾和事故等引发局部地区旅游企业经营停顿，旅游就业下降；在危机状态下，由于旅游生产与消费的同一性，尽管旅游设施未受到实体性损失，但由于消费者因危机而取消预订和停止旅游活动，导致旅游设施和供给能力大量闲置。加上旅游产品的不可储存性及旅游设施的难以转换性（如饭店很难转换为其他用途），因此，旅游企业相对于其他类型企业往往面临更大经营风险；再者，由于旅游企业大部分为中小企业，资金及融资能力有限，因此，如果没有来自于政府或其他组织的短期财政补贴、税收优惠等政策性救助，往往带来大量企业破产和新的兼并收购等。例如，“9·11”事件对美国的长途旅行、交通运输业（特别是航空交通）、饭店业以及商务旅行部门造成了严重的影响，那些特别依赖美国市场的旅游目的地受到了不同程度的损害。加上正在衰退的经济形势，结果就是业务的终止、接待量的减少、员工工作时间的缩短以及失业[①]。

突发性危机下的旅游业通常处于一个尴尬的位置，不得不与其他产业竞争有限的资源。由于旅游业的服务特性，尽管其地位和作用越发重要，但面对危机时，只有那些高度依赖旅游业的国家和地区会对旅游业给予正确的对待。事实上，由于旅游属于精神性消费，与基本生存性消费存在差异，并且往往被忽视或置于次要地位，因此，全面性危机发生后旅游业很难获得与其他领域相同的激活市场的资源。在现实中，大部分危机都引起了对稀缺资源的竞争。例如，2001 年英国爆发的口蹄疫使农场损失几百万头牛，为此农场主积极游说以获得政府支持；同样，口蹄疫导致旅游部门的经济损失也很惨重，但并未获得相应的补贴和援救[②]。在加拿大爆发 SARS 后，政府对健康系统的财政支持（包括对受害者的治疗）也优先于旅游部门的需求[③]。

4.2.3　对旅游目的地的冲击

危机对旅游目的地的冲击主要在于目的地形象或者声誉受到负面影响，进而导致其旅游吸引力下降。

1. 旅游目的地形象（声誉）理论基础

形象或称声誉，是某一事物在一个个体内心的抽象拷贝。在标准的声誉博弈理论中“声誉能够增加承诺的力度”这一结论具有理论基石的地位。Kreps 等人在有关序贯均衡的著作中将经济主体的声誉描述为一种“认知”，即在不对称条件下，一方参与人对于另一方参与人是某种类型（偏好或可行性行为）的概率的一种认知，且这种认知不断地被更

① Blake, A. and Sinclair, T. M. *Tourism Crisis Management: Response to September 11*. Christel DeHaan Tourism and Travel Research Institute, Nottingham University Business School, 2002.

② Hayward, C. Foot and mouth crisis slaughters rural tourism industry across UK. *Financial Management (UK)*, 2001, (4).

③ Babyn, C., Bell, J. W., Monk, J. and Montgomery, K. W. The Impact of the Severe Acute Respiratory Syndrome Crisis on Cultural Events and Organizations in Ontario (Final Report), Ontario Region of the Department of Canadian Heritage, March, 2004.

新以包含两者间的重复博弈所传递的信息。另一方面，声誉的建立并不需要与正在进行博弈的参与者直接联系，如A可能通过B与第三方C的相互作用来推断B的行为模式与偏好特征。他认为，声誉是长期生存的无形资本[①]。交易声誉理论的代表Tadelis[②]认为声誉是企业的一项重要的无形资产，但它附属于企业名称并由其展现。Tadelis明确了两种声誉效应："声誉的维持效应"(Reputation Maintenance Effect)和"声誉的建立效应"(Reputation Start-up Effect)。前者指一般而言，好企业比差企业更倾向于维持好的声誉，而好企业也能够通过维持好的声誉而长期获利，这反过来又给予了企业愿意为好的声誉支付更多费用的激励，而且好企业比差企业更容易(更有实力和能力)维持声誉；后者是指好企业比差企业更容易建立自己的声誉，因此，好企业对于现存的好名称(声誉)的估计会低于差企业对于该名称的估价。声誉信息理论将声誉看成是反映行为人历史记录与特征(效用函数)的信息。声誉信息在各个利益相关者之间的交换、传播、形成声誉信息流(reputation flow)、声誉信息系统(reputation system)以及声誉信息网络(reputation network)，成为信息的显示机制，有效限制了信息扭曲，增加了交易透明度，降低了交易成本。Shenkar和Yuchtmann-Yaar指出：声誉是社会机制的运作结果，在这种社会机制中各利益群体"可以看成是网络中的成员，他们之间以不同的社会距离相互联系"。Berger认为声誉是消费者口头交流的结果。Cole和Kehoe研究了声誉的"溢出效应"，认为声誉的效果常常会超越交易范围而对范围之外的个体产生影响，而声誉的价值极大地依赖于负面的口头交流发生场所的范围及在这个场所中与交易伙伴之间可能的交易数量。但是，顾客在超越了"厂商—顾客"二维关系的交易空间中约束厂商行为的能力依赖于网络中口头信息对厂商的确实损害程度。信息的传播是一个不完美的(随机)过程，

---

① Kreps, D. M. Corporate culture and economic theory. In: James, E. Alt and Kenneth, A. Shepsle. (eds.) *Perspective on Positive Political Economy*. Cambridege: Cambridge University Press, 1990. 90～143.

② Tadelis, S. What's in a Name? Reputation as a tradenble set. Stanford University, working paper, 1998.

并非每个质量缺陷都能够在市场中以相同的速率被发现和交流，而且地理的距离与差异化的程度也制约了信息到达接收者的可能性。Gale 和 Rosenthal 构造了一个模型，揭示企业逐步获得声誉接着又失去了声誉的过程，他们提出外部环境的变化是导致声誉丧失的重要原因。[①]

2. 危机对旅游目的地声誉的影响机制

旅游目的地形象或声誉同样如此。旅游声誉可以分为四种类型：旅游产品声誉，旅游品牌声誉，旅游企业声誉和目的地国家、地区或城市声誉。前三者属于旅游企业范畴，第四种属于目的地范畴，是本部分探讨的重点。危机对旅游目的地声誉的冲击主要表现在以下三方面：

(1)危机对旅游者“认知”产生影响，进而影响其决策。根据标准声誉理论，声誉作为一种“认知”会影响旅游者的行为决策。在信息不对称的条件下，旅游者往往根据个体认识和体验及其重新认识所形成的新的认知之间的博弈来形成或调整自己的行为模式。通过危机状态下接受的图片、文字等信息或旅游者视觉思维活动，由此形成的关于目的地的形象具有相对稳定和不易改变等特点。目的地形象是人们的观点持续形成过程的产物，它包含了客观与主观的成分，有正确的观点，有时也有错误的观点，融入了人们对目的地的态度和体验。如果“态度”是用好—坏连续统一体进行表述(good-bad continuum)，那么，“形象”则从多个角度提炼出目的地的某一特征(非物质的)的主观印象。一个目的地形象在受到这些因素影响的同时，也会反过来作用于这些因素。

(2)危机对旅游目的地“资产的交易性”产生影响。由于声誉的“资产”特性，它是一种可以建立、投资并管理的资本，如果投资和管理失误，声誉将逐渐丧失；此外，由于声誉的“可交易性”，它能够在任何市场中进行交易，并且其交易价值不断变化，这种变化取决于旅游者对目的地认知的更新和改变，而危机的出现增大了交易风险成本，改变旅游者对目的地“交易价值”的评价。

(3)危机导致负面信息传播，造成对目的地声誉的损害。目的地声誉受信息流、信息系统和口头信息网络的特征和性质及传播过程的影

① 余津津. 现代西方声誉理论述评. 理论经济学，2004(1)：75.

响，地理距离和差异化对信息的有效性具有重要作用。危机状态下，旅游者所接受的信息内容、信息沟通的渠道、公众的口碑宣传、旅游者与危机所在地距离等，都会对目的地的声誉产生冲击。因此，危机发生后，目的地声誉的建立、维持首先取决于信息沟通的数量和质量，通过积极有效的市场营销活动可以影响旅游者对信息的评价。与此同时，客源国和目的地国家各自文化距离的远近也至关重要。文化认同越高，对信息的接受度越强。政治制度及相互之间关系的好坏会影响二者的差异化程度。从这个意义上看，在评估作为目的地的国家旅游形象时必须将旅游者所属国家和民族考虑在内。例如，美国的旅游者会将伊拉克、索马里、利比亚、黎巴嫩和叙利亚列为危险的目的地，因为美国与这些国家的政治关系长期处于紧张状态，他们更愿意购买来自于“自由”国家的产品，而不是“不自由”国家的产品①；或者，他们会认为国家越发达，其产品质量就越高②。

损害目的地声誉的因素包括危机本身、旅游处理过程、竞争者的营销影响，也包括媒体的渲染。持续的危机会对人们的主观印象产生消极作用。在危机过程中通过系统的、精心计划的营销活动进行旅游产业、当地居民及潜在游客之间的沟通是恢复受损目的地声誉的关键。

4.3 危机对旅游业冲击程度测量剖析

旅游业因其国际性和零散性的特点而被认为是一个对危机情况极其敏感的产业。危机就其本身的特点来说，会给旅游目的地造成毁灭性影响，并打消潜在游客购买目的地旅游产品的欲望。但是，并非所有类

① Somez, S. F. and Graefe, A. R. Influences of terrorism risk on foreign tourism decision. *Annals of Tourism Research*, 1998,25(1):112～144.

② Glaeβer, Dirk. *Crisis Management in the Tourism Industry*. Oxford: Butterworth-Heinemann, 2003.

型的危机都会产生相似的结果，不同的危机因为其范围和破坏程度的差异，造成的结果也不尽相同。国际范围内的危机理所当然地会破坏全世界的旅游业，但是一次地方性危机所造成的不利影响却可能通过完善的政策得以缓和，受影响的目的地的游客数量和旅游收入也很容易在短期内恢复到危机前的水平。由于危机源的分散性和危机的突发性，加之旅游业的综合性、交叉性和旅游者心理及行为中的因素往往难以量化，对旅游危机的冲击评估往往很难采用单一的量化指标。因此，现有的评估模型更多采取因素主观判断分析。

4.3.1　Gurhan Aktas & Erru Gunla 危机影响分析

Gurhan Aktas & Erru Gunla[①]根据危机中的关键要素来判断危机的冲击度，如表 4-1 所示。从危机来源看，影响程度最小的为来自竞争者的危机，其次为客源的危机，最大的为目的地危机；从波及范围看，本地的和局部的危机影响较小，而全国的和国际的危机影响较大；从持续时间看，一次性危机影响较小，间歇性危机次之，持续性危机影响最大；从诱因看，影响程度由大到小依次为政治、经济、社会文化、环境和技术。这一模型主要从危机本身出发进行分析，没有考虑社区在危机中的应对能力对危机冲击的抑制或促进作用。

表 4-1　Gurhan Aktas & Erru Gunla 危机影响评价模型

旅游危机类型	危机的破坏性影响				
	最小		——→		最大
危机的来源	竞争者的危机		客源的危机		目的地的危机
危机的范围	本地	局部		全国	跨国
危机的持续时间	一次性		间歇性反复		持续不断
危机的诱因	技术	环境	社会文化	经济	政治

① Gurhan Aktas and Ebru A. Gunlu. Crisis Management in Tourist Destination. In: William F. Theobald. *Global Tourism* (3rd edition). Elsevier: Butterworth-Heinemann, 2005.

4.3.2 多变量分析框架

出于现实目的，加拿大旅游部对2001年以来发生的旅游危机及其影响进行了分析。该分析框架在前一模型基础上增加了人类卷入危机程度、受害者的精神影响、空间距离和社区应对能力几大要素。根据该框架，分析了加拿大近年来发生的主要危机，并通过主观价值判断进行了评估（见表4-2）。与前一模型相比，该分析框架对危机涉及要素的考虑更为全面，同时通过实践进行了证明。不足之处在于所有的评估全部为主观价值判断，这在很大程度上取决于评估者的认识水平和可获得信息的丰度。

表4-2 加拿大旅游危机及其影响

旅游危机 变量	"9·11"事件	美国一伊拉克战争	加元升值	疯牛病	2003年8月美国大停电	SARS
人类卷入程度	高	高	高	高	高	高
引发的速度	快	渐进	渐进	快	快	快
在北美对人类安全的影响	极大	小	小	小	小	极大
精神影响	受到创伤	受到创伤	有限	有限	有限	受到创伤
与北美市场的距离	当地	远	当地	当地	当地	当地
历史上发生概率	鲜有发生	有先例	有先例	鲜有发生	有先例	鲜有先例
危机应对能力	高	中	低	中	中	高

资料来源：Babyn，C.，Bell，J. W.，Monk，J.，Montgomery，K. W. The Impact of the Severe Acute Respiratory Syndrome Crisis on Cultural Events and Organizations in Ontario (Final Report). March，2004，Ontario Region of the Department of Canadian Heritage.

4.3.3 交叉影响与脆弱性分析

交叉影响分析(Cross-impact Analysis)是一种定量的分析方法，通过这种分析可以确定并说明各因素间的相关性，目的在于评估这些因素的相关性是否很强、是否可连续①。根据该方法，将引发危机的环

---

① Glaeβer，Dirk，*Crisis Management in the Tourism Indusrty*. Oxford：Butterworth-Heinemann，2003.

境因素置于行上，将与之相对应的主要贡献领域列于列上，然后请专家评估环境变化对主要领域产生的影响。评估值为正则为机遇，反之则为威胁。最后，通过加总各行的正负评估值，就可以评估事件所造成的影响。如得到很高的负值，则应将其作为特殊的威胁，反之则视为特殊机遇(见表 4-3)。

表 4-3　旅游交叉影响分析

环境因素 / 主要贡献领域	SBF1 旅游者伤亡	SBF2 财产损失	SBF3 旅游信心	SBF4 旅游人数	SBF5 旅游消费	SBF6 旅游投资	SBF7 旅游就业	影响 +	影响 －
经济									
GDP	0	0	－1	－2	－2	－1	－2		－8
利率	0	0	－1	－2	－2	－1	－2		－8
汇率	0	0	－1	－3	－3	－1	0		－8
政治法律									
战争	－3	－3	－3	－3	－3	－3	－3		－21
政局	－1	－1	＋2	＋2	＋2	＋3	＋1	＋10	－2
外交关系	－1	0	＋2	＋2	＋2	＋3	＋1	＋10	－1
技术									
生产技术	0	＋2	0	＋1	＋2	＋3	＋1	＋9	
生活技术	0	0	＋1	＋2	＋2	＋2	＋2	＋9	
人口统计/文化									
人口增长	0	0	0	＋3	＋2	＋2	＋2	＋9	－1
文化相容性	－1	0	＋2	0	0	＋1	0	＋3	
对消费的态度	0	0	＋2	＋2	＋3	＋2	0	＋9	
自然生态									
环境质量	－1	－2	＋2	0	0	0	0	＋2	－3
环境保护	0	＋1	＋2	0	0	－2	0	＋3	－2
影响 ＋		＋3	＋13	＋12	＋13	＋16	＋7		
影响 －	－7	－6	－6	－10	－10	－8	－7		

说明：SBF＝危机影响的战略领域。

预期的影响可以用－3～＋3 的数字表示。

脆弱性分析(Vulnerability Analysis)，即将危机事件发生可能性的信息包括在内进行分析，可进一步改进交叉影响分析的效果。专家可根据相关的情境提高估计值，其产生的效果通过交叉影响分析就可获得。这样一来，既可以表明采取反应措施的紧迫性与调整的必要性，又可以对所观察危机事件的重要信息加以汇总。美国联邦紧急事务处理总署采用表 4-4 进行脆弱性分析。

表 4-4 脆弱性分析

危机类型	发生概率	人员影响	财产影响	业务影响	内部资源	外部资源	总计
	高 ←→ 低 5 1	高 ←→ 低 5 1			弱 ←→ 强 5 1		

由此可见，作为分析工具，交叉影响分析和脆弱性分析总体上适用于确认各个组织中的重要领域和事件。但是这种分析也存在问题，因为评估中对于事件和领域的选择是经过预先筛选的，且注重危机发生的外部因素，而非危机本身。另外，对信息的汇总很大程度上取决于信息的丰度和专家相应的资质水平。

4.4 旅游危机冲击度计量模型探讨

4.4.1 危机冲击度计量模型

综合上述方法，本书提出，假设危机冲击度大小取决于危机自身与危机冲击对象双方的性质和特征，它们包括：危机强度、危机持续时间、与危机发生地距离和社区应对危机能力。强度、持续时间是用来描述危机本身特征，而距离和目的地应对能力说明危机冲击对象的特征，具体因素对危机影响的重要程度取决于它们对危机冲击的贡献度。在确定影响的各项因素后，可以确定其相应的指标体系，并采集相应数据，然后进行相关性分析，并进一步筛选指标。最后根据数据特征建立计量模型，并加以检验和修正。这一思路用框架图表示如图 4-3。

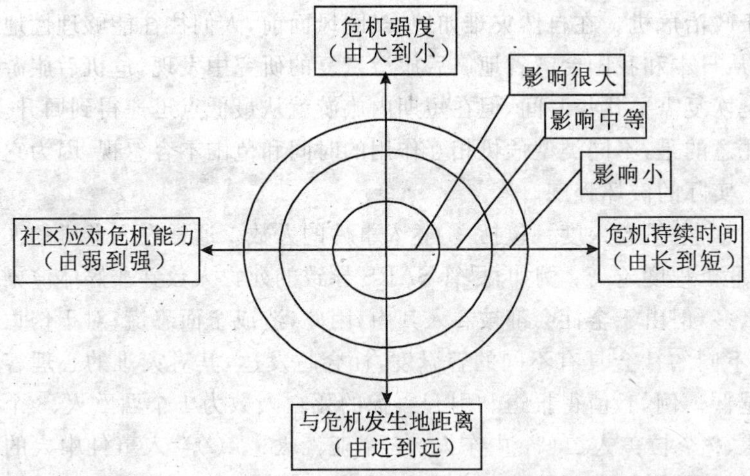

图 4-3　旅游危机冲击计量模型

4.4.2　相关变量的一般性解释

1. 旅游危机强度

决定旅游危机强度的因素包括下列几个方面：

(1)危机性质。不同环境因素导致的危机，其影响程度也不尽相同。根据历史资料，包括战争、恐怖袭击、政变和国际冲突在内的政治威胁被普遍认为会比其他类型的危机给目的地造成更严重、持续时间更长的破坏作用，特别是如果其影响扩展到国际范围时，这一点更为明显。受政治暴动影响的地区，旅游活动在暴动结束后能在相对较短的时间内恢复。恐怖主义对旅游者和旅游目的地所采取的行动，不仅会阻止游客在危机期间和危机后流向受影响的地区，而且会在随后的几年中破坏目的地在游客心目中的安全声誉。恐怖主义者选择旅游者和旅游目的地作为袭击目标，是因为这样可以引起国际媒体对他们的关注，并能够削弱那些传统的旅游目的地国家的主要收入来源行业的力量。战争和恐怖主义危及旅游业发展和成长的典型国家如：埃及、以色列、北爱尔兰和美国。政治因素导致的威胁发生之后，产生的往往是经济、社会文化、环境和技术的危机，这些危机对于旅游目的地的破坏程度相对要小于政治危机。在自然灾难如地震、飓风面前,人们往往能够理性地对待。从日本和我国台湾省地震后旅游恢复的研究中发现,危机后旅游的完全恢复需要几年时间,但在短期内旅游就从最低点迅速得到回升。值得注意的是,不同类型危机相互作用的时间和范围不容忽视,因为它决定了实际的破坏程度。

(2)危机卷入度。包括:①卷入事件的人数。通常卷入危机的人越多,危机程度越高。例如,尽管SARS导致的死亡人数并非媒体渲染的那么多,但由于全社会都被卷入其中,因此,造成全面恐慌;对于伤亡人数,不同的社会具有不同的容忍度,社会越发达,其对灾难的心理容忍度越低。例如,值得报道和引起震惊的死亡人数为1个西欧人、3个东欧人、9个拉美人、11个中东人、12个亚洲人[①]。②卷入事件中人的年龄。媒体倾向于报道影响孩子的事件,因此,年龄越小,则引起的后果越严重。如我国安徽劣质奶粉事件由于导致婴儿死亡和永久性伤害,因而成为恶性事件。③卷入事件的人的威望和重要程度。卷入事件的人的知名度越高,就越容易引起媒体的兴趣;人们一般对于政治、经济、娱乐界、体育界等名人的关注度要高于普通公众。同时,当事人对所在地的重要性也决定了其伤害所带来的后果。旅游业实践证实:那些针对主要客源地的旅游者或国际旅游者的犯罪、恐怖活动、事故等往往会带来极大的负面影响。④媒体对事件的关注程度以及他们对事件的可接近性。由于公众对负面事件的关注往往多于正面事件,加上新闻的时效性,即使是最温和的媒体也会对能引起公众注意的危机充满兴趣。记者总是会寻找能引起大众注意的头条新闻进行报道,一些地区、组织和个体的弱点总是被毫不留情地报道出来,以吸引人们的眼球;与此同时,社会越开放、信息越透明,媒体对信息的获得越容易,则危机可能产生的后果越严重。⑤事件的性质。如果一件事情与新近报道的某一类似事件有关联性,尽管只是巧合,总是能比那些孤立的事件更能吸引媒体的注意力。⑥可视性。在数码时代,事件的图片总是能在很短的时间传到世

---

① Glaeßer, Dirk. *Crisis Management in the Tourism Industry*. Oxford: Butterworth-Heinemann, 2003.

界各地。一些研究显示,“9·11”事件的画面和印度尼西亚巴厘岛爆炸案后媒体中那些死伤者的图片在许多旅游者心中留下难以抹去的记忆。⑦事件动机。指事件是专门针对旅游者,还是针对一般公众,前者对于旅游者的打击更明显。

(3)危机的影响范围。主要判断其是具有全球性、全国性,还是地区性和局部性。范围覆盖面越广,则影响越大。正如前面提及的,“9·11”袭击尽管发生在美国,但在其本质上是一次全球性危机,影响到了全世界旅游业的发展。这次事件由于性质的恶劣性,且具有政治倾向,因此它就能够占据很多新闻媒体的头条,并在几秒种内在全世界范围内传播开来。加上迅速采取的紧急措施,旅游者活动几乎立即中止。

2. 危机持续时间

组织及个体经受危机考验的一个重要条件是消极事件延续时间的长短。危机持续时间分为一次性、间歇性和连续性。一次性短暂危机相对而言影响较小,而连续性危机则影响很大。例如,受 SARS 影响的亚洲地区在 SARS 爆发后六个月内开始反弹。而非洲大陆受战争及疾病影响的案例可以说明长期性危机带来长远影响这一趋势。表 4-5 揭示了 1967 年至 2001 年之间在中东发生的危机事件及其对相关国家入境旅游带来的负面影响。政策制定者首先需要明确估计出新出现的危机是短期的还是长期的。

表 4-5　1967～2001 年中东国际入境者的相关变化

危机事件	以色列(%)	埃及(%)	约旦(%)	叙利亚(%)
六日战争(1967)	−7.0(1)	−45.0(2)	−52.0(5)	−17.4(2)
犹太人赎罪日战争(1973)	−148(3)	−1.1(1)	+5.3	−31.6(1)
黎巴嫩战争(1982)	−13.0	+3.4	+29.5	−24.(2)
国际恐怖活动(1986)	−17.0(1)	−13.6(1)	+2.6	+5.0
印地法塔赫起义(1988)	−15.0(1)	+3.8	+26.0	+4.6
伊拉克威胁(1990)	−5.0(2)	+3.8	+16.2	+5.8
海湾战争(1991)	−17.0(1)	−15.0(1)	−15.4(1)	+8.8
“印地法塔赫阿克萨”军事行动(2000)	−54.4	−45.6	+16.3	+12.4

注:括号中的数字表示危机事件发生后消极影响持续的年份。

资料来源:Mansfield, Y. (1996)的信息和 WTO 的数据。

3. 与危机发生地的距离

距离包括空间距离、经济距离和文化距离三个方面。空间距离是指某一目的地与危机源所在地的位置关系，旅游目的地与危机发生地空间距离的远近是决定危机影响力强度的重要因素。距离越远，则影响越小。如传染病的传播与地理位置直接相关，这一点在各种危机案例中都得到证实。例如，在 SARS 流行期间，北京、上海和西藏受到危机的影响呈弱化态势。详细数据参考本书第 6 章。

经济距离则主要指危机发生地与某一经济主体之间的关系，经济依存度越高，则表示经济距离越近。在旅游业中主要表现为其市场主体和竞争主体在市场方面表现为目的地与主要客源地关系，如东南亚旅游度假地之于欧美市场。竞争关系则为替代性目的地，如东南亚与我国海南省。对经济距离的观察发现，针对特定目的地而言，自身出现的危机其破坏性会大于来自客源市场或者竞争目的地的危机所能够产生的破坏作用。事实上，某一目的地反而能够从其竞争对手遭遇的危机中获益，因为竞争对手失去的市场份额会被其他人所获得。那些之前已经预订，或者考虑去遭遇危机事件地区旅游的细分市场会被其他的目的地通过及时地强调其安全性的营销策略所吸引过去。同时，发生在客源地的危机对某一特定旅游目的地的影响与该市场对于目的地旅游业的重要性相关。如果客源地在目的地的来访旅游者数量或旅游收入中处于首要地位，那么，即使该目的地不存在安全危机，它也会经历旅游者数量或旅游收入的大幅度下降。在主要细分市场从危机中恢复之前，旅游目的地的市场激活重点应放在吸引新的潜在国内客源市场上。

文化指的是居住在同一国度或同一地区的人们所共同拥有的一种精神状态，它是特定时间、特定场合里某一群体共同的价值观、信仰、行为和期望的总和，它包括一个群体的历史、习俗、传统、习惯、服装、常规、宗教、语言、艺术、建筑、工艺品、音乐、文学以及共同的观点和感情[①]。文化距离则表现为不同文化之间在上述方面相互认同的程度，差

① Chuck, Gee. *International Hotel Management*. American Hotel & Lodging Institute, 1996.

别越大，则距离越远。如西方文化与东方文化、伊斯兰文化之间的区别。因此，尽管澳大利亚与欧洲和美洲地理位置相隔很远，但针对欧美游客或澳大利亚游客的袭击仍然会对北美市场产生极大的冲击。

4. 社区应对危机能力

目的地社区政治环境、社会文化环境、公共事业、经济环境、基础设施环境、社会凝聚力和旅游设备是对抗突发性旅游危机最基本、最重要和最强大的力量。综合 Geipel①、Granot②、Richardson③和 Koh④等的社区能力理论，本书作者提出，旅游目的地社区能力可以通过下列要素反应出来。

(1)旅游目的地政治、经济、技术、基础设施组合能力。持续稳定的政治环境、高度的社会动员体系、强大的经济能力(给予受害者财政及经济援助能力)、与危机相适应的技术水平和物质配备是最基本、最重要和最强大的力量。这些可以通过 GDP、政府决策效率、政府应对危机公共预算、危机应急计划和组织、应急设施的密度和质量等指标来反映。从计量角度，为简便起见，可以通过旅游目的地城市竞争力来间接加以反映。

(2)旅游目的地旅游市场及经济组合能力。从旅游需求角度看，对于任何一个旅游目的地，目标市场地理区域越分散旅游需求的时间分布越均衡，则抗风险能力越强。在“旺季”前发生的突发性旅游事件对旅游业的影响最为显著，如印度洋海啸、SARS 和“9・11”事件都正好发生在旅游“旺季”前夕，因此其影响就更加明显。与此同时，对特定目的地和旅游产品的过度依赖则容易降低其抗经营风险能力。突发性旅游事件影响的时空关联性使旅游目的地的高度集中成为一种危险的倾

---

① Geipel, R. *Disaster and reconstruction.* London: Allen and Unwin, 1982.

② Granot, H. Proposed scaling of communal consequences of disaster. *Disaster Prevention and Management*, 1995, 4(3): 6.

③ Richardson, B. Crisis management and the management strategy: Time to "loop the loop". *Disaster Prevention and Management*, 1994, 3(3): 59～80.

④ Khoon Koh. Explaining a Community Touristscape: An entrepreneurism model. 2002, 3(2): 29～62.

向，它使发生于旅游目的地集中区的突发性旅游事件的影响有可能在空间上被放大，而使一个区域性的事件演变成为全国性或大区域性的危机。降低旅游产品的优势度、提高多样性程度有利于避免过于单一的游客时空结构，有利于提高游客空间选择的多样性，起到平衡区域旅游客源空间和降低风险的作用。这种作用在发生影响局部目的地型的突发性旅游事件时更为明显。从旅游供给角度看，旅游企业的数量和质量对于目的地社区的应对能力至关重要。一般地说，旅游企业数量越多、企业规模越大、企业市场化程度越高，则应对危机的能力越强。这些可以通过旅游企业数量、旅游产业集中度、旅游企业所有权等来表示。从计量角度看，旅游企业竞争力可以作为重要的参考变量。

4.4.3 相关指标体系

根据上述分析，将四维度模型中的各个影响因素通过量化指标体系列举如表 4-6。

表 4-6 旅游危机冲击度测量指标(1)

分析框架	影响因素	指标	可计量指标	指标解释
危机产生结果	危机本身 危机应对	旅游数量 旅游质量	旅游总人数、国际旅游人数、国内旅游人数、出境旅游人数、旅游总收入、国际旅游收入、国内旅游收入、出境旅游收入、旅游就业人数、旅游失业人数、航空旅游人数、航空公里支出、饭店行业平均出租率、饭店平均房价、旅行社包价平均价格、取消预订比例、取消预订数量、旅游次数、复原时间(以月或年为单位)	旅游业冲击结果
危机本身	危机强度	危机诱因 危机伤亡人数 危机范围	危机强度等级 旅游警告等级 伤亡人数	危机强度
	危机持续时间	一次 间歇 连续	天数	危机持久性

续表

分析框架	影响因素	指标	可计量指标	指标解释
危机作用对象	与危机发生地距离	空间距离 经济距离 文化距离	危机波及范围 危机地主要市场的市场份额 旅游者信心指数 文化同质性	危机波及效应
	社区应对危机能力	政治环境 经济环境 基础设施 公共事业 社会凝聚力 旅游设施	城市竞争力 GDP 公共开支 灾害救援设施 灾害基金 政治决策 旅游企业数量 旅游企业集中度 旅游企业利润率 旅游企业所有权	社区应对危机能力

在此需要说明的是，关于突发性危机对旅游的不同程度的冲击，详尽的分析因缺乏可靠的数据而受阻。对危机的冲击通常是在宏观层面上进行研究，用全国或地区范围内经济活动的下降来衡量(如 GDP、失业率等)。微观层面的研究较少。旅游部门的数据通常是零星的，并且很难及时获取资料，同时也没有系统的资料收集体系。因为没有很好的数据收集方法，目前还难以定量研究旅游活动。由于缺乏可追踪整个时期财政收入的最新和可靠的信息，目前全面评估危机造成的短期和长期的影响十分困难。

4.5　危机冲击度计量模型的建立、检验与修正

4.5.1　变量设定

通过表 4-6 中列举的的指标库，并根据各指标所包含变量的具体

内容，我们将衡量危机冲击度的变量规定如表 4-7。

表 4-7 旅游危机冲击度测量指标(2)

指标类属	指标	变量符号	变量内容可计量指标	变量数值类型
危机冲击	危机冲击度	H	危机冲击指数	连续型
危机结果	旅游数量与质量	X_1	旅游总人数	连续型
		X_2	旅游总收入	连续型
		X_3	旅游失业人数	连续型
		X_4	航空公里支出	连续型
		X_5	饭店行业平均出租率	连续型
		X_6	旅行社包价平均价格	连续型
		X_7	取消预订比例	连续型
		X_8	复原时间(以月或年为单位)	连续型
危机本身	危机诱因与范围	Y_1	危机强度等级	离散型
		Y_2	旅游警告等级	离散型
		Y_3	伤亡人数	连续型
		Y_4	危机持续时间	连续型
危机对象	危机距离	Z_1	危机波及范围(平方公里)	连续型
		Z_2	危机地主要市场的市场份额	连续型
		Z_3	旅游者信心指数	连续型
		Z_4	文化同质性	离散型
	应对能力	Z_5	危机地城市竞争力水平	离散型
		Z_6	危机地当年 GDP	连续型
		Z_7	危机地当年公共开支	连续型
		Z_8	灾害救援设施完备度	离散型
		Z_9	灾害基金数额	连续型
		Z_{10}	目的地政治决策	离散型
		Z_{11}	旅游企业数量	连续型
		Z_{12}	旅游企业集中度	连续型
		Z_{13}	旅游企业利润率	连续型
		Z_{14}	旅游企业所有权	离散型

变量体系共 8 个被解释变量，26 个解释变量(其中 21 个定量变量，5 个虚拟变量)。

变量数据以及样本点的口径、采集标准与计算原则简述如下：

(1)所有变量的数据均针对某一次危机而言，数据涉及的时间跨度为从危机开始(当地经济和社会受到实质损害性冲击时)到结束(当地经济、社会恢复到政府公布的正常运转之时)的期限内。

(2)危机强度等级按本书或其他机构的划分标准设定,但保证计算口径的统一。

(3)危机地城市竞争力水平指危机前公信机构公布的当地城市竞争力水平。

(4)灾害救援设施完备度通常经由专家打分的方法,对各危机样本点的该项指标进行统一打分。

(5)本模型的样本点为各时期的危机事件,将各样本点按横截面数据处理,不考虑时间序列上各危机事件间的关联。

(6)其他变量的样本数据以当地政府和国际机构当年的公布数据为准,涉及经济数据的,须经过价格指数或通货膨胀指数调整。

(7)危机冲击程度用危机的直接经济损失或直接伤亡人数来表示,也可以根据专家组的评价,根据直接经济损失或直接伤亡人数的多少划分为几个等级作为危机冲击程度的数值(此时数值为离散型数值)。

4.5.2　变量的分析与遴选

1.主成分分析

从上述变量体系的建立可以看出,对危机冲击度进行计量测算,需要对反映危机冲击的多达 27 项变量进行多变量大样本的观测、数据搜集和分析。多变量大样本为计量分析提供了丰富的信息,但在实际工作中,也在一定程度上增加了数据采集的工作量,增添了问题分析的复杂性,更重要的是,这会带来相对较高的系统误差和非系统误差。

实际上,由于我们在设立变量时,不可避免地会将一些有显性或隐性相关性的变量作为独立变量引入模型,因而各变量代表的信息会有重叠。通过主成分分析,就可以根据变量所反映的独特含义将一些有内在相关性的变量综合为一个变量,通过对这个综合变量进行命名并赋予新内容,就可以达到精简变量并减少多重共线性的问题。

如果我们用线性回归的方法,则初始的数学模型可以设定如下:

$$H=a_1X_1+a_2X_2+\cdots+a_8X_8+a_9Y_1+a_{10}Y_2+\cdots+a_{12}Y_4+a_{13}Y_4+a_{13}Z_1+a_{14}Z_2+\cdots+a_{26}Z_{14}$$

如果我们试图用一个较少要素的向量 $S=(S_1,S_2,\cdots,S_m)$ 来表示

解释变量向量 $\boldsymbol{X}=(X_1,X_2,\cdots,X_8,Y_1,Y_2,\cdots,Y_4,Z_1,Z_2,\cdots,Z_{14})$，其中 $m<26$。也就是：

$$\boldsymbol{S}=\boldsymbol{XB}$$

其中 $\boldsymbol{B}$ 是代表对应系数的列向量，令 $\boldsymbol{B}=(b_1,b_2,\cdots,b_m)^{\mathrm{T}}$。

$\boldsymbol{B}$ 应该满足使 $\boldsymbol{S}$ 具有最大的平方长度，即

$$\max(\boldsymbol{S}^{\mathrm{T}}\boldsymbol{S})=\boldsymbol{B}^{\mathrm{T}}\boldsymbol{X}^{\mathrm{T}}\boldsymbol{XB}$$

且满足

$$\boldsymbol{B}^{\mathrm{T}}\boldsymbol{B}=1$$

主成分问题就变成对上述问题求非线性最优规划，于是构造拉格朗日函数

$$\Phi=\boldsymbol{B}^{\mathrm{T}}\boldsymbol{X}\boldsymbol{X}^{\mathrm{T}}\boldsymbol{B}-\lambda(\boldsymbol{B}^{\mathrm{T}}\boldsymbol{B}-1)$$

对 $\boldsymbol{B}$ 求偏导并令其为零：

$$\frac{\partial\Phi}{\partial\boldsymbol{B}}=2\boldsymbol{X}^{\mathrm{T}}\boldsymbol{XB}\Rightarrow\boldsymbol{X}^{\mathrm{T}}\boldsymbol{XB}=\lambda\boldsymbol{B}$$

由上可知，$\boldsymbol{B}$ 就是矩阵 $\boldsymbol{X}^{\mathrm{T}}\boldsymbol{X}$ 的最大特征向量。于是，可以用一般求特征值和特征向量的方法求得 $\boldsymbol{B}$，又由 $\boldsymbol{S}=\boldsymbol{XB}$ 可以求得主成分向量 $\boldsymbol{S}$。而为了达到精简变量的目的，假定我们希望有 m 个变量来代替本书中的 26 个变量，则我们只用选择 $\boldsymbol{X}^{\mathrm{T}}\boldsymbol{X}$ 所有特征向量中前 m 大的特征值所对应的特征向量来组成 $\boldsymbol{B}$，然后按上述方法求得 $\boldsymbol{S}$ 即可。

需要注意的是，由于本书中需要估计的是单方程模型，因此此处求得的特征向量其实是一个只有一个要素的向量，也就是一个数。

通过主成分分析，我们将 26 个变量精炼为 m 个，而通过计算机软件，可以大大节省计算的时间。以 SPSS 软件为例，通过选择 Analyze→Data Reduction→Factor 菜单，就可以得到对 26 个变量的主成分分析，而且可以知道是哪几个变量被综合成了一个变量，最终形成了少于 26 个的 m 个变量。通过这个过程，我们可以对 m 个变量重新命名，并根据被综合进来的各变量的共性特征选定某一个变量的值或被综合变量的一个加权值来代替新的变量值。

2. 偏相关分析

到此为止，我们的模型经过了一次精炼，如果我们仍然用线性回归

模型，则数学模型变成如下形式[①]：

$$H=b_1X_1+b_2X_2+\cdots+b_mX_m$$

上述模型的解释变量仍然可能存在相关关系，即存在多重共线性问题，因为线性回归的计量模型"多重共线性是一个程度问题而不是存在与否问题"[②]。而且主流的计量经济学家认为，该问题主要是一个样本特性问题，需要从样本的选取和数据的精制方面来减缓，模型本身无法消除共线性问题[③]。但是，如果该问题很严重，我们就无法依赖 OLS 方法来进行参数估计，同时也可能使估计出的参数符号出现反经济意义的非正常现象。

因此，尽管无法彻底消除共线性，但我们在建模初期，仍有必要尽量减少明显共线性的变量进入模型。一个常用的方法是对变量进行偏相关分析。

对于变量$(X_1,X_2,\cdots,X_m)$，我们需要分别求其两两间的相关系数。以 X_1 和 X_2 为例：

X_1 与 X_2 的协方差为 $\mathrm{cov}(X_1,X_2)=E[(X_1-EX_1)(X_2-EX_2)]$

X_1 与 X_2 的相关系数为 $\rho(X_1,X_2)=\dfrac{\mathrm{cov}(X_1,X_2)}{\sqrt{DX_1}\cdot\sqrt{DX_2}}$

根据偏相关的定义，X_1 与 X_2 的协方差应调整为：

$$\mathrm{cov}(X_1,X_2)'=E[(X_1-EX_1)(X_2-EX_2)\,|\,X_3=C_3,X_4=C_4,\cdots,X_m=C_m]$$

$$EX_1=\sum_{i=1}^{n}(X_{1i}-\overline{X}_1)p(X_{1i}\,|\,X_3=C_3,X_4=C_4,\cdots,X_m=C_m)$$

其中：

$$EX_2=\sum_{i=1}^{n}(X_{2i}-\overline{X}_2)p(X_{2i}\,|\,X_3=C_3,X_4=C_4,\cdots,X_m=C_m)$$

又：$DX_1'=E(X_1-EX_1\,|\,X_3=C_3,X_4=C_4,\cdots,X_m=C_m)$

$DX_2'=E(X_2-EX_2\,|\,X_3=C_3,X_4=C_4,\cdots,X_m=C_m)$

① 为了行文简便，经过主成分法精炼后的解释变量均用 X_i 表示。

② 达莫达尔·古亚拉提.经济计量学精要.北京：机械工业出版社，1999.206.

③ 因特里格特等.经济计量模型、技术与应用.北京：中国社会科学出版社，2004.159～161.

则 X_1 与 X_2 的偏相关系数

$$\rho'(X_1,X_2)=\frac{\operatorname{cov}(X_1,X_2)'}{\sqrt{DX_1'}\cdot\sqrt{DX_2'}}$$

$$=\frac{E[X_1-EX_1(X_2-EX_2)\mid X_3=C_3,X_4=C_4,\cdots,X_m=C_m]}{\sqrt{E(X_1-EX_1)\mid X_3=C_3,X_4=C_4,\cdots,X_m=C_m)}}\cdot$$

$$\frac{1}{\sqrt{E(X_2-EX_2)\mid X_3=C_3,X_4=C_4,\cdots,X_m=C_m)}}$$

其中：$C_3,C_4,\cdots,C_m$ 是常数，n 是样本点的个数。

根据以上公式可以算得 X_1 与 X_2 的偏相关系数 ρ'，ρ' 越接近 1，说明 X_1 与 X_2 越相关，则需要将其中的一个剔除掉。

同理，可以得到其他变量间的偏相关系数。经过检验，可以将有严重共线性的变量剔除掉。由此得到 l 个变量，$l\leqslant m$。

上述过程也可以通过软件而迅速得到。以 SPSS 软件为例，可以通过选择 Analyze→Correlate→Partial 菜单完成操作。

4.5.3 计量模型的估计与修正

变量经过遴选，如果采用线性模型，则可以建立如下线性模型：

$$H=c_1X_1+c_2X_2+\cdots+c_lX_l+\mu$$

其中：μ 为随机误差项。

用 OLS 法或最大似然法估计上述模型的参数，就可以得到各变量与危机冲击度之间的关系。

参数估计后，需要对模型进行统计检验和结构检验，如异方差检验、序列相关检验和随机解释变量检验，并根据检验结果对估计方法进行调整或调整变量结构、数据结构。另外，如果方程通不过显著性检验，或是方程的拟合优度很低，则说明模型被设计为线性的，是不合适的。

由于本模型的样本点是各个时期的典型危机事件，各样本点并不以时间顺序排列，因此，对线性模型的改良无法直接用 Logistic 增长曲线模型、Gompertz 增长曲线模型或随机时间序列分析模型（AR、MA、ARMA）来修正，从理论上看，用协整分析和误差修正模型也不合适。

而且，我们现在并不确定地知道模型的方程性态和趋势形状。因此，我们尝试采取分阶段的局部静态非线性回归方法来逐个拟合模型。这样做会有一定的误差，但如果可以通过检验，仍是现阶段现有技术条件下可选的一种方法。

具体的做法是：依次用每个解释变量和被解释变量进行非线性拟合试验。在这个过程中，我们假定其他的解释变量是给定的。

软件常给出的非线性曲线一般有如下 10 种：

(1)Quadratic 曲线：$y=b_0+b_1x+b_2x^2$；

(2)Compoound 曲线：$y=b_0+b_1{}^x$；

(3)Growth 曲线：$y=\mathrm{e}^{(b_0+b_1x)}$；

(4)Logrithmic 曲线：$y=b_0+b_1\ln x$；

(5)Cubic 曲线：$y=b_0+b_1x+b_2x^2+b_3x^3$；

(6)S 曲线：$y=\mathrm{e}^{(b_0+b_1/x)}$；

(7)Exponential 曲线：$y=b_0\mathrm{e}^{b_1x}$；

(8)Inverse 曲线：$y=b_0+b_1/x$；

(9)Power 曲线：$y=b_0x^{b_1}$；

(10)Logistic 曲线：$y=1/(1/u+b_0\times b_i^x)$，其中 u 为正数且大于最大因变量数值的上限值。

用被解释变量 H 作为因变量，$X_1, X_2, \cdots, X_l$ 分别作为自变量，代入到上述方程中用非线性 OLS 方法进行参数估计。

首先，对 $H_i=f_j(X_{1i},b)+\mu_i$ 进行估计，其中 b 为要估计的参数向量，$i=1-n$ 是样本点个数，j 代表上述 10 种曲线中的一种。依次按上述 10 种曲线的方程对 H_i 和 X_{1i}进行拟合。

OLS 法估计就是求残差平方和最小。即

$$S(\hat{b})=\sum_{i=1}^{n}(H_i-f_j(X_{1i},\hat{b})^2)$$

最小，则上式的极小值条件为

$$\frac{\mathrm{d}S(\hat{b})}{\mathrm{d}\hat{b}}=-2\sum_{i=1}^{n}[H_i-f_j(X_{1i},\hat{b})]\frac{-\mathrm{d}f_j(X_{1i},\hat{b})}{\mathrm{d}\hat{b}}=0$$

$$\Rightarrow\sum_{i=1}^{n}[H_i-f_j(X_{1i},\hat{b})]\frac{-\mathrm{d}f_j(X_{1i},\hat{b})}{\mathrm{d}\hat{b}}=0$$

其中：$\hat{b}$ 表示参数向量的估计值。

运用 Gauss-Newton 迭代法可以估计出上述要求的参数 $\hat{b}$[①]。

然后分别比较各拟合方程的拟合优度，取拟合优度最高的那个方程为 H 和 X_1 的最终关系方程式。

例如：如果用第 3 个方程拟合后拟合优度最高，则 H 和 X_1 的数学方程可写为：$H=e^{b_0+b_1X_1}$。

之后，运用同样的方法，可以找到 H 和其他解释变量直接最合适的非线性数学方程关系式。假设这些数学方程的计量形式都是序列无关的，则可以采用加性可分的形式表示总的 H 函数式，比如为：

$$H=e^{b_0+b_1X_1}+b_2+b_3X_2+b_4X_2^2+b_5\ln X_3+\cdots+\mu$$

对上述方程再运用 Gauss-Newton 迭代法估计出参数，就得到了关于危机冲击度的非线性回归方程。这个方程比线性回归形式更能反映方程本身的信息和趋势。当然，我们仍然需要对方程进行结构检验和统计检验，如果通不过检验，则需要用相应的修正方法修正未通过检验的部分。如：若通不过序列相关检验，GLS 方法对模型进行再估计。但是，如果通不过结构检验，则说明这个方程也不能很好地拟合样本数据，于是需要对方程的整体结构进行改动，不断尝试，直到其收敛（参数估计值满足确定的标准）。

计量经济模型尽管可以，尤其是在无法用时间序列方法进行估计，同时又没有预定数学模型的计量模型的情况下，通过一些方法尽量提高拟合优度，但总体上说，还是一个根据经验不断试探新的拟合方程的试错过程。

4.5.4 智能控制模型——对计量模型的改进

计量模型处理的对象需要对象的输入与输出之间有确定的数学结构，或通过适当处理后有确定的数学结构（如误差修正模型）。但本书中作为输出的“危机冲击度”和作为输入的各指标变量间，实际上我们事

① 具体过程参见：李子奈．计量经济学．北京：清华大学出版社，2000．104～106．

先并没有获得其确定的数学结构。尽管上文通过试错过程我们可以建立起一个尽量适合实际情况的数学结构，但从方法到结果都不严格、精确，只是在计量经济学的框架下尽量逼近了实际情况。

对于本书的情况，即输入与输出之间没有确定的数学结构，需要研究输入对输出的影响和相应关系，智能控制模型是个优良的工具。

1. 模型网络结构

我们可以用智能控制理论建立一个基于前馈网络的神经元网络模型来处理本书中的问题。

模型的结构如图 4-4。

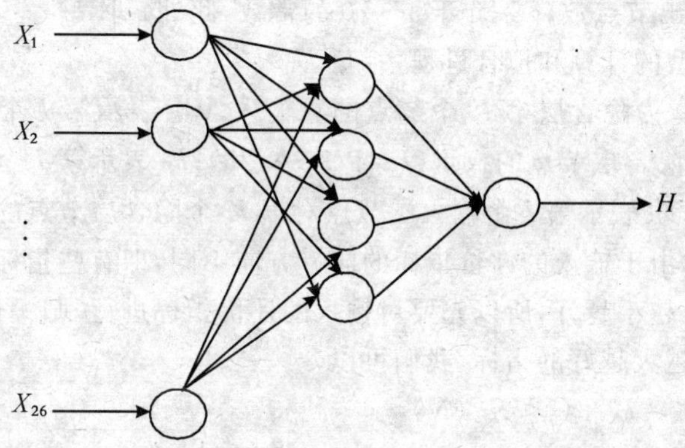

图 4-4　模型网络结构

在模型中，第一层为输入层，输入变量是 $X_1, X_2, \cdots, X_{26}$ 共 26 个变量的实测值，中间层为隐含层，最后一层是输出层。每层的神经元之间是全互联连接，同时假定各评价指标是相互独立的时间，即其联合概率为 0，因此，每层的神经元与同层的神经元之间并没有连接。输入层的节点数就是危机冲击的评价指标数，这里 X_i 中的 $i=26$；输出层的节点数可以是多个，但必须保证这个输出变量和输入变量组的全部或部分是相关的，或是有函数关系的。在我们的模型里，输出变量或节点只有一个，就是目标危机事件的危机冲击程度值。隐含层和输出层的每个神经元，其输入变量要经过一个算法处理过程才被输出并进行“分流”，这个算法一般是用一个相应函数(Sigmoid 函数)：$f(x)=1/(1+e^{-x})$来

"刺激"该神经元,使它的输出能够对所有的非线性输入变量进行一次非线性拟合,因此我们也把相应函数叫作"刺激函数"。

2.模型的算法准则

本模型的算法准则如下:输出值"危机冲击度"与其实际评价值(在实际中我们可以将其划分为高、中、低三个级别而给 H 赋值为+1,0,−1)的残差平方和小于某个不超过某个足够小的正数 ε 为最优算法的准则。

在我们的模型里,输入层的节点数 m 是 26,隐含层的节点数为 14,隐含层的节点数按照公式 $L=(m+n)^{1/2}+c$ 估算(m 为输入节点数;n 为输出节点数;c 是介于 1~10 的常数,此处 c 取 9)。

3.模型的计算和拟合过程

设:Y_K^I 为隐含层第 K 个节点的总输入;W_K^I 表示第 I 个输入节点对第 K 个隐含层节点的权重($I=1,2,\cdots,26$);I_K^0 表示第 I 个输入层节点的输入;I_K^I 表示第 I 个输入层节点对第 K 个隐含层节点的输入。

首先,由于输入的评价指标的向量方向不同,即有些指标是越大越好,有些是越小越好,所以先要对输入的评价指标进行"归一化"处理:

对于越大越好的指标,我们可以令

$\max I_K^0=I_K^0 \quad (1<K<N)$

为 N 个危机事件样本点中的第 K 个指标的最好值。

$\min I_K^{00}=I_K^{00} \quad (1<K<N)$

为 N 个危机事件样本点中的第 K 个指标的最差值。

对于越小越好的指标,我们可以令

$\max I_K^{00}=I_K^{00} \quad (1<K<N)$

为 N 个危机事件样本点中的第 K 个指标的最好值。

$\min I_K^0=I_K^0 \quad (1<K<N)$

为 N 个危机事件样本点中的第 K 个指标的最差值。

归一化后,就可以计算隐含层第 K 个节点的总输入:

$$Y_K^I=W_K^I I_K^I=\sum_{j=1}^{14} W_{Kj} I_{Kj}^I$$

设:H_K 为隐含层第 K 个节点的输出,则:

$H_K=f(Y_K^I)\qquad K=1,2,\cdots,18$

按照惯例，我们取这里的刺激函数为 Sigmoid 函数，即：

$H_K=f(Y_K^I)=1/[1+\exp(-Y_K^I)]$

又设：W_K 为第 K 个隐含层节点对输出节点的权重，I_K 为第 K 个隐含层节点对输出节点的总输入，则：

$I_K=W_KH_K$

同理：仍使用 Sigmoid 函数：$f(x)=1/[1+\exp(x)]$得系统输出

$Y\doteq f(I_K)=1/[1+\exp(-I_K)]$

在确定了网络结构(I_i,H)后，其中 $i=1,2,\cdots,26$，我们要计算该神经网络的最终最大误差 $E(W)$：

$E(W)=\max(|H-H^*|)$

然后比较 $E(W)<\varepsilon$ 是否成立，如果成立的话，则将 H 输出，此时的 H 就是符合误差要求的危机冲击程度值。

需要注意的是，如果 $E(W)<\varepsilon$ 不成立，则我们的程序要重新调整 W_K^I 的值，重新开始上述的过程，进行反复迭代计算，直到 $E(W)<\varepsilon$ 得到满足①。

上述过程的流程图如图 4-5。

通过神经网络的网络训练过程形成模型后，我们对未来某个既定

---

①　在这里，关键点是如何调整 W_K^I，这涉及复杂的算法，BP 神经网络采用"共扼梯度法"来调整权重，它利用搜索到的权重的极小值点，在其负梯度方向上生成共扼方向。其过程是：取负梯度方向作为搜索评价第一层权重 W_K^I 的方向：$\hat{S}=-\nabla M(W_K^I(0))$，$W_K^I(0)$为初始权重向量，随后的搜索方向为：$\hat{S}(K+1)=-\nabla M(W_K^I(K+1)+\theta_K\hat{S}(K))$，$\theta_K=[\nabla W_K^I(K+1)]^{\mathrm{T}}\nabla M(W_K^I(K+1))/[\nabla W_K^I(K)]^{\mathrm{T}}\nabla M(W_K^I(K))$，T 表示对向量转置。在此基础上进行迭代，次序如下：

$W_K^I(0)$为给定，则：$\hat{S}(0)=-\nabla M(W_K^I(0))$

If $\|\nabla M(W_K^I(K)\|<\varepsilon$, then end

If not 求满足 $\min[M(W_K^I(K)+\lambda_K\hat{S}(K))$的 λ_K

then $W_K^I(K+1)=W_K^I(K)+\lambda_K\hat{S}(K)$

在 $K<n-1$ 时，始终令 $\hat{S}(K+1)=-\nabla M(W_K^I(K+1)+\theta_K\hat{S}(K))$

最后，直到 $K=n$，用 $W_K^I(K)$代替 $W_K^I(0)$返回检验 $\|\nabla M(W_K^I(K)\|<\varepsilon$。然后重复上述步骤。在上述过程中，我们用差分代替导数。

的危机事件就可以在已知输入指标的情况下较为精准地估计其危机冲击的程度。

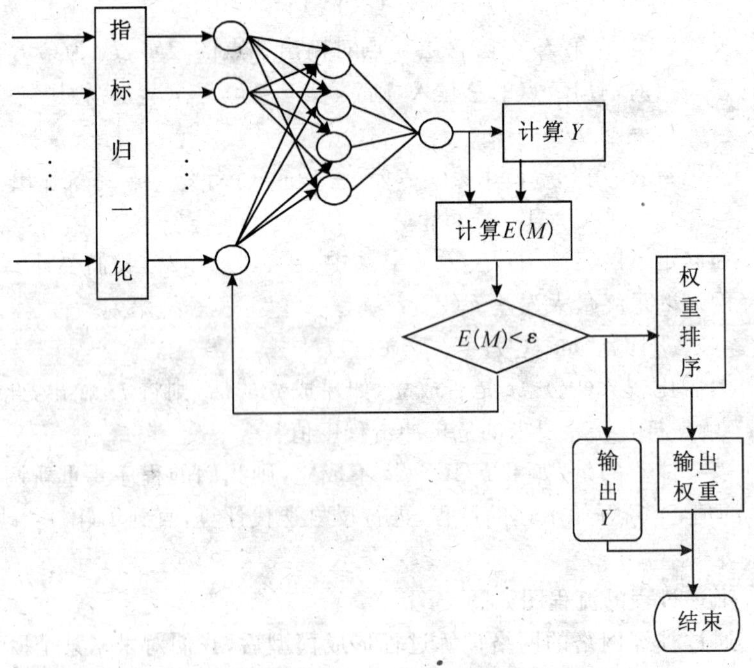

图 4-5 神经网络模型流程

以上过程现在已可以通过计算机迅速地计算与控制。

4.5.5 模型的实践意义

通过建立模型，我们用计量的方法或控制论的方法，寻求到了作为输出的"危机冲击度"和表征危机的数个变量指标之间的函数关系或对应关系。利用模型至少可以达到如下目的：

(1)如果计量模型可以通过检验，则当我们对模型中的自变量指标作出了估算或有意识的假设后，就可以预测与之相关的危机事件的冲击程度，对假想的或估算的未来危机事件的危害程度进行预测。

如果计量模型没有通过检验，而是采用智能网络模型，则同样可以根据输入量来预测输出量。

(2)如果计量模型可以通过检验,则我们可以通过模型分析在我们统计的所有危机事件范围内,是哪种因素对危机的结果影响最大,各个自变量所代表的因素对危机结果或危机冲击程度的影响相对大小是多少,这可以帮助有关机构对未来防范危机提供政策上的依据。

如果计量模型没有通过检验,而是采用智能网络模型,则通过分析和比较最后一次迭代计算中的输入信号的权重值,同样可以达到上述目的。

本章小结

危机的冲击根据不同的标准可以划分为不同的类型。按照内容划分,旅游危机的冲击通常分为经济影响、环境影响和社会文化影响;按照带来的社会价值划分可以分为消极影响和积极影响;从影响的表现方式划分,可以分为隐形效应和显露效应;按照影响的时间划分,可分为即时效应和滞后效应。

危机冲击的特点体现为全球性、不可预期性、不可控性、波及性、迁延性、周期性。

危机对不同对象的冲击表现存在差异。对旅游者的冲击体现为:(1)有形影响及旅游行为改变;(2)精神影响和信心受损。决定旅游者对危机冲击反应的因素包括个体的风险因素、媒体的作用和旅游安全的溢出效应。对旅游企业的冲击表现为经营受损和在获得产业恢复所需资源上的压力,而对目的地的冲击则反映为对目的地声誉的损害。危机对旅游目的地声誉的冲击主要表现在以下方面:(1)危机对旅游者"认知"产生影响,进而影响其决策;(2)危机对旅游目的地"资产的交易性"产生影响;(3)危机导致负面信息传播,造成对目的地声誉的损害。

测量危机冲击的方法多种多样,包括:Gurhan Aktas & Erru Gunla危机影响分析、多变量分析框架、交叉影响与脆弱性分析等。综合上述方法，本书作者提出，假设危机冲击度大小取决于危机自身与危机冲击对象双方的性质和特征，它们包括：危机强度、危机持续时间、与危机发生地距离和社区应对危机能力四个维度。强度、持续时间是用来描述危机本身特征的，而距离和目的地应对能力说明危机冲击对象的特征，具体因素对危机影响的重要程度取决于它们对危机冲击的贡献度。在确定影响的各项因素后，进而可以确定其相应的指标体系，并采集相应数据，然后进行相关性分析，并进一步筛选指标。最后根据数据特征建立计量模型，并加以检验和修正。

第 5 章　激活旅游市场机制

危机对旅游的冲击和影响一方面取决于危机本身的因素，同时也依赖于旅游系统面临危机时的反应。如果危机管理不力，则旅游系统就会失控，造成更大混乱；而有效的危机管理有助于旅游系统的恢复和优化。如果社会和群体共同致力于灾难的恢复，那么目的地国家便能快速地从灾难中恢复过来。对于旅游业来讲，防止危机和规避危机只是危机管理的一部分，而对突如其来的危机做出及时反应并使市场从危机中复原和振兴是旅游业危机管理的更为重要的环节。本章重点探讨旅游业在危机各个阶段如何建立激活市场的框架机制和要素机制，目的地政府和企业的作用，及激活旅游市场的战略与策略选择。

5.1　激活旅游市场的框架机制——5R 理论

激活市场不仅仅在于危机后，而应存在于危机的各个阶段，并根据不同目标，采取不同行动。综合前文理论，本书作者认为，危机阶段主要包括酝酿、潜伏、爆发、消退及后遗症、恢复及学习五阶段，其中危机酝酿和潜伏阶段属于危机前的阶段，爆发属于危机阶段，而消退和恢复属于危机后阶段。在不同危机阶段，激活市场的目标、战略及实施行动也不尽相同，可通过表 5-1 反映出来。

表 5-1 旅游危机生命周期与激活市场框架

危机阶段	目标	战略	实施
危机酝酿	弱化(Reduction)	危机认知 政策认知 建立标准体系 建立形象	·确定危机风险,明确损失可能性,收集信息 ·将政策具体化,提升政策参与度 ·对员工进行认知和技能培训,对程序进行检查 ·对公众和社区进行宣传
危机潜伏	准备(Readiness)	危机应急预案 旅游危机应急预案 健康与安全行动	·建立危机应急预案,落实组织和人员、物资,模拟危机情景 ·提升行业的危机意识,培训员工,提升决策能力 ·与国家和地方危机预案协调
危机爆发	应急(Response)	应急行动 危机监测 危机救援 危机沟通	·启动危机应急方案 ·检测危机发展,评估危机损害,预测危机发展方向 ·对受害旅游者提供帮助,对受害经营者提供援助,对受害利益相关者和受损员工进行安置并提供援助 ·与媒体进行沟通,提供准确、正面和积极信息
危机消退及后遗症	恢复(Recovery)	业务持续预案 人力资源使用 反馈	·调整业务目标,制定短期运营预案,实现业务正常化,清理危机消极结果 ·影响员工,激励员工,提升员工危机意识 ·感谢参与各方 ·对危机处理进行总结,全面评估危机影响及各种应对结果
危机恢复及学习	解决与振兴(Resolution & Rejuvenate)	机遇与扩张 检讨审视	·开发新市场,开发新产品,建立新形象 ·更新原有机制,建立新的防范机制

5.1.1 危机酝酿阶段的激活市场——弱化(Reduction)

危机酝酿阶段指危机源刚刚产生，但尚未形成危机，这时候人们很少将其与危机联系起来，如果能够有效化解危机产生根源，或者通过增强危机对象本身的实力，则对于减少危机损失、保持市场活力具有积极作用。

在这一阶段，危机管理战略的重点在于缓解危机可能产生的影响并建立旅游者信心。具体包括：(1)加强旅游目的地、旅游企业、旅游者、公众等利益相关者对危机的认知；(2)建立相应危机政策并确保对该政策的认知；(3)建立危机应对的标准体系，确保应对危机的质量和效果；(4)建立旅游目的地安全及效率声誉，维护旅游者及公众的消费信心。

为确保危机战略的实现，目的地应首先注意识别危机，确定危机风险，明确损失的可能性，收集信息。旅游目的地应定期监测目的地的社会、经济、自然和政治环境，确定对于可能发生的危机的抵御能力，寻找预警迹象，确定危机的类型，衡量可能造成的损失。可以开发并利用早期灾害预报技术，用不同类型危机发生的可能性和潜在的破坏程度来确定目的地的危机，并对其进行分类管理。Prideaux、Laws 和 Faulkner 提出，运用危机情景模拟方法，能够预测一连串的事件，并根据每个目的地的特点和以往经历制定相应的行动预案①。例如，一个有着地震史的目的地应该提前采取必要的防范措施来监控、评估这些灾难，将危机可能带来的破坏最小化，使目的地能够迅速从危机中恢复过来。

其次，提前做好应对这类危机的准备，其中包括：将危机政策具体化，提升政策参与度，对员工进行认知和技能培训，对程序进行检查，对公众和社区进行宣传等。尽管危机发生的概率很低，但是一旦发生，就会给目的地造成巨大的影响。因此，最好的管理在于预防危机的产生，一个安全和高效率的目的地形象有助于建立旅游者的信心。

---

① Prideaux, B., Laws, E., and Faulkner, B. Events in Indonesia: Exploring the limits to formal tourism trends forecasting methods in complex crisis situations. *Tourism Management*, 2003, 24(4): 475～487.

5.1.2 危机潜伏阶段的激活市场——准备(Readiness)

危机潜伏阶段指危机经过酝酿,逐渐形成具有破坏力的危机前兆,但尚未爆发。有学者将此阶段与第一阶段并称为危机前阶段。但这时危机已经形成,一般难以避免。本阶段激活市场的主要目标在于做好充分准备,以应对危机,实现危机冲击的最小化。

危机潜伏期的激活市场战略在于制定危机应急预案,其中包括目的地政府危机应急预案、旅游企业危机应急预案两个层面。完备的危机应急预案,既要有长期的危机应对预案,又要有完善的部门的应对预案,同时还要根据危机性质不同,制定不同类型的应急预案,如针对自然灾害、人为灾害等的应急预案。当今世界,无论安全措施多么严格,旅游目的地都无法保证完全不受各种各样威胁的袭击,如战争、恐怖袭击、自然灾害和传染病等。因此,旅游者在进行旅游决策的过程中,目的地的安全形象成为他们关注的主要问题之一。提前制定的危机应急预案加上全行业经营者的齐心协力,有助于目的地在危机情况对潜在旅游者的信心产生进一步的破坏作用之前,及时、明确地对危机情况做出反应,克服其消极影响。旅游产品的易损性特点——即旅游产品无法在需求量达到饱和之后储存起来待日后销售——也要求制定系统、有效的政策预案,来确保在困难时期尽可能迅速、准确地遏制需求走向低迷。另一个原因与危机所产生的“恐慌和混乱的环境”相关。一个旅游目的地在遭受意外危机的情况下,经营者们会面对许许多多的冲突、混乱和压力。在不知道如何面对异常且突然的销售量下降的情况下,经营者们往往会转向寻找替代市场。与此同时,目的地的管理部门可能会以为这一状况出现得过于迅速、复杂,而不愿意承担起恢复的责任。缺乏计划的自发决策会摧毁目的地的可信性,并会因为这些决策是从短期的角度来考虑危机的长期破坏作用,进而强化危机的负面影响。相反,事先建立的危机管理组织和制定出来的应急预案有助于旅游目的地确定在危机期间每一步应该做什么,使每个利益相关者都了解到在恢复的过程中自己所承担的责任和行使的权利,并联合采取及时的应对措施。通过这种方式,使提前构建的恢复体系迅速发挥作用,避免可能的混乱。不同危机的成因、影响范围和持续时间都是不一样的，因此都需要建立一个系统的、适当的计划并加以实施。

旅游危机应急预案必须与国家和地方危机预案相协调。旅游及其附属部门（如饭店和交通运输部门）的应急预案应该被视为目的地整体预案的一个组成部分。Murphy 和 Bayley 呼吁将旅游危机应急列入自然灾害应对预案中。旅游业的决策者必须为他们的旅游目的地配备紧急任务行动人员，从而为应对危机做好预案和准备[①]。

另外，根据目的地不同的环境特征，需要在统一的基础上对危机管理的原则进行修正。即使是在遭遇同一危机的不同目的地，建立的危机管理组织、采取的市场激活手段以及利益相关者的责任也有所不同。正如 Richter 所强调的，没有适合所有危机情况的统一的补救模型[②]。旅游目的地必须在透彻分析危机的产生过程、产生原因和其给目的地带来的影响之后，找到自己的危机应对方式。

危机所引起的不确定性和恐慌会导致时间和资源的浪费，而危机管理则会通过有效地减少危机的破坏性作用而缩短恢复过程。但是，这样就会存在其他的问题，包括如何确定旅游目的地危机的类型，怎样为其建立合理的危机管理组织和危机管理预案。很显然，试图为所有可能出现的危机制定详细的应急预案是不现实的，成本也太高昂。

旅游危机应急预案中必须明确相应的组织和行动计划。具体包括：落实危机应对时的组织和人员、提升决策能力；建立和储备应急物资和设施，提升应急反应能力；进行模拟危机情景训练，提升行业的危机意识，培训员工；建立危机管理小组，制定应急预案；建立危机管理中心；选举核心的利益相关者为危机管理小组的成员；分析风险情境，然后针对发生概率大、破坏作用强的危机类型制定出应急预案；明确职责，并在危机管理小组成员之间分配责任；为目的地的旅游企业、管理机构和

---

① Murphy, P. E. and Bayley, R. Tourism and disaster planning. *Geographical Review*, 1989, 79(1): 36～46.

② Richter, L. K. and William, L. R. Ethics challenges: Health, safety and accessibility in international travel and tourism. *Public Personnal Management*, 1999, 28(4): 605～615.

当地居民组织危机应对方面的培训;通过模拟练习来检测应急预案的有效性;鼓励每个旅游企业建立他们自己的危机管理小组,制定自己的应急预案,从而与目的地的预案相呼应;制定补充的应急预案。

在危机应急过程中应该确保应急预案的实施以使危机造成的损失最小化。危机前期的目标在于准备可能的应急预案,通过提升基础设施、建立安全法律法规、定期的安全及卫生检查等,确保旅游目的地及其旅游组织的安全,最大限度地减少旅游目的地的不足。在此阶段,政府及民间机构应该在怎样面对危机、困难时期如何应急等方面加以指导,行业的利益相关者应该与政府、法律实施部门、旅游者、社区居民、旅游相关部门及国际社会合作,以防目的地受到潜在负面事件的伤害。对旅游从业者、当地居民及游客经常性地进行培训在此阶段具有重要的作用。

5.1.3 危机爆发阶段的激活市场——应急(Response)

危机爆发表现为事态的急速发展和升级、负面影响形成、社会和个体开始承受危机所带来的损失。这一阶段虽然持续时间短,但对社会的冲击最大,引起的关注和恐慌最强。这一阶段激活市场的目标在于开展危机应急及救援,将物质和精神损失最小化。

危机爆发阶段的战略和行动主要包括:

(1)开展危机的应急行动,立即启动应急预案,主要包括:启动危机应急方案,针对危机做出准确、迅速的反应,将不利影响最小化;委托危机管理小组实施恢复措施,确保危机管理小组制定的决策以及实施的应急预案前后保持一致,并得到严格的执行;在危机管理小组、企业和公共管理部门之间建立一个有效的沟通体系,确保信息透明、公正和有利,为旅游企业提供指导方针,支持其度过危机时期。

(2)进行危机的实时监测,追踪危机发展,评估危机损害,预测危机发展方向。经常进行安全检察,通过对目的地采取必要的预防保护措施来保证游客和当地居民的人身、财产安全。例如,世界旅游组织在“9·11”事件、SARS等危机后,及时成立了危机恢复委员会,对世界及各国危机受损状况进行分析,并监测危机的发展动态。

(3)开展危机救援。对受害旅游者、经营者和员工等利益相关人员进行安置和提供援助。从发生过类似情况的目的地吸取经验,必要时向国家或国际咨询组织寻求帮助,在恢复的过程中要优先考虑那些受破坏最严重的部门。例如美国“9·11”事件后,联邦政府制定了《航空法案》,对灾难中损失最为惨重的航空业进行财政救助,避免了航空公司的大面积破产。

(4)进行有效的危机沟通,其中包括:与媒体进行沟通,提供准确、正面和积极信息,向媒体传递压力减轻方面的信息,定期安排记者招待会,在危机管理中心设立一个专门的部门来解答疑问。旅游业的利益相关者在向媒体提供关于危机及目的地的应对措施这类信息时需统一口径,为游客和当地居民提供大量的危机及其影响的相关信息,重塑他们对目的地和危机管理小组的信心;向潜在旅游者保证危机过后目的地的安全,定期同危机地区以外的旅游企业沟通情况,与遭遇危机的目的地合作共同应对危机情境。

5.1.4　危机消退与后遗症阶段的激活市场——恢复(Recovery)

危机的消退阶段指危机造成的损失达到最高点后,不再继续造成明显损失,并呈现下降趋势,但此时,还会存在危机的后遗症。这一阶段时间长短不一,通常表现为有形损失恢复相对容易,而无形损失(如目的地声誉、吸引力和发展能力,旅游者信心等)往往需要较长时间才能得到复原。因此,此阶段激活市场包括:

(1)开展产业振兴,重建旅游发展能力。具体包括实施业务持续发展预案,调整业务目标,制定短期运营预案,实现业务正常化,清理危机消极结果;同时,激励员工、提升员工危机意识,此外,还必须重视危机后的总结与反馈。应感谢参与各方在危机中的努力,及时总结危机处理结果,全面评估危机影响及各种应对结果。

(2)开展市场营销活动,重建目的地声誉及消费者信心。危机过后,应利用适当的营销工具进行促销。例如,澳大利亚旅游组织在“9·11”事件、伊拉克战争和 SARS 危机后,重新进行了机构改革,并出台了

《旅游白皮书》对旅游发展进行新的计划，同时增加旅游预算在国际市场进行“澳大利亚国家品牌”营销活动，在国内市场开展“澳人访澳”活动，使旅游业得到较快恢复[①]。

5.1.5 危机解决阶段的激活市场——解决和振兴 (Resolution & Rejuvenate)

这一阶段，危机得到完全控制，危机的消极影响完全消除。就像Fink所描述的“锅被煮漏或锅被从火上拿开”[②]。在伤痛痊愈后，人们往往容易将危机遗忘。危机循环理论认为，有效的激活市场重点应关注危机后的振兴和从危机中学习。具体体现在：

(1)化危为机，提升产业素质和水平。通过危机，一部分旅游企业被淘汰，能够生存的企业经历了严酷的市场竞争和灾难学习过程，因此危机变成动力；另外，危机信息的广泛传播也会使名不见经传的目的地和企业迅速扩大知名度，如果妥善加以利用，则会变成难得的市场机遇；与此同时，为了应对危机，旅游目的地和企业可能被迫开发新市场或新产品，因而得以建立新的市场形象。这些都有助于危机受害者将威胁转化为机遇，并利用新的条件进行业务扩张。

(2)对危机管理进行检讨审视，检查市场恢复情况，总结危机处理的经验教训。在这一阶段，重要的任务在于通过危机开展组织学习。因此，必须对先前应急预案的效果进行衡量，定期回顾并修正应急预案。应急预案应该是一个灵活的指导原则，而不是一成不变的教条，可以根据旅游目的地的优劣势和所经历的危机类型来调整应急预案。此外，应该根据目的地的自然和管理环境的变化来重新组建危机管理小组，同时更新原有机制，建立新的防范机制。

总之，评估危机事件如何给旅游目的地带来负面冲击，并采取相应措施来激活受到损害的旅游业，必须综合考虑危机前、危机中及危机后

---

① 澳大利亚旅游组织.澳大利亚旅游白皮书.2004.

② Fink S. *Crisis Management—Planning for the inevitable*. AMACOM, American Management Association, 1986.

的各个阶段。危机的发展过程是周期性的，在危机前如果制定并实施了必要且充分的危机管理与振兴预案，那么目的地就会经历从危机到振兴的危机后阶段。由于目的地调整并完善了其对未来潜在威胁的应急预案，于是危机后阶段与危机前阶段相连。在危机过程中应尽可能降低旅游人数和收入等的损失，而危机后的目标在于使产业尽快恢复到危机前的水平，并化“危”为“机”，实现旅游目的地和产业升级。危机所带来的影响通常是消极的，因此旅游业在应对危机、重新获得旅游经营活力并进入产业振兴期时，需要把工作重点放在保护和重建旅游目的地的安全形象方面。危机管理和应急预案不可能阻止危机的发生，但是它们可以作为管理危机后果的一个指南。“和平、安全”是旅游发展的基本条件[①]。在危机之后，只要这些基本条件能够重新建立，那么激活旅游市场的努力就能发挥作用。

5.2　激活旅游市场的要素机制——5C 理论

一个完善的激活市场机制需要包括各系统之间良好的合作和协调，有效的沟通和相应的组织、制度、流程保障及高度的社区动员能力及参与。Faulkner 提出，有效旅游危机管理的前提在于坚持 3C 原则[②]：(1)协调和团队方法(Coordinated, team approach)。由于旅游服务体系中涉及众多直接和间接、公共和私人组织，因此，旅游危机管理战略的建立和实施需要合作模式，并建立组织机构来确保其实现。该团队必须与各个相关组织有机合作，使旅游业活动预案纳入整个体系中。(2)协商(Consultation)。为保证实现最大协同效应，旅游业内部、产业链之

① Cavlek, N. Tour operators and destination safety. *Annals of Tourism Research*, 2002,29(2):493.

② Faulkner, B. Towards a framework for tourism disaster management. *Tourism Management*, 2001,22:146.

间及广泛的社区计划必须建立在与其他战略如旅游营销战略、城市规划和区域经济发展规划等协商一致的基础上。同时，相关人员的不断变动也会影响协调机制的“化合”过程。(3)承担责任(Commitment)。如果没有各方承担责任并付诸实施，无论多么完善的预案和协商机制都毫无意义。因此，所有预案必须清楚地阐明应采取的行动、沟通和教育项目，从而保证所有参与者了解其职责。但Faulkner忽视了合作、沟通和公众参与的重要性。

在Faulkner理论基础上，综合相关文献，本书作者提出，激活旅游市场的要素包括五个方面，可以表述为5C，即合作(Corporation)、协调(Coordinated)、承担责任(Commitment)、沟通(Communication)和公众参与(Community involvement)。如图5-1所示。

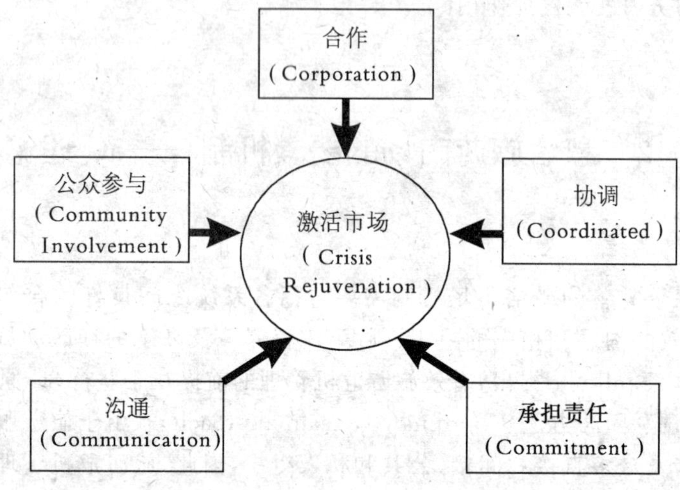

图5-1 激活旅游市场的5C要素

5.2.1 合作(Corporation)

危机促成合作，近年来的旅游危机及其应对实践揭示出合作的重要性。

(1)全球合作。如前所述，在今天，危机的诱因和结果具有传导性和全球性，在对危机的处理上，尽管世界各国存在着地域上和意识形态上的差异，但反应是相似的。在危机的救援和激活市场活动中，通过全球合作，一方面可以获得更多的理解、同情和支持，提升受灾社区的复原力，另一方面可以提高危机救援效率、降低救援成本。如2004年底印度洋海啸发生后，全球合作机制对于印度洋国家的灾后重建起到了重要作用。国际合作的框架包括：联合国及其全球性国际组织（如国际红十字会等），国际旅游组织（如世界旅游组织），区域性旅游组织（如亚太旅游协会等）。危机管理的最理想状态是将危机消灭在潜伏时期或萌芽时期，这有赖于相关部门对危机发生可能性、危机强度、发展趋势和可能冲击结果进行预测和预报的能力。在世界一体化的今天，这些活动的开展单靠一个或几个国家已经不太可能，因此有必要构建全球性的政府和非政府危机应对体系，降低危机发生的风险和预警成本。

(2)与旅游关联部门的合作。由于旅游业的综合性，危机不仅仅对旅游业本身产生冲击，它也可能将目的地的全部经济和管理部门置于崩溃的危险之中。在危机困难时期，包括政府、交通等旅游关联部门、国家安全部门、行业协会和工会等组织之间的相互支持与合作变得尤其重要。因此，必须将旅游危机应急预案纳入到整个社会体系中。

(3)公共部门与私人部门的合作。公共和私人部门的合作关系对于形成和实施相应的恢复措施至关重要。许多旅游目的地危机研究报告呼吁私人和公共部门联合应对危机[①]。Pizam[②]对旅游目的地三百多个有关犯罪和暴力的案例研究发现，激活旅游市场必须包含私人和公共部门的合作关系，还应包括其他的社区组织。参加这些组织的利益主体必须能够灵活快速地处理新信息并能即时实施策略行动。为应对近年来发生的危机，“旅游联合体”已成为国际上颇受欢迎的形式，但是这些

---

① Pratt, G. Terrorism and tourism: Bahamas and Jamaica fight back. *International Journal of Contemporary Hospitality Management*, 2003,15(3):192～194; Hatty, H. and Hollmerier, S. Airline strategy in the 2001/2002 crisis—the Lufthansa example. *Journal of Air Transport Management*, 2003,9(1):51～55; Mansfeld, Y. Cycles of war, terror, and peace: Determinants and management of crisis and recovery of the Israeli tourism industry. *Journal of Travel Research*, 1999,38(1),30～36.

② Pizam, A. and Mansfeld, Y. (eds.) *Tourism, Crime and International Security Issues.* New York: John Wiley & Sons, 1996.

组织的范围通常只限制在政府旅游机构和与旅游相关行业实力强大的部门(如饭店业)。如果激活市场战略要代表所有受到冲击部门的需求,那么不同利益主体的全体参与则至关重要,如非营利的文化景点和社区团体的广泛参与。

(4)竞争者之间的合作。由于旅游产品的可替代性强,因此,竞争者往往从其他目的地的危机中获利。一些国家和企业,可能企图从其他旅游目的地的不幸中牟取暴利,进行具有破坏性的价格战或是实行保护主义,这样一来可能导致因竞争不足而出现旅游市场的整体质量下降,进而影响所有目的地和旅游企业的发展。因此,应该倡导竞合精神,这样旅游业就可以更早地从危机中解脱出来,并提高其适应能力。

5.2.2 协调(Coordinated)

危机各阶段的管理和激活市场需要旅游目的地政府、企业、社区居民、旅游者等所有利益相关者的多方配合,没有哪个权威能够单独解决由危机带来的所有问题。为保证实现最大协同效应,旅游业与外部环境系统、旅游系统内部各子系统之间必须进行有效的合作,旅游市场激活战略应该建立在与其他战略(如旅游营销战略、城市规划和区域经济发展规划等)协调一致的基础上。Sonmez、Apostolopoulos 和 Tarlow[①]列举了埃及、泰国等一些国家为根除旅游犯罪、旅游暴力与恐怖主义而成立的专门保安部门或建立旅游警察队伍作为这类目标导向型组织的例证。旅游危机协调机制体现在建立完善的跨部门和部门内的协调机制。

由于旅游业具有综合性,因此旅游危机的发生和应对都非旅游部门本身所能完成,需要旅游业与其外部环境系统之间的协同,即将旅游纳入到整个危机应对体系中。例如,在国家层面,美国设有联邦紧急事务处理总署,负责日常建立各种协调机制。"9·11"事件发生后,虽然美国原有的危机管理体系在预警和危机处理的初期阶段反应不够及时有效,但是在其后的处理中,救援的开展、各部门的协作还是体现出它原

---

① Sonmez, S. F., Apostolopoulos, Y., and Tarlow, P. Tourism in crisis: Managing the effects of terrorism. *Journal of Travel Research*, 1999, 38(1): 13~18.

有的完备性，在很短的时间内实现对现场局势的勘察与控制，并采取相关的配套措施，如交通管制、股市停盘、政府各级官员的各阶段的适时公开反应、在财政和军事上的应对措施到位迅速，这些使得受灾难地区很快恢复了社会秩序。其中最重要是，由于原来就制定有详尽的危机应对机制，而且通过法律、法规加以制度化，何时启动什么程度的应急预案，众议院、参议院对总统如何授权，决策机制如何形成，部门之间如何协调，都有章可循，于是应急行动井然有序，权责分明：国家安全委员会负责总体的局势分析和部门协调，总统在议会的授权后具有军事和经济上的决策权，联邦调查局(FBI)牵头负责调查并解决危机，美国联邦紧急事务处理总署(FEMA)主要负责救援等危机事后处理，国防部(DOD)等联邦政府部门负责提供相关的技术支持和专门性的行动。由于救援措施得力，美国政府在前所未有的危机中能够做到：第一，安抚人心、稳定社会。事件发生后，布什总统立即表示采取必要措施保护美国人民的安全，并不顾安全人员的劝告回到白宫，9月12日早上7点就到白宫椭圆形办公室办公，受到恐怖事件影响的政府其他机构也恢复正常工作。媒体停播了进一步刺激公众心理的有关画面。第二，积极开展救灾工作。消防部门、警察、美国联邦紧急事务处理总署(FEMA)等政府部门在事件发生后立即投入人力、物力展开救灾工作，同时动员公众开展大范围的献血等行动支援救灾工作。第三，迅速查找元凶并建立广泛的反恐联盟。事件发生第二天，布什总统就召集国务卿、国防部长和国家安全顾问等人共商对策，启动已有15年历史，由中情局、联邦调查局、国务院、军方和其他地方各部门共同组成的以"预警、制止和挫败"为使命的CTC反恐怖主义中心展开工作，并在司法部成立独立的反恐怖主义工作队调查事件真相。同时组建由里奇担任主席的国内安全小组，统帅国内反恐怖主义的行动，积极查找制造恐怖事件的元凶。通过联合国等机构和组织，与世界许多国家领导人进行广泛接触，建立一个反对恐怖主义的国际联盟①。

与此同时，旅游系统内部协调也至关重要。在旅游产业层面，世界

① 叶国文．预警和救援：从"9·11"看政府危机管理．国际论坛，2002，4(3)：22～23.

旅游组织在"9·11"事件后成立"危机恢复委员会"来协调并帮助各成员国进行危机分析、救助和市场促销等活动。目前,我国为了应对"黄金周"带来的各种问题,成立了国务院下属的旅游黄金周协调机构——"全国假日办公室",包括国家旅游局、公安部、交通部、民航等15个部门,在黄金周期间协调全国交通、景点、安全、卫生、执法等旅游问题,起到了很好的作用。但这一组织不属于常设机构,尚不能应对各种可能的突发性旅游危机的巨大冲击,尤其难以解决危机后市场激活问题。

5.2.3 承担责任(Commitment)

危机应对是否有效,除了制定一个危机应急预案之外,最主要的还在于明确职责与权利,建立相应的法律、技术等体系来加以保证。具体包括:

(1)建立相应的组织体系并设专人进行危机的分析、预测和应急管理

从国家层面看,政府通常指定具体的公共部门来执行危机预防和加速振兴的职能,如成立危机时的临时性"工作团队"或常设的"危机委员会"①。由于各国旅游管理体制不同,因此政府和私营部门在旅游危机中发挥的作用也不尽相同②。如中国、日本、韩国、泰国等国家倾向于政府主导型。但是,即使在市场化程度很高的国家,一个有影响的旅游行政管理机构也可以成为通过领导和协调来战胜危机的主要行动者。以美国为例,在交通领域有一个联邦行政管理机构,它确保了航空公司在危机期内获得资源来保证生存。相反,旅游业利益的维护是掌握在美国旅行业协会手中,这是一个私营协会,也是世界旅游组织的成员。但无论它所从事的工作质量有多高,它面对的是在联邦行政管理机构中缺乏代言人的困境。与此相反,在加拿大、澳大利亚和墨西哥等国家,通过法律成立了国家级旅游组织,集中代表旅游部门的利益,因此得到产业界的足够支持,从而有利于这些国家旅游业适应所面对的形势并很

---

① 德克·格莱泽.旅游业危机管理.安辉译.北京:中国旅游出版社,2003.140.

② 匡林.旅游业政府主导型发展战略研究.北京:中国旅游出版社,2001.

快进入到市场中；与此同时，建立一个确保资源更有效利用和让更多成员了解更有针对性的信息的协调机构也是十分必要的。作为旅游事务国际中心的世界旅游组织下属的“市场信息中心”和“危机恢复委员会”已在这方面扮演了重要角色，它们在这一重要任务中，积极争取所有成员的支持并广泛邀请其他非成员加入，在沟通信息、建立和恢复旅游者信心和帮助旅游企业恢复生产等方面开展了大量工作。

(2)建立相应的技术与基础设施体系

建立危机管理的技术与基础设施体系，是市场得以激活的前提。它包括法律框架、公共沟通、物质保障、财政及社会救援等体系，总体构成一个整体的危机管理体系。通过法律框架保证在突发性危机发生时政府和社会的总体动员能力和利益冲突时为维护总体利益而采取的强制性措施的实施，如强制拆除、迁移居民、限制旅行等；通过公共沟通体系，保障信息沟通的准确、公正、透明和及时，维护危机冲突各方的利益；通过建立包括人力、物力和财力在内的物质保障、财政及社会救援体系，保障危机时社会应对能力，这是一个社会综合实力的集中体现。我国新近颁布的《突发性事件应急预案》，使得我国对突发性危机事件有了总体的应对法律框架。然而，由于危机产生根源的复杂性和多样性，及各产业发展的特殊性和各地的不均衡性，有必要在总体框架下建立相应的针对工业、农业、旅游业等各个产业的分类预案，同时细化为针对自然灾害(洪水、地震等)和人为灾难(火灾、事故、空难等)的具体计划，并在危机的不同阶段加以情景模拟。

5.2.4 沟通(Communication)

1.危机沟通的作用

媒体对旅游业危机事件的积极介入是危机传播的第一步。媒体是除了政府之外为公众提供各种信息的主要渠道，有时处在危机中的公众宁愿相信媒体也不愿信任政府，所以它是通过提供信息消除各种不安因素的一种有效方式。媒体介于政府和公众之间，三者形成了一个三角互动的关系。它既受政府制约，又在一定程度上影响政府；既引导公众，又需要满足公众的需求。现代媒体可以在几秒钟内将某一消息传遍全球。通常，经历危机的目的地不仅仅要遭受实际的物质和经济方面的损失，同时还要遭受由于媒体对危机的夸大报道而在潜在旅游者心目中造成的感知损失。这类夸大的报道会严重损害目的地形象。无论发生的危机事件距离旅游目的地多么遥远，无论它对旅游业的冲击多么微小，一旦这个危机在电视的黄金时段播出，或者上了主流报纸的头版，该旅游目的地就会因此而受到普遍关注。如果媒体信息多为负面报道，则将导致该目的地丧失吸引力。危机的严重后果在很大程度上是由于全球媒体的炒作和许多国家的过度反应所致[①]。例如，SARS 的爆发对中国大陆、香港和加拿大等目的地而言被称为"信息泛滥"。Drache 和 Feldman 对两千多篇与 SARS 相关文章的内容分析后发现，信息的误导明显地存在于各地主要的报纸中[②]。国际报道将重点放在与 SARS 有关的健康和经济影响、政府和政党对 SARS 处理的水平上，其中大多表现为尖锐的批评。

2. 危机沟通的方式

沟通的根本任务在于通过传递相关信息，借以影响和引导公众和旅游者的行为、观点和预期。在危机背景下的沟通有风险沟通和危机沟通两种基本方式[③]。

(1)风险沟通。这是一种长期的沟通方法，其目的是在风险背景下建立与旅游者、公众和产业等利益相关者的信任和理解。虽然危机是突发性的，但风险沟通往往可以通过利用有效的沟通策略来使危机产生的后果最小化，并在产品重新上市时，维护其原有的可信度；同时，风险沟通具有预防性，它要提醒人们那些可能被忽视的风险，介绍如何采取防范性措施，增强旅游者对风险的承受能力，其目的在于规避危机的发

① Coxe, D. The new "infodemic" age: Epidemic fears fuelled by modern media cause disproportionate devastation. *Maclean's*, 2003, June 9, 36; Chan, N. W. Flood disaster management in Malaysia: An evaluation of the effectiveness of government resettlement scheme. *Disaster Prevention and Management*, 1995, 4(4): 22～29.

② Drache, D and Feldman, S. *Media Coverage of the* 2003 *Toronto SARS Outbreak*. Toronto: Robarts Centre for Canadian Studies, York University, 2003.

③ Gleick, J. *Chaos: making a new science*. London: Heinemann, 1987.

生或减轻危机产生的消极影响。

(2)危机沟通。这是在危机发生时突然开始的应急性沟通,它具有防御性和进攻性的双重特点,目的是应对危机状态下各利益相关者对信息了解的需要。危机沟通的目的在于保持信息的畅通,减少危机引发的震惊和消极反应。采取何种战略和在何时启动危机沟通,取决于组织对危机的判断和对危机的决策。

3.危机沟通应注意的问题

由于信息对目的地形象的作用,旅游目的地和企业通过有效沟通来维护旅游者信心至关重要。面对危机,首先要建立统一的信息中心进行积极、主动的正面宣传。危机发生后,必须立即启动中心信息及新闻发布系统,该系统能够时时更新所有利益主体和公众关注的危机信息,本着客观、公正原则以事实真相与公众沟通,告诉公众危机进展和旅游设施使用情况,如机场关闭、航班延期通告、各国旅游劝告、旅行风险通报等,引导和帮助旅游者作出积极的决策。例如,印度洋海啸发生后由世界旅游组织委托 VISA 国际公司开展的全球旅游市场调研报告显示,获得信息是旅游者在危机中最关注的①。

其次要积极借助新闻媒体的作用,组织正面宣传。危机发生后,需要充分利用媒体,澄清事实,扭转不利局面,不要陷入信息危机。要和媒体合作,以诚实、透明的态度和各类媒体沟通,主动将其导向有利于危机解决的正确方向。例如,2001 年 10 月 27 日,云南永胜地震造成 3 人死亡,我国政府抓紧时间通过中央电视台等媒体发布"地震不影响丽江旅游"的信息,打消了公众的疑虑,因而没有造成丽江旅游市场大的波动。谣言止于理智。要通过媒体的宣传和有组织的教育,传播科学知识,从根源上杜绝谣言误导。与此同时,要积极开展各项公关活动,恰当处理和敌对媒体的关系,开展反负面宣传的公共关系活动。要控制谣言和小道消息的误导,保持一个权威、主流的声音以利于化解危机。错误的媒体导向会给旅游目的地和企业带来巨大的损失。在 2001 年泰国发生的由蚊子所引起的"登革热"疫情事件中,尽管泰国卫生部门采取了加

① WTO. Press release. www.world-tourism.org. accessed on January 13,2005.

大预防由蚊子传染的"登革热"疾病流行的措施，并在很多地方张贴了宣传海报，但由于没有和媒体很好地沟通，使得这种实际上每年都会发生的疾病，经媒体渲染而成为当年泰国旅游业的危机事件，严重地影响了当地旅游业的持续发展。

最后要通过法律手段保证沟通的及时、透明和准确。危机容易导致社会混乱，因而在必要的时候还需要动用法律的手段来保证信息发布方和接受者的权利，使危机信息得到有效传播。例如，2003 年 4 月，北京、广东、河北等十七个省、市警方共依法查处利用互联网和手机短信制造传播 SARS 谣言案件 107 起，有力地打击了不法分子借机造谣惑众、制造恐慌的行为，有利于疫情之后区域旅游业的恢复。危机之后，要利用媒体作用来重树目的地旅游形象，特别是要尽快挖掘正面报道的价值，予以有针对性的宣传。

5.2.5 公众参与(Community involvement)

公众参与是应对危机的基础。一个开放、分权和多中心治理的社会，没有社会力量的参与是不可想象的。社会力量的参与，一方面可以缓解危机在公众中产生的副作用，使公众了解真相、袪除恐惧，消除危机制造者希望危机伴生的流言、恐慌等副产品，起到稳定社会、恢复秩序的作用；另一方面可以降低政府救援危机的成本。由于社会力量的参与，信息通道不再堵塞，政府决策的可信度和可行性得到提高，政府政策的制定和执行成本得以降低。做好公众参与首先要培养和强化公众危机意识。危机意识是危机预警的起点。在不确定的市场环境中，通过将"危机意识"引入管理，成为生存与发展的一个普遍法则。在和平稳定时期，人们往往缺乏危机意识。尤其在旅游中，人们很难将其与危机联系在一起。通过模拟危机情势，不断完善危机发生的预警与监控系统，能够使政府、企业和公众培养旅游危机意识，使旅游者时刻做好应付危机的心理和物质准备。

其次要动员社会的参与。危机应对体系，应从一个行政动员的体系转变到社会动员的体系。阿尔文·托夫勒认为，政府往往采用两种方法：一种是政府机关不断增加政治家、官僚、专家和计算机，设法进一步加强政府这个中心;还有一种是让"下面"或"外面"做出更多的决定,减轻政府做决定的负担,而不是把做决定的权力集中在已经紧张和混乱的政府中心。随着公民对公共政策需求反应性的提高,对中心治理多元化的需要,使政府建立分权性质的危机管理体系成为可能。因为,分权的政府能促使政府管理从等级制向参与和协作转变,具有更多的灵活性和创新性,产生更高的士气、更强的责任感和更高的效率。

最后要强化公众和旅游者在危机中的义务。建立强大的社会应对能力核心在于公民自身的社会群体责任。不管是政府权威还是私人权威在旅游目的地危机管理中均占有首要地位,危机期间的一致性与决定性都具有重要意义,除非由于管理无能和失职使危机产生或使整体环境恶化,否则对抗的做法只能强化危害后果而不是加快市场的振兴。旅游目的地是否处于新的危机环境及危机反应的速度和适应能力,取决于利益相关者与政府危机管理组织者之间在需求与期望上的相互理解和合作程度。

5.3 激活旅游市场中政府和企业的作用

受旅游危机冲击的对象主要由旅游者、旅游通道(旅游企业)和旅游目的地构成。激活市场的核心在于恢复旅游者的信心和消费能力,恢复旅游企业的生产能力,维护和重建旅游目的地形象。在实现这些目标的过程中,尽管发挥作用的利益群体很多,但主要体现在旅游目的地政府和旅游企业两个方面。

5.3.1 旅游目的地政府的作用

德罗尔认为,政策若要取得效果,必须达到一个适当临界质量,足以对其对象产生预期的影响。所谓临界质量主要指资源投入的数量、决议涉及的范围、作用的时间跨度、使用政策手段的数量、政策方案设计的完备程度、政策干预的范围和力度，等等。它实际上说明危机管理中政策制定的目标与危机可能解决目标之间存在选择的问题①。从政府角度看，各级政府组织必须运用所有政府资源开展危机救援，尽力恢复目的地社会稳定，为恢复旅游者信心建立基础；同时应扶持受冲击最大的业务部门，保护旅游业的经营能力，促进产业振兴。旅游目的地政府在危机中的职责体现在：

1. 实施危机救援，使危机损失最小化，为激活市场打下物质基础

（1）抚慰受害者，稳定社会，实施心理救援。对旅游目的地来说，危机造成的最大危害在于社会正常秩序遭到破坏并由此带来社会心理的脆弱反应，所以保持稳定的社会秩序，维护原有的社会运行轨迹是首要的选择。政府应尽可能保证社会公共生活的正常进行，促进社会的正常运转，避免进一步造成更大的公众心理伤害。从社会稳定的角度看，应尽力恢复到危机前的社会格局。但是，危机并不必然能够恢复，要想实现这一目标，政府必须选择一个能够达到相当高质量的决策，这就产生了危机解决的德罗尔临界质量问题。稳定社会和市场的具体手段包括很多，但在灾难中人的生命应是第一位的。突发危机后，通常会造成人员伤亡。此时，应该对受影响者（未受伤）、伤亡人员及其亲友等进行妥善安置，给予同情、照顾、安慰，使受害者的生理和心理损伤最小化。例如，面对SARS危机，由于对该疾病了解有限，为了迅速控制疾病蔓延而采取极端隔离政策，虽然对遏止疾病的传播起到积极作用，但导致人们对该疾病的极度恐慌，客观上加剧了该事件的消极影响。与此相反，印度洋海啸发生后，我国政府给予了高度重视，尤其是旅游管理部门和旅游企业采取的迅速反应，与正在该地区旅游的中国公民紧急联系，用包机接回受困同胞，旅游高级官员到机场亲自迎接，这些都向公众传达出政府在危机中的责任感和鲜明态度，有利于树立正面形象。

（2）对受损物质及有形设施给予救援，使灾难中财产损失最小化，为市场恢复打下物质基础。面对洪水、火灾、地震等突发性灾难，相关组

① 丁煌. 西方行政学说史. 武汉：武汉大学出版社，1999. 287～289.

织必须投入全力加以抢救，这要求社会各个层面建立起高效的灾害预防和救援系统，其中包括普及灾害常识，建立相应的物质、技术、组织和制度体系等。

2. 及时沟通，降低不确定性和风险性，维护目的地形象

对于旅游目的地而言，最长久和深层的问题在于旅游目的地形象的损害，而这种后果往往是由于信息不对称所导致。当社会上发生某一与公众利益相关的突发事件后，人们会自发议论，并通过大众传播媒体广泛宣传。公众对信息越是关注，就越希望寻求及时、客观和正确的信息。对信息的封锁或失真的信息会增加流言蜚语的可能性，从而加剧危机的恶化及人们心理的不确定性。为了保证危机沟通的有效性，政府应建立统一的危机应急信息中心并及时对外传递信息。例如，SARS 危机中我国建立的每日通报制度对于纠正前期在沟通政策上的失误、重建公众信心和国际形象，具有重要的意义。公共及私营部门的领导者有责任向消费者及时传递信息。在不确定的形势下，消费者往往表现不理智，他们容易接受未被证实的、与危机事件有关的各种非理性的推论。这种态度使得那些根本没有卷入危机的旅游目的地受到的影响进一步加剧。发生在巴西 Balneario Camboriu 海滩的污染事件说明，尽管公共部门采取了许多实际措施来解决污染问题，但是他们对待媒体和公众不正确的反应带来信息缺乏有效沟通、公众对政府信任度降低，由此引发了信任危机，增加了该目的地未来的不确定性。因为在旅游业中，看法即是现实，即使有形的问题解决了，仍然需要经历漫长和昂贵的过程改变公众的看法①。旅游目的地完全恢复过程中及过程后采用的营销活动应该向公众准确传达与目的地当前情势及恢复中的旅游供给相一致的信息，当然也不应该隐瞒其存在的不足。目的地应该悉心设计振兴预案，开展有道德的营销活动，真实地评估其危机状态。任何与之背离的做法虽然会在短期内取得一些收益，但从长远的角度看，肯定会危害旅游目的地政府的声誉，对当地旅游业的形象产生消极的影响。

---

① Santana，G. Crisis management and tourism：Beyond the Rhetoric. *Journal of Travel & Tourism Marketing*，2003，15(4)：299～322.

此外，国家有责任和义务告知国民出国旅行时会遇到的情形和可能的危险，各国外交部门有关出国旅行的忠告就是这类信息，如美国、英国、澳大利亚、德国等都会评估受质疑国家的政治稳定性、犯罪、恐怖主义及医疗保健状况，如果认为到某国旅行过于冒险，便会发布不同等级的旅游忠告或警告。这些信息首先针对旅游者，其次才是旅游组织①。然而，正如世界旅游组织《全球旅游道德公约》中所规定的那样，发布这些信息应是他们的责任，而不是用未被证明的或夸大的方式来损害接待国的旅游业以及他们本国境外经营者的利益②。

3. 开展产业援助，保持产业的可持续和健康发展

目的地政府的任务不只是在危机期间进行行政管理，也包括对身处困境的企业提供财政支持，防止旅游产业供给力量崩溃或出现转移。危机导致旅游企业破产，或者旅游从业人员转行，对危机之后旅游业的恢复带来滞后效应。为了提高社会综合收益，政府扶持旅游企业渡过难关也很重要。具体措施包括：

(1)通过财政和税收等宏观经济政策进行强制干预，激活市场。可以通过财政拨款、优惠贷款、减免税收或花费公共资金重修重建公共场所及公共服务设施等途径来履行这一职责，还可以采取特殊基金或其他措施支持中小企业。例如，2003 年我国发生 SARS 疫情后，国务院有关部委、各省市及时出台政策、措施，短期内暂时退回旅行社保证金，贴补部分受损旅游企业，在客观上保存了旅游业的产业实力③。在危机形势下，政府对那些受严重影响的企业提供金融或财政缓和措施，但同时要避免市场保护主义，防止因过度干预而导致市场信息失灵。

(2)重视旅游就业，对危机造成的失业人员给予援助。在危机形势下，应该多关心那些已遭到严重破坏的企业的命运和已经失业及将来不可避免要失业的人员的命运。由旅游创造就业机会，特别是在那些缺少其他就业机会的国家，有着重要的战略意义。一些国家给那些暂时无

① Glaeβer, Dirk. *Crisis Management in the Tourism Industry*. Oxford: Butterworth-Heinemann, 2003.

② 世界旅游组织. 全球旅游伦理规范. 1998.

③ 参见 www.cnta.gov.cn.

事可做的工作人员或者为在岗员工在业余时间提供特殊的培训项目，防止可能出现的大量失业现象。

4. 开展危机营销，重振旅游者信心和目的地声誉

Faulkner 指出，旅游目的地创造性地设计其营销活动可以使其从危机提供的转型机会中受益并取得潜在的积极效果，从而抵消原有的破坏性影响。通过有效的动态营销及管理，目的地可以将危机转化为发展的催化剂，重新取得危机前的地位，甚至拥有一个全新的更富有活力的旅游系统。旅游危机营销的重点在于：

(1)针对公众和旅游者进行宣传，维护和重建旅游者信心和旅游目的地声誉。塑造与推广旅游目的地形象是旅游目的地营销的重要内容之一，作为目的地营销活动的主要手段，国家旅游组织(NTO)对外的宣传促销主要围绕目的地的形象塑造与推广进行。旅游目的地形象推广，即旅游目的地通过形象的识别与传播，与旅游目标市场现实和潜在的消费者进行沟通，促使其了解、信赖并购买，以达到扩大目的地旅游产品销售的目的。旅游目的地形象的塑造与推广是一件长期的工作，危机事件过后对旅游形象的推广重点在于纠正危机事件对潜在旅游者心中对旅游目的地形象造成的偏差。这些措施中的重点就是重建消费信心、采取必要的措施加强安全并及时把这一信息传递给公众。此时的形象推广工作与平常有所不同，属于例外事件，要求采取非常规手段在短期内见到效果。短期内纠正偏差的关键在于“形象传播阶段”，即要在短期内选择正确的形象载体和推广工具。旅游危机过后要有针对性地开展促销活动，如 SARS 过后，新加坡旅游局对准短线客源市场开展“步出户外、节庆和新加坡大展卖活动”；我国香港特区采取优惠旅游的措施吸引游客，有利于旅游市场恢复。还可以策划相应的文化及大型活动，吸引市场对旅游目的地的关注，强化旅游目的地的正面形象，如泰国旅游局在印度洋海啸发生后，发起“情人节”促销运动，重整当地旅游业。鉴于国际组织发布的信息所具有的权威性，借助于国际组织的力量在危机后进行有针对性的目的地形象推广工作将收到事半功倍的效果。旅游目的地形象推广的主体一般为国家旅游组织。我国的目的地形象推广工作主要由国家旅游局来承担。为了恢复在国际旅游者心目

中的形象，国家旅游局可以在加强国际合作的同时，重点加强与世界旅游组织和太平洋亚洲旅行协会等比较有影响的国际旅游组织的合作。成功的政府营销计划必须与私营部门采取的措施相配套，必须建立在对可能影响到的细分市场有详细了解的基础上，并且应该选择正确的工具并投入相应的预算经费；此外，正确的时间表在执行预案时也是必不可少的。就促销活动而言，主要目的在于能够将那些在最短时期内回升的市场作为目标市场，并向其传递包括强调安全、了解和熟悉旅游目的地情况在内的信息。

(2)针对旅游经营商进行宣传，建立和激活旅游产业信心。旅游经营商在旅游恢复过程中扮演着重要角色。由外国旅游经营商主宰的市场特别容易受到危机的影响，因为旅游经营商会简单地将旅游者转移到其他地方而避免风险和保持经营的连续性，因此旅游目的地和旅游产品具有高度的可替代性。假如将旅游经营商融入到目的地经济中，那么他们将在快速重建消费者信心方面受益①。组织旅游作家和旅游经营商到爆发危机的旅游目的地进行熟悉旅游(Familiarization Tour)是一种常用的策略，这样能更好地展示目的地在危机期间和危机之后有能力去应对危机并正常运营②。危机时针对经营商所广泛使用的营销工具包括：为媒体和旅游记者提供考察旅行；强化网络营销，经常更新网站内容；召开记者招待会，加强媒体宣传；重视商业性促销，经常更新报纸和电视上的广告；重新设计包价旅游产品；为来目的地旅游的人提供超值服务和奖励；开展公关活动等。“9·11”事件之后，美国为恢复旅游所做的大部分工作集中在市场营销活动和增加旅行安全方面。在华盛顿，利益主体催促政府尽快地向旅游者重新开放白宫和国会大厦。重新开放文化遗址有助于使游客和当地居民确信当前形势恢复到了正常状况；旅游业也进行了积极行动，如华盛顿地区旅游行业联合起来，开展政府公关及行业自救，尽

---

① Cavlek, N. Tour operators and destination safety. *Annals of Tourism Research*, 2002,29(2):478～496.

② Durocher, J. F. Recovery marketing: What to do after a natural disaster. *The Cornell HRA Quarter*, 1994,35(2):66～71.

快恢复受损的旅游产业[①]；各州也采取了相应的产业救援和市场促销活动[②]。再如，2001 年 4 月 3 日，英国爆发口蹄疫。这种疾病对牲口产生了影响，同时产生了恐慌，其他国家害怕这种疾病扩散到自己国家。2001 年到英国的旅游人数减少了 9%，东北部的乡村地区是受影响最大的地方，到诺森比亚旅游景点的人数减少了 71%[③]。危机使得乡村旅游就业人数急剧下降(第一个月下降了 18%)并迫使英国旅游局去应对危机。英国旅游局的反应分为三个阶段：①紧急反应阶段，在头六个月把英国旅游局转变成信息中心；②中期阶段，市场营销重点在于改变这个季节旅游业的萧条状况；③恢复阶段，同时也是“9·11”事件后的旅游恢复期。英国旅游局认为最成功的应对措施包括：每周举办部门首脑会议，明确主要的萎缩市场以选定促销目标；为应对错误信息传播而发起的市场营销活动，向文化、媒体和体育部门以及国外联邦办公室咨询，发展政府和产业利益主体组成旅游联合体[④]。

总之，在危机情形下，政府在恢复需求和重建消费信心方面扮演了决定性的角色。实践证明，制定激活市场计划，开展针对公众、旅游者、经营商和决策影响者等促销活动有助于市场信心及市场消费的恢复。

5.3.2　旅游企业的作用

旅游产业组织的主体是旅游企业，它是保证旅游业发展的物质基础，但同时旅游企业也是危机冲击成本的直接承担者。由于旅游产品的

---

① Stafferd, G., Yu, L., and Kobina Armoo, A. Crisis management and recovery: How Washington, D. C. hotels responded to terrorism. *The Cornell Hotel and Restaurant Administration Quarterly*, 2002, 43: 27～40.

② Litvin, S. W. and Alderson, L. L. How Charleston got her groove back: A Convention and Visitors Bureau's response to 9/11. *Journal of Vacation Marketing*, 2003, 9(2): 188～198.

③ Page S. J. *Tourism Management—Managing for Change*. London: Butterworth-Heinemann, 2003; Frisby, E. Communicating in a crisis: the British Tourist Authority's response to foot-and-mouth-outbreak and 11th September, 2001. 2002, 9(1): 89～100.

④ Frisby, E. Communicating in a crisis: the British Tourist Authority's response to foot-and-mouth-outbreak and 11th September, 2001. 2002, 9(1): 89～100.

特征，在缺乏有效危机应对措施情况下的旅游目的地，总是伴随着周期性的企业破产、倒闭，使得旅游企业经营呈现出危机冲击、产业萧条、供给激活、正常经营、繁荣、新的危机的周期性发展，造成经济资源的浪费。尽管旅游业总体上属于高度市场化和竞争性的产业，政府对企业的管制和援助通常十分有限，然而随着旅游业在经济中的地位加强，旅游企业在保证经济和社会稳定、尤其是就业领域的稳定方面具有十分重要作用。因此，从产业可持续发展角度，必须关注危机中的旅游企业的生存和可持续发展。

为了保证在危机中的生存和发展，旅游企业必须从以下几个方面入手：

(1)树立危机意识。国外一些学者提出，技术的潜在负面影响已经超过了组织和管理系统能控制的程度。不幸的是，危机管理在组织每天的经营活动中还是被认为处于次要的地位。与其他能促成"成功"的因素相比，危机管理被严重忽视。这一现象最明显的结果是管理者在技术上、心理上以及情感上都未在业务经营和管理中对危机的处理做好准备[①]。Booth 指出："很多执行者还不习惯解决由危机带来的内部和外部复杂事件。"[②]管理者在经历他们事业中的低谷时总是缺乏信心或相当悲观。Fink 认为：每一个决策者"都应当像认识到死亡和纳税是不可避免的一样，也必须为危机做好准备。这样做并不是出于软弱或胆怯，而是出于了解自己准备好了之后的力量——学会与命运周旋"。他在对《财富》500 强企业的 CEO 进行调查后发现，高级管理人员在危机中受挫的原因在于对危机的准备严重不足，他们中只有 50%的人说有应对危机的计划[③]。旅游企业的决策者必须接受这样一个事实，即在我们生

① Mitroff, I. I. and Pearson, C. M. *Crisis Management—a Diagnostic Guide for Improving Your Organization's Crisis-Preparedness*. San Francisco: Jossey-Bass Publishers, 1993; Perrow, C. *Normal Accidents: Living with High Risk Technologies*. New York: Basic Books, 1994; Reason, J. *Human Error*. Cambridge: Cambridge University Press, 1990.

② Booth, S. A. *Crisis Management Strategy*. London: Routledge, 1993.

③ Fink, S. *Crisis Management—Planning for the inevitable*. AMACOM, American Management Association, 1986.

活和经营的复杂和不可预知的情况下，任何事情都有可能发生，包括对组织产生严重影响的危机。只有这样，管理层才能站在正确的立场上解决危机。对于管理者而言，仅仅考虑系统失效后的结果已经远远不够，他们需要分析危机什么时候发生、以何种形式发生、怎样发展、发生在什么地方、会冲击谁、怎样冲击等因素。因此，企业需要不断制定计划和增强能力来应对不确定性和不断增长的危机可能性。

(2)开展危机应急。如前所述，危机应急包括：制定危机应急预案、进行危机可能性及损失评估、开展危机沟通、进行危机救援、人员协调等。具体任务包括：实物设备、设施的保护和抢救，紧急避难所的协调和供应，通信联络，开展员工安置与协调，进行客户联系与客户信息的保护，进行人员和物质的疏散及协调，为受影响者、受伤者及其家属和媒体提供灾难信息、旅行及交通帮助，与其他组织进行安全协调。对于旅游企业而言，危机应急预案及行动必须与政府和社会危机应急系统有机联合起来，充分考虑和利用企业内外部资源。由于旅游就业在经济中的重要意义，因此，解决危机带来的人力资源问题是十分棘手的。在危机期间留住员工是重要的。然而作为直接反应，企业面临削减人力成本的巨大压力。当经营形势对人员需求减少时，饭店和其他旅游相关企业往往会减少季节性或临时工人的数量，因而引发大量人员失业。在危机期间不裁员可以加强人力资源的凝聚力，而员工离开受危机冲击的企业和部门，则增加了人员流动并削弱了企业对劳动力市场的竞争力。

(3)保持危机后的业务连续性。旅游危机带来的后果往往是非连续性和周期性的，但由于旅游产品的特性，保持和恢复业务连续性是激活旅游市场的核心内容。对旅游业恢复来说，重要的是饭店的重新开业、航班的重新运营、旅游景点达到危机之前的水平，等等。在危机期间，即使旅游人数和收入较少，甚至威胁到企业的生存，旅游企业也要顶着巨大的压力继续经营。需要重点做好企业形象恢复、客源市场恢复和企业内部信心恢复。在具体实践中，可以采用一些“启动”项目来吸引旅游者，或通过各种宣传、公关和促销手段使旅游企业重新树立形象。例如北京首都旅游集团在 SARS 后主动派出员工参加国家小汤山医院的建设，为工作人员提供后勤保障，其道义行动受到了媒体的广泛报道以及国家的表彰和民众的赞扬。澳门旅行社赔钱开展“澳人游澳门”的活动，让本地居民有一个认识和了解澳门旅游资源的机会，从而宣传了澳门的旅游业，最终又为澳门旅行社赢得了良好的声誉。客源市场的恢复强调通过市场调查、搜集相关资料、分析主要客源市场和营销渠道受危机影响的程度，进而针对各市场的特点采取应对措施，刺激、鼓励并帮助客源市场和营销渠道的振兴和繁荣。危机事件发生使企业经营效益受到影响，同时企业内部员工在工作积极性方面受挫。在危机后的恢复时期应有效利用企业文化，重塑企业内部信心，增强企业的内聚力，以实现企业振兴。

(4)利用“创造性破坏”，促进产业结构升级。奥古斯丁(Augustin)认为：“每一次危机本身既包含导致失败的根源，又孕育着成功的种子，企业危机管理的精髓在于发现、培育，以便收获这个潜在的成功机会。”[①]Schumpeter 的创新理论认为：在任何市场中，都存在相对静止时期，此时已经形成了优于一般水平的产品、技术或组织能力的公司将获得正的经济利润。当处于优势的旧的源泉被破坏并代之以新的源泉时，这些静止时期将由于基础性“冲击”或“不连续”而发生中断。能利用冲击创造机会的企业家，在下一个相对静止的新时期继续获得正的利润。Schumpeter 称这种演变过程为“创造性破坏”[②]。其他学者如达韦尼、普拉哈拉德和哈梅尔等也强调，在一个技术飞速进步和偏好多变的环境中，一个停留在已有优势地位、仅仅追求收获已存在的优势来源的企业，很快会被更富创新性的竞争对手所取代[③]。一般情况下，人们都认为危机是很糟糕的事情。尽管如此，《牛津英语字典》将“危机”定义为

---

① Roman R. Augustin: *Harvard Business Review on Crisis Management*. Harward Business College Press, 2001.1.

② Schumpeter, J. *Capitalism and Democracy*. New York: Harper & Row, 1942.132.

③ D'Aveni, R. *Hypercompetition: Managing the Dynamics of Strategic Meaeuvering*. New York: Free Press, 1994; Hamel, G. and Prahalad, C. K. *Competing for the future*. Cambridge, MA: Harward Business School Press, 1994;戴维·贝赞可，戴维·德雷诺夫，马克·尚利.公司战略经济学.武亚军译.北京:北京大学出版社,1999.

"使某事情更好或更坏而发生剧变的一种状态"[①]。Faulkner 指出,"依据混沌论,危机管理实质上被看作是一个创造过程"。有效的危机管理可以减轻危机负面后果,并带来新的发展契机。对于旅游企业来讲,无论来自外部还是内部的危机冲击,都可以视为"创造性破坏"。如果能够把握破坏带来的机会,进行组织创新,将使企业在动态环境中获得竞争优势。由于危机导致需求下降而形成供给相对过剩,加剧了市场竞争,通过实施市场开发和产品开发战略,采取措施来鼓励新产品的发展、确定新的细分市场或增强产品的质量和竞争力,促进具有企业家精神的企业开展市场创新、产品创新、追求成本优势、提高组织凝聚力、提升质量水平和提高人员素质等。

5.4　激活旅游市场的战略及对策

激活旅游市场除了需要建立相应的框架机制和要素外,还必须采用适宜的战略及策略。

5.4.1　激活旅游市场的战略选择

根据战略管理理论,可供选择的基本战略包括:成本领先、差异化、重点集中[②]。

1. 成本领先战略

实行成本领先战略的企业目标在于成为产业中的低成本生产厂商。该战略的基础是企业有能力以低于竞争者的成本进行生产。但危机中企业往往并不能以低成本生产,而是由于需求下降导致供求失衡而通过降低边际利润来实现。在危机期间和危机之后,企业往往实施价

---

① Oxford English Dictionary. Electronic edition (2002), accessed via the Internet at http://dictionary.oed.com,29th July.

② 迈克尔·波特.竞争优势.陈小悦译.北京:华夏出版社,1997.

格变动策略来激活低迷的市场，如给予更低价的机票和房价，从而降低旅游包价价格。例如，SARS 后，从美国到中国的 15 日团队价格下降达到一半，仅为 750 美元[①]。降价是调整供求关系的有效应对策略，它有助于抵消旅游者对风险的敏感性，尤其是当危机产生较长期的影响时，降价能够弱化替代性产品的价值。但短期的降价也存在风险，它会贬低旅游产品的价值并有可能使旅游者将该景点视为低价值的旅游目的地，当价格恢复时，未来的旅游者人数则会减少。如今，旅游业越来越依赖游客的体验价值，因为廉价的形象在后期很难纠正[②]。

2. 差异化战略

采取差异化战略的企业以其产品的独特性而使自己与竞争对手区别开来，并由此而获得额外的溢价收益。由于旅游业中大多数产品是可以相互替代的，在客观上几乎没有多大产生区别的空间。今天，旅游目的地的多样性及国际旅游市场上众多的组合产品为潜在旅游者提供了巨大的度假选择空间。激烈的竞争迫使目的地和企业想尽一切办法去提升并突出自己的旅游产品特色，以此来获得竞争优势。在旅游者的决策过程中，旅游目的地和旅游产品的感知质量、形象、价格及包装都发挥着重要角色[③]。差异化的实现可以是物质和非物质的改变，尤其是非物质的“信号标准”。非物质的差异化往往通过制定并实施体验价值战略来实现[④]。与主动对外宣传不同，体验价值战略通常与“全面质量管理”战略等同时实行，并将目标市场群体的价值观念、生活方式和经历等考虑在内。在危机发生时，必须保持一致的形象，避免与以体验为导向的定位发生矛盾。例如，埃及长期以来在国际市场上形成不安全的形象，但“西奈半岛”和“红海”海滨度假地由于实行独立定位，在宣传中避

① 国家旅游局市场处. 旅游市场，2003(11).

② Ryan, C. *Recreation Tourism: Demand and Impact*. Clevedon: Channel View Publications, 2003.

③ Middleton, V. T. C. and Clarke, J. *Marketing in Travel and Tourism* (3rd edition). Oxford: Butterworth-Heinemann, 2001.

④ Glaeβer, Dirk. Crisis Management in the Tourism Industry. Oxford: Butterworth-Heinemann, 2003.

免提及埃及，从而免受影响。

3. 集中与替代战略

集中战略将注意力集中在一个范围狭窄的细分市场，在这一市场上通过营销努力来实现成本领先或差异化优势。对于旅游经营商来说，集中战略意味着产品供给市场的细分化，而从旅游目的地看，则是指特定的细分客源的选择。实行集中战略的最大风险在于当危机导致某一特定市场的全面下降时难以实现风险分散。但由于个性化旅游市场的发展，集中战略正在成为重要的趋势。因此，面对危机冲击，保持目标市场上旅游者信心并及时引导市场需求至关重要。

替代战略是指通过寻求新的细分市场来替代原有目标定位，从而摆脱困境，获得新的发展。在危机时期确定新的市场目标的观念并不新奇。例如，“9·11”事件后欧洲旅游委员会的各国旅游局把他们的目标市场转为相邻的国家。又如，1991 年的“石油危机”使得美国人的旅行成本大大增加，从而导致远程旅游下降，取而代之的是近距离旅游的上升①。新加坡旅游委员会在面对 20 世纪 90 年代末亚洲金融危机时减少了原有的区域营销，代之以培育新的客源市场，将重心从具有支付能力的欧洲及北美市场转移到俄罗斯②。实践证明，国内市场在缓解危机冲击中起着重要的替代作用。Mansfeld 建议在旅游危机后的恢复中用国内旅游者代替国际旅游者是一种可行的策略，并且应该成为指导性原则③。一般来讲，把营销重点重新放在地区和国内旅游市场上是旅游目的地再次赢得现存的和新出现的国际市场的前提，然而在危机期间，一些旅游目的地发展国内旅游市场十分有限，这些地方主要依赖旅游业来赚取外汇。在许多情况下，追求更多的国内旅游人数能产生附加效

---

① Hollier, R. Conflict in the Gulf: Response of the tourism industry. *Tourism Management*, 1991, 12(1): 2～4.

② Henderson, J. C. Tourism management and the Southeast Asian economic and environmental crisis: A Singapore perspective. *Managing Leisure*, 1999, 4(2): 116～120.

③ Mansfeld, Y. Cycles of War, Terrorism and Peace: Determinants and Management of Crisis and Recovery of the Israeli Tourism Industry. *Journal of Travel Research*, 1999, 38(1): 30～36.

益。但是，一些危机（如传染病），鼓励国内居民出游会使公众处于危险境地。在这种情形下，鼓励更多公众参与旅游非常困难。再如，德国 OFT Reisen 旅行社将营销目标集中在埃及修学旅游上，然而 1997 年恐怖事件发生后，该市场从每年 3 万人下降到 1 万人，营业额从 3 160 万欧元降为 1 006 万欧元，这迫使该旅行社将经营重点转移到其他细分市场。1998 年纯海滨度假者市场份额由 20%上升到 82%，替代了原来 80%的学生市场①。

5.4.2 激活旅游市场的策略行动

除了运用基本战略外，从策略层面看，根据旅游目的地危机的冲击程度及战略取向，可以采取多元化、转移、保险和自我承担等四种策略。

1. 多元化

多元化作为防范措施，目的在于将企业业务分散在不同的领域，以分散和降低危机带来的风险，平衡业务，实现范围经济。通常包括横向多元化和纵向多元化。横向多元化指利用组织现行活动中的互补性的产品来改变营销重点。在进行风险平衡时，必须站在旅游者角度来思考。如果危机风险与旅游目的地相关，则增加新的目的地有助于实现业务平衡。区域合作在激活目的地市场中具有重要的作用。如印度洋海啸发生后，中国出境旅游市场由传统的东南亚扩展到埃及等新的目的地；纵向多元化则指将组织业务流程延伸到业务链的前端和后端，又称前向一体化和后向一体化。这种战略适用于对外部供应商高度依赖的企业。旅游业的纵向一体化往往通过战略联盟来实现。但多元化战略可能带来资源难以集中、高效利用的问题，并使专业化经营所建立的差异化形象面临被淡化的危险。

2. 转移

转移的目的是在危机发生之前，将后果转移给另一个经济主体，其最基本的要求是有一个能完全或部分分摊风险的客体。具体做法包括：

---

① Glaeβer, Dirk. *Crisis Management in the Tourism Industry*. Oxford: Butterworth-Heinemann, 2003.

(1)分立。指通过将组织内的某一部分进行分立的方式将风险转移。母公司将风险转移给子公司或新成立公司,使风险控制在分立后的资产范围内。但这种结果可能被视为有意谋划而造成不良的后果。

(2)外部化。将危机后果转移给不属于本企业的其他在经济上和法律上独立的客体,可以采用风险共担和契约性风险限制(Contractual risk limitation)手段来实现。前者可以通过选择两个或两个以上公司共同分散风险,或者成立风险联盟的办法;在契约性风险限制框架下,企业可以采用附加合同条件或专门合同,使风险暗地里转移给业务伙伴。例如,组团旅行社(组团社)与地面接待商(地接社)之间可以采用"非捆绑性协议(non-binding agreements),达到短期中止合同目的。组团社也可以通过与旅游者签订风险责任书来分摊不可抗拒力风险,或签订长期协议以推迟旅行而非取消旅行",但这能在多大程度上成功地将风险转移给合作伙伴或旅游者通常是由双方讨价还价能力所决定的。

3. 保险

通过购买保险将可能的危机风险转移是行之有效的做法。保险的基本目的在于进行风险组合,将可能对企业或个体带来威胁的风险纳入到保险范畴以平抑风险。传统的保险包括自然灾害险、财产险、人生伤害险等,由于国际恐怖主义活动增加,近年来新设立了恐怖主义险等。但需要指出的是保险既不能使危机发生概率降低,也无法将损失范围缩小,而且对所有可能风险进行保险与企业赢利目标相悖。因此,保险不能作为应对危机的灵丹妙药,通常企业会优先对那些发生概率低但后果严重的风险进行投保。

4. 自我承担

并非所有危机风险都可以外部化,企业建立反危机的资源保障系统十分必要。一般来说,可以采用财政手段筹集反危机基金,如美国、澳大利亚、加拿大等国家实行的旅游风险基金,都能够成为救援资金的长效机制。此外,企业自身也可以通过储备流动资金或非流动资产来保证安全,这两种措施都需要花费很高的成本,且完全是被动的。我国最大的在线旅行服务公司携程旅行网对外宣布,斥资100万元设立"自然灾害旅游体验保障金”,用于在发生不可预测的自然灾害时,在经济上补偿旅游体验受实质损害的携程“自由行”会员。这种设立专项基金对受不可抗力影响的旅游消费体验进行保障,在我国旅游业还属首次[①]。

本章小结

激活旅游市场是旅游危机管理的主要目标。激活旅游市场的机制包括框架机制、要素机制和相应的战略及策略。不同的危机阶段和不同的危机冲击对象其被冲击形态存在差异,因此应对危机和激活市场的目标和战略也存在差异。

根据危机生命周期理论,旅游危机包括酝酿、潜伏、爆发、消退及后遗症和解决五个阶段,与此相对应,激活旅游市场的框架机制包括5R战略,即弱化(Reduction)、准备(Readiness)、应急(Response)、恢复(Recovery)和解决及振兴(Resolution & rejuvenating)。

激活市场机制的要素机制包括5C:合作(Corporation)、协调(Coordinated)、沟通(Communication)、承担责任(Commitment)和公众参与(Community involvement)。

从产业层面看,旅游目的地政府和企业在激活市场中发挥着重要作用。政府的主要作用包括:实施危机时应急救援,及时沟通,开展产业救助,开展危机营销等;旅游企业在激活市场过程中必须树立危机意识,开展危机应急,保持业务连续性和利用“创造性破坏”来提升产业素质。

激活旅游市场的战略包括:成本领先战略、差异化战略和重点集中与替代战略;可供选择的策略包括:多元化、转移、保险和自我承担等四个方面。

---

① 陈劲虹,华莉.携程旅行网设立“自然灾害旅游体验保障金”.金羊网,2005－01－11,11:10:34.

第 6 章　我国旅游业危机冲击与激活市场的实证研究——以 SARS 为例

6.1　SARS 危机背景

6.1.1　SARS 危机

SARS 即我国称为"非典型肺炎"的严重急性呼吸综合征(Severe Acute Respiratory Syndrome)，是指一组具有类似肺炎临床表现、胸部 X 射线特征(絮状、纤维)和对抗生素治疗没有反应的肺炎，主要通过呼吸道飞沫近距离传播。从 2002 年 11 月开始出现，随后在短短几个月内在世界范围爆发，对各国的政治、经济等方方面面产生了巨大的影响。猝然降临的 SARS 疫情，使中国旅游业发展的大好势头自 2003 年 3 月中旬急转直下。从入境、出境、国内长线、大小周边及市郊旅游的全线停滞，到人群聚集性活动和出行的锐减，各地旅游业受到了前所未有的重创。世界卫生组织(WHO)于 2003 年 3 月 15 日将该传染性疾病命名为"严重急性呼吸综合征"(SARS)，并向全球发出警告，建议各国旅游者不要前往 SARS 病例多发的国家和地区。中国政府也将 SARS 列为法定的传染病进行依法管理，并发出了切实做好防止 SARS 通过旅游途径传播和扩散的紧急通知。

6.1.2 我国 SARS 危机的发展阶段

1.潜伏期(2002.11～2003.1)

在我国广东省出现神秘致命性疾病之前,人们对 SARS 一无所知。从 2002 年 11 月 16 日起,一种神秘的肺炎快速在广东传播开来,有 5 人丧命,300 人被感染。

2.爆发期(2003.2～2003.5)

2003 年 2 月 12 日,法国外交部在网上宣布,中国广东、福建有病毒性肺炎流行,警告法国公民推迟赴上述两地的旅行。这是海外首次针对我国 SARS 情况的旅行警告。2003 年 2 月 26 日,在越南河内,一名 48 岁的美国商人在经上海和香港回河内后病倒,3 月 13 日该名美国商人不治身亡。在加拿大,一对母子从香港回多伦多后,患上 SARS 不治身亡。2003 年 3 月 12 日,在瑞士日内瓦,世界卫生组织发出全球警告,正式确认疫情地区为“中国南部、香港地区和新加坡”等地;但未明确提出限制(或推迟、或取消)赴某些目的地的旅行。2003 年 3 月 13 日,3 名 2 月底从香港回新加坡的女性被发现患有 SARS,后包括医务人员和她们的家人在内的 6 人也被发现已感染 SARS。2003 年 3 月 14 日至 4 月 16 日,世界各国(地区)有关部门纷纷发布中国旅行警告,我国 15 个主要客源国已有 14 个国家发布了警告令,劝告本国国民近期不要去中国旅游,此外还有 21 个国家和地区采取了类似的措施。2003 年 3 月 15 日,河内受感染的人数增加到 41 人;在我国台湾省,一名 64 岁的妇女在经香港到祖国大陆后,也因为疑似病症而病倒,另一对夫妇,在丈夫从祖国大陆回台湾省后,妻子也感染了病毒;新加坡被感染的人数增加到 16 人。2003 年 3 月 18 日,SARS 已引起海外媒体的强烈反响,对我国入境旅游产生较大负面影响。我国外交部召开例行记者会,首次向海外媒体通报了 SARS 的有关情况。2003 年 3 月 21 日,美国 11 人被怀疑感染 SARS。2003 年 3 月 25 日,广东省卫生厅公布,截至 2 月底,该省 SARS 病例达 792 个,31 人死亡。2003 年 3 月 26 日,加拿大又有 13 人被感染,已有 3 人死亡,日本有 4 人受感染。2003 年 3 月 30 日,已证实全球 15 个国家 1600 人染病,67 人死亡。

2003 年 4 月 1 日，中国外交部发言人刘建超在北京举行的记者招待会上说，目前，发生在中国部分地区的 SARS 已经得到有效控制。2003 年 4 月 2 日，国务院总理温家宝主持召开国务院常务会议，研究 SARS 防治工作。会议听取了卫生部关于 SARS 防治工作的汇报。2003 年 4 月 8 日，北京市疾病预防控制中心开通 SARS 24 小时咨询热线电话。2003 年 4 月 9 日，北京市对公共场所定期消毒，北京市疾病预防控制中心增开英语咨询热线电话。2003 年 4 月 10 日，根据世界卫生组织发布的全球疫情通报及我国公民赴新、马、泰三国组织旅游业务难以正常开展的情况，国家旅游局下发《关于暂停公民赴新、马、泰三国旅游的紧急通知》。2003 年 4 月 12 日下午，中共中央政治局常委、国务院总理温家宝来到北京佑安医院，看望参加 SARS 防治工作的医学专家和医护人员。

同日，SARS 病原学研究获突破，中国在世界上首次证实在病人器官内存在冠状病毒。目前获得的研究结果在很大程度上表明，冠状病毒可能是引起 SARS 的元凶。2003 年 4 月 13 日，北京已启动一级疫情控制措施，动员全市各方力量，全力以赴开展 SARS 防治工作，SARS 在全市已得到有效控制。2003 年 4 月 14 日，一家德国生物技术公司开始在全球发放一种据称能检测 SARS 的工具包，这种新技术可以使 SARS 在两小时内得到检验，而传统的方法需要 10 至 20 天才能证实是否被感染。2003 年 4 月 16 日，北京出台 SARS 救助机制，医疗费用视情况由市财政予以补贴。世界卫生组织负责传染病的执行干事戴维·海曼宣布，经过全球科研人员的通力合作，终于正式确认冠状病毒的一个变种是引起 SARS 的病原体。

2003 年 4 月 20 日，我国国务院决定，从 21 日起，将由每 5 天向社会公布一次 SARS 疫情改为每天公布一次，公布的数字中将同时包括确诊病例和疑似病例，以引起各级政府和广大人民群众对防疫工作的重视，共同努力控制疫情。2003 年 4 月 21 日，中共中央决定：高强任卫生部党组书记，免去张文康卫生部党组书记、卫生部部长的职务；王岐山任北京市委副书记，免去孟学农北京市委副书记的职务。2003 年 4 月 22 日，国务院决定，"五一"按法定假日休假，暂不实行长假制度。全国假日旅游部协调办公室发出《关于暂不实行“五一”放长假制度后有关工作的紧急通知》。2003 年 4 月 29 日，全国大规模团队旅游已基本结束，团队旅游扩散 SARS 可能性已得到有效阻断。2003 年 5 月 1 日至 5 日，各地有组织的旅游组团和接待活动（包括跨区域的旅游活动）基本停止，国内旅游团队已经没有，少量已按计划成行的海外旅游团队调整了原拟到中西部地区和农村地区的安排，已经陆续离境。2003 年 5 月 19 日，国家旅游局、外交部、公安部和质检总局，向各省、自治区、直辖市旅游局（委）下发《关于取消暂停公民赴新、马、泰三国旅游及对近期出国旅游业务有关要求的通知》。

3. 消退期（2003.5.23～2003.6.24）

2003 年 5 月 23 日，世界卫生组织宣布解除对中国广东省和香港特区的旅游警告。2003 年 6 月 13 日，世界卫生组织宣布解除对中国河北省、内蒙古自治区、陕西省和天津市的旅游警告。2003 年 6 月 24 日，世界卫生组织解除对北京的旅行警告，同时将北京从 SARS 疫区名单中排除。

4. 解决期（2003.7～2004.12）

2003 年 6 月底以后，我国 SARS 疫情已得到了初步遏止，我国入境、出境和国内三大旅游市场开始启动，到 2004 年底基本恢复。

6.2 SARS 危机对中国旅游业的冲击

SARS 危机对中国旅游业产生了巨大的影响，体现在入境旅游、出境旅游、国内旅游及旅游业各个方面。

6.2.1 总体影响

1. 入境旅游

从图 6-1 和图 6-2 可以看出，2000 年以来我国全年入境旅游人数

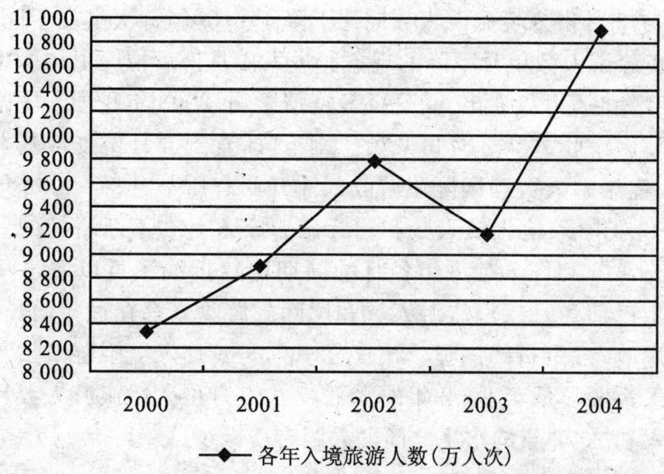

图 6-1　我国 2000～2004 年全年入境旅游人数变化

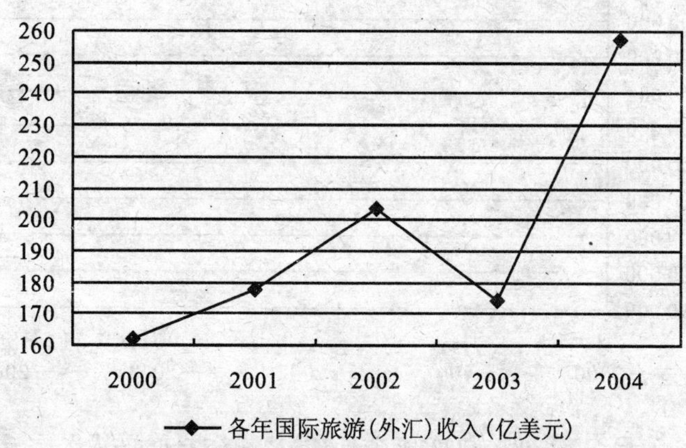

图 6-2　我国 2000～2004 年全年国际旅游(外汇)收入变化

和国际旅游收入呈现较高的增长速度,但由于受 SARS 影响,2003 年全年入境旅游人数和国际旅游收入出现了大幅度下降。据国家旅游局统计,2003 年初基本上延续着前一年旺盛增长的势头,1 月份入境旅游人数 848.43 万人次,比上年同期增长了 14.54%;2 月份入境旅游人数 737.60 万人次,比上年同期增长了 3.73%。但从 3 月中旬开始,随着疫情的发展,3 月份入境旅游人数同比下降了 6.5%,首次出现了近 10 年来的入境旅游人数单月下降的现象。进入 4 月份后情况更加恶化。从图 6-3 和图 6-4 可以看出,受 SARS 疫情影响,2003 年我国入境旅游人数和国际旅游收入从 3 月份开始急剧下降,直到 6 月份疫情基本得到控制,入境旅游人数和国际旅游收入才开始有所上升;而 2002 年以前 3～5 月份我国入境旅游人数和国际旅游收入是在不断增加的。再从图 6-5、图 6-6 和图 6-7 每年各月的同期比较折线图可以看出,SARS 疫情发生以前各月入境旅游人数和国际旅游收入都在逐年增长,由于受疫情影响,三个折线图显示出 2003 年 3～6 月入境旅游人数和国际旅游收入都明显低于 2002 年的水平,7～12 月份入境旅游人数和国际旅游收入和 2002 年的水平之间的差距有所减少[①]。

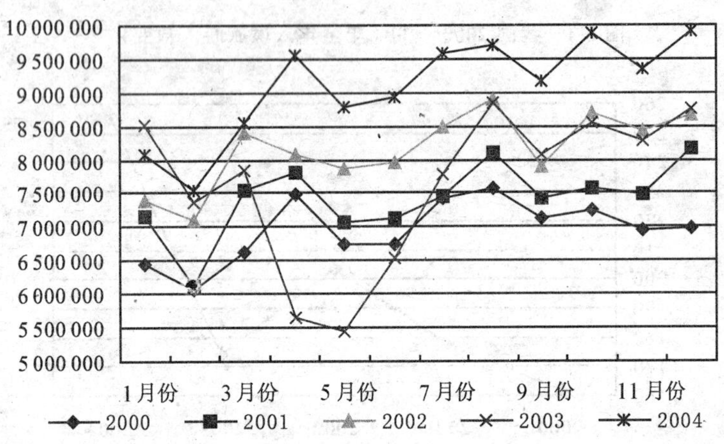

图 6-3　2000～2004 年各月入境旅游人数(单位:人次)

① 本部分数据根据国家旅游局官方数据整理,除非特别说明,均来自国家旅游局网站(2003～2004)。

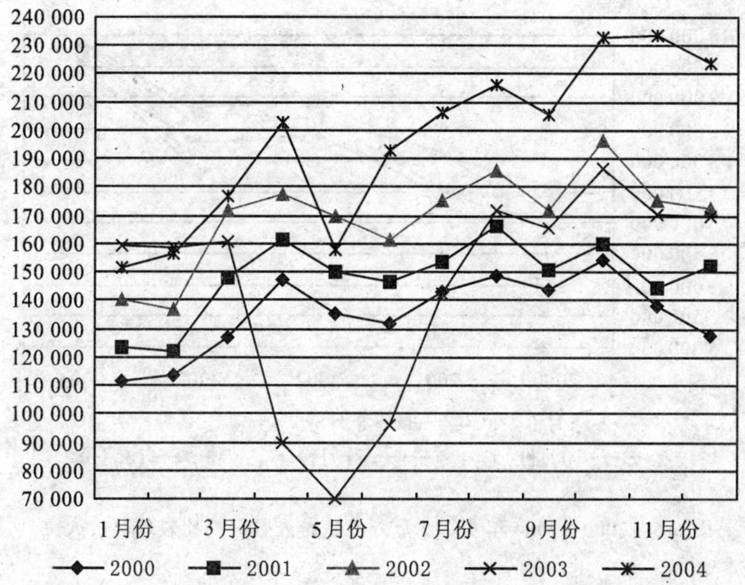

图 6-4　2000～2004 年各月国际旅游(外汇)收入(单位:万美元)

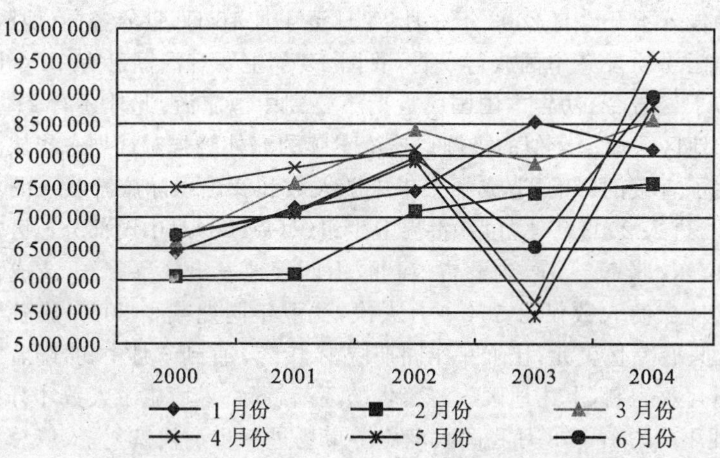

图 6-5　2000～2004 年 1～6 月入境旅游人数同期比较(单位:人次)

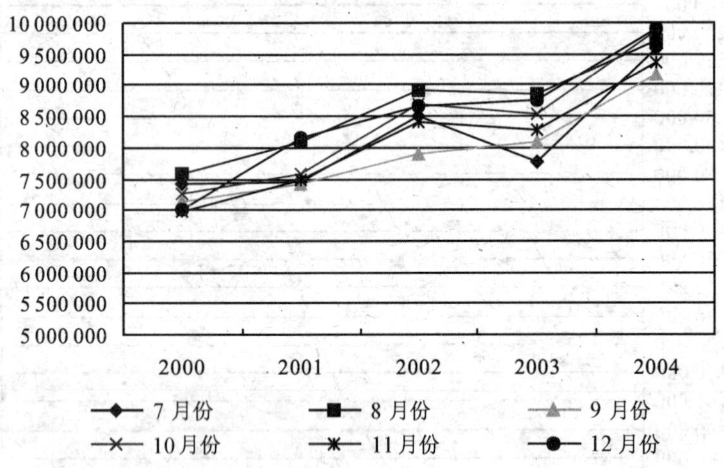

图 6-6 2000～2004 年 7～12 月入境旅游人数同期比较(单位:人次)

从上述数据分析可以看出,2003 年 3 月至 6 月是我国入境旅游受 SARS 影响最为严重的时期,这与 SARS 期间海外对来华旅游者的旅行警告分不开。自 2003 年 3 月 14 日至 4 月 16 日,世界各国(地区)有关部门纷纷发布中国旅行警告,我国 15 个主要客源国已有 14 个国家发布了警告令,劝告本国国民近期不要到中国旅游,此外还有 21 个国家和地区采取了类似的措施。连篇累牍的海外警告对计划来华旅游者产生了直接的影响,造成了来华旅游人数和我国国际旅游收入的急剧下降。进入 2003 年 4 月后,世界卫生组织(WHO)对中国部分地区如香港、广东、北京、天津、内蒙古、河北、山西等地发出旅游警告,造成 4 月份入境旅游人数仅为 564.9 万人次,比上年同期减少 30%;旅游外汇收入只有 9 亿美元,比上一年同期减少 49%。直到 6 月中旬,随着疫情得到有效控制,上述地区旅游警告的逐渐解除,入境旅游人数才开始逐步回升。2003 年 8 月我国入境旅游市场进一步加快恢复,入境总人数已接近 2002 年同期,全月入境旅游人数为 844.40 万人次,仅比 2002 年同期下降 0.71%,比 7 月份增长了 14%。

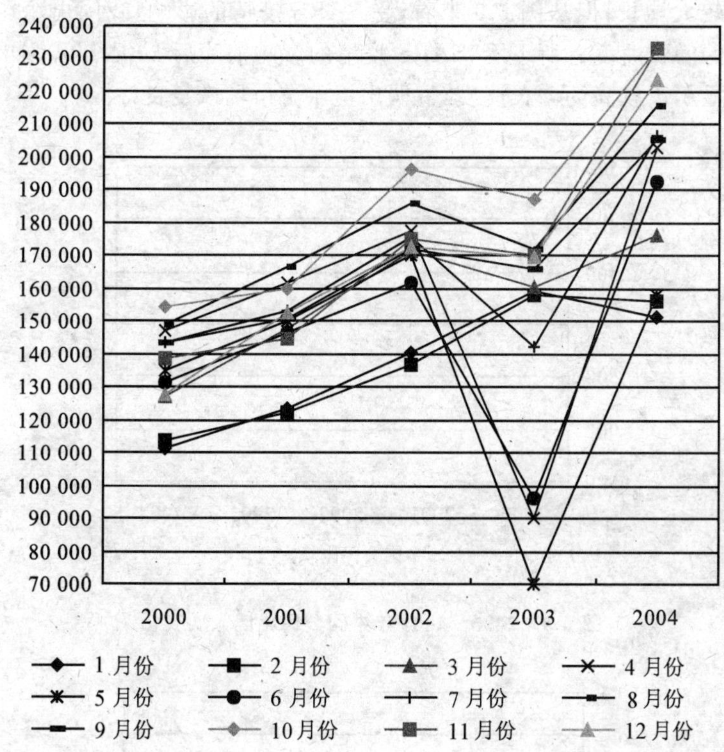

图 6-7　2000～2004 年各月国际旅游(外汇)收入同期比较(单位:万美元)

2. 出境旅游

从图 6-8 可以看出,随着中国经济的迅速增长、居民收入的不断提高、可选择旅游目的地的持续增加,中国的出境游规模也在不断增长,2000 年出境人数首次突破 1 000 万人次,达到 1 047.26 万人次;2003 年出境规模迅速增加到 236 个国家和地区、2 022 万人次,继 2002 年之后再次超越日本成为亚洲第一大出境游客源国;随着 SARS 影响的消除,中国出境游市场迅速得到恢复,依然继续遥遥领先于日本,稳居亚洲第一出境游客源国的地位,2004 年出境人次高达 2 885 万。从图 6-8 来看,2003 年,在我国入境旅游和国内旅游因受 SARS 影响而出现下降的情况下,我国公民出国(境)旅游市场继续发展壮大,出国(境)人数仍有较大增长;但从图6-9来看,受SARS疫情的影响,我国出境旅游市场的增长速度有所下降,SARS疫情的影响消除后2004年我国出境人次显示出较高的增长速度,说明出境旅游市场恢复良好。

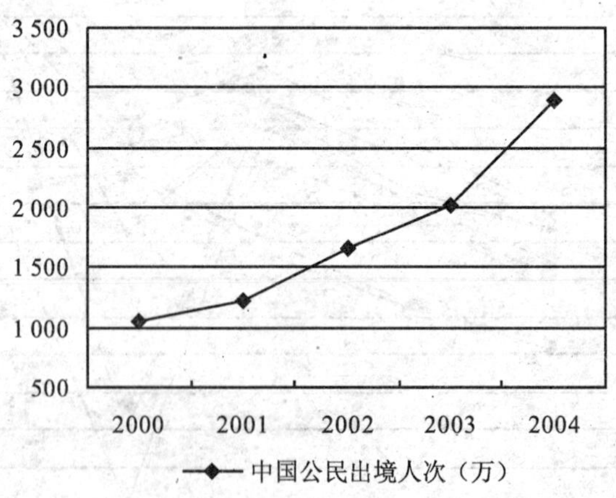

图6-8 2000～2004年中国公民出境人次变化

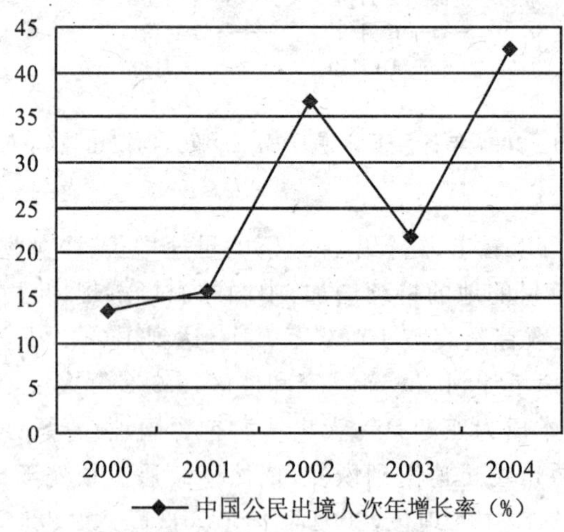

图6-9 2000～2004年中国公民出境人次年增长率变化

依据国家旅游局统计数据，2003 年 1 月至 3 月，中国公民出境总人数 495 万人次，同比增长 41%。4 月以后，疫情对中国旅游业的影响逐渐加大，不少国家对中国公民采取了越来越多的限制，致使中国有组织的团队出境旅游不断下降。2003 年 4 月 10 日，根据世界卫生组织发布的全球疫情通报及我国公民赴新、马、泰三国组织旅游业务难以正常开展的情况，国家旅游局下发《关于暂停公民赴新、马、泰三国旅游的紧急通知》，造成的影响是：4 月份出境总人数为 114.6 万人次，比 2002 年同期下降了 12%；5 月份出境总人次仍为负增长，仅为 91.10 万人次，比上年同期下降 31.76%。另外，从市场反映的结果来看，即便出现了 SARS 疫情，但是因私出境依然表现出了强劲的增长势头，2003 年因私出境达到 1 481 万人次，同比增长 47%，占全部出境人次数的 73.2%，相反，因公出境同比下降 17.3%，仅为 541.10 万人次。2004 年前三个月因私出境继续强劲增长了 50%，达到 534 万人次（占全部出境人次数的 80%），因公出境则同比下降 12%，为 131 万人次。

3. 国内旅游

为了减少人员流动，防止疫情扩散，尤其是向西部地区和农村传播，国家除暂时取消了“五一”节集中放长假外，还严令禁止各地旅游企业组织跨地区的旅游活动，大规模的集会活动被取消，“农家乐”活动也被停止，跨区域的国内旅游大为减少。直到 6 月初才有限度地解除省内旅游禁令，但仍然禁止组织跨省长途旅游活动，国内旅游业损失惨重。从图 6-10 和图 6-11 可以看出，城镇居民国内旅游总人数和旅游总花费在 2003 年第一季度仍高于历年同期水平，但第二季度比 2002 年同期发生了大幅度下降，而随着 SARS 疫情得到逐步控制，第三季度出游人数和总花费下降幅度有所缓和但仍低于 2002 年同期水平，从第四季度开始，国内旅游人数和旅游总花费均高于 2002 年同期水平。2003 年“十一”黄金周期间全国接待旅游者总数为 8 999 万人次，旅游总收入为 346 亿元，分别比 2002 年同期增长了 11.5%和 13.1%。

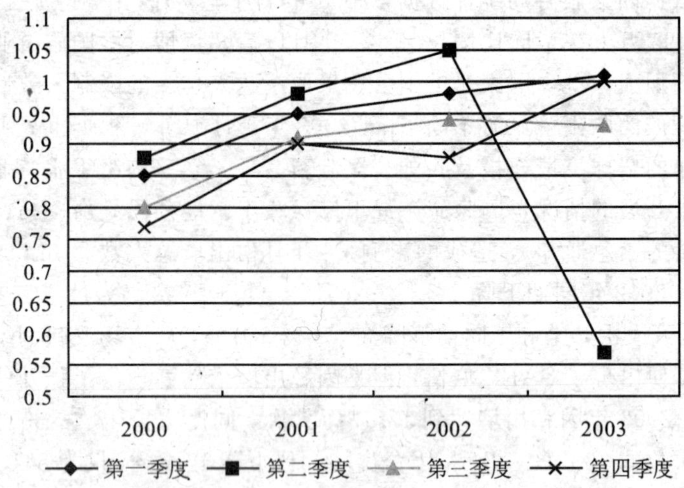

图 6-10　2000～2003 年城镇居民国内旅游总人数各季度同期比较(单位:亿人次)

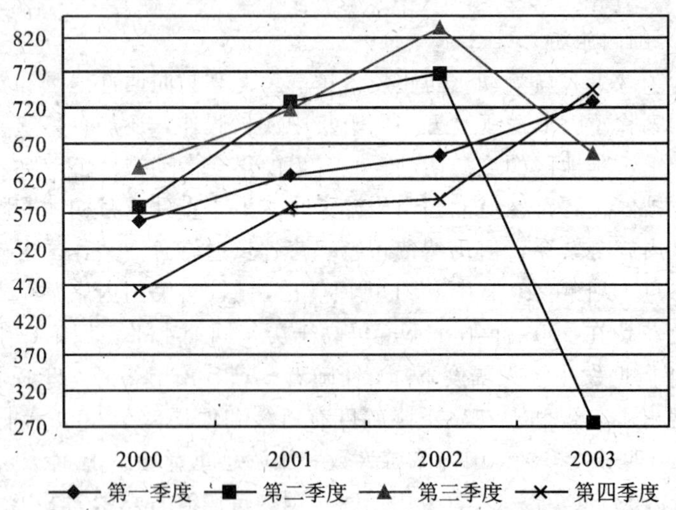

图 6-11　2000～2003 年城镇居民国内旅游总花费各季度同期比较(单位:亿元)

6.2.2　具体影响

1. 不同地区旅游业受冲击对比分析——以北京、上海和西藏为例

由于全国各地 SARS 疫情程度不一样，各地旅游业受 SARS 冲击的程度也有所不同。从选择的三个地区来看，北京是受 SARS 疫情影响最严重的地区，上海次之，西藏受影响程度最低。从图 6-12 和图 6-13 可以看出，2003 年三个地区入境旅游人数和国际旅游收入出现了不同程度的下降，北京下降幅度最大，上海下降幅度居中，西藏有稍微下降。该结论验证了前文中提出的与危机发生地地理距离和危机冲击度的关系的观点。

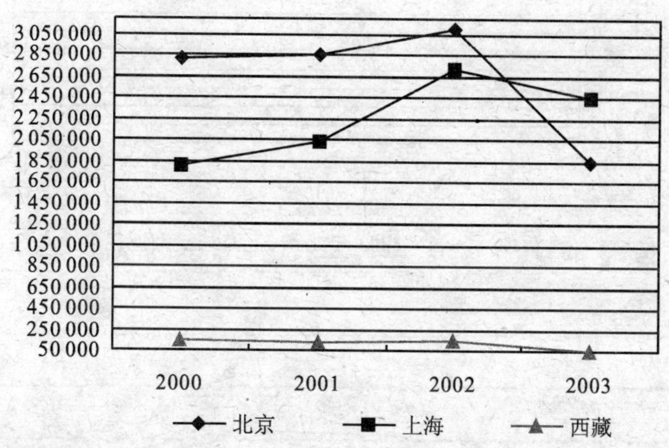

图 6-12　2000～2003 年北京、上海与西藏地区入境旅游人数比较(单位：人次)

2. SARS 对旅游产业的冲击

受 SARS 冲击，在危机期间，各旅行社接待业务几乎全面停顿。在世界卫生组织警告解除之后才得以恢复。从旅行社业务恢复来看，旅行社接待增长缓慢，出境成为竞争焦点。2003 年，全国星级饭店受 SARS 影响，平均客房出租率比上年有所下降。从图 6-14 可以看出，全国各星级饭店的年平均客房出租率从2000年以来在逐步上升，到2003年受

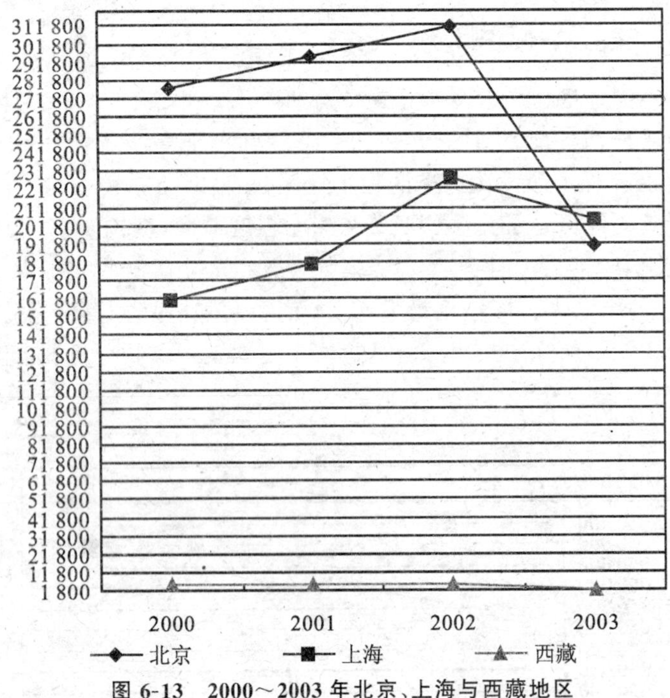

图 6-13 2000～2003 年北京、上海与西藏地区国际旅游(外汇)收入比较(单位:万美元)

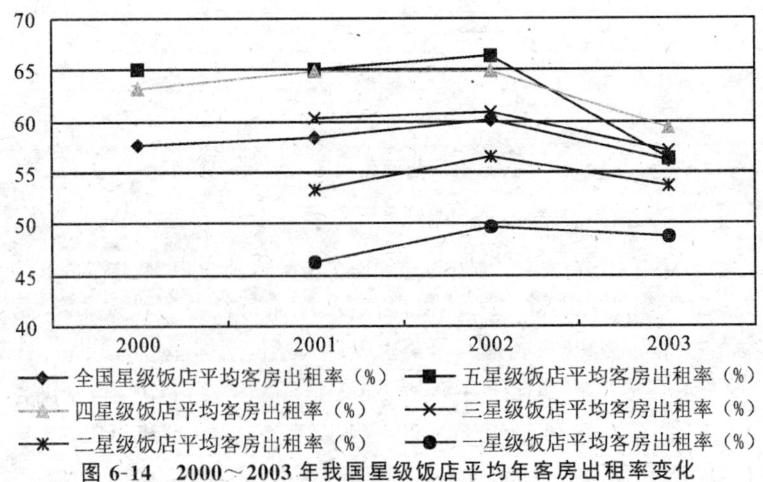

图 6-14 2000～2003 年我国星级饭店平均年客房出租率变化

SARS 疫情影响而出现了明显的下降，其中三星级以上的饭店受 SARS 影响较大，年平均客房出租率出现了较大的下滑；而一、二星级饭店受 SARS 影响较小，年平均客房出租率只出现了较少的下滑。具体来看，2003 年，全国星级饭店的全年平均客房出租率达 56%，比上年减少 4%。其中：五星级饭店的客房出租率为 56%，比上年下降 10.05%；四星级饭店的客房出租率为 59.30%，比上年下降 5%；三星级饭店的客房出租率为 57%，比上年下降 3%；二星级饭店的客房出租率为 54%，比上年下降 2.7%；一星级饭店的客房出租率为 49%，比上年下降 1%。2004 年我国饭店业出现全面振兴。在出租率、平均房价等指标方面显著提升（见表 6-1）。饭店业恢复迅速，体现在平均房价和出租率均创新高。据中国旅游饭店业协会 2004 年 6 月 8 日对北京、上海、广州、深圳、南京、杭州等六个主要旅游城市的 108 家星级饭店的监测统计显示：中国主要旅游城市饭店客房出租率已呈现全面回升态势。统计显示，6 月 8 日，六个主要旅游城市的 108 家星级饭店客房平均出租率为 33.85%，比 6 月 1 日上升了 12.61%。6 月份后，许多饭店均显示出，在 SARS 期间受抑制的商务活动、国内会议及政府客源等需求以强劲的势头开始上升。

表 6-1　中国饭店业数据

项　目	2004 年	2003 年	2002 年	2004 年增长率（%）	
				比 2003 年	比 2002 年
客房数（间）	1 267 971	1 130 685	1 016 351	12.14	24.76
出租率（%）	66.70	55.49	52.54	20.20	26.95
平均房价（元）	256.24	217.35	208.85	17.89	18.49
商务旅游地区出租率（%）	60.66	62.51	72.82		
休闲地区出租率（%）	50.77	54.81	65		
不发达地区出租率（%）	47.1	48.26	62.82		

资料来源：国家旅游局抽样调查数据（2004）。

6.3 我国应对 SARS 危机采取的对策分析

在 SARS 期间及 SARS 得到有效控制后，中国政府和旅游组织采取了一系列的措施，对旅游业危机应对能力的增强和旅游市场的激活起到了积极的促进作用。

6.3.1 SARS 期间国家采取的相关对策

鉴于 SARS 危机的突发性和对该危机的不了解，在全球极度恐慌和整个社会全面出现危机的情况下，采取极端措施，防止 SARS 疫情蔓延成为全球的主要目标，中国作为 SARS 的发源地及受影响最严重地区，也不例外。在旅游服务领域，SARS 期间，中国国家旅游局及卫生部对所有的旅行社及其他旅游企业下达了关于建立必要的病毒预警程序的指导方针。它涵盖了在旅行社、饭店、旅游景点、餐馆和旅游车船的预防措施，所有的措施都必须即刻予以执行。这些措施包括：建立 SARS 预防控制小组；对游客接待场所和公共设施进行彻底清洁；建立旅游景点的紧急医疗站，制定处理紧急情况的全面工作计划；提高员工健康意识，对其进行有关 SARS 症状及预防措施的培训；对于有 SARS 症状的旅游者，建议他们避免外出旅游或住宿；立即将有 SARS 症状的旅游者上报到当地的预防控制小组，做完报告后隔离这样的旅游者；建立完备的 SARS 报告系统。

在 SARS 得到有效控制后，中央政府、国家旅游局、省市旅游局等采取了一系列措施，对旅游业的恢复起到了积极的促进作用，如政府通过财政、金融和直接的行政干预手段对旅游产业实行扶持政策，包括减免税收、贴息贷款、返还质量保证金等，具体政策如表 6-2 所示。截至 2003 年 5 月 23 日，北京、江苏、福建、宁夏、重庆、四川、安徽、山东、辽宁、云南等省、市、自治区已正式发文，落实国务院减轻企业负担部际联席会议、财政部、国家税务总局发出的三个通知精神，对受 SARS 疫情影响比较严重的旅游行业减免部分税费。部分省、市、自治区在落实国家政策基础上，还结合本地区具体情况，制定了有关扶持政策，切实减轻企业负担。

表 6-2 中国在 SARS 危机中对旅游业的激励政策

政策名称	发布时间	发布机构	与旅游相关的主要政策内容
《关于防止 SARS 疫情影响比较严重的行业减免行政事业性收费的通知》	2003 年 5 月 9 日	国务院减轻企业负担部际联席会议	自 2003 年 5 月 1 日起至 9 月 30 日止，对受 SARS 影响较大的餐饮、旅店、娱乐、民航、旅游、公路客运、水路客运、出租汽车等行业实行减免行政事业性收费的政策
《关于对受 SARS 疫情影响比较严重的旅游等行业减免部分政府性基金的通知》	2003 年 5 月 9 日	财政部	自 2003 年 5 月 1 日起至 9 月 30 日止，对餐饮、旅店、娱乐、民航、旅游、公路客运、水路客运、出租汽车等行业，减免 15 项政府性基金。其中，减免旅行社收费 12 项、基金 10 项；饭店收费 12 项、基金 10 项；旅游车船公司收费 8 项、基金 13 项
《关于调整部分行业在 SARS 疫情期间税收政策的紧急通知》	2003 年 5 月 12 日	财政部、国家税务总局	2003 年 5 月 1 日至 9 月 30 日期间，对民航的旅客运输业务和旅游业免征营业税、城市维护建设税、教育附加费
《关于中央民航和旅游企业特定短期贷款贴息有关问题的通知》	2003 年 5 月 13 日	财政部	短期贷款贴息对象为中央、大型民航和旅游企业。贴息贷款额度，根据企业 2003 年 5 月 1 日至 9 月 30 日发生的用于支付人员工资费用、必要的保障性供给等与正常生产经营按相关的费用的短期贷款数额确定。短期贷款期限为 5 个月
《关于暂时退还旅行社部分质量保证金的通知》	2003 年 5 月 16 日	国家旅游局、财政部	对只经营入境旅游业务的国际旅行社退还 40 万元质量保证金；对同时经营出境旅游业务的国际旅行社退还 100 万元质量保证金。国内旅行社质量保证金的退还额度及办法，各省（区、市）参照执行

资料来源：根据国家旅游局官方网站资料整理（2003）。

6.3.2 SARS危机后激活市场的措施

1.分步骤实施激活市场战略,引导旅游者预期,建立旅游者信心。根据SARS疫情已在全国得到有效控制的情况,国家旅游局于2003年5月29日向各地旅游局发出了《关于6月份及今后一个时期全国旅游工作总体部署意见的通知》,明确了“一手抓SARS防治,一手抓旅游恢复”的总体要求和具体部署。各地旅游局与旅游企业相互配合,按照国家旅游局“5·29通知”的具体部署有条不紊地进行旅游市场的恢复和振兴:6月上旬恢复市内旅游,6月中下旬开展省内及国内旅游,7月份逐步进行入境游、出境游市场恢复工作。各地旅游企业在SARS得到有效控制以前就在抗击SARS的同时,针对SARS过后人们的心态和旅游需求的可能变化,对原有的旅游产品进行重新整合和重新设计,产生了一系列有益身心健康的旅游线路。旅游警告令解除后,各地纷纷开展旅游促销,推出已经设计好的迎合SASR后新的旅游消费需求的旅游产品,抓住恰当时机推出合时宜的不同阶段的旅游产品。多数旅游企业采取了“低价启动—优惠振兴—恢复正常”的激活市场思路。

2.国家和地方政府旅游组织开展积极的宣传促销活动,促进市场恢复。

(1)以做旅行商工作为突破口,继续深度拓展远程客源市场。加大旅行商工作力度、增进业界交流,是尽快打开入境市场、特别是远程市场新局面的有效途径。针对全球主要旅行商,举办了2004中国国际旅游交易会。2003年11月28日至12月12日,国家旅游局采取“请进来”的方式,以“中国:一个充满活力与魅力的旅游目的地国家”为主题,与德国旅行社协会共同主办了“德国旅行社旅游学院—中国旅游产品培训项目”活动;针对美国批发商,举办了美国旅行批发商协会年会“中国之夜”活动;针对我国台湾地区的旅行商,举办了第七届海峡两岸旅行业联谊会。

(2)启动大型促销活动,提升知名度。利用中法文化年,国家旅游局派出强大阵容赴法促销,加强对欧洲市场的后续促销工作,进一步提高法国、德国等欧洲国家公众和媒体对中国旅游的关注。在中国和马亚西亚建交 30 周年之际，举办了“魅力中国”旅游文化周活动；利用“中国—东盟博览会”积极拓展东盟传统客源市场；利用北京奥运平台，制定并启动了“2008 北京——中国欢迎您”“奥运—旅游”系列宣传计划。在国家旅游局层面，2004 年 8 月，国家旅游局在雅典奥运会闭幕期间举行“2008 奥运—旅游”启动仪式，与北京奥组委的“奥运行动”规划相结合，正式推出“2008 奥运—旅游”系列宣传推广计划，进一步巩固以“中国——魅力永存”为主题的市场推广成果。

(3)针对主要客源市场公众，创造性地加强广告宣传。加强公众促销，面向普通大众推广中国旅游，推出中国旅游广告片《中国——魅力永存》,《2008 北京——中国欢迎您》。在美国 CNN 电视台播放中国旅游广告片，加大中国旅游宣传力度。2004 年 9 月底至 10 月底，在 CNN 进行了 30 秒钟中国旅游广告宣传，覆盖了美国、加拿大以及欧洲地区。北美地区总播放次数 180 次，其中黄金档 85 次；欧洲地区总播放次数 365 次，其中黄金档 175 次。与 VISA 合作推出了中国旅游广告。VISA 是国家旅游局“奥运—旅游宣传计划”的合作单位，2004 年 9 月至 12 月，双方联合连续四个月在美国 *Conde Nast Travel* 杂志推出了中国旅游广告。国家旅游局驻巴黎办事处以“欢迎中国春节，相约香榭里舍大道”为主题，在香榭里舍大道的路灯杆和所有报亭悬挂了以“中国红”为基调的巨幅中国旅游形象广告，仅当天就有 80 万巴黎市民前来观看，广告效果非常理想。洛杉矶办事处制作了 1 分钟中国旅游广告片，在洛杉矶等五个城市 AMC 影院播放，观众超过 50 万人次。国家旅游局驻东京办事处在《旅行周刊》、《航空新闻》、《读卖新闻》等主流媒体上做广告，推销沿海或通航城市商务旅行；以世界遗产为主题，与日本第一大民间电视台 TBS 合作进行宣传；经使馆和办事处推动，以中日联名方式，日航、全日空共投入二十多亿日元宣传中国旅游。亚洲旅游中心在香港各大巴士上连续 3 个月播放中国旅游宣传片，在澳门码头设立了两个中国旅游灯箱广告。

(4)在地方层面，开展激活旅游市场行动。在 2003 年 5 月 23 日世界卫生组织正式解除了对广东的旅行警告后，“广之旅”率先推出了受到广州市民追捧的 38 元特价“全城胜利大游行”旅游活动，率先启动了

《旅游防SARS机制方案》，然后又推出了合时宜的"阳光少年行"和"健康长者行"活动。"广之旅"的举措提前激活了旅游者的旅游需求。广州花园酒店在世界卫生组织撤销对广东的旅行警告后，继续抓好防范SARS的消费措施，同时以"婚宴一条龙"服务为亮点激活市场。上海在2003年6月初吹响市场振兴进行曲，加大市场促销力度，6月初引导城区市民赴郊区、郊区市民到中心城区旅游，形成市内游、郊区游的新颖、活泼的都市旅游局面；在坚持旅游资源共享的基础上以"绿色健康之旅"整合资源，推出了一批生态旅游产品和凸显上海都市风情的旅游新产品。在入境旅游方面，首先启动亚洲市场，主推日、韩市场，组织部分企业赴海外宣传，展示SARS被有效控制后的上海新面貌。在2003年6月初，浙东四市（宁波、绍兴、舟山和台州）在浙东四市旅游局局长联席会议上决定四市联手启动浙东市场，以"生态、健康"为基调，在健康、阳光、绿色、生态、海洋、水乡等方面搭配旅游线路作为市场启动的主打产品，共同推出各方面的精品线路，推出SARS后浙东旅游市场的新形象。2003年6月24日世界卫生组织正式宣布结束对北京的旅行警告，同时将北京从疫区名单中删除，至此中国各地的旅行警告已全部解除。北京旅游业从两个方面开始启动市场，一方面提倡"健康文明游北京"活动并于6月25日正式启动，另一方面采取若干措施启动市场：在5月中旬向亚洲8个国家11个城市发出了共同携手振兴亚洲旅游业的倡议书，得到这些国家的积极相应；在国际旅游文化节展示北京战胜SARS之后人们的精神面貌，到新、马、泰、日、韩等国进行促销；召开海外旅行商等参加的北京旅游新产品及优惠措施说明会，最大限度地开拓海外市场；邀请百万名奖励旅游商到北京考察奖励旅游环境，力争尽快复兴北京入境旅游市场。

3.通过发展出境旅游激活受到重创的旅游业。中国出境旅游的发展与市场整体恢复起到良性互动作用。配合外交需要，加强了旅游对外交流工作。2004年，中国公民出国旅游目的地国家和地区的总数达到90个，其中可以组团前往的国家和地区达到了63个；内地居民个体赴港澳游也已由广东省扩大到6个省市32个城市。我国出境旅游规模的扩大，不仅促进了中外双向旅游交流，还大大增进了中国与世界人民之间的了解与友谊，开辟了中国人“走出去”宣传中国的广阔途径，推动了中国与世界各国在经贸、文化等各个领域的合作发展。对于中国旅游目的地形象的建立和提升具有积极作用。此外，利用我国公民出境旅游增长迅速以及目的地国家不断增加的机遇，引导旅游企业打好“双向旅游”牌，促使海外旅行商进一步把中国旅游产品纳入销售主渠道，提高旅华业务比重，实现出境游和入境游的良性互动。

4. 充分利用外部环境，促进市场恢复。SARS以外的有利因素对于中国旅游市场的恢复具有极大作用，北京奥运会、上海世博会等都将带来契机。如上海国际旅游人数的增长在很大程度上得益于会展旅游的崛起，并于去年首次超过北京跃居全国第一；中国经济持续稳定的增长为旅游激活市场创造了市场条件。中国是当前世界上经济发展潜力最大的国家，也是对投资者最有吸引力的国家，我国吸引外资的数量将长期处于世界领先地位。经过连续5年积极的财政政策宏观调控，中国经济已经进入了又一个高速增长时期，将保持9%左右的GDP增长的势头。由于饭店业更多地与地区经济水平相关，因而恢复迅速。

5. 政府和企业从危机中学习，对安全和质量更加重视。如国家旅游局开展的安全和质量检查，北京旅游局对饭店业的全面安全检查等。

6. 旅游企业采取的价格、产品开发和市场开发战略等促进了中国市场的恢复。如SARS后的6月，江苏大部分景区都采用了政府所推出的“阳光特惠活动”，对团队实行半价、对散客半价或更多折扣。

6.3.3　结论与评价

尽管在SARS危机初期由于信息沟通不畅通和信息不对称引发了整个社会恐慌和国际社会批评，形成负面影响，但在危机严重爆发后，中国政府为防止疫情蔓延所采取的极端措施对于尽快抑制SARS起到了积极作用。这些措施以限制人们旅行为主要形式，因此对旅游业产生了巨大的冲击，全国旅行活动几乎停止，尤其在SARS影响严重地区。但总体上，这些措施由于使SARS疫情得到有效遏制，因而未对社会造成长期恐慌，同时政府的极端决策及高度的行政动员能力对于弱化危机的冲击度具有非常重要的作用。这验证了前面关于社区应对危机能力与危机冲击度相关的假设。

此外,政府及其他组织给予旅游企业的激励措施从思想上有助于企业恢复正常经营,但在实际执行中可能出现偏差。如减免税收应在基于收入的前提下才有效果,这对于那些因旅游活动被禁止而几乎全部停业的企业便失去实际意义;还有一些政策(如退还质量保证金等)未能完全兑现。

各级旅游局采取的促销措施对于激活市场具有十分显著的作用。尤其是利用各种活动开展的针对目标市场的促销活动具有积极意义。

通过SARS危机,中国旅游业对旅游危机有了认识,并从危机中得到了学习。

此外,经济的持续发展和外部有利因素,如2008年北京奥运会和2010年上海世博会等,对于重新恢复旅游信心和旅游形象具有显著作用。

6.4 SARS对中国旅游者消费行为的影响研究

本节是基于人们对旅游者对危机的态度及SARS对旅游者的影响得出一些主观判断的基础之上,以旅游消费行为理论为工具,采用问卷调查手段,通过实证研究,验证前文中提出的基本观点。根据前文中的文献,得出如下危机对旅游者的影响的基本假设:

假设1 危机对人们的旅游意愿及行为方式产生影响。

假设2 危机对旅游者的影响与危机强度、持续时间和与空间距离相关。

假设3 危机对旅游者的影响与危机所处生命周期相关。

假设4 危机对旅游者的影响与人口统计结构相关。

假设5 危机对旅游者的影响与信息沟通相关。

6.4.1　研究方法

本部分采取问卷调查形式，以到旅游景点的旅游者为调查对象，采取方便性随机抽样方式，分别在 SARS 期间和 SARS 之后两个时期研究 SARS 危机在不同阶段对中国旅游消费市场的影响，进而研究危机事件对旅游消费市场影响的阶段性及影响趋势。

1. 调查说明及数据处理

问卷调查分为 SARS 期间和 SARS 之后两个阶段进行。

2003 年调查选择了北京解除 SARS 疫区后的第一个周末，即 2003 年 6 月 28 日、29 日两天，在北京 10 个旅游者较多且具有代表性的地点，采用随机抽样方式同时发放。调查对每个地点发放 200 份问卷，总共发放了2 000份问卷，回收有效问卷1 633份，问卷有效率为 81.65%。

2004 年调查选定为 SARS 危机解除一年之后，即 2004 年"十一"黄金周（10 月 1 日至 7 日）期间，同样选取了北京 10 个旅游点随机发放问卷。调查对每个地点发放 200 份问卷，共发放 2 000 份问卷，有效问卷为 1 949 份，问卷有效率为 97.45%；同时对部分来华的外国旅游者进行了随机调查，发放问卷为 100 份，回收有效问卷 64 份，问卷有效率为 64%。

我们对收回的两次问卷采用 SPSS 11.0 统计分析软件来进行数据输入和分析。通过对数据的均值（M 值）和标准差（S. D.）的比较分析，以反映旅游者态度、行为模式等变动倾向。通过 One-way Anova 来分析不同人口特征的旅游者在危机中的态度和行为上的差异；通过 Pearson 相关分析考察信息与旅游者在危机中的态度和行为之间的关系。

2. 问卷设计

2003 年调查问卷（见附录 1）分两部分，共 28 项，第一部分由 22 项组成，从总体影响（第 1～4 项）、态度偏好（第 5～8、10～14、21 项）、安全卫生（第 9、15～20、22 项）三方面着手，列出 SARS 可能给调查对象所带来的影响。第二部分由 6 项涉及调查对象人口特征的项目组成。2003 年调查因在离 SARS 较近的时期进行，问卷设计主要针对当时对消费者影响较大或消费者在当时较为关注的各类具体问题，问卷内容没有涉及政府及企业在危机中的作用。问卷主要采用李科特(Likert)的五点尺度法,建立五梯级评价等级标准:5=完全同意,4=比较同意,3=不置可否,2=不太同意,1=完全不同意。

第二次问卷(见附录2)主要调查SARS危机前后对旅游消费市场的影响程度及趋势变化。在问卷设计上,对第一次问卷内容进行了修正和调整。第二次问卷分为两部分,共有25个调查项,第一部分由20项组成,包括SARS期间的总体影响(第2~4项)、SARS过后的态度及其对行为方式的影响(第5~12、15项)、对信息的了解程度(第1、13、14项)、对中国政府及企业的态度认知(第16~20项)等几个方面。第二部分由5项有关调查对象人口特征项组成,问卷设计方法与第一次相同。

3.样本构成

两次调查样本数据结果见表6-3。结果显示,两次调查对象的人口分布特征在性别、年龄、学历等方面尽管存在一些差异,但总体趋势一致。在收入结构上,2003年调查高收入比例高于2004年的第二次。2004年调查中外地及国际客人比例有所提高。这与上述市场恢复相关。

表6-3 调查对象概况

人口特征	2003年调查(%)	2004年调查(%)
性别:		
男性	50.4	48.2
女性	49.6	51.8
年龄:		
18岁及以下	5.9	7.4
19~35岁	64.1	65.3
36~55岁	22.4	23.5
55岁以上	7.6	3.8
学历:		
小学	1.8	1.8
初中	9.2	28.3
高中	24.9	

续表

人口特征	2003 年调查(%)	2004 年调查(%)
大学或以上	64.1	69.9
年收入:		
无收入	24.8	26.2
6000 元及以下	19.6	29.9
6001～12 000 元	12.9	14.5
12 001～25 000 元	18.6	14.2
25 001～50 000 元	16.2	15.2
50 000 元以上	7.9	
来自:		
北京	54.4	33.8
外地	44.9	62.3
海外	0.7	3.9

6.4.2　统计数据分析

1. 旅游者对 SARS 事件的态度及行为特征分析

根据两次调查结果(见表 6-4),主要结论如下:

第二次调查结果显示,在 SARS 期间的总体影响方面,各项目的均值较高,在 3.5 以上。数据说明在 SARS 爆发期间,SARS 这一突发事件对调查对象的影响较大,不仅影响到原有旅游计划安排,而且打乱了正常的工作和生活。由于外部环境突然变化,迫使人们的行为偏离常态。该结果验证了假设 1。

SARS 过后,关于人们态度及行为等各项的均值相对偏低,基本处于 1.84 到 3.66 之间。这些项目中,均值低于 3 的项目有第 6、8、9、10、15 项,这说明在 SARS 事件过后,危机对调查对象的行为影响明显减小,日常生活及旅游活动基本恢复正常,在旅游频率、逗留时间、旅行方式及旅游目的地选择方面都表现出较成熟的态度;均值不低于 3 的项目有第 5、7、11、12 项,说明 SARS 对旅游者的旅游态度及意愿方面影响相对较大,且影响较长远;SARS 对人们的生活态度和方式方面有较明显的影响,包括更愿意选择参加户外及生态型旅游,更愿意与家人及亲友一道旅游,对旅游卫生及安全更加关注。该结果验证了假设 2。

表 6-4 旅游者对问题回答的总体情况

调查项目(以 2004 年为例)		2004 年调查		2003 年调查	
		M	S.D.	M	S.D.
对信息的了解程度	1.我对 SARS 事件非常了解。	4.00	0.983	—	
	13.我对中国旅游目的地非常了解。	3.15	1.177	—	
	14.我经常在国内旅游。	3.23	1.315	—	
SARS 期间的总体影响	2.SARS 时期,我的正常工作和生活受到了很大影响。	3.65	1.277	3.81	1.17
	3.SARS 时期,我的商务及公务旅游完全取消。	3.56	1.346	3.71	1.25
	4.SARS 时期,我的外出休闲旅游活动完全取消。	3.61	1.423	3.76	1.32
SARS 过后的态度及行为方式的影响	5.SARS 对我后来的生活态度和方式产生了很大影响。	3.00	1.291	3.37	1.25
	6.SARS 过后,我大幅度减少了(将大幅减少)我的外出旅游活动。	2.50	1.320	2.48	1.21
	7.SARS 过后,我更多选择参加户外及生态性旅游。	3.45	1.407	3.86	1.15
	8.SARS 过后,我缩短了(会缩短)外出旅游逗留时间。	2.44	1.218	2.89	1.23
	9.在选择旅游目的地时,我尽量避开曾经是 SARS 疫情严重的地区。	2.72	1.458	2.97	1.32
	10.SARS 过后,我减少了(会减少)参加团队旅游的次数。	2.64	1.234	3.03	1.25
	11.SARS 过后,我更愿意与家人及亲友一道旅游。	3.66	1.209	3.79	1.18
	12.SARS 过后,我对旅游卫生及安全更加关注。	4.14	1.043	4.18	0.99
	15.由于发生 SARS,我认为在中国旅游是不安全的。	1.84	1.105	2.50	1.32
对中国政府及企业的态度认知	16.我认为中国政府在 SARS 发生后采取的积极措施有助于其旅游形象的恢复。	4.06	0.971	—	
	17.我认为新闻媒体采取的宣传促销措施对于旅游者的信心恢复非常重要。	4.00	0.988	—	
	18.我认为旅游企业采取的宣传促销措施对于旅游者的信心恢复非常有效。	3.85	1.030	—	
	19.我认为旅游企业采取的降价措施对于刺激旅游需求非常有效。	3.75	1.129	—	
	20.我认为在危机产生时,政府及企业提供的信息越透明,越有助于消除旅游者的不安全感。	4.06	1.158	—	

将两次调查结果进行对比，各项目的数值趋向一致，但第一次的平均数值普遍高于第二次，且第一次的数据的标准差小于第二次，说明人们的态度在 2003 年调查时更为一致。总体上，SARS 期间，危机对旅游者的影响较大，同时认为这种影响会持续较长时间；SARS 过后，人们对当时影响的印象有所淡化，在恢复正常工作生活后，能够客观对待危机所带来的影响，并将这种较成熟的态度偏好体现在个体旅游行为中。

根据对样本总体影响数据的分析，SARS 对旅游者的影响呈明显的阶段性。在 SARS 期间，人们对危机及其可能产生的影响充满恐惧，个体和群体表现出压力和无助感及缺乏判断力，社区处于严重偏离常态的状态。而在 SARS 危机过后(基本一年的时间)，人们的日常生活及外出旅游安排基本恢复正常，社区系统恢复为 SARS 冲击前的均衡状态。同时社区在接受“改变已经发生”这样一个事实的基础上，从危机中学习，形成一种适应性反应以面对新的现实，从个体方面则表现为原有行为态度及方式的较深刻的转变。该结果验证了假设 3，表明危机的不同阶段人们对危机的看法存在差异。

2. 不同客源地旅游者对 SARS 态度比较

本书采用单因素方差(Oneway Anova)方法对不同客源地的旅游者对 SARS 态度进行分析，结果如表 6-5 所示。

2004 年调查中，除了“SARS 过后，我对旅游卫生及安全更加关注”这个问题上来自不同客源地的旅游者的态度稍有趋同外，在其余问题上不同客源地的旅游者的看法都存在明显差异。在对信息的了解方面，北京市旅游者对信息了解较多，外省市次之，海外旅游者了解相对较少；SARS 期间的总体影响，国内旅游者明显较大，而海外旅游者则较小；在对政府及企业认知方面，北京市的旅游者对其积极作用和影响较为肯定，外省市次之，海外旅游者相对最低；SARS 过后，SARS 对北京市内旅游者后来的生活态度和方式影响最大，外省市相对较小，海外旅游者影响最小；国内旅游者更倾向于参加户外及生态性旅游，与家人及亲友旅游，而国外旅游者变化不大；在关于中国旅游安全问题方面，不同客源地旅游者的态度基本一致，未因 SARS 的存在而认为在中国旅游不安全。

表 6-5 不同客源地旅游者 Oneway Anova 分析

调 查 项 目		2004 年调查		2003 年调查	
		F	Sig.	F	Sig.
对信息的了解程度	1	16.670	0.000*	—	—
	13	17.447	0.000*	—	—
	14	29.061	0.000*	—	—
SARS 期间的总体影响	2	61.731	0.000*	2.647	0.071
	3	57.836	0.000*	0.189	0.827
	4	47.665	0.000*	0.808	0.446
SARS 过后的态度及行为方式的影响	5	10.057	0.000*	0.470	0.625
	6	14.543	0.000*	2.530	0.080
	7	5.303	0.005*	0.846	0.429
	8	10.045	0.000*	1.947	0.143
	9	6.366	0.002*	4.157	0.016*
	10	7.017	0.001*	1.680	0.187
	11	28.199	0.000*	5.812	0.003*
	12	2.966	0.052	1.821	0.162
	15	6.543	0.001*	4.626	0.010*
对中国政府及企业的态度认知	16	13.128	0.000*	—	—
	17	8.372	0.000*	—	—
	18	4.516	0.011*	—	—
	19	14.170	0.000*	—	—
	20	12.579	0.000*	—	—

* 数字表示 Sig.＜0.05，同时表明该行计算出的 F(n1,n2)值大于其相应的临界值 F(α=0.05)，即可认为不同客源地的旅游者在该问题的态度上存在差别。

2003 年调查结果显示，不同客源地的旅游者在很多问题上的看法存在着高度的一致性，不存在显著差别，仅在“在选择旅游目的地时，我尽量避开曾经是 SARS 疫情严重的地区”、“SARS 过后，我更愿意与家人及亲友一道旅游”和“由于发生 SARS，我认为在中国旅游是不安全的”等问题上存在差异。具体来看，北京市民在选择旅游目的地时，更倾向于避开曾经是 SARS 疫情严重的地区并且更愿意与家人及亲友一道旅游，而海外旅游者则较多地认为在中国旅游不安全。

从表 6-6 分析可以看到，在 SARS 期间，国内旅游者在工作、生活

表 6-6　不同客源地旅游者的态度差异分析

调查项目		2004 年调查						2003 年调查					
		北京市		外省市		海外		北京市		外省市		海外	
		M	S.D.	M	S.D.	M	S.D.	M	S.D.	M	S.D.	M	S.D.
对信息的了解程度	1	4.09	0.955	3.99	0.971	3.46	1.245						
	13	3.36	1.142	3.07	1.180	2.79	1.115						
	14	3.44	1.263	3.18	1.310	2.23	1.353						
SARS 期间的总体影响	2	3.88	1.149	3.63	1.275	2.22	1.334	3.80	1.17	3.84	1.17	3.08	1.44
	3	3.75	1.202	3.57	1.358	2.05	1.378	3.69	1.24	3.73	1.28	3.75	0.97
	4	3.74	1.353	3.64	1.409	2.10	1.366	3.74	1.32	3.80	1.32	3.42	1.44
SARS 过后的态度及行为方式的影响	5	3.10	1.235	2.99	1.313	2.36	1.258	3.39	1.23	3.34	1.28	3.58	1.38
	6	2.63	1.344	2.47	1.309	1.78	1.054	2.50	1.22	2.44	1.19	3.17	1.80
	7	3.49	1.209	3.47	1.234	2.88	3.617	3.89	1.13	3.82	1.17	4.00	1.13
	8	2.52	1.208	2.43	1.232	1.85	0.970	2.88	1.21	2.89	1.27	3.58	1.08
	9	2.89	1.442	2.64	1.462	2.61	1.464	3.02	1.31	2.89	1.33	3.75	1.29
	10	2.75	1.214	2.61	1.245	2.24	1.182	3.03	1.23	3.01	1.27	3.67	1.15
	11	3.68	1.179	3.71	1.183	2.66	1.414	3.87	1.15	3.71	1.27	3.17	1.11
	12	4.19	0.951	4.14	1.067	3.82	1.229	4.22	0.98	4.14	1.00	4.24	0.90
	15	1.95	1.133	1.76	1.080	1.93	1.142	2.43	1.29	2.58	1.35	3.25	1.60
对中国政府及企业的态度认知	16	4.11	0.903	4.07	0.990	3.49	1.081						
	17	4.07	0.931	4.00	0.998	3.59	1.138						
	18	3.90	0.987	3.83	1.048	3.56	1.043						
	19	3.86	1.081	3.73	1.149	3.16	1.048						
	20	4.24	1.034	3.97	1.223	3.94	0.986						

方面受到的影响要高于海外的旅游者，但对生活态度及方式影响则相反。对旅游计划方面的影响，外地和海外旅游者高于北京居民，这显然与其工作性质有关。2003 年该项调查中海外旅游者的数据明显高于 2004 年调查结果，说明 2003 年调查主要针对 SARS 期间停留在中国的外国旅游者，因而受 SARS 影响较明显，而 2004 年针对危机后来北京旅游的海外旅游者，由于空间距离等原因，与经历过 SARS 的旅游者相比，他们受 SARS 的影响相对较小。

根据不同地区旅游者对SARS态度的对比分析，由于北京是

SARS疫区，因而SARS对北京市民的影响，无论在SARS期间还是之后，无论在态度上还是在行为上变化都最大，同时对政府企业在SARS恢复中的作用有更深刻的理解和肯定。而海外旅游者对SARS的态度，由SARS期间的较为极端的反应到SARS过后的趋于态度平淡，同时并未因SARS而对在中国旅游产生畏惧心理，这也从侧面肯定了政府及企业在危机之后恢复工作中的作用。

结果说明，不同的空间距离对危机影响程度有所不同。在危机期间，空间距离越近，对人们工作、生活方面等影响越大，对生活态度及方式的影响则相反，即空间距离与社区的工作、生活影响成正比，与生活态度及方式影响成反比；在危机过后，空间距离越近，对生活态度及方式影响越深远，即空间距离与社区中个体的态度及方式影响的持续形成正比。该结果与假设2基本一致。

3. SARS对不同人口特征旅游者影响分析

SARS对不同人口特征旅游者的影响结果见表6-7。从表中可以看出，不同性别、年龄、学历和收入的旅游者对危机的反应存在不同的表现。

表6-7 不同人口特征Oneway Anova分析

调查项目		性别		年龄		学历		收入	
		F	Sig.	F	Sig.	F	Sig.	F	Sig.
对信息的了解程度	1	3.620	0.057	14.518	0.000*	16.109	0.000*	2.050	0.085
	13	1.973	0.160	7.956	0.000*	18.462	0.000*	9.116	0.000*
	14	0.412	0.521	4.282	0.005*	4.353	0.013*	12.247	0.000*
SARS期间的总体影响	2	0.620	0.431	5.441	0.001*	2.517	0.081	0.767	0.547
	3	0.334	0.563	12.470	0.000*	5.473	0.004*	1.139	0.336
	4	0.061	0.805	7.459	0.000*	10.471	0.000*	0.798	0.527
SARS过后的态度及行为方式的影响	5	3.018	0.083	6.330	0.000*	2.217	0.109	2.492	0.041*
	6	0.105	0.746	10.527	0.000*	1.328	0.265	4.510	0.001*
	7	1.533	0.216	10.571	0.000*	2.464	0.085	1.875	0.112
	8	0.020	0.888	7.208	0.000*	0.893	0.410	4.243	0.002*
	9	1.665	0.197	1.100	0.348	3.902	0.020	3.712	0.005*
	10	0.741	0.389	4.475	0.004*	0.625	0.535	1.331	0.256
	11	0.147	0.701	10.214	0.000*	0.100	0.904	3.252	0.011*

续表

调查项目		性别		年龄		学历		收入	
		F	Sig.	F	Sig.	F	Sig.	F	Sig.
SARS过后的态度及行为方式的影响	12	0.065	0.799	7.314	0.000*	0.009	0.991	0.554	0.696
	15	0.540	0.463	3.277	0.020*	1.490	0.226	3.371	0.009*
对中国政府及企业的态度认知	16	0.451	0.502	5.816	0.001*	1.333	0.264	0.998	0.408
	17	0.879	0.349	2.482	0.059	0.111	0.895	0.350	0.844
	18	1.526	0.217	3.821	0.010*	1.476	0.229	1.788	0.129
	19	1.088	0.297	2.212	0.085	0.843	0.430	0.863	0.485
	20	1.194	0.275	7.610	0.000*	6.329	0.002	6.024	0.000*

* 数字表示Sig. <0.05，同时表明该行计算出的F(n1,n2)值大于其相应的临界值F(α=0.05)，即可认为不同的人文特征在该问题变量上存在差别。

表6-7结果显示，危机对不同性别旅游者影响的趋势基本一致，不存在明显差别。从表6-8中每个项目的具体统计结果来看，在信息了解方面和SARS期间总体影响方面，男性旅游者的均值略高于女性。在SARS过后的影响方面，第5、6、11、15项，女性的均值略高于男性；第7、9、12项，女性的平均值略低于男性（第8项和第10项的数值比较接近）。数据显示，女性旅游者比男性旅游者更慎重谨慎，因而在方式及态度上影响相对较大。在对中国政府及企业的态度认知方面，除第20项外，其余各项皆为女性均值略高于男性。

从表6-7的Oneway Anova分析来看，SARS对不同年龄旅游者的影响也不尽相同。除了在第9、17、19项问题上不同年龄的人的态度不存在明显差别之外，在其余项目的问题上都存在着明显的差别。表6-9结果显示，在对信息了解程度方面，18岁以下了解最少，其他年龄段的旅游者差别不大；在SARS期间的总体影响方面，18～35岁和36～55岁的旅游者受影响相对较大；在SARS过后的影响方面，18岁以下旅游者在态度及方式方面受影响最小，仅在第11、12项均值大于3，其余项的均值均在3以下；在旅游活动安排方面，如旅游时间、旅游方式、旅游目的地选择等各项，36～55岁和55岁以上的旅游者均值相对略高，显现出SARS影响的痕迹；在旅游意愿及态度方面，18～35岁及36～55岁的旅游者认为SARS对其后来的生活态度和方式产生很大影响。

表 6-8 SARS 对不同性别旅游者的影响

调 查 项 目		男性		女性	
		M	S.D.	M	S.D.
对信息的了解程度	1	4.06	0.979	3.97	0.959
	13	3.19	1.197	3.12	1.156
	14	3.25	1.319	3.21	1.311
SARS 期间的总体影响	2	3.68	1.292	3.64	1.266
	3	3.59	1.362	3.56	1.324
	4	3.63	1.442	3.62	1.401
SARS 过后的态度及行为方式的影响	5	2.95	1.291	3.05	1.289
	6	2.47	1.346	2.49	1.292
	7	3.49	1.567	3.41	1.248
	8	2.41	1.232	2.42	1.188
	9	2.75	1.485	2.67	1.432
	10	2.64	1.265	2.60	1.194
	11	3.64	1.230	3.66	1.194
	12	4.15	1.042	4.14	1.026
	15	1.80	1.081	1.84	1.108
对中国政府及企业的态度认知	16	4.05	1.006	4.07	0.939
	17	3.99	0.998	4.03	0.969
	18	3.81	1.068	3.87	1.003
	19	3.72	1.154	3.77	1.113
	20	4.09	1.164	4.03	1.157

表 6-9 SARS 对不同年龄旅游者的影响

调 查 项 目		18 岁以下		18～35 岁		36～55 岁		55 岁以上	
		M	S.D.	M	S.D.	M	S.D.	M	S.D.
对信息的了解程度	1	3.50	1.164	4.05	0.919	4.03	1.051	4.14	0.896
	13	2.85	1.188	3.11	1.163	3.34	1.180	3.31	1.219
	14	2.97	1.494	3.20	1.283	3.38	1.321	3.32	1.393
SARS 期间的总体影响	2	3.31	1.428	3.70	1.259	3.68	1.243	3.37	1.379
	3	2.92	1.370	3.62	1.335	3.63	1.303	3.46	1.482
	4	3.15	1.544	3.70	1.398	3.55	1.416	3.38	1.496

续表

调查项目		18 岁以下		18～35 岁		36～55 岁		55 岁以上	
		M	S.D.	M	S.D.	M	S.D.	M	S.D.
SARS 过后的态度及行为方式的影响	5	2.65	1.226	3.00	1.301	3.16	1.269	2.83	1.298
	6	2.22	1.240	2.43	1.286	2.70	1.385	2.99	1.449
	7	2.89	1.309	3.44	1.226	3.63	1.846	3.59	1.177
	8	2.10	1.081	2.41	1.193	2.61	1.289	2.49	1.327
	9	2.71	1.463	2.69	1.437	2.83	1.488	2.69	1.684
	10	2.52	1.149	2.59	1.208	2.80	1.296	2.82	1.368
	11	3.25	1.326	3.65	1.187	3.72	1.216	4.15	1.089
	12	3.79	1.172	4.16	1.022	4.14	1.052	4.39	0.889
	15	1.80	0.997	1.78	1.090	1.96	1.125	1.95	1.257
对中国政府及企业的态度认知	16	3.74	1.063	4.06	0.974	4.13	0.898	4.05	1.126
	17	3.80	1.051	4.01	0.976	4.04	0.984	4.09	1.055
	18	3.59	0.964	3.85	1.026	3.90	1.039	3.95	1.089
	19	3.52	1.081	3.76	1.126	3.79	1.145	3.81	1.194
	20	3.85	1.207	4.01	1.196	4.18	1.043	4.51	0.835

由表 6-10 结果看出，不同学历的旅游者在 SARS 影响方面也有所差别。学历越高，对信息了解程度越高。在 SARS 期间，大学及以上学历的旅游者受 SARS 影响最大；SARS 过后，大学及以上学历的旅游者认为对其生活态度和方式产生较大影响，而对大学以下学历的旅游者的影响程度相对较小；在旅游活动安排上，学历较高的旅游者受 SARS 影响相对略低。

表 6-11 显示不同收入的旅游者对问题回答的状况。我们将年收入在 6 000 元以下者视为低收入者，年收入高于 24 000 元者视为高收入者①。调查显示，在对信息的了解程度方面，收入较高的旅游者对信息了解较多；在对政府及企业的态度认知方面，高收入者对其作用相对更为肯定。SARS 期间，SARS 对各个收入阶层的人都产生了较大的影响。SARS 过后，年收入在 12 001～24 000 元之间的旅游者受到 SARS

① 国家统计局. 中国统计年鉴. 北京：中国统计出版社，2003.

表 6-10 SARS 对不同学历旅游者的影响

调查项目		小学及以下		中学		大学及以上	
		M	S.D.	M	S.D.	M	S.D.
对信息的了解程度	1	3.81	1.142	3.82	1.092	4.09	0.907
	13	2.86	1.397	2.91	1.207	3.26	1.142
	14	3.24	1.458	3.09	1.407	3.29	1.266
SARS 期间的总体影响	2	3.33	1.373	3.58	1.332	3.69	1.250
	3	3.53	1.285	3.41	1.383	3.63	1.329
	4	3.51	1.358	3.38	1.474	3.71	1.396
SARS 过后的态度及行为方式的影响	5	2.89	1.389	2.91	1.334	3.04	1.267
	6	2.64	1.477	2.56	1.322	2.46	1.311
	7	3.46	1.482	3.34	1.297	3.50	1.451
	8	2.58	1.273	2.48	1.261	2.41	1.198
	9	2.50	1.577	2.86	1.500	2.67	1.437
	10	2.81	1.261	2.60	1.231	2.64	1.231
	11	3.74	1.314	3.65	1.264	3.65	1.186
	12	4.14	0.931	4.13	1.100	4.14	1.017
	15	1.97	1.294	1.89	1.121	1.80	1.080
对中国政府及企业的态度认知	16	3.83	1.254	4.04	0.972	4.08	0.957
	17	4.08	1.052	4.00	1.005	4.01	0.974
	18	4.11	1.116	3.81	1.036	3.85	1.022
	19	3.78	1.222	3.70	1.171	3.78	1.109
	20	3.83	1.342	3.93	1.211	4.12	1.124

的影响最大，大幅度减少了外出旅游活动，缩短了外出旅游的停留时间，并且尽量避开 SARS 疫情较重的地区；中低层收入者次之；高收入者更倾向于户外及生态性旅游，更倾向与家人共同出游。同时高收入人群对政府及企业采取的信息透明政策持肯定态度。

表 6-11 SARS 对不同收入旅游者的影响

调查项目		无收入		1～6 000 元		6 001～12 000 元		12 001～24 000 元		24 000 元以上	
		M	S.D.	M	S.D.	M	S.D.	M	S.D.	M	S.D.
对信息的了解程度	1	3.94	0.962	3.98	1.056	4.00	1.053	4.08	0.908	4.12	0.848
	13	2.98	1.185	3.11	1.205	3.16	1.232	3.23	1.061	3.48	1.111
	14	3.11	1.330	3.06	1.357	3.22	1.331	3.52	1.160	3.58	1.211
SARS 期间的总体影响	2	3.59	1.349	3.71	1.287	3.62	1.321	3.69	1.141	3.68	1.186
	3	3.47	1.340	3.61	1.406	3.55	1.404	3.66	1.206	3.59	1.270
	4	3.64	1.427	3.68	1.433	3.53	1.444	3.62	1.323	3.53	1.401
SARS 过后的态度及行为方式的影响	5	2.87	1.286	3.01	1.323	3.02	1.355	3.12	1.194	3.12	1.232
	6	2.31	1.276	2.61	1.341	2.48	1.381	2.64	1.240	2.50	1.308
	7	3.33	1.820	3.44	1.247	3.51	1.273	3.52	1.158	3.58	1.211
	8	2.26	1.144	2.52	1.239	2.42	1.272	2.56	1.188	2.49	1.253
	9	2.68	1.460	2.84	1.495	2.82	1.495	2.73	1.413	2.47	1.374
	10	2.54	1.160	2.67	1.282	2.67	1.272	2.73	1.179	2.65	1.273
	11	3.54	1.198	3.61	1.247	3.77	1.232	3.69	1.120	3.81	1.178
	12	4.10	1.018	4.15	1.078	4.19	1.152	4.10	0.958	4.12	0.991
	15	1.71	1.013	1.84	1.122	1.82	1.161	2.00	1.154	1.89	1.094
对中国政府及企业的态度认知	16	4.02	0.974	4.03	1.005	4.07	1.019	4.11	0.913	4.13	0.883
	17	3.99	0.969	3.99	0.987	4.01	1.028	4.04	0.893	4.06	1.020
	18	3.75	0.996	3.91	0.994	3.84	1.100	3.89	0.975	3.86	1.129
	19	3.75	1.066	3.75	1.147	3.74	1.187	3.87	1.050	3.71	1.180
	20	4.01	1.140	3.97	1.206	3.95	1.239	4.21	1.000	4.29	1.076

根据以上对不同性别、年龄、学历、收入等层面的分析，SARS 对不同人口特征的旅游者的影响存在差异。分析结果验证了“不同人口结构对危机的反应存在差异”的假设(假设 4)。

4. 政府及企业采取的措施对 SARS 的影响

根据表 6-4 问卷总体情况的分析，在对信息的了解方面，各项目的均值在 3 以上，对 SARS 事件的了解这一项高达 4.00，说明被调查的旅游者中，大部分对 SARS 事件以及相关旅游地的了解程度较高，信息掌握较多。

对政府及企业的态度认知方面，各项的均值在3.75到4.06之间，说明调查对象对于政府及企业的作用及表现基本持肯定态度。在第17项与第18项的比较中，第18项的均值略低于第17项，说明旅游者在对旅游企业宣传促销以恢复旅游者信心这一项表示认可的同时，认为企业应更大程度地发挥其在危机恢复中的积极作用。结果显示，政府在SARS危机信息透明度方面的工作得到了肯定，被调查的旅游者对SARS这一事件了解程度较高；同时调查对象对政府的作用及表现持肯定态度，说明人们对政府在危机中所起的作用的重视和倚赖，特别从当地市民的高度评价，以及SARS危机的快速恢复的情势，都证明了政府在对危机影响恢复方面的重要作用。企业在危机前后的宣传促销等措施也在一定程度上加速了SARS不良影响的消除。因而积极的危机干预对危机影响及恢复具有正向作用，积极的消除危机影响的措施，有助于个体信心的增强及社区系统的恢复，使危机的影响朝兴利除弊的方向转变。

5. 信息对旅游者行为的影响

为了充分考察信息对旅游者行为的影响，我们将问卷中有关信息的三个问题与其他问题通过SPSS进行了相关分析，结果见表6-12。从表中可以得出如下结论：

表6-12 信息对旅游者行为的影响

调查项目	1. 对SARS的了解		13. 对中国目的地的了解		14. 经常在国内旅游	
	Cor	Sig.	Cor	Sig.	Cor	Sig.
2	0.231*	0.000*	0.107*	0.000*	0.102*	0.000*
3	0.222*	0.000*	0.079*	0.000*	0.097*	0.000*
4	0.179*	0.000*	0.060*	0.008*	0.060*	0.008*
5	0.086*	0.000*	0.109*	0.000*	0.063*	0.005*
6	0.070*	0.002*	0.106*	0.000*	0.035	0.119
7	0.121*	0.000*	0.097*	0.000*	0.096*	0.000*
8	0.031	0.164	0.095*	0.000*	0.043	0.061
9	0.012	0.606	0.104*	0.000*	0.087*	0.000*
10	0.010	0.656	0.100*	0.000*	0.013	0.568
11	0.108*	0.000*	0.124*	0.000*	0.128*	0.000*
12	0.144*	0.000*	0.194*	0.000*	0.120*	0.000*

* 数字表示在显著性水平为0.05时，因素之间呈相关关系。

(1)对于SARS信息的了解程度影响到人们在SARS期间以及SARS过后的生活,说明人们对SARS危机的了解越多,受到的影响也就越大;表明在以后的生活中人们会越发注意避免这类危机的发生或者尽可能地减少其危害,对提高整个社会的危机预警意识非常关键。从这一点上看,可以说信息的透明对旅游者有积极作用,验证了假设5。

(2)对中国作为旅游目的地的了解程度与所有的问题都存在相关关系,即被调查者不仅会避开SARS严重地区,更多采用生态旅游的方式、与亲友一起旅游而减少团队出游,而且会减少旅游活动,缩短旅游时间,旅游者行为的改变不利于旅游业的恢复和发展,说明SARS危机对旅游业的冲击在短期内是巨大的。

(3)经常在国内旅游的被调查者在SARS期间受到了一定的影响,更青睐于选择户外及生态型旅游,会有意避开SARS严重地区,更愿意与亲友一起出游,更加注意旅游卫生安全,这些与整体的情况一致。但是SARS过后他们的旅游活动并未大幅度减少(因为问题14与问题6之间的相关性没有得到支持),也并未缩短外出旅游的逗留时间(问题8)以及参加团队旅游的次数(问题10)。结果说明SARS的短期影响明显,但长期影响不大。被压抑的旅游需求可能会在以后的时间中释放出来,通常旅游活动不是被取消,而是被推迟。

6.4.3　结论与建议

调查结果基本验证了前文中对旅游者面对危机时的态度及行为的5个假设。根据数据分析,可以得出以下结论及建议:

第一,SARS对中国旅游消费市场的影响具有阶段性。在危机爆发阶段冲击较大。由于外部环境的突然变化及人们对危机产生的恐惧心理等综合因素的作用,SARS对危机期间人们的工作、生活和旅游产生较大影响。绝大部分旅游活动尤其是受SARS严重影响的疫区的旅游活动基本停止,从而导致我国旅游业出现大幅度滑坡,这与客观现实一致。这一事实表明,旅游消费行为具有高度敏感性,从而导致旅游业呈现敏感性及波动性特征。在危机恢复阶段,即SARS危机过后一年的时间,中国的旅游消费市场已基本恢复正常。人们的日常生活及旅游受危机的影响弱化。但SARS对人们的旅游意愿、态度、偏好产生了较深远的影响，尤其在旅游类型和旅行方式上，人们更青睐户外及生态旅游，家庭旅游呈现上升趋势等。因此必须关注危机对人们态度影响的研究，并采取相应措施来弱化这一趋势。

第二，SARS危机的恢复过程较快，危机冲击具有突发性和短期性等特点，这与政府及企业对危机的积极干预密切相关。人们对政府及企业在危机中所起的作用非常重视，并对其在SARS危机中制定的政策及应急措施表示基本满意，特别得到了SARS疫区市民的高度评价。同时，政府及企业在危机初期的被动应对也反映出我国在对危机应对中的不成熟。因此，建议国家在宏观产业政策上建立旅游产业危机预警及应急机制，对旅游消费行为实施积极干预与引导，如设立旅游恢复促进基金、旅游者危机保障金等。同时，旅游企业也应建立相应的危机管理体系，积极引导旅游消费。

第三，危机对不同旅游者消费行为的影响存在差异。不同年龄、性别、学历、收入的人们在危机中的行为、对危机的态度和危机后行为表现也不尽相同。因此，应采取多种形式，以满足旅游者多样化的需求。

第四，SARS对中国旅游目的地安全形象的影响有限，海外市场恢复较快。与国内旅游市场相比，海外市场在SARS期间受冲击较大，但在SARS后受到的消极影响(特别是心理影响)较小。这说明不同的空间距离对危机影响程度有所不同。若危机处理得当，海外市场的恢复会很快。因此，在海外市场塑造中国旅游安全形象，加大形象宣传力度，具有十分重要的意义。两次调查的结果基本验证了前文中的假设。只是"SARS对外国旅游者态度影响小"这一结果与实际国际入境旅游市场恢复相对较慢显示出一定偏差。是否因为调查在中国境内进行而来华旅游者相对趋向于风险承受型，或者由于国际市场恢复尽管态度上影响不大，但旅游企业过度反应导致一定时滞，需要进一步验证。如果上述结论成立，则SARS对中国旅游业的总体影响呈现出短期性，而非长期性。这与前文中一些国家的情形相似。

6.5　SARS 对中国旅游企业的影响研究

SARS 给中国旅游业带来了一定的影响，中国政府和旅游企业为了应对危机也采取了种种措施来激活旅游供给市场。本节目的在于准确客观地了解 SARS 对我国旅游企业的影响，对激活旅游市场的措施与影响之间的关系进行评价。我们根据前文的理论及文献，提出如下五个基本假设：

假设 1　SARS 危机对企业短期经营带来消极影响。

假设 2　危机影响大小与企业所在地区距离危机发生地的空间距离相关。

假设 3　政府和企业采取的积极政策和措施有助于企业激活市场。

假设 4　危机前制定危机预案有助于企业激活市场。

假设 5　企业从危机中进行了学习。

6.5.1　研究方法

本研究以全国的旅游企业为调查对象，采用问卷调查的方式，主要考察 SARS 对旅游企业的影响及 SARS 期间我国政府和企业采取的激活供给市场措施的有效性。

1. 调查说明及数据处理

此次针对企业的调查时间为 2004 年 6 月至 12 月，共发放问卷 1 500 份，发放范围为全国的旅游企业，回收问卷 250 份，回收率 16.67%，其中有效问卷 246 份，问卷有效率 98.4%。尽管由于中国旅游企业倾向于拒绝调查，但涵盖全国和主要类型的 250 个旅游企业样本，使调查的代表性得以保证。

此次调查得到的数据采用 SPSS 11.0 统计分析软件进行输入和分

析，通过对数据的均值(M)和标准差(S. D.)分析，了解 SARS 对旅游企业的冲击程度及相关措施的有效性；通过 Oneway Anova 了解不同行业、不同管理方式、不同规模和不同所在地的旅游企业的差异；采用 Pearson 相关分析来了解政府和企业采取措施与激活市场结果之间的相关性。以此来验证或修正本节开篇提出的几个假设。

2. 问卷设计

调查问卷共 31 项，分为两个部分：态度调查和基本资料(参见附录 3)。第一部分为态度调查，采用李科特(Likert)五点梯级态度量表(5＝完全同意，4＝比较同意，3＝不置可否，2＝不太同意，1＝完全不同意)考察 SARS 对旅游企业短期经营的影响(问题 1～5)、政府应对 SARS 采取的措施(问题 6～11)、旅游企业在 SARS 前采取的预防措施(问题 12～14)以及 SARS 后采取的恢复措施(问题 15～21)、政府及企业从危机中进行的学习(问题 22～24)和企业对于危机未来发生的预期(问题 25～27)。第二部分为旅游企业及问卷填答者基本信息(问题 28～31)，主要考察旅游企业是否由于所处地区及所属的类型不同而在受到 SARS 的影响上存在有差别，对假设 2 进行检验。

3. 样本构成

在本次调查回收的样本中，从企业类型看，以独立饭店比例最高，其次为旅行社；从企业规模看，以中型企业为主；从企业所在地看，一般疫区最多。具体数据见表 6-13。

表 6-13 样本企业构成

样本企业		频数	百分比(%)	有效百分比(%)
企业类型	独立饭店	89	36.2	37.2
	国内集团饭店	29	11.8	12.1
	国际集团管理饭店	14	5.7	5.9
	旅行社	54	22.0	22.6
	旅游景点	17	6.9	7.1
	航空公司	—	—	—
	其他	36	14.6	15.1
	总计	239	97.2	100.0
	缺失值	7	2.8	

续表

		频数	百分比(%)	有效百分比(%)
企业规模	大型企业	36	14.6	15.3
	中型企业	125	50.8	53.2
	小型企业	74	30.1	31.5
	总计	235	95.5	100.0
	缺失值	11	4.5	
企业所在地	SARS严重地区	43	17.5	18.0
	一般疫区	108	43.9	45.2
	非疫区	88	35.8	36.8
	总计	239	97.2	100.0
	缺失值	7	2.8	
填写人职务	高级管理人员	93	37.8	39.9
	中层管理人员	107	43.5	45.9
	一般管理人员	33	13.4	14.2
	总计	233	94.7	100.0
	缺失值	13	5.3	

6.5.2 统计数据分析

表6-14为被调查的旅游企业对问卷问题作答的总体情况，根据研究目的以及问题不同的性质，我们将所有的问题分为6组，分别是：SARS对旅游企业短期经营的影响；SARS期间政府采取的应对措施的有效性；SARS之前旅游企业建立危机应急机制；SARS过后旅游企业采取的恢复措施；政府及企业从危机中学习；旅游企业对未来危机的预期。每部分的数据统计分析可以分为两个步骤：首先对态度调查所得数据的均值(M)和标准差(S.D.)进行汇总；然后对数据进行分析，得出基本的结论，验证或证伪假设，同时对某些关键性的指标因素进行相关分析。

表 6-14 SARS 对旅游企业总体影响

分组	问题	有效问卷	M	S.D.
SARS 对旅游企业短期经营的影响	1.SARS 使企业收入和利润大幅下降。	244	4.46	0.761
	2.SARS 使企业的国际客人大幅下降。	239	4.52	0.732
	3.SARS 使企业的国内客人大幅下降。	245	4.36	0.758
	4.SARS 使企业的本地客人大幅下降。	242	4.04	0.993
	5.SARS 对本地旅游安全形象形成了很大的负面影响。	240	3.95	1.026
SARS 期间政府采取的应对措施的有效性	6.我认为 SARS 期间,政府采取的减免税收政策对企业应对危机非常有效。	243	3.88	1.037
	7.我认为 SARS 期间,政府采取的财政补贴政策对企业应对危机非常有效。	243	3.85	0.982
	8.我认为 SARS 期间,政府采取的其他降低企业负担政策对企业应对危机非常有效。	245	3.73	0.933
	9.我认为 SARS 期间,政府开展了卓有成效的旅游市场营销工作,有利于市场恢复。	245	3.66	0.938
	10.我认为 SARS 期间,政府对危机的信息披露及媒体宣传非常有效。	244	3.86	0.840
	11.我认为 SARS 期间,政府与企业进行了很好的合作来应对危机。	246	3.64	0.887
SARS 之前旅游企业建立危机应急机制	12.发生 SARS 前,本企业建立了完整的危机应急与管理体系。	242	3.43	1.137
	13.发生 SARS 前,本企业具有相应的危机应急与管理组织机构和人员。	242	3.46	1.116
	14.发生 SARS 前,本企业对全体员工开展了相应的危机应急与管理培训。	244	3.46	1.105
SARS 过后旅游企业采取的恢复措施	15.SARS 过后,本地旅游市场得到了迅速恢复。	245	3.89	0.903
	16.SARS 过后,企业主要通过降价来恢复市场。	244	2.68	0.991
	17.SARS 过后,企业主要通过广告宣传来恢复市场。	241	3.11	0.949
	18.SARS 过后,企业主要通过降低成本来保持企业运营。	243	3.26	1.026
	19.SARS 过后,企业主要通过开发新产品来保持企业运营。	238	3.31	0.912
	20.SARS 过后,企业主要通过开发新市场来保持企业运营。	242	3.26	0.909
	21.SARS 过后,企业主要通过转产或与其他企业合并来保持企业运营。	238	2.24	0.883

续表

分组	问题	有效问卷	M	S.D.
政府及企业从危机中学习	22. SARS 过后，国家建立了相应的旅游危机应急机制。	241	3.87	0.804
	23. SARS 过后，地方政府建立了相应的旅游危机应急机制。	241	3.78	0.787
	24. SARS 过后，企业建立了相应的旅游危机应急机制。	240	3.90	0.814
旅游企业对未来危机的预期	25. 我认为未来旅游突发性危机将越来越频繁地发生。	242	3.23	0.995
	26. 我认为政府和企业建立旅游危机应急与管理体系非常必要。	241	4.50	0.571
	27. 我对旅游市场及企业经营前景充满信心。	242	4.37	0.606

1. SARS 对旅游企业短期经营的影响分析

此部分的调查问题共涉及五项指标，包括(1)SARS 使企业收入和利润大幅度下降；(2)SARS 使企业的国际客人大幅度下降；(3)SARS 使企业的国内客人大幅度下降；(4)SARS 使企业的本地客人大幅度下降；(5)SARS 对本地旅游安全形象造成了很大的负面影响。

对该部分问题的回答率都在 97%以上(有些问卷中个别问题没有作答，我们将其视为缺失值)，由于对上述问题的标准差大多都在 1 以下，表明企业的态度没有明显的差别。被调查企业普遍认为 SARS 在这五个方面产生的影响都较为显著，均值都在 3.9 以上，其中，SARS 对企业国际客人的影响最为明显，为 4.52，其次就是导致企业收入和利润大幅下降，SARS 对地区旅游安全形象造成的负面影响相对要小一些，但其均值也已基本接近 4。

统计结果验证了"危机对企业短期经营带来消极影响"的假设 1。国际客人下降最为明显，其次为外地客人和本地客人。国际旅游者往往会选择别的更为安全的国家。SARS 危机对企业的短期经营带来的消极影响不容忽视，SARS 同时也对地区安全形象造成了一定的负面影响。

2. 危机对不同属性旅游企业影响的差异分析

本部分目的在于考察 SARS 危机对不同行业性质、不同管理方式、不同规模及所处地区不同的旅游企业的影响是否存在差异。通过 Oneway

Anova 和 M 值对该部分问题进行分析，情况如表 6-15 和表 6-16 所示。

表 6-15 SARS 对不同属性的企业影响的 Oneway Anova 分析

SARS 对企业产生的影响	企业类型		企业规模		企业所在地	
	F	Sig.	F	Sig.	F	Sig.
(1)SARS 使企业收入和利润大幅下降。	0.883	0.493	0.847	0.430	0.812	0.445
(2)SARS 使企业的国际客人大幅下降。	2.431	0.036*	1.538	0.217	1.869	0.157
(3)SARS 使企业的国内客人大幅下降。	1.738	0.127	0.496	0.609	1.106	0.333
(4)SARS 使企业的本地客人大幅下降。	1.618	0.156	1.291	0.277	3.142	0.045*

* 数字表示 Sig. ＜0.05，同时表明该行计算出的 F(n1，n2)值大于其相应的临界值 F(α=0.05)，即可认为不同属性的企业在该问题变量上存在差别。

从表 6-15 中我们可以看到，SARS 对不同类型的企业的国际客人下降的幅度产生的影响不同；不同地区的企业(SARS 严重疫区、一般疫区、非疫区)在本地客人下降幅度的看法上存在着显著差别。

表 6-16 为不同属性的企业受到 SARS 影响的比较分析，企业类型中各项的标准差大多都在 1 以下(少数在 1 以上的也仅在 1.2 左右)，表明多数企业在态度上没有明显的差别，只有旅游景点类型的企业受到的相对较小的影响。

表 6-16 SARS 对不同属性旅游企业的影响

样本企业			利润收入下降		国际客人下降		国内客人下降		本地客人下降	
			M	S.D.	M	S.D.	M	S.D.	M	S.D.
企业类型	饭店	独立饭店	4.44	0.771	4.59	0.692	4.39	0.733	4.06	0.992
		国内集团饭店	4.39	0.956	4.64	0.488	4.28	0.797	3.97	1.052
		国际集团管理饭店	4.50	0.519	4.57	0.646	4.14	0.949	3.93	1.072
	饭店		4.44	0.749	4.60	0.609	4.27	0.826	3.98	1.039
	旅行社		4.61	0.564	4.52	0.693	4.50	0.607	4.22	0.793
	旅游景点		4.24	0.970	3.94	1.181	3.94	1.088	3.44	1.209
	航空公司		—	—	—	—	—	—	—	—
	其他		4.36	0.833	4.47	0.788	4.34	0.725	4.03	1.071
	总体平均		4.46	0.761	4.52	0.732	4.36	0.758	4.04	0.993

续表

样本企业		利润收入下降		国际客人下降		国内客人下降		本地客人下降	
		M	S. D.	M	S. D.	M	S. D.	M	S. D.
企业规模	大型企业	4.58	0.770	4.69	0.668	4.42	0.906	4.20	0.933
	中型企业	4.40	0.807	4.52	0.739	4.30	0.764	3.93	1.077
	小型企业	4.47	0.707	4.43	0.772	4.40	0.702	4.11	0.891
	总体平均	4.46	0.761	4.52	0.732	4.36	0.758	4.04	0.993
企业所在地	严重疫区	4.58	0.545	4.71	0.512	4.44	0.765	4.36	0.791
	一般疫区	4.41	0.824	4.50	0.744	4.37	0.707	3.97	1.023
	非疫区	4.43	0.787	4.44	0.812	4.25	0.820	3.91	1.025
	总体平均	4.46	0.761	4.52	0.732	4.36	0.758	4.04	0.993

注：本表数据中有 7 份问卷在该题上没有作答，同时在回收的问卷中没有航空公司的数据。

从表 6-16 可以看出，无论企业类型如何，在第一部分“SARS 影响”的四个问题上都表现出了较强的显著特征，其均值都在 3 以上，说明各种类型的企业都受到了 SARS 的影响。但不同地区企业在影响程度上存在差异，该结果验证了假设 2。具体结果如下：

(1)危机对不同行业性质旅游企业影响不同

在所有的调查中，我们发现旅游景点受到的影响是相对较小的。这可能是由于危机的到来使得外来游客减少的同时，也增加了本地游客的比例，人们放弃了远距离的旅游活动转而关注近处的旅游景点，对旅游景点的客源起到了一定的补偿作用。旅游景点在“SARS 使企业的本地客人大幅度下降”项指标上数据最低也验证了这一结论。人们因为 SARS 危机的到来，对于出游的方式和地点更为谨慎，旅行社受到的影响首当其冲；饭店因为主要以外地客源为主，受到的冲击相对较大。在旅游景点、旅行社和饭店这三种类型的旅游企业中，总体来看，旅行社受到的影响最大，旅游景点受到的影响最小。

(2)危机对不同管理方式的旅游企业影响不同

在“SARS 使企业的国际客人大幅度下降”一项上，国内集团饭店受到的影响最为严重，其次是独立饭店，二者的均值分别为 4.64 和 4.59。该结果显示，当危机来临时，国际旅游者对国际集团管理饭店的应对能力持更多的肯定态度，更为信任，企业竞争力此时起到了关键作用。独立饭店、国内集团饭店和国际集团管理饭店三种类型企业在

“SARS使企业的国内客人大幅度下降”和“SARS使企业的本地客人大幅度下降”两项指标上的数据也反映了类似的现象。

(3)危机对不同规模的企业影响不同

无论企业规模如何，在“SARS影响”的四个问题上都表现出了较强的显著特征，其均值都在3.9以上，说明各种规模的企业都受到了SARS的影响。其中，大型企业在四个问题上都表现出了很强的显著特征，其均值在4.2～4.7之间；中型企业在三种类型的企业中受到的影响最小，除了在“SARS使企业的国际客人大幅度下降”一项上与平均水平持平外，其余均在平均水平以下，尤其是在“SARS使企业的本地客人大幅度下降”一项上，受到的影响最小；小型企业受到的影响程度居中，在“SARS使企业收入和利润下降”和“SARS使企业的国内客人大幅度下降”两项上略高于平均水平，其余两项较平均水平偏低。综合来看，企业的规模不同，受到的影响也不同，根据其受到的影响程度，可以大致描述为：大型企业＞小型企业＞中型企业。这可能是由于大型企业因为经营业务范围较广，与危机的接触面较广，因而危机对其产生的影响最大；小型企业因为经营业务较窄，风险分散的领域有限，危机的发生可能会对其造成毁灭性的影响；中型企业因为处于两者之间，与危机的接触面相对适中且有一定的风险分散的选择空间，两者的有效折中使得中型企业受到的危机的冲击相对较小。这一结果有待于进一步验证。

(4)危机影响大小与企业所在地区距离危机发生地空间距离相关

无论企业所处地区如何，在相关问题上都表现出了较强的显著特征，其均值都在3.9以上，说明企业不论离疫区远近都受到了SARS的影响。其中，地处SARS严重疫区的企业均值都在平均水平以上，大致在4.3～4.8之间；地处非疫区的企业受到的影响最小，均值都在平均水平以下，尤其是在“SARS使企业的本地客人大幅度下降”上，受到的影响最小；位于一般疫区的企业受到的影响程度居中，除了在“SARS使企业的国内客人大幅度下降”上略高于平均水平之外，其余各项均低于平均水平。综合来看，企业受到SARS的影响程度与企业所处的不同地区有很大关系，根据其受到的影响程度，可以大致描述如下：

SARS 严重疫区＞一般疫区＞非疫区。

3. 政府应对措施的有效性分析

本部分主要了解旅游企业对于 SARS 期间政府采取的各项政策及其有效性的看法，包括："我认为 SARS 期间，政府采取的减免税收政策对企业应对危机非常有效"；"我认为 SARS 期间，政府采取的财政补贴政策对企业应对危机非常有效"；"我认为 SARS 期间，政府采取的其他降低企业负担政策对企业应对危机非常有效"；"我认为 SARS 期间，政府开展了卓有成效的旅游市场营销工作，有利于市场恢复"；"我认为 SARS 期间，政府对危机的信息披露及媒体宣传非常有效"；"我认为 SARS 期间，政府与企业进行了很好的合作来应对危机"。

以表 6-14 中的均值统计，按照均值从大到小的顺序得到表 6-17。

表 6-17　SARS 期间政府政策的有效性

问题	M	S.D.
6. 我认为 SARS 期间，政府采取的减免税收政策对企业应对危机非常有效。	3.88	1.037
7. 我认为 SARS 期间，政府采取的财政补贴政策对企业应对危机非常有效。	3.85	0.982
8. 我认为 SARS 期间，政府采取的其他降低企业负担政策对企业应对危机非常有效。	3.73	0.933
9. 我认为 SARS 期间，政府开展了卓有成效的旅游市场营销工作，有利于市场恢复。	3.66	0.938
10. 我认为 SARS 期间，政府对危机的信息披露及媒体宣传非常有效。	3.86	0.840
11. 我认为 SARS 期间，政府与企业进行了很好的合作来应对危机。	3.64	0.887

从表 6-17 中可以看到，有关态度测量的标准差大多都在 1 以下，表明多数企业的态度没有明显的差别。被调查企业认为政府在 SARS 期间所采取的各种政策都是有效的，其均值都在 3.6 以上，其中减免税收政策最为有效，为 3.88，其次是政府对危机的信息披露及媒体宣传和财政补贴政策、其他政策和政府所开展的卓有成效的市场营销工作。

结果验证了假设 3 的内容“政府和企业采取的积极政策和措施有助于企业激活市场”，尤其是政府采取的直接减轻企业负担的政策，如减免税收和财政补贴政策，有助于旅游企业从危机中尽快恢复；同时政府的信息披露政策也使企业获益匪浅。但同时我们也看到，企业过多地重视短期的迅速恢复，而对于政府所采取的市场营销等消除危机影响、有助于企业长期恢复及长远发展的措施却不够重视，没有给予肯定，这也显示出企业应对危机的临时性及缺乏长远的一致性计划。

4. SARS 危机前旅游企业建立危机应急机制分析

本部分主要对 SARS 危机发生之前旅游企业建立危机应对机制的情况进行调查，并将其与“SARS 过后，本地旅游市场得到了迅速恢复”进行相关分析，考察两者之间是否存在相关关系。

(1)SARS 危机前旅游企业采取危机应对措施分析

此部分的问题主要包括：问题 12“发生 SARS 前，本企业建立了完整的危机应急与管理体系”；问题 13“发生 SARS 前，本企业具有相应的危机应急与管理组织机构和人员”；问题 14“发生 SARS 前，本企业对全体员工开展了相应的危机应急与管理培训”。

从表 6-14 中我们看到标准差大多在 1 附近，可见大多数企业的态度没有明显的差别(但相对于其余问题而言，此部分态度测量的标准差偏高)。这三个问题的均值都在 3.4 以上，表明大多数企业在 SARS 发生前具有相应的危机应急与管理组织机构和人员，对全体员工开展了相应的危机应急与管理培训，并建立了较为完整的危机应急与管理体系。这一结果还有待于进一步研究。

(2)“旅游企业在 SARS 危机发生之前建立相关应急机制”与“SARS 过后本地旅游市场得到了迅速恢复”的相关分析

对“旅游企业在 SARS 危机发生之前建立相关应急机制”与“SARS 过后本地旅游市场得到了迅速恢复”之间是否存在相关关系，分析结果如表 6-18 所示。尽管旅游企业只是在危机发生前的短时间内采取了相应的应急手段，但是对于 SARS 过后当地旅游市场的恢复仍然起到了很大的作用，与“SARS 过后本地旅游市场得到了迅速恢复”呈相关关系。说明企业在危机发生前建立相应的应急机制的重要性，再一次验证了建立危机计划的必要性。

表6-18　"SARS危机发生之前旅游企业建立相关应急机制"与"SARS过后本地旅游市场得到了迅速恢复"的相关分析

调查项目		15	12	13	14
15	Pearson(相关性)	1	0.289*	0.297*	0.214*
	Sig.(双尾)		0.000	0.000	0.001
12	Pearson(相关性)		1	0.816*	0.758*
	Sig.(双尾)			0.000	0.000
13	Pearson(相关性)			1	0.793*
	Sig.(双尾)				0.000
14	Pearson(相关性)				1
	Sig.(双尾)				

* 数字表示,在显著性水平为0.01时,因素之间呈相关关系。

5. SARS后旅游企业采取措施分析

本部分主要了解SARS发生后,当地旅游市场的恢复情况及企业采取的种种措施与"市场恢复"之间的相关关系。本部分的调查包括以下方面:问题15"SARS过后,本地旅游市场得到了迅速恢复";问题16"SARS过后,企业主要通过降价来恢复市场";问题17"SARS过后,企业主要通过广告宣传来恢复市场";问题18"SARS过后,企业主要通过降低成本来保持企业运营";问题19"SARS过后,企业主要通过开发新产品来保持企业运营";问题20"SARS过后,企业主要通过开发新市场来保持企业运营";问题21"SARS过后,企业主要通过转产或与其他企业合并来保持企业运营"。

表6-14数据显示,这部分问题标准差大多都在1附近,说明多数企业的态度没有明显差别。旅游企业所采取的措施中均值在3以上的包括通过广告宣传来恢复市场、通过降低成本来恢复市场、通过开发新产品来保持企业运营、通过开发新市场来保持企业运营;均值在3以下的有通过降价来恢复市场(2.68)和通过转产或与其他企业合并来保持企业运营(2.24)。

通过Pearson分析,进一步考察恢复市场与企业采取的各种措施之间是否存在相关关系,结果见表6-19。从表中可以看出,"降价"和

“降低成本”与“市场恢复”之间呈负相关关系，且其相伴概率也都小于0.05，即两者与“市场恢复”不相关的可能性小于0.05。其余的四种措施与“市场恢复”之间没有明显的相关关系。这与现实中很多企业采用打折战略，而且确实对市场恢复起到了一定作用的事实不符。其中的原因可能是被调查者出于对企业形象的考虑不愿承认自己企业的打折行为或者是认为本企业是通过采取开拓新产品或拓展新市场等非价格竞争手段而实现的“降价”或“降低成本”的目的，进而对当地旅游市场的恢复起到促进作用。

表 6-19 SARS 过后“市场恢复”与旅游企业措施的相关分析

调查项目		市场恢复	降价	广告	降低成本	开发产品	开发市场	转产合并
市场恢复	Pearson(相关性)	1	−0.143*	0.064	−0.178**	0.041	0.017	0.020
	Sig.(双尾)		0.025	0.325	0.006	0.528	0.790	0.754
降价	Pearson(相关性)		1	0.324	0.312**	0.031	0.065	0.211
	Sig.(双尾)			0.000	0.000	0.637	0.316	0.001
广告	Pearson(相关性)			1	0.227**	0.467**	0.370**	0.270**
	Sig.(双尾)				0.000	0.000	0.000	0.000
降低成本	Pearson(相关性)				1	0.201**	0.232**	0.198**
	Sig.(双尾)					0.002	0.000	0.002
开发产品	Pearson(相关性)					1	0.674**	0.234**
	Sig.(双尾)						0.000	0.000
开发市场	Pearson(相关性)						1	0.212**
	Sig.(双尾)							0.001
转产合并	Pearson(相关性)							1
	Sig.(双尾)							

* 表示在显著性水平为 0.05 时，因素之间呈相关关系；** 表示在显著性水平为 0.01 时，因素之间呈相关关系。

但上述措施内部具有较强的相关性，比如“开发产品”与“开发市场”之间有较强的相关性，相关系数达到 0.674，“开发产品”与“广告”之间的相关性也较高，为 0.467，符合市场营销规律。

6.政府及企业从危机中学习的分析

本部分主要考察政府及企业在 SARS 危机发生后所获得的学习经验。调查问题有三个，包括：问题 22“SARS 过后，国家建立了相应的旅游危机应急机制”；问题 23“SARS 过后，地方政府建立了相应的旅游危机应急机制”；问题 24“SARS 过后，企业建立了相应的旅游危机应急机制”。结果显示，国家、地方和企业都从危机中进行了有效的学习，积累了经验，并建立了相应的旅游危机应急机制，这可能也是当地旅游市场得以迅速恢复的重要原因。其中企业建立了相应的旅游危机应急机制的均值最高，为 3.90，其次为国家，地方政府排在第三位，后两者的均值分别为 3.87 和 3.78。

7. 旅游企业对于未来危机发生的预期的分析

本部分主要关注旅游企业对于未来危机发生的预期。此部分的问题包括：问题 25“我认为未来旅游突发性危机将越来越频繁地发生”；问题 26“我认为政府和企业建立旅游危机应急与管理体系非常必要”；问题 27“我对旅游市场及企业经营前景充满信心”。

结果显示，“认为未来旅游突发性危机将越来越频繁地发生”的比例相对较低，这一方面反映出对中国未来形势看好，但同时也隐含着普遍对危机的轻视；结果显示对旅游市场及企业经营前景信心指数较高，说明危机对企业的信心指数影响较小，有利于市场恢复；但大部分受访者认为“政府和企业建立旅游危机应急与管理体系非常必要”，说明对于制定危机计划重要性的认识得到提高。

6.5.3　结论与建议

综上所述，此次调查结果的基本结论及建议体现在以下几个方面：

(1)SARS 危机对旅游企业短期经营产生了显著影响。企业的国际客人、国内客人及本地客人降幅明显，并导致企业收入和利润大幅度下降，验证了本节开头所提出的假设 1。

(2)不同行业性质、不同管理方式、不同规模及不同地区的旅游企业受到 SARS 危机的影响不同。按照企业所属的不同行业性质进行分析，旅行社受到的影响最大，旅游景点受到的影响最小，这是由 SARS 危机本身的性质及两类企业自身的特点决定的；以饭店不同的管理方式为标准，国际集团管理饭店的应对能力最强，但由于国际客人降幅明显，其利润收入受到的影响也是最明显的；不同规模的企业受到 SARS 的影响不同，根据其受到的影响程度，可以大致描述为：大型企业＞小型企业＞中型企业，这与不同规模的企业受到的危机影响面积风险分散的可能性有关；企业受到SARS的影响程度与企业所处的不同地区有很大关系，根据其受到的影响程度，可以大致描述如下：SARS严重疫区＞一般疫区＞非疫区。这一点验证了“危机影响大小与企业所在地区与危机所在地距离相关”的假设(假设2)。

(3)企业对于“政府采取的积极政策和措施有助于企业恢复经营”普遍持认同态度，尤其是政府采取的直接减轻企业负担的政策，如减免税收和财政补贴政策，有助于旅游企业从危机中尽快恢复。这部分的统计结果验证了假设3的内容“政府采取的积极政策和措施有助于企业恢复”。但对于政府所采取的市场营销等有助于市场长期恢复及长远发展的措施却不够重视，这也显示出企业应对危机的临时性及缺乏长远的一致性计划。

(4)SARS过后，企业更多地采用了开发新产品或拓展新市场等非价格竞争战略，表明目前旅游企业竞争正在逐渐走向成熟，竞争手段日益多样化；但相关的因素分析同时也表明，“降价”和“降低成本”等传统手段仍然是市场恢复最为有效而直接的手段，或者说旅游企业通过采取开拓新产品或拓展新市场等非价格竞争手段可以实现“降价”或“降低成本”的目的，进而对激活旅游市场起到促进作用。

(5)大部分企业在SARS危机发生前都建立了相应的危机应急机制，此调查结论与现实存在一定差异，这可能因为应答者对“SARS前”所指的阶段的理解与调查者的意图之间有一定差别所致。该结果有待于进一步研究。但即使是临时性的手段，对于SARS过后当地旅游市场的恢复仍然起到了很大的作用，这充分说明了企业在危机发生前建立相应的应急机制的重要性，再一次验证了假设4“危机前制定危机预案有助于企业激活市场”，强化了建立危机一致性计划的必要性。

(6)国家、地方政府和企业都从危机中进行了有效的学习，建立了相应的危机应急机制，这一点验证了假设5“企业从危机中进行了学习”，同时也是当地旅游市场得以迅速恢复的重要原因。

(7)旅游企业对于未来危机的发生及市场恢复持乐观态度，这在增强企业应对危机的信心的同时，也同样意味着企业对于危机印象的淡化。因此，必须注意在市场恢复怀有良好信心的同时，保持持久的警惕性和敏感性。

本章小结

从以上分析可以看出，我国入境旅游、出境旅游和国内旅游都因 SARS 疫情的影响而受到了重创，疫情越严重的地区旅游业所受影响越严重，2003 年 3 月至 6 月是我国旅游业受 SARS 影响最严重的时期。为了防止 SARS 通过旅游活动扩散所采取的限制旅游政策、连篇累牍的海外警告以及 SARS 疫情对旅游者造成的心理恐惧是 SARS 对我国旅游业造成严重影响和冲击的主要原因。在 SARS 疫情发展的不同阶段，政府和相关组织作为旅游业的外部管制机构发布了一系列与旅游活动和旅游业经营相关的政策、法令或通告，在旅游业受 SARS 影响的过程中起到促进作用。危机发生后，我国政府及企业采取了众多措施来激活旅游市场，包括财政、税收、补贴方面的刺激措施，并针对目标市场开展了关于旅游经营商、社会公众的宣传广告运动。此外，借助多种活动促销也取得了积极的成效。

根据对旅游者及旅游企业的抽样调查发现，SARS 危机对旅游消费产生短期性巨大冲击，且不同人口结构对危机的反应也不尽相同。但由于危机持续时间较短，加上政府及企业采取的积极措施使得危机呈现短期性特征。

根据对旅游企业的调查发现，SARS 危机对企业短期经营带来消极影响，且危机影响大小与企业所在地区与危机发生地的空间距离相关，同时政府和企业采取的积极政策和措施有助于企业激活市场，危机前制定危机预案有助于企业激活市场。SARS 危机后，企业从危机中进行了学习。同时中国企业信心没有受到打击，总体对未来充满乐观预期。

第7章　国外针对突发性危机冲击与激活旅游市场的实证研究

7.1　世界旅游组织危机管理总体考察

世界旅游组织(World Tourism Organization, WTO),是在联合国框架内的国际性旅游组织。在应对危机方面,世界旅游组织采取了一系列活动以帮助各成员国更好地从危机中恢复,取得新的发展①。本节简要介绍世界旅游组织的构成,重点介绍为应对危机而成立的旅游恢复委员会以及它所采取的一些措施,以期从国际组织角度为旅游的恢复和发展提供借鉴。

7.1.1　世界旅游组织背景

世界旅游组织的组织机构包括全体成员大会、执行委员会、秘书处

---

① 本节资料主要根据世界旅游组织相关文件及世界旅游组织网站资料整理而成。

及地区委员会。其中全体成员大会为最高权力机构，每两年召开一次，审议该组织的重大问题。2003 年 10 月，世界旅游组织第 15 届全体大会在北京举行。执行委员会下设五个委员会:计划和协调技术委员会、预算和财政委员会、环境保护委员会、简化手续委员会、旅游安全委员会。执行委员会每年至少召开两次会议。秘书处负责日常工作，秘书长由执行委员会推荐，全体大会选举产生。地区委员会是非常设机构，负责协调、组织本地区的研讨会、工作项目和地区性活动，每年召开一次会议。共有非洲、美洲、东亚和太平洋、南亚、欧洲和中东 6 个地区委员会。世界旅游组织结构见图 7-1。

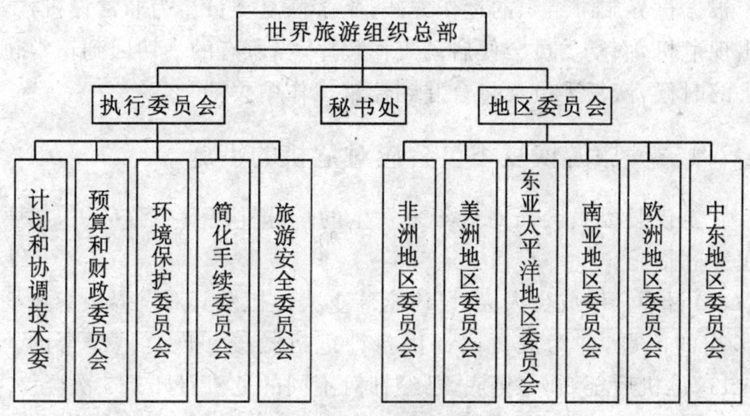

图 7-1　世界旅游组织组织结构图

7.1.2　世界旅游组织危机管理机构——旅游恢复委员会

“9·11”恐怖袭击事件之后，世界旅游组织全体大会决定为旅游产业提供帮助和支持，协助旅游业度过这段困难时期。为了实现这个目标，世界旅游组织采取了一系列行动，这些行动构成了 WTO 的行动计划。在 WTO 第 14 届全体成员大会上成立旅游恢复委员会就是其中的一项行动。该委员会是第一个介于政府之间和在全世界范围内处理世界旅游业危机管理问题的委员会。

旅游恢复委员会成立的目的在于监控影响旅游业发展的事件，识别旅游发展的趋势。该委员会的宗旨在于提供产业信息，弥补已经造成的危害和损失，巩固旅游目的地的形象。旅游恢复委员会的工作主要涉及下面三个领域：第一，密切注视旅游发展现状以及旅游部门对危机的反应，这些分析都以真实客观的市场信息为基础；第二，在旅游安全和稳定方面加强世界旅游组织的活动，重树旅游目的地形象；第三，通过提供更好的应对危机方面的信息和建议，帮助世界旅游组织的成员国，确保旅游部门信息沟通的畅通和连续性。

该委员会由40个来自公共和私人部门的人员构成，包括受危机严重影响地区的主要旅游官员以及部门代表。

根据世界旅游组织的运作方式，旅游恢复委员会为非常设机构，只要出现危机，恢复委员会便启动工作程序。当所有的一切回到正常轨道中去的时候，恢复委员会将合并到营销工作中去。

7.1.3 旅游恢复委员会应对危机的措施

旅游恢复委员会面对近年来发生的全球性突发旅游危机，主要采取了下列措施：

(1)召开全体成员大会，研讨全球重大危机及其对世界旅游业的巨大影响的问题，并为成员国提供各种危机救援和恢复重建帮助。在“9·11”危机后至2003年底，已经针对不同的危机召开了5次会议。旅游恢复委员会的第一次会议于2001年11月11日在英国伦敦召开。在这次会议上，与会者讨论了由世界旅游组织秘书处准备的对危机后果处理的报告。委员会成员还介绍了本国和公司应对危机所取得的经验和他们的主要解决方案，这些解决方案既有战略性的也有战术性的。这次全体会议后，又为地中海国家召开了两次地区性会议。此后，针对日益增多的恐怖主义活动(如突尼斯的Djerba、印尼巴厘岛和肯尼亚的Mondasa发生的恐怖主义活动)，该委员会第二次会议于2002年3月15日在德国柏林召开，第三次会议于2002年11月12日在英国伦敦召开。SARS事件后旅游恢复委员会的第四次会议于2003年3月7日在德国柏林召开，第五次会议于2003年10月12日在北京召开。所有这些会议都是建立在共同利益的基础上，试图使旅游业尽快从最初的危机中得到恢复，并对全体成员所关心的重要议题展开讨论，包括：监控危机变化及其对旅游业的影响，加强 WTO 在安全保障和旅游形象树立方面的活动，援助 WTO 成员，为他们提供定期信息和建议，确保有关旅游发展状况信息沟通的协调一致。

(2)出台一系列针对旅游危机的分析报告，为成员国及其他组织提供旅游危机信息服务。具体包括：《旅游安全的建议措施》、《安全旅游目的地简化模型》、《对值得信赖的旅游咨询的建议》、《旅游安全手册》和《旅游危机管理指南》等。

(3)与其他国际组织合作，协调危机应对和救援活动。寻求国际间的密切合作历来是世界旅游组织认为解决危机所必不可少的条件之一。在应对不同的危机时，世界旅游组织旅游恢复委员会总是与其他组织合作以期能更有效地帮助灾难国从危机中恢复过来，更快地走上正常发展的道路。在应对 SARS 危机时，世界旅游组织和世界卫生组织密切合作；在应对印度洋海啸危机时，世界旅游组织与亚太旅游协会以及其他相关的旅游组织密切合作。此外，世界旅游组织还与其他相关组织一起召开协商会议，讨论跨机构的全面危机应对和合作机制及措施。例如，与世界卫生组织合作召开国际旅游的安全常识和预防会议；召开关于旅游警告的会议；召开关于航空安全的国际旅游组织全体成员大会。该委员会主席和代表还利用一切机会同所有国家沟通信息，以期实现用一个声音说话。

(4)提供相应的统计及分析工具。必要的分析工具和预警系统是应对危机所必不可少的。人们认为，如果印度洋海啸发生前各国具有良好的预警系统，那么结果可能会有所改变。为了更好地评价和分析危机的情况，世界旅游组织与世界旅游理事会使用旅游卫星账户统计系统，对各种危机造成的影响进行分析。表 7-1～表 7-4 为世界旅游理事会所提供的关于“9·11”事件对世界旅游业影响的信息。2004 年底印度洋海啸发生后，世界旅游组织委托 VISA 国际公司开展了联合市场调查，为受灾国激活市场提供基础信息(详细内容见本章第 8 节)。

综上所述，世界旅游组织所采取的应对危机的模式具有一定的及时性和前瞻性，对于危机能迅速作出反应，发布各种分析报告和预测，给受灾国提供信息和建议。目前各国的危机管理模式相对薄弱，尤其是在宏观层面的应对措施和策略并没有形成。印度洋海啸的发生将危机又一次显现在人们面前，人们又开始考虑危机管理的重要性。世界旅游组织的模式值得各国借鉴。

表 7-1 世界旅游理事会 2002 年旅游卫星账户的估计与预测

项目	数额（亿美元）	2002 占总数的百分比（%）	增长率（%）①	数额（亿美元）	2012 占总数的百分比（%）	增长率（%）②
个体旅游	20 390	9.9	－0.9	38 752	10.6	3.8
公务旅游	3 791	—	－3.5	7 381	—	4.1
政府支出	2 036	3.8	3.2	3 600	3.9	3.0
资本投资	6 422	9.2	－0.4	12 648	9.5	4.2
旅游出口额	5 147	6.5	－4.9	13 026	6.6	6.5
其他出口额	4 328	5.4	－0.3	10 732	5.4	6.3
旅游需求	42 111	—	－1.3	86 138	—	4.5
旅游业国民生产总值	11 951	3.6	－1.6	22 714	3.8	3.8
旅游经济业国民生产总值	32 825	10.0	－1.1	63 519	10.6	4.0
旅游业就业人数（万人）	7 170.95	2.8	－2.4	9 081.91	3.1	2.4
旅游经济就业人数（万人）	19 809.80	7.8	－1.6	24 948.60	8.6	2.3

注：①为 2001 年根据通货膨胀调整后的实际增长；②为 2002～2012 年根据通货膨胀调整后的年实际增长率。

表 7-2 “9·11”事件对 2001 年和 2002 年全球旅游增长的影响

年份	旅游需求实际增长率（%）	旅游经济就业人数（万人）	旅游出口实际增长率（%）
2001	－4.4	－595.51	－9.6
2002	－3.0	－449.68	－5.7
合计	－7.4	－1 045.19	－15.3

表 7-3　“9・11”事件对 2001 年和 2002 年全球旅游增长率影响详表

类别	2001 年			2002 年			总和
	“9・11”前预测	实际结果	“9・11”影响	“9・11”前预测	最新预测	“9・11”影响	“9・11”影响总和
项目	估计 2001 年全年比 2000 年实际增长率（%）	2001 年全年比 2000 年实际增长率（%）	实际增长率（%）	估计 2002 年全年比 2001 年实际增长率（%）	2002 年全年比 2001 年实际增长率（%）	实际增长率（%）	实际增长率（%）
个体旅游	2.8	－0.9	－3.1	－3.0	0.0	－2.1	－5.3
公务旅游	3.1	－3.5	－5.6	3.1	－3.9	－4.9	－10.5
政府支出	3.0	3.2	0.1	3.2	3.2	0.0	0.1
资本投资	3.0	－0.4	－2.9	5.1	1.0	－2.9	－5.7
旅游出口额	6.4	－4.9	－9.6	4.0	－4.2	－5.7	－10.2
其他出口额	7.7	－0.3	－6.8	6.5	1.6	－3.4	－7.4
旅游需求	3.8	－1.3	－4.4	3.8	－0.4	－3.0	－6.9
旅游业国民生产总值	3.1	－1.6	－2.9	3.1	－0.9	－2.8	－6.5
旅游经济业国民生产总值	3.2	－1.1	－3.6	3.7	－0.3	－2.8	－6.9
旅游业就业	2.1	－2.5	－3.9	2.3	－2.0	－3.0	－6.5
旅游经济就业	1.9	－1.6	－2.9	2.3	－0.8	－2.2	－5.1
旅游业就业人数	160.26	－187.93	－295.96	182.73	－146.88	－230.73	－526.69
旅游经济就业人数	385.20	－315.40	－595.51	474.20	－168.20	－449.68	－1 045.19

表 7-4　世界旅游理事会 2002 年旅游卫星账户数据表

类别	项目	1997	1998	1999	2000	2001	2002（预测）	2012（假定）
旅游	个体旅游	18 794.0	19 015.2	19 918.5	20 565.4	20 011.3	20 389.5	38 752.3
	公务旅游	3 702	3 763.4	3 920.2	4 049.8	3 870.7	3 790.9	7 380.7
	公司	3 238.8	3 286.7	3 417.8	3 541.0	3 385.0	3 315.2	6 490.7
	政府	463.2	476.8	502.4	508.8	485.8	475.7	890.0
	政府支出——个体	726.0	724.8	760.1	762.3	769.1	812.4	1 418.9
	旅游出口	5 094.1	5 134.1	5 316.4	5 551.6	5 176.1	5 147.2	13 026.0
	旅游消费	28 311.7	28 635.6	29 918.7	30 926.6	29 815.7	30 139.4	60 577.6
	政府支出——群体	1 065.7	1 041.5	1 102.0	1 149.8	1 166.9	1 225.1	2 182.2
	资本投资	5 625.1	5 813.4	6 340.4	6 341.5	6 235.8	6 422.0	1 264.9
	出口（非旅游）	364.88	372.00	384.05	426.16	414.53	432.77	1 073.21
	旅游需求	38 646.3	39 206.1	41 198.2	42 672.9	41 360.5	42 111.4	86 137.9
旅游业合计（仅限直接影响）	就业（万人）	6 916.24	7 166.89	7 395.94	7 505.76	7 317.83	7 170.95	9 081.91
	国民生产总值	11 323.3	11 489.4	11 956.8	12 213.3	11 810.0	11 950.8	22 714.1
旅游经济总计（直接和间接影响）	就业（万人）	18 539.10	19 130.90	19 820.40	20 293.40	19 978.00	19 809.80	24 948.60
	国民生产总值	30 485.0	31 000.2	32 457.2	33 171.0	32 255.0	32 850.0	63 519.2
旅游账户占国民账户的百分比	个体旅游	10.28	10.41	10.39	10.40	10.07	9.93	10.61
	政府支出	3.72	3.70	3.73	3.76	3.79	3.80	3.94
	资本投资	8.42	8.85	9.27	8.90	9.01	9.17	9.50
	出口	12.56	13.02	12.96	12.60	12.27	11.91	12.03
	旅游进口	11.97	12.22	12.39	12.04	11.80	11.43	11.11
旅游业总计（仅限直接影响）	就业（万人）	2.88	2.95	3.01	3.01	2.91	2.82	3.12
	国民生产总值	3.75	3.84	3.83	3.81	3.71	3.64	3.80
旅游经济总计（直接和间接影响）	就业（万人）	7.74	7.89	8.08	8.15	7.93	7.78	8.56
	国民生产总值	10.10	10.37	10.40	10.34	10.13	10.00	10.64

续表

类别	项目	1997	1998	1999	2000	2001	2002(预测)	2012(假定)
旅游实际增长(除2012年为10年的平均增长率外,其他均为年增长率)	个体旅游	4.11	3.75	3.11	4.92	—0.87	0.01	3.48
	公务旅游	4.60	4.18	3.96	4.08	—3.49	—3.95	3.42
	政府支出	0.57	1.10	3.75	4.22	3.17	3.20	3.07
	资本投资	4.72	6.66	7.67	1.99	—0.42	1.00	3.90
	旅游出口	4.01	5.02	3.87	9.02	—4.89	—4.23	5.57
	其他出口	9.48	6.36	2.52	14.77	—0.28	1.59	5.93
	旅游消费	4.08	4.00	3.37	5.52	—1.87	—1.20	3.86
	旅游需求	4.54	4.51	3.94	5.82	—1.35	—0.45	4.09
旅游业总计(仅限直接影响)	国民生产总值	4.09	4.16	2.75	3.73	—1.65	—0.93	3.42
	就业(万人)	2.55	3.68	3.20	1.48	—2.50	—2.01	2.08
旅游经济总计(直接和间接影响)	国民生产总值	4.31	4.54	3.29	3.93	—1.11	—0.35	3.61
	就业(万人)	2.25	3.19	3.60	2.39	—1.55	—0.84	2.12
旅游(以1990年不变价格计算)	个体旅游	16 276.6	16 887.5	17 412.4	18 268.9	18 110.8	18 113.3	25 479.0
	公务旅游	3 181.3	3 314.4	3 445.7	3 586.1	3 461.1	3 324.5	4 826.1
	政府支出(个体)	641.5	656.5	681.0	706.3	726.3	746.3	954.5
	旅游出口	4 442.7	4 665.8	4 846.2	5 283.3	5 024.8	4 812.0	8 583.5
	旅游消费	24 542.1	25 524.0	26 385.4	27 842.2	27 321.9	26 995.2	39 843.3
	政府支出(群体)	913.9	916.0	950.5	994.7	1 028.6	1 064.7	1 419.5
	资本投资	4 856.3	5 179.9	5 577.1	5 687.8	5 664.0	5 720.9	8 296.3
	出口(非旅游)	3 170.8	3 372.3	3 457.1	3 967.8	3 956.6	4 019.5	7 030.6
	旅游需求	33 482.5	34 991.6	36 369.5	38 485.6	37 967.2	37 797.3	56 588.3
国民生产总值	旅游业	9 836.4	10 246.0	10 528.0	10 921.0	10 741.1	10 641.4	15 010.3
	旅游经济	26 408.9	27 609.1	28 518.6	29 639.8	29 312.3	29 209.8	41 750.8

7.2 “9·11”恐怖袭击事件对美国旅游业的冲击与激活市场实践

7.2.1 事件背景

2001年9月11日,美国4架民航飞机遭恐怖分子劫持,其中两架撞击了纽约世界贸易中心,两座塔楼相继坍塌;一架飞机撞击了华盛顿附近的五角大楼;一架飞机坠毁在宾夕法尼亚州的匹兹堡附近。这一系列恐怖袭击事件共造成三千多人死亡或失踪,成为美国有史以来最大的国际恐怖主义事件,对国际政治、经济和社会等产生了深刻影响。以民航业为代表,旅游业首当其冲受到巨大的打击。在事件之后,收入下降以及失业现象不仅出现在旅游业也波及了整个美国经济。美国“9·11”恐怖袭击事件发生后,美国以国土安全为最高利益,采取了一系列严厉和极端措施,但这些做法同时也给旅游业提出了很大的难题。

7.2.2 “9·11”事件对美国旅游业的冲击

1.旅游业出现全面大幅度下滑

“9·11”事件后美国政府加强了安全检查措施,包括广受批评的对游客留指纹、搜身、审讯甚至遣返等,对美国旅游业造成了严重的负面影响,反映在旅游人数,旅游消费支出,航空、饭店等产业收益大幅度下降。“9·11”事件使美国深受其害,美国国土安全部威胁预警系统预报危险程度的变化从黄色(上升 elevated)警备状态升级到橙色警备状态(高 high)。事件发生后的2003年,在美国机场、边境和港口被拒绝入境人数近74万。此外,美国政府制定了新的签证管理办法,要求近90%的美国签证申请者必须与签证官面谈。美国旅行业协会认为,这些原本用来防止恐怖分子入境的限制规定实际上阻止了大量合法游客赴美旅游。日益严格的签证制度，使国际旅游业受到巨大打击。"9·11"事件严重影响了以航空业为代表的旅游业的正常运营，反映为经济增长率、国际旅游人数、饭店业、航空业等经济指标全面下降。2002 年，美国出境游下降 7%，而 1994～2002 年间国内旅游上升 8%。就美国国内旅游业来看，一夜之间国内旅游需求下降了 15%，同时饭店客房出租率下降了 10%。整个旅游行业迎来了一个不确定的市场[①]。表 7-5～表 7-7和图 7-2～图 7-8 反映了美国近年来旅游业的变动状况。

表 7-5　2002～2005 年美国经济预测

经济指标	2002	2003	2004	2005
国民生产总值增长率(%)	1.8	4.0	3.9	3.0
个体消费(%)	2.1/2.4	3.5/3.1	3.0/3.5	2.6
出口(%)	-8.6	7.6	9.3	7.9
失业率(%)	6.0	5.8	5.1	5.0
通货膨胀率(%)	1.4	2.4	2.5	2.5

资料来源：根据 WTO 数据整理。

表 7-6　1994～2002 年美国国内旅游总人次数

年份	国内旅游总人次(亿人次)	比上年增长率(%)
1994	9.41	—
1995	9.66	2.6
1996	9.67	0.1
1997	9.99	3.4
1998	10.04	0.5
1999	9.87	-0.7
2000	9.98	1.1
2001	10.18	2.0
2002	10.21	0.3

资料来源：OTTI. The Conference Board, AMERICA. ORG, 2004 Domestic Outlook for Travel & Tourism.

表 7-7　1994～2002 年美国入境旅游人数

年份	入境旅游总人次(万人次)	比上年增长率(%)
1995	4 339	—
1996	4 649	7.3
1997	4 775	2.7
1998	4 639	-2.8
1999	4 849	4.5
2000	5 094	5.1
2001	4 490	-11.9
2002	4 189	-6.7
2003	4 036	-3.7

资料来源：OTTI. The Conference Board, AMERICA. ORG, 2004 Domestic Outlook for Travel & Tourism.

① WTO. *The Impact of the September 11th Attacks on Tourism: The Light at the End of the Tunnel*. Madrid: World Tourism Organization, 2002.

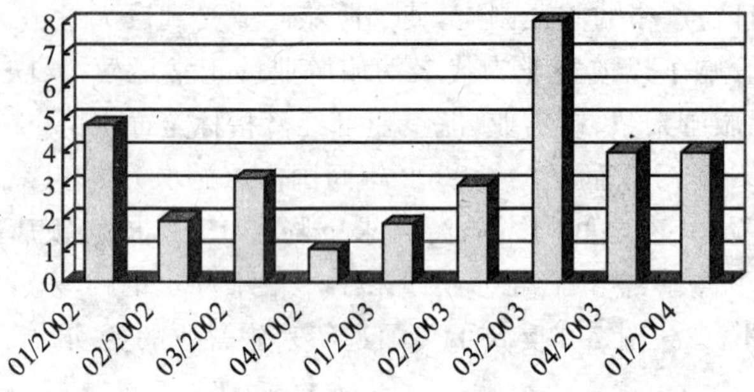

图 7-2 "9·11"事件后美国经济增长率变动

资料来源：OTTI. The Conference Board，AMERICA. ORG，2004 Domestic Outlook for Travel & Tourism.

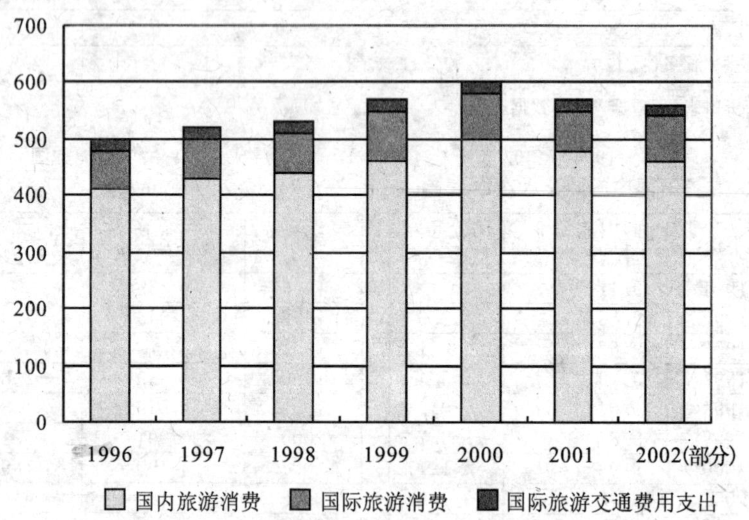

图 7-3 1996～2002 年美国旅游消费支出(单位:亿美元)

资料来源：OTTI. The onference Board，AMERICA. ORG，2004 Domestic Outlook for Travel & Tourism.

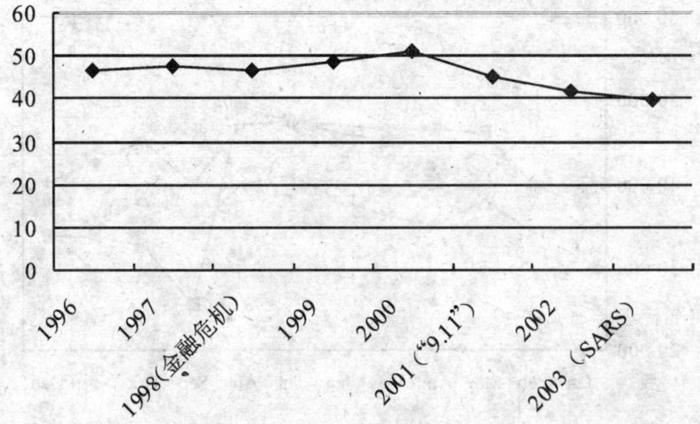

图 7-4　1996～2003 年美国国际旅游人数(百万人次)

资料来源：OTTI. The Conference Board，AMERICA. ORG，2004 Domestic Outlook for Travel & Tourism.

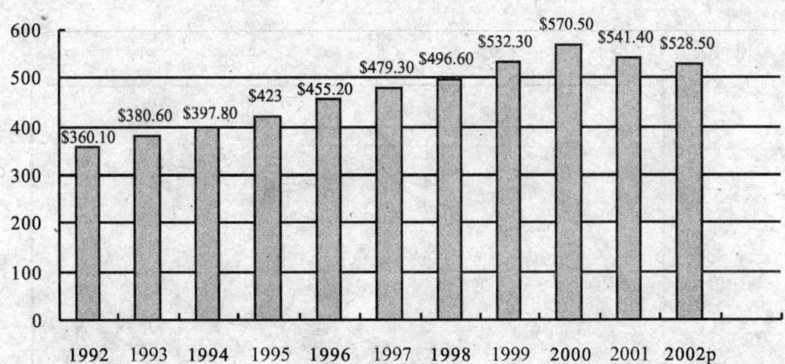

图 7-5　1992～2002 年美国国际国内旅游消费变动(十亿美元)

资料来源：OTTI. The Conference Board，AMERICA. ORG，2004 Domestic Outlook for Travel & Tourism.

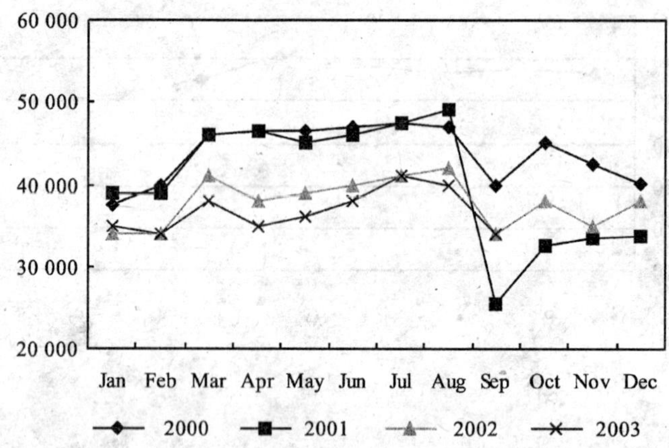

图 7-6 2000～2003 年美国乘坐国内航空人数(单位:万人)

资料来源:OTTI. The Conference Board,AMERICA. ORG,2004 Domestic Outlook for Travel & Tourism.

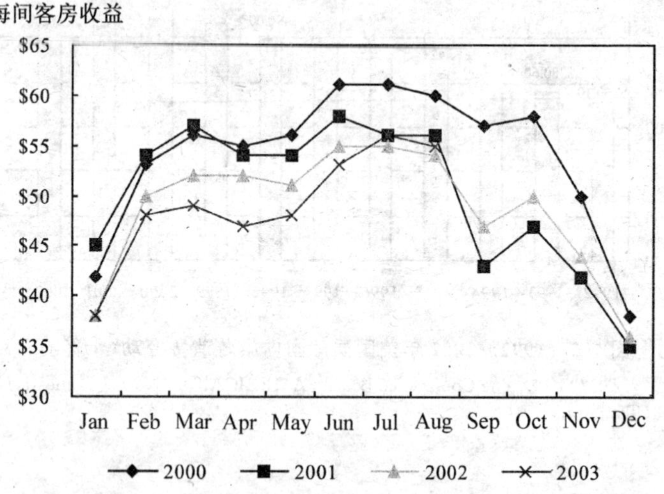

图 7-7 2000～2003 年美国饭店业收入变动(单位:美元)

资料来源:Smith Travel Research. The Conference Board,AMERICA. ORG,2004 Domestic Outlook for Travel & Tourism.

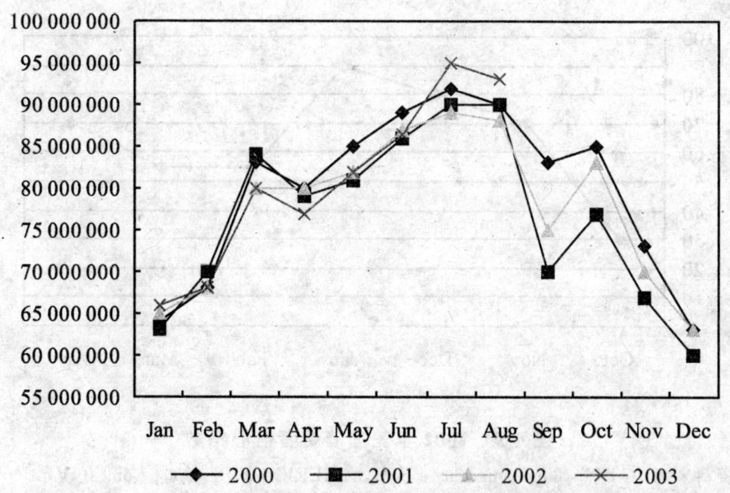

图 7-8　2000～2003 年美国饭店出租客房天数(单位:间天夜)

资料来源：Smith Travel Research. The Conference Board，AMERICA. ORG，2004 Domestic Outlook for Travel & Tourism.

2. 旅游者消费信心受到打击，消费行为发生变化

"9・11"恐怖事件后，世界上许多地区发生了针对西方游客、尤其是美国游客的各种暴力活动，再加上美国国内经济不景气，公众的恐惧心理很难克服。受恐怖主义负面影响，旅游者消费信心受到打击，图 7-9～图 7-11 揭示了美国旅游者信心指数下降的趋势。与此同时，危机导致旅游消费倾向和行为也发生变化，体现在：人们更愿意选择不乘坐飞机，而是采用高速公路的旅行；到就近的旅游目的地游览（如自驾车到周边城市或乡村旅游）；更多的美国公众认为出国旅行比国内旅行更加不安全，因此选择在美国本土旅游，减少出国旅游，缩短停留时间（3 晚或更少）；访问小城镇或乡村地区，避免大城市或拥挤地区；关注最重要的目标；注意节约等。根据调查结果，美国旅游者减少休闲旅游的原因依次是：为经济和就业担忧、闲暇时间少、旅行费用和油价太高、健康因素、战争和恐怖主义、旅游不便；减少商务旅游的原因依次为：公司削减开支、没有需求、对旅行限制、缺乏时间、旅行价格高、SARS、战争、恐怖组织和安全。具体数据见图 7-12～图 7-14。

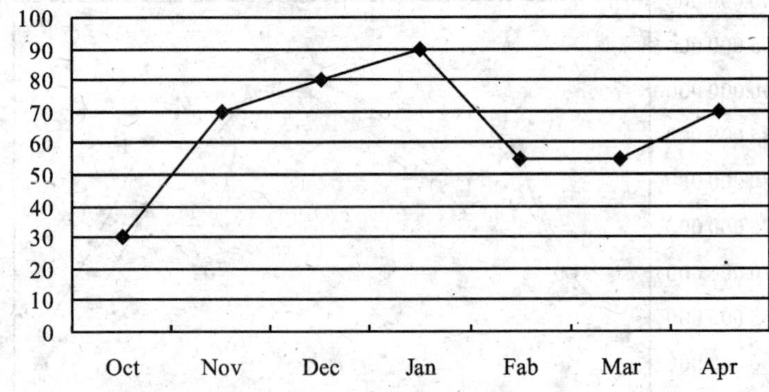

图 7-9 2002 年美国消费者信心指数

资料来源：OTTI. The Conference Board，AMERICA. ORG，2004 Domestic Outlook for Travel & Tourism.

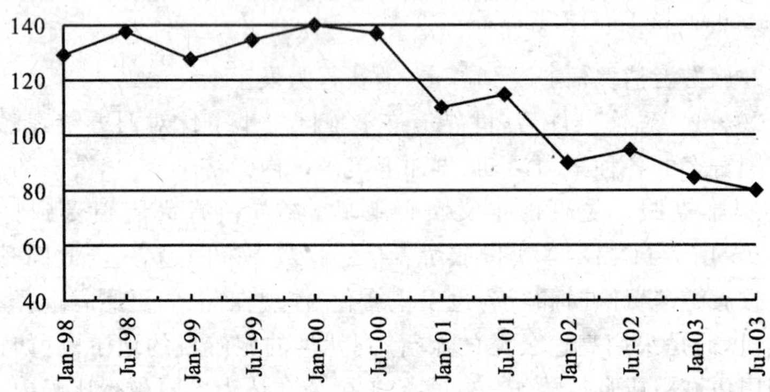

图 7-10 美国消费者信心指数变动

设美国消费者信心指数 1985 年为 100。

资料来源：OTTI. The Conference Board，AMERICA. ORG，2004 Domestic Outlook for Travel & Tourism.

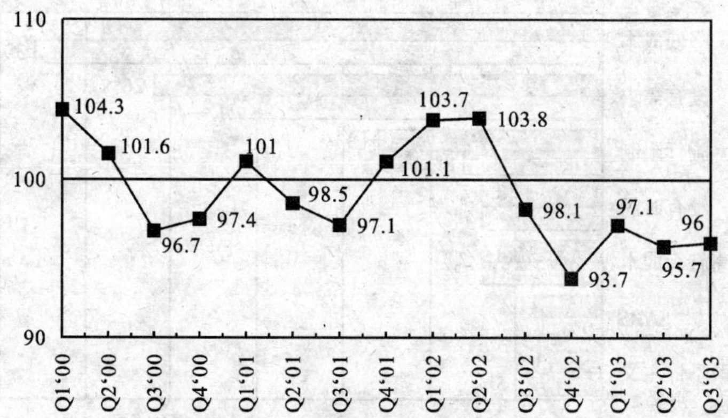

图 7-11　2000～2003 年美国旅游信心指数变动

设美国消费者旅游信心平均指数 2000 年为 100。

资料来源：OTTI. The Conference Board，AMERICA. ORG，2004 Domestic Outlook for Travel & Tourism.

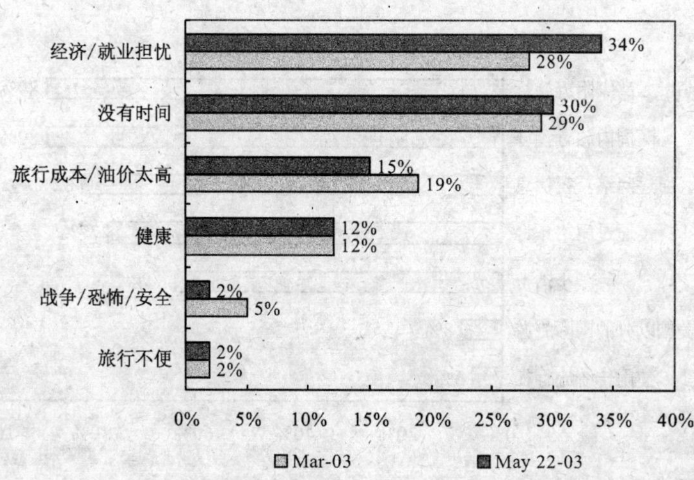

图 7-12　2003 年美国居民不进行休闲旅游的原因

资料来源：OTTI. The Conference Board. AMERICA. ORG，2004 Domestic Outlook for Travel & Tourism.

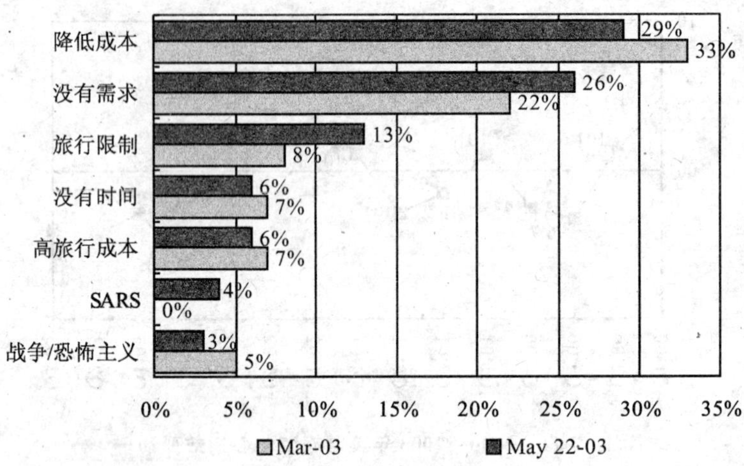

图 7-13 2003 年美国居民不进行公务旅游的原因

资料来源：OTTI. The Conference Board. AMERICA. OGR，2004 Domestic Outlook for Travel & Tourism.

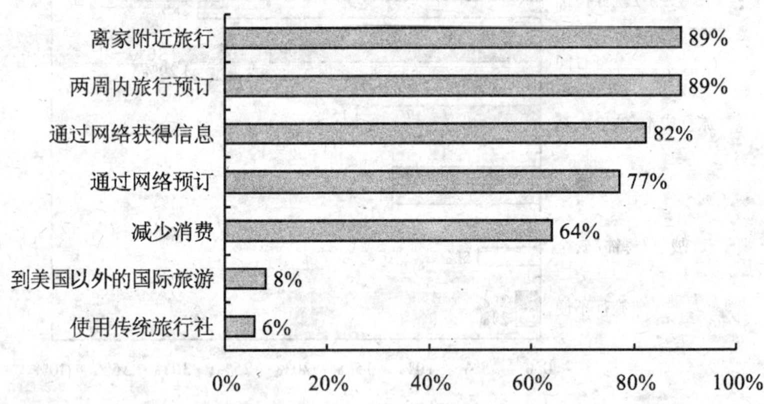

图 7-14 "9·11"事件后美国居民旅行趋势

资料来源：OTTI. The Conference Board，AMERICA. ORG，2004 Domestic Outlook for Travel & Tourism.

7.2.3　美国政府激活旅游市场的措施

1. 出台《航空安全和系统稳定法案》[①]

自从美国发生“9·11”恐怖袭击后，运输安全问题、尤其是不断增多的航空安全问题，被列为美国政府首要的议事日程。美国政府认识到，在当今形势下，要做到运输安全，简单依靠航空公司和机场工作人员是远远不够的。联邦政府迅速作出反应，在 2001 年 9 月 22 日就通过了《航空安全和系统稳定法案》(Air Transportation Safety and System Stabilization Act，ATSSSA)。这一法案提供了联邦政府的贷款援助以及对航空公司的补贴，还有一些其他的财政和安全措施。由五个旅游行业组织组成的旅游业恢复联盟提出了六点计划，旨在使美国旅游业保持“9·11”事件前的水平。该计划由一系列政策措施组成，包括：旅游者和劳动者税收信贷、商业贷款计划、对营业净损失的补助以及政府和私人基金对来美国旅游和国内旅游促销的援助。

根据该法案，联邦政府对航空业提供 100 亿美元的贷款；给予航空公司 50 亿美元的补助；对航空公司面临保险金额增长的补贴；减少航空公司由于恐怖袭击而要承担的责任；对航空公司延迟缴税的补贴；对在“9·11”事件中死亡或受伤的人员的补偿；在航空安全上投入 30 亿美元。该法案的措施可分为两类：一类是用于保持航空业在“9·11”事件之后继续经营的措施；另一类是对那些在肉体上、经济上受到伤害人员的补偿。通过对航空公司的信贷、减少对恐怖袭击所承担的责任、对航空业税收补助、加强航空安全，有助于增强航空业在“9·11”事件之后的信心，防止航空业陷入运营困境。

2. 出台《航空运输安全法案》

“9·11”恐怖袭击事件暴露出美国运输系统的脆弱和失败。2001 年 11 月 19 日，即距离该袭击 10 周后，总统签署了《航空运输安全法案》(ATSA)。根据该法案，在运输部下成立了一个新的运输安全局

---

① Blake，A. and Sinclair，T. M. *Tourism Crisis Management：response to September 11*. Christel DeHaan Tourism and Travel Research Institute，Nottingham University Business School，2002.

(ATSA)。该法案的主要目的在于加强国家的运输安全服务,而这些服务已经处于联邦政府的管理和控制之下。而且,新法律还要求所有的机场员工都必须具有相应的资格,并要对其进行培训和测试,同时还要求在所有的商业性机场都必须配备身着制服的联邦法律执行官。通过引进航空执行官,配备带有非致命性武器的队伍等来提供机场安全保障;同时,政府还拨给机场15亿美金用于支付这些额外的安全设备;拨给机场7 000万美元用于机场安全设施的研发;对前法案中没有纳入的那些航空旅游经销商以及其他航空经营公司提供补助。

3.成立旅游业恢复联盟

旅游业恢复联盟(The Travel Industry Recovery Coalition, TIRC)由一群来自旅游业界的人员组成,旨在游说政府对"9·11"事件所产生的后果采取更多积极的行动,他们提出了旨在保持美国经济健康,促进美国旅游业恢复到"9·11"事件前的水平的六点计划。根据该六点计划,联邦政府应当:(1)为北美地区的旅游者在航空、铁路、汽车、汽车租赁、饭店和汽车旅馆等的开支上提供500美元的税收减免;(2)将借款计划延伸到小型企业;(3)为旅游业提供劳动力税收减免;(4)为市场营销提供更多的政府基金;(5)扩大税收补助,使企业能够弥补"9·11"事件对将来收入产生的影响;(6)对目前只减免企业50%的娱乐开支税务进行改革,减免100%。

该联盟计划提出了ATSSSA没有解决的问题。尽管ATSSSA为航空公司提供了补助,但并没有给其他旅游企业提供补助。TIRC计划不仅仅是针对航空业而且是对整个旅游行业提供帮助,尤其包括其他交通部门。TIRC计划中的措施也可以分为两类:一类是刺激整个行业的经济活动以弥补在"9·11"事件中所遭受的重创的措施;另一类是稳定企业,弥补企业遭受的主要损失,防止其破产的措施。贷款计划和税收补助属于第二类。第一类是直接为旅游业的生产者提供补助(如为航空业提供补助),和为旅游者消费的补助,如给予旅游开支增加的税收信贷。

4.经济安全计划和其他措施

2001年12月,美国总统向美国国会提出了一项经济安全计划,经审议已纳入 2003 年的预算中。该预算在 2002 年减免税收 620 亿美元的基础上，2003 年再减少 80 亿美元。经济安全计划主要着眼于《经济安全和劳工援助法案》(Economic Security and Worker Assistance Act, ESWAA)，旨在减少一些企业的税收，为一些特别需要援助的家庭提供暂时性帮助，为纽约市一些在“9・11”事件中遭受损失的企业和私人提供税收优惠政策(总额最高为 150 亿美元)。另外，ESWAA 包括其他一些原本已经到期的税收政策，为那些灾难中的受害者提供税收援助，同时还包括其他一些技术性政策。可以说经济安全计划最大的经济影响需要直接加于个体和企业上的税收的变化，因此联邦政府通过财政政策刺激整体的经济活动。

2003 年的预算中也包含了额外的与“9・11”事件相关的在国防、国土安全方面的开支。国防预算从 2001 年的 3 060 亿美元提高到 2002 年的 3 310 亿美元，2003 年达到 3 690 亿美元。国土安全开支是应对类似“9・11”恐怖袭击的一项开支。在国防和国土安全方面开支的增长是直接财政政策刺激经济增长的一种辅助手段，而减税与这些开支又有一定的关联性。从总体上看，美国政府在国防和国土安全方面开支增长的总额为 860 亿美元，远远高于经济安全计划中减税的资金，也比在 ATSSSA/ATSA 措施中和 TIRC 六点建议中的数额要大得多。

5. 总统参与旅游广告宣传

为激起国内外游客的旅游热情，美国旅行业协会开展了为期四周的宣传推广活动，其中的重头戏为耗资 1 240 万美元拍摄的录有布什总统声音的广告——“让国民恢复正常生活”。由于总统无暇为广告录音，在播出时采用了他在过去演说中的话：“如果家人问我，他们是否应该飞行，我会说‘应该’。”还有布什总统在 2001 年 9 月 27 日在美国最繁忙的芝加哥奥哈尔机场对航空公司员工发表的演说的片段：“请登上飞机，到全国各地做生意。继续飞行旅游并享受美国优美的风光，到佛罗里达的迪斯尼乐园吧。请带家人无拘无束地享受生活。”还有“9・11”事件发生两天后他回答记者提问时说的“美国已经采取措施确保航空安全”。

7.2.4 地方旅游组织激活市场的措施——以南卡罗来纳州查尔斯顿旅游会展局为例

1.查尔斯顿背景

查尔斯顿(Charleston)是美国南卡罗来纳州的一个旅游胜地。这是一个迷人的港口城市,拥有大量的历史古迹,清洁的沙滩,宜人的气候,还有内战时期遗留下来的种植园、古堡和花园,每年吸引着超过400万的游人驻足,赢得了无数的赞美。《Conde Nast Traveler》杂志连续九年将查尔斯顿评为北美前十名旅游目的地,《国家旅游地理》杂志将该市列入"美国50强城市",《南部生活》评选该市为最受游客喜爱的梦幻目的地、最受游客喜爱的历史文化目的地。1989年,"雨果号"飓风袭击了这个城市,摧毁了城市的大部分建筑,当地旅游业受到了巨大的损失。但之后,查尔斯顿市的游客人数连年增长。1997年为320万,1998年330万,1999年370万,2000年390万。然而2001年10月不像通常认为的那样成为繁忙的旅游季节,而是遭到了巨大的灾难①。

2."9·11"事件对查尔斯顿旅游业的冲击

和美国其他旅游目的地一样,查尔斯顿地区的旅游业在"9·11"事件后也遭受到了直接的打击。衡量旅游业是否健康的两个有效指标(出租的房间数及饭店平均房价)都出现下降(见表7-8)。

在2001年查尔斯顿经历了相当糟糕的一年。旅游人数始终没有起色。"9·11"致命一天的来临使查尔斯顿和整个美国旅游业跌入了深渊。全美国9月份的旅游需求下降了14.8%。查尔斯顿也没有幸免,其旅游需求下降了15.2%。同时平均房价也大幅下降。全美国饭店平均房价下降了10%,查尔斯顿的饭店出租率降幅超过13%②。

---

① Litvin, S. W. and Alderson, L. L. How Charleston got her groove back: A Convention and Visitors Bureau's response to 9/11. *Journal of Vacation Marketing*, 2003, 9(2): 188~198.

② TWCrossroads. ETC: U. S. arrivals could be off by up to 15 per cent. accessed via the Internet at http://twcrossroads.com, 14th August, 2002.

表 7-8　查尔斯顿地区*饭店出租情况

指标＼月份	1	2	3	4	5	6	7	8	9	10	11	12
2000 年												
间天数(千)	181	219	275	287	283	275	269	238	243	271	218	174
平均房价(美元)	88	96	115	124	121	113	106	99	115	115	110	98
2001 年												
间天数(千)	182	200	280	294	277	261	265	242	206	263	229	194
平均房价(美元)	91	101	116	126	177	109	102	100	100	115	99	93
2002 年												
间天数(千)	191	217	297	317								
平均房价(美元)	92	106	113	126								

* 数据包括 Charleston 和 Dorchester 两个地区。

资料来源：Center for Business Research，Charleston Metro Chamber of Commerce，2002.

当美国旅游业继续遭受着“9·11”事件冲击时，查尔斯顿地区的旅游却呈现出一个紧接的恢复的趋势。全美国 10 月份的旅游需求对比前一年降低 10%，与 9 月份 15%的下降率相比有所减缓。查尔斯顿在“9·11”事件之后仅仅一个月，10 月份的旅游需求同比仅下降了 3%。从 2002 年前四个月数据看，美国的旅游需求出现缓慢的上升趋势。但没有从四个月的赤字中走出来。相比之下，查尔斯顿从 10 月份开始领先享有了可与上年同期数字相比的持续增长，拥有 317 000 名游客的 4 月份创这个城市历史上游客数量单月最高值。虽然查尔斯顿的平均房价相对需求来说提高得比较缓慢，但其恢复的速度已远超过美国其他地方。起初，查尔斯顿的平均房价急剧下降，低于全国水平，从 10 月份开始提高，到 2002 年 1 月份已进入良性发展。虽然三四月份的高峰期上升速度较为平缓，但是那几个月的房价与查尔斯顿饭店的历史最高房价已相差无几①。“9·11”事件导致全美国旅游业元气大伤，查尔斯顿旅游业恢复如此迅速，无论是旅游者人数还是平均房价，都远远超过人们的预期，这应归功于查尔斯顿旅游会展局

① Charleston Metro Chamber of Commerce. Accommodations Occupancy Trends, Charleston & Dorchester Counties, South Carolina, April, data complied and disseminated by the Chamber, Charleston, South Carolina, 2002.; Smith Travel Research. Data disseminated by the company at a seminar sponsored by the Charleston Metro Chamber of Commerce Travel Council, June, Charleston, South Carolina, 2002.

(CACVB)采取的行之有效的危机应对及激活市场措施。

3. 查尔斯顿旅游会展局采取的激活市场措施及效果

查尔斯顿旅游会展局(CACVB)拥有完备的危机管理预案和专门的危机管理团队成员,每个成员都清楚集合的地点。第一次会议在2001年9月11日下午召开,在了解"9·11"事件的大概情况过后,小组很快就意识到在此之前的危机管理预案还很不够,因为这些方案都是建立在当地的地方性问题上,如发生飓风、洪水,或者碰到地方性暴力事件时,这些危机管理方案可以给当地政府提供详细的指导。但是,这些方案的起草人无法预测到"9·11"当天所要发生的事情,及500英里以外的事件对当地旅游业造成的破坏性影响。由于方案中存在漏洞,CACVB不断调整和修正,来应付"9·11"事件。具体措施包括:

(1)提供紧急援助

这个团队以及绝大多数旅行社认识到当务之急就是关心那些由于空中交通系统关闭而困于城市中的旅客。CACVB在这次努力中起到了领头作用,派自己的职员去机场帮助那些无助的乘客,不管是即将回家的旅客,还是在查尔斯顿地方机场转机的12架飞机上的数以千计的旅客。这些乘客要么被安排好住宿,或者利用地面交通将其送走。当这项工作完成时,整个机场显得异常安静,因为在此之后的一个星期里,没有一个乘客到达或离开。

即使做出如此努力的援助工作,但旅游人数严重不足。导致这一局面的一个原因是:不确定的航空系统关闭使得旅客不会乘飞机去查尔斯顿旅游,而到查尔斯顿的铁路交通以及州际的公共交通极其有限,只有自驾车旅游市场相对较好。

(2)开拓自驾车旅游市场

查尔斯顿一向是传统的自驾车旅游目的地,每年大约有85%的游客是自驾车来旅游的。查尔斯顿自驾车旅游的核心市场囊括了卡罗来纳州整个南部和北部的绝大部分、北佛罗里达州、佐治亚州的部分地区以及亚特兰大市。很显然,6小时车程并没有完全包括所有自驾车到这个城市的游客。例如,有很多通过I-95进行南北间州际旅游(从纽约到迈阿密)的游客会绕道50英里到查尔斯顿作短暂的停留,还有大量在 Myrtle Beach(位于查尔斯顿以北 100 英里)度假的游客远足来查尔斯顿。从市场分析看出,该市的主要客源是那些在 6 小时车程以内的来感受当地文化、历史、沙滩或进行高尔夫球运动的度假客人。

最初 CACVB 决定将 6 小时车程的目标市场扩张到 10 小时车程,因而包括如下主要客源市场,如华盛顿、里奇蒙特(Richmond)、弗吉尼亚州、纳什维尔、田纳西以及佛罗里达州的坦帕市。由于空运停止,且重新开放也存在严重的安全忧虑,该危机管理团队预测美国人将会在一段时间内抵制飞行旅行。随着时间推移以及"9·11"事件之后旅游环境的变化,这个决策的正确性日益显现出来。对飞行的恐惧足以使得人们的态度发生转变,很多游客开始驾车去原先认为是超出旅游行程的地方旅游。此外,由于安检程序复杂,使乘机进行短途旅行变得繁琐漫长,缩短了传统上航空与自驾车旅行的时间差异。此外,查尔斯顿作为东部家庭旅游目的地的盛名成为一个附加的优势,因为很多旅游的家庭优先选择一个不需要通过飞行到达的安全的旅游目的地。

(3)开展广告宣传运动

这个决策对于激活市场非常关键。CACVB 没有在困难时期减少广告投入,而是拨出资金作为额外紧急广告开支。这些资金中部分来自财政资源的重新分配。例如,由于国际旅游受到了严重的影响,因此对原本指定用于参与国际旅游展览的开支进行重新分配,使之转向用于日益增长的自驾车市场的广告开支。同样,由于航空市场的旅游供应商被排除在外,那些平日所熟悉的旅行计划也被重新加以审核。预定的广告方案被立即撤换,代之以一个新的"准时回家"(fall back in time)运动,该广告的结束语是"仅仅一百英里,沿着公路的短短的驾车旅途"。这些广告在"9·11"事件后两周之内就播出了,它传达了明确的信息——查尔斯顿地区并不像旅游者想象的那么遥远,以此鼓励度假旅游者考虑驾车到这个地区来度假。

除此之外,还发起了关于假日旅游的广告运动,主题为:建议旅游者驾车到查尔斯顿旅游将是一个很好的年终度假选择。这个假日旅游广告的主要目的就是要抓住那些最初可能会计划到需要坐飞机才能到达的目的地如佛罗里达、加勒比海去度假的旅游者,现在通过广告使他们考虑改为到查尔斯顿的相对短途(不超过10个小时)的驾车旅游。

(4)其他应对措施

驱车来旅游的度假旅游者市场在日益膨胀,而同时也有一些旅游者对这个旅游目的地不是很熟悉,为了使他们在查尔斯顿地区预订饭店更加方便,CACVB和饭店以及旅游景区共同合作,开创了“预先包装”的度假旅游。CACVB一直以来都在支持着这个计划,但是从未成功。在“9·11”事件之后,旅游团体开始对这个计划做出回应。CACVB从在线预订公司World Res中挑选了一些有代表性的公司来进行管理,这样饭店业主和旅游景区代表都有权设计包价旅游产品。这样一来不但可以吸引游客,还可以提高预订效率、减轻预订压力。结果是“预先包装”旅游产品需求大增,并成为增加价值的良机。

与此同时,为了抓住许多协会不愿意到那些需要与会者乘坐飞机才能到达的目的地召开他们的年会和会议的机遇,CACVB与当地饭店业主合作组织了“对地方性的社团和协会的闪电销售战”,共同拜访了传统驾车到达范围内的协会组织和主要公司,主要目的是使得这些组织相信,2001年正好是在他们自己的“后院”——查尔斯顿美丽的环境中举办活动的理想时机。

另外,妥善安排那些未得到目的地信息而与CACVB联系的潜在旅游者以及那些在CACVB游客中心停留的旅游者。在“正常”的危机情况下,要决定怎样和以多快时间来恢复十分困难。如果某个旅游目的地愿意接待游客,但结果却令游客大失所望,这些游客回家之后就会公开传播负面的信息,这样反而会使恢复更加缓慢。但旅游目的地拖延时间越长,就越会冒着被旅游者放弃的风险。“9·11”事件使所有美国人共同遭受精神上的打击,CACVB危机管理团队做出超前的决定,采取主动态度宣传查尔斯顿的优势,同时向美国人建议,查尔斯顿是一个适宜旅游和享受乐趣的地方,这在无形中促进了这个城市在“9·11”事件后旅游市场的激活。

7.2.5 结论与启示

正如自然灾害破坏旅游业的繁荣发展一样,恐怖主义对于旅游业的发展也造成了负面的冲击。当危机来临时，游客的正常反应是选择不出游或选择可以避免危险的目的地和旅行方式。因此，每一个旅游目的地都应该将危机管理计划纳入到旅游业战略、营销及管理措施中，那些容易受到政治暴动影响的目的地尤其需要制定危机管理计划。

美国联邦政府在“9·11”事件后的快速反应及通过法律手段来给予航空业的援助有助于激活危机中受害的旅游业。但过度反应可能带来负面的影响，从而削弱其从危机中恢复和振兴的能力。

在其他目的地政府普遍紧缩开支的时候，查尔斯顿旅游会展局(CACVB)为促进旅游业做出的合理的资金再分配，将目标旅游市场重新定位并对自驾车市场开展及时的广告宣传，成功地培育了替代市场来弥补危机造成的损失。CACVB 在面对危机时采取的迅速、创新、果断的行动为当地旅游业带来积极的成果。

“9·11”事件再次揭示了在面临不可预测的挑战时，危机管理的弹性和灵活性的需要。Mansfeld 提出危机管理是一个过程而不是“一次性手术”。CACVB 在“9·11”事件之后的各个危机阶段中表现出来的灵活性就是一个很好的例子①。

7.3　突发性危机对澳大利亚旅游业的冲击与激活市场实践

7.3.1　澳大利亚的旅游业

澳大利亚和美国大陆的面积相当，比欧洲大了近一倍，但却是世界上人口密度最低的地方，平均每平方公里仅有两人。澳大利亚有丰富的

① Mansfeld, Y. Cycles of war, terror, and peace: Determinants and management of crisis and recovery of the Israeli tourism industry. *Journal of Travel Research*, 1999,38(1): 30～36.

内陆资源和七千多个海滩，并拥有一些世界上享有盛名的城市。澳大利亚幅员辽阔，多样的环境和气候为人们提供了旅游体验的多样性。对于世界上的大多数人而言，澳洲是一个令人向往的旅游目的地。

旅游业对澳大利亚的经济至关重要。2001 年到 2002 年，旅游业直接为澳大利亚的国内生产总值贡献了 4.5%，超过农业，林业和渔业，通信服务业，电力、天然气和水供应业。2002 年，国内旅游花费超过了 510 亿美元，较上一年增长 3.8%。在 2001 年到 2002 年，旅游业通过向国际旅游者直接销售商品和服务创造了 170 亿美元的收入，相当于澳大利亚全部出口收入的 11.2%，超过了煤炭、钢铁和矿产业。

澳大利亚的旅游业直接就业人数为 55 万，间接就业人数为 39.7 万，它雇用了大量的年轻人和一些非英语背景出身的移民。旅游业是地方和城市发展中的一个重要组成部分，在培养和促销澳大利亚的文化和遗产中扮演着重要角色。地方旅游业提供了大约 18.5 万个就业机会，相当于地方就业机会的 7%，而全国的旅游业所提供的就业机会占全国就业机会的 6%。其中超过 70%的国内旅游间夜数和 23%的国际旅游间夜数消费在澳大利亚的地方和乡村[①]。

但是突发性危机使这个美丽的国度经历了一系列考验。在 2002 年至 2003 年财政年度，入境旅游为澳大利亚 GDP 贡献了 72 亿澳元，占总量的 1%。国际游客在澳境内共消费了 167 亿澳元，占澳出口总额的 11%。旅游就业人数为 54 万，这些数据表明各项指标都出现下滑。由于采取多种措施，2003 年至 2004 年财政年度入境旅游总人数为 510 万人次，比上年度增长 9%。[②]

7.3.2 危机背景

1.“9·11”事件

恐怖分子制造的飞机冲入纽约世贸中心大楼的场景以及随后美国航空服务停业 3 天的决定导致了全球范围内人们的出行率随即下降。

① 澳大利亚旅游委员会.澳大利亚旅游白皮书.2004,14.

② 国家旅游局驻悉尼办事处.市场调研,2004,24(12):27,51.

这一事件的消极影响也波及到澳大利亚。澳大利亚的国际到达和出发的人数显著下降，直到 2002 年尚未恢复到“9·11”事件发生以前的水平。此外，战争传言和恐怖分子将在很多著名的国际旅游目的地实施更多恐怖活动的威胁使得情况更加恶化。很多澳大利亚人害怕跨国旅行，取消了他们的国外休假，代之以在国内某个地方旅行。

2. Ansett 破产案

Ansett 为澳大利亚第二大航空公司。“9·11”事件发生前几个月，Ansett 陷入财务危机。破产时，Ansett 的市场份额被侵蚀至 35%，澳大利亚第三大航空公司 Virgin 几乎占了市场的 10%，而第一大航空公司 Qantas 则拥有其余的 55%的市场。新西兰航空公司为 Ansett 注入了 100%的资本，希望使它在澳大利亚国内市场中占有重要地位，以便使这个日益扩大规模的企业成长为一个主要的区域运营商。但是新西兰航空公司和 Ansett 航空公司一同陷入财务危机，使得新西兰航空公司不得不在 2001 年 9 月 14 日撤走它在 Ansett 的投资，于是 Ansett 进入破产清算程序。这一决定对澳大利亚的国内旅游市场造成了巨大影响，尤其是在由 Ansett 的子公司提供相当部分运力的地区更是如此。它的破产限制了人们将国际旅游改为国内旅游的可能，因为它的破产给剩下的 Qantas 和 Virgin 带来了增加运力的压力。尽管它们提高了运力，但座位数供不应求的状况仍然持续了几个月之久。六周后，航空公司的收购者将航线投入部分运营，将它以欧洲式的“不附带任何附加服务”、运行网络和空乘人员规模都被大规模削减的方式推出，希望找到买主。然而该战略没有成功，重组后的公司只获得了 5%左右的市场，而且累计亏损达 5 千万澳元。随后他们在 2001 年 11 月宣布把 Ansett 作为一个全服务型航空公司推出，然而，这个由 Tesna 财团提出的竞标具有明显的缺点：它的业务计划无力保证对于悉尼和墨尔本终端机场的租赁权，需要租赁大量飞机的难题使得这个竞标流产[①]。

① Prideaux, B. The Need to Use Disaster Planning Frameworks to Respond to Major Tourism Disasters: Analysis of Australia's Response to Tourism Disasters in 2001. *Journal of Travel & Tourism Marketing*, 2003, 15(4): 281～298.

3. 伊拉克战争和 SARS 危机

伊拉克战争爆发后,澳大利亚作为美国的亲密盟友,于 2003 年 3 月 20 日派出了特种兵部队[①]。据美联社报道,在伊拉克战争中,澳大利亚派出了 2 000 名士兵、若干军舰和直升飞机。同时,据新华网报道,澳大利亚财政部长彼得·科斯特洛 2003 年 3 月 26 日表示,伊拉克战争将使澳大利亚军费开支增加数亿澳元(1 澳元约合 60 美分)。从 2001 年到 2003 年,由于澳大利亚向东帝汶和阿富汗反恐行动派出了维和部队,使军费开支大大增加[②]。

伊拉克战争和 SARS 危机使得入境旅游在 2003 年 4 月到 6 月遭遇了前所未有的打击,各国政府都发布了针对恐怖活动的旅游警告,这些因素降低了旅游者旅游的信心,尤其是对远程旅游的信心,澳大利亚同样也受到影响。澳大利亚的旅游业代表认为,由于 SARS 所引起的旅游者信心的下降造成了三十多年来最坏的市场状况,要使旅游者的信心完全恢复至少要等到 2003 年末[③]。

7.3.3 危机对澳大利亚旅游业的冲击

1. 入境旅游和出境旅游

图 7-15 揭示了自 1991 年到 2003 年澳大利亚旅游人数的变动情况。数据显示,1991 年海湾战争和 1997 年的亚洲金融危机和前述突发性危机使得澳大利亚旅游业在保持持续稳定发展和对突发性危机事件进行迅速而有效反应的能力不足凸显出来。在经过了 10 年的强劲增长后,澳大利亚的国际旅游从 2000 年的 490 万降到 2001 年的 480 万。

Ansett 破产对澳大利亚产生的直接冲击是来自新西兰的客人的减少,“星级联盟伙伴航线”(Star Alliance partner airlines)的顾客失去

---

① http://www.cctv.com/news/world/20030320/101436.shtml

② http://www.jcrb.com/zyw/n61/ca41586.htm.

③ Larry Dwyer, Peter Forsyth, Ray Spurr and Thiep Van Ho. Impacts of a Tourism Crisis: The Effect on the Australian Economy of the 2003 SARS and Iraq Induced Tourism Downturn. Asia Pacific Tourism Association Annual Conference: “Globalization and Tourism Research: East Meets West”, Nagasaki, Japan, July 4～7,2004:469～478.

了像原来一样享受赴澳或在澳境内飞行的常客点数计划的优惠。Ansett 的破产，使得新西兰航空公司失去了它在澳大利亚的国内航线网络，因而它在解决将游客从澳大利亚的众多航空港连接到新西兰的国际航线时面临的困难重重。

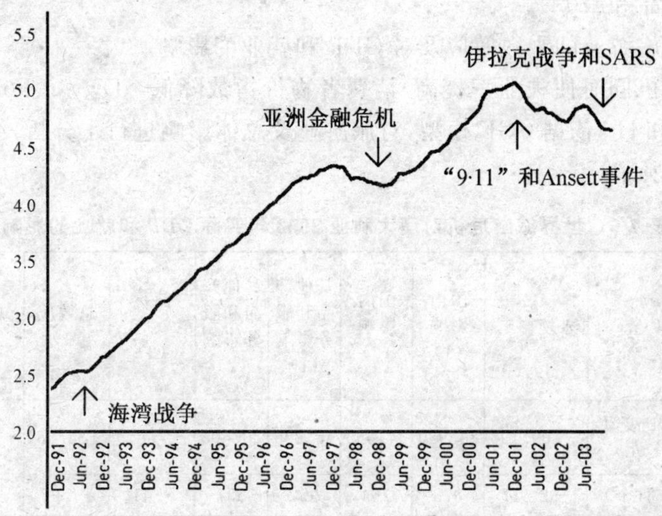

图 7-15　1991～2003 年澳大利亚国际旅游人数（单位：百万人次）

资料来源：澳大利亚旅游委员会. 澳大利亚旅游白皮书，2004，19。

2001 年的"9・11"事件的影响导致了澳大利亚所有主要入境旅游客源市场的大幅下降。与 2000 年同期相比，2001 年 9 月入境旅游下降了 12%，10 月下降了 16.2%，11 月和 12 月下降了 20.5%和 10.7%。直到 2002 年 9 月，入境旅游市场仍未恢复。而且与 2001 年 1 到 8 月的数字相比，2002 年 1 到 8 月的数字下降了 4%。2002 年，由澳大利亚旅游出口委员会实施的对澳大利亚入境运营商的调查表明，2002 年第二季度，团队旅游市场仍然低迷，入境旅游经营商普遍采用折扣战略，以刺激人们赴澳旅游。2003 年前两个季度，入境旅游者人数与上年同期相比持续下降，因为伊拉克战争和 SARS 的影响，低潮期进一步延长。旅游预测委员会的专家预计，与上年相比，2003 年全年入境旅游者降低 5.3%，为 1999 年以来的最低值，同时也是入境旅游连续第三年下降，出口收入减少 17 亿美元。因为澳大利亚对国际旅游发出了安全警告，短期内政府鼓励国内旅游的发展。2002 年澳大利亚国内旅游者人天数增长了 3.1%，但同时出境旅游者却在减少，出境旅游花费大约下降 4.2%，相当于 8.17 亿美元。它们可能被用于国内旅游或是购买其他的产品和服务[①]。

2.旅游业的乘数效应及对 GDP 和就业的影响

危机同时使失业率提高，消费者物价指数降低。Dwyer、Forsyth、Spurr 和 Ho 依据 CGE 模型，对旅游业及总体影响进行了分析，结论如表 7-9 所示。

表 7-9 世界旅游危机对澳大利亚 2003 年实际 GDP 和就业的影响

宏观变量	入境影响	国内影响(1)	国内影响(2)	其他产品和服务影响(1)	其他产品和服务影响(2)	储蓄效应(2)	总效应(1)	总效应(2)
实际 GDP 变动（百万美元）	−109.196	38.920	34.053	35.295	20.603	−7.879	−34.981	−62.418
就业变动(个)	−2 517	873	764	952	557	−41	−692	−1 237
实际工资变动（百万美元）	−90.139	22.169	19.394	9.537	5.599	−0.268	−58.433	−65.414
实际汇率(%)	−0.18	0.053	0.046	0.078	0.045	−0.006	−0.05	−0.095
CPI(%)	−0.216	0.07	0.058	0.098	0.057	−0.007	−0.052	−0.108
实际收益变动变（百万美元）	−78.771	31.437	27.507	32.205	18.788	−7.070	−15.129	−40.147

资料来源：Dwyer, L., Forsyth, P., Spurr, R., and Ho, T. Impacts of a Tourism Crisis: The Effect on the Australian Economy of the 2003 SARS and Iraq Induced Tourism Downturn. Asia Pacific Tourism Association Annual Conference: "Globalization and Tourism Research: East Meets West". Nagasaki, Japan, July 4～7, 2004, 473.

(1)假设减少的出境旅游费中有 40%用于国内旅游，60%用于其

① Prideaux, B. The Need to Use Disaster Planning Frameworks to Respond to Major Tourism Disasters: Analysis of Australia's Response to Tourism Disasters in 2001. *Journal of Travel & Tourism Marketing*, 2003, 15(4): 281～298.

他商品和服务，而没有用于储蓄。由于危机的影响，入境旅游将会减少 109 196 000 美元，同时出境旅游减少 74 215 000 美元，其中 40%用于国内旅游，国内旅游将会增加 38 920 000 美元，60%用于其他商品和服务的消费，其他商品和服务的消费将会增加 35 295 000 美元，加上其他因素的影响，国内生产总值将会减少 34 981 000 美元。根据乐观估计，入境旅游的降低将会减少 692 个旅游直接就业和 2 517 个间接就业，但国内旅游的增长则起到了补偿作用，增加 873 个直接就业和 952 个其他商品和服务的就业机会。

(2)假设减少的出境旅游费中有 35%用于国内旅游，35%用于其他商品和服务的消费，30%用于储蓄以便在未来进行出境旅游。国内旅游的增加值变为 34 053 000 美元，其他商品和服务消费增加 20 603 000 美元，加上其他因素影响，国内生产总值将减少 62 418 000 美元。按照这种估计，将减少 1 237 个直接就业机会和 2 517 个间接就业机会，国内旅游的增长将增加 764 个国内旅游就业机会和 557 个其他商品和服务的就业机会。在这种情况下，危机对澳大利亚产生的消极影响更为严重。出境旅游的减少对其他指标的影响，比如实际工资、消费价格指数(CPI)等，也可通过表 7-9 中的数据加以考察。

7.3.4　政府激活旅游市场的措施

1. 对 Ansett 破产的回应

“9·11”事件和 Ansett 破产等一系列相继发生的事件交织在一起颇为复杂，使得联邦政府在处理这些问题时有一定困难，再加上前途未卜的联邦选举(2001 年 10 月举行)和阿富汗战争，联邦政府面临巨大挑战，尤其是一旦这些问题涉及国际方面，且必须做出回应，问题就更加棘手。Ansett 的破产对联邦政府而言是一个挑战，迫使它就新西兰航空公司减少在 Ansett 的现金投资、卖出飞机以获得现金支持自身继续经营一事与新西兰政府展开了高层谈判。由于新西兰航空公司主要股东之一是新加坡航空公司(它归新加坡政府拥有)，这使得问题的解决又多了一个复杂的层面。

澳大利亚旅游委员会作为旅游业的最高游说集团，它的解体降低了行业对政府政策建议的反应进行评估的能力。第二个实体是旅游业工作小组(Tourism Task Force),它代表了澳大利亚国内很多大的旅游公司,但是它并未把总纲要扩展到具体业务部分。为了清楚了解行业对 Ansett 破产和"9·11"事件所产生的影响的看法,政府成立了旅游业工作组,成员包括政府代表和业界代表,工作组的研究内容广泛,主要包括:(1)对整个澳大利亚旅游业进行调查,得到了 5 000 份反馈。其中 2 800 份是由澳大利亚旅游委员会所作的在线调查,另有 2 200 份是电话调查;(2)对近期与旅游业相关的事件对澳大利亚的经济所产生的影响做出评价;(3)对区域内一千多名旅游业从业人员展开调查,咨询他们对"9·11"事件和 Ansett 破产的影响的看法。在此基础上形成研究报告。但委员会的建议只是得到了部分实施,而且在提交了报告之后,旅游业工作组就被解散了。

在应对 Ansett 员工提出的增加工资和给予权利的要求时,政府应对的"特别"性表露无疑。在通常的情况下,雇员有关工资、津贴/养老金和更多报酬的要求可以通过出售公司资产加以满足。但是,Ansett 的 15 000 人的规模太大,而且他们从前要求更多利益的要求得到了 Ansett 的满足,再加上员工得到了很多公众的支持,整个胶着状态对于一个处于选举期的政府来说,更是不容忽视。因此,政府同意部分满足员工的要求,为了收回这一决定的花费,政府对所有的国内旅游增加了 10 澳元的费用。政府同时派出代表与新西兰航空公司谈判,希望它作为 Ansett 的所有人还清债务。然而,在从 Ansett 撤资后不久,新西兰航空公司也面临着严峻的现金流问题。如果不是新西兰政府出面干预,以一个象征性的价格购买了新西兰航空公司的大部分股份并给这个濒临破产的公司注入大笔现金的话,它将步 Ansett 的后尘进入破产清算程序。为了避免长期的官司之争,新西兰航空公司决定一次性付给 Ansett 公司的买家 150 000 000 澳元,以偿还它在 Ansett 破产中所要承担的赔偿责任。

在 Ansett 破产事件中,联邦政府采取的应对还包括与外国公司和政府展开高层谈判,与众多政府机构(如财政部、外交部、旅游业、交通部、司法部等)进行协商,与航空公司的潜在购买者、机场业主和

Ansett 的购买者展开谈判，采取法律行动，与众多施压集团、游说集团及旅游业代表进行讨论，与州立政府展开谈判（因为很多州立政府出于自己的利益支持 Ansett 的地区性分支机构继续进行前往郊区的有限的服务）。

政府的应对措施旨在恢复航空服务，随后而来的联邦选举是政府希望快速修复通往各个地区的航空服务的动力之一。在自由市场经济中，商业破产的可能性总是存在的，当谈到政府应该在何种程度上干预市场时，它就成了一个意识形态问题。在一个较大的破产事件中，有很多失败者，这时政府可能需要出面给予帮助。如果政府介入，那就意味着政府有可能基于感性的考虑而支持一个低效率的公司或过时的技术，从而赢得更多选举人的好感。如果政府配置资源拯救公司，就意味着它会减少在其他有时压力更大、更需要帮助的领域的资金支持，或者是强制性地增加税收。无论政府是否应介入自由市场以扶植低效率的企业都是一个意识形态的问题。

对 Ansett 破产事件的分析表明，政府对于一个突发事件做出反应是十分复杂的，建立一个由总的政府应对体系和很多政府分支机构随后采取行动的机制十分必要。

2. 改革管理机构，强化国家旅游战略

澳大利亚政府制定了一个旅游中长期计划，被称为“澳大利亚旅游白皮书”[①]。在该计划中，提出了一系列的措施，包括机构改革，把澳大利亚定位成一个旅游商品和服务的世界级的领军人物，成为世界上“超白金级”的旅游目的地，通过为旅游者提供独一无二的“物有所值”的旅游经历增加旅游收入。

机构改革的关键在于 2004 年澳大利亚议会正式通过“2004 澳大利亚旅游机构法案”，新的“澳大利亚旅游机构”由此诞生。澳大利亚旅游机构通过立法的形式成立，肩负着支持国际旅游市场营销和开发和国内旅游发展的重担。“澳大利亚旅游机构”由澳大利亚旅游者委员会（Australian Tourist Commission）、澳洲人访澳（See Australia）促进机

① 澳大利亚旅游机构. 澳大利亚旅游白皮书. 2004.

构、旅游研究局(The Bureau of Tourism Research)和旅游预测委员会(The Tourism Forecasting Council)合并组成。新的机构使原来相互独立部门的工作能够更加有机地结合起来,提高工作效率。

新成立的澳大利亚旅游机构主要负责以下工作:继续积极在全球主要市场推动“澳大利亚国家品牌”宣传战略;通过与各州的旅游宣传部门和旅游业界建立战略伙伴关系,以协调澳洲的国内和国际旅游宣传活动;协助吸引大型活动到澳大利亚来举办及促进商务旅游;负责进行广泛的研究和分析,以满足政府和市场的需要;集中资源对全球和国内市场趋势和销售进行分析;制定国内旅游发展战略,鼓励国际游客分散到各个地区旅游。为使澳洲旅游机构能够满足业界和市场需要,其内部增设旅游调研部和大型活动部。

澳大利亚旅游机构注重加强业界和国土资源部的合作,更好地贯彻实施白皮书的战略。同时加强与澳大利亚其他部门的合作,如澳大利亚贸易委员会(Austrade)和澳大利亚投资部门,以保证澳大利亚海外市场营销的协调一致。

“澳大利亚旅游机构”成立后,将会通过多种形式发挥作用,将澳大利亚作为一个世界上“超白金级”的旅游目的地进行战略性营销;与国土资源部的营销机构一起,在国际市场上塑造一个统一的、清楚的形象;集中精力开发主要目标市场;将澳大利亚打造为一个安全的目的地并加以促销,吸引会议和商务旅游者,并对市场进行细分定位,开发该细分市场;继续培育与旅游产业界业的联系,保证政府满足行业的立法需求。

澳大利亚政府还提出了“澳大利亚品牌”的国家品牌战略,该战略意在用一个统一的、得到全球认知的品牌来促销澳大利亚,以便更好地促进旅游业的发展。“国家品牌战略”不仅是将澳大利亚作为一个旅游目的地来促销,而且将其作为一个复合体来营销,如澳大利亚也是一个研发和创新中心。

在对外统一促销过程中,政府部门内部的合作至关重要。澳大利亚贸易委员会是负责促销澳大利亚商品和服务出口的联邦机构,“澳大利亚旅游机构”提出有必要与之加强合作,以保持澳大利亚海外促销的一致性。同时它还与澳大利亚联邦和国土资源部加强合作，在国际市场上全方位促销澳大利亚(如旅游、贸易、投资和教育)。澳大利亚贸易委员会坚持通过使用贸易展销或研讨会的形式来促销澳大利亚。政府部门整体的行动方案可以保证各个机构如澳大利亚旅游机构、澳大利亚国际教育部、对外事务和贸易部、澳大利亚投资部和澳大利亚贸易委员会之间的一致性。澳大利亚联邦和国土资源部通过旅游部长理事会来保持合作，并很好地巩固这个政府部门整体的行动方案。

3. 开展积极的市场营销

澳大利亚政府计划为旅游业发展直接投资 6 亿澳元，其中 3 亿 6 千万分配给澳大利亚旅游机构用于在海外旅游市场的宣传活动。澳大利亚的营销成功有目共睹，不管是旅游还是教育都是如此。一份澳大利亚的研究表明，澳大利亚旅游者委员会在澳大利亚的营销上所花费的每一个美元(包括业界集资)都可以得到 11～16 美元的旅游出口回报。营销成功的经验在于：采用多元市场战略，注重目标市场营销。国内旅游市场是澳大利亚旅游的支柱，吸收了四分之三的旅游消费，对地区和农村的发展作出了重要的贡献。据估计，2002 年到 2012 年，国内旅游者停留天数会以每年 0.5%的速度增长，从 2002 年的 2.99 亿夜增加到 2012 年的 3.14 亿夜。同时，澳大利亚的人口到 2020 年会达到 2 300 万，这些转化成国内旅游的话，可以看作是国内过夜旅游数增加 1 250 万。在危机事件发生后，澳大利亚政府更加重视对国内旅游市场的开发。在国内旅游市场上，由联邦政府耗资 700 万澳元开展的“澳洲人访澳”全国广告战略在各个州政府和旅游行业的支持下，促进国内度假活动的繁荣。

由于大多数旅游公司都是中小企业，缺乏管理能力或财力来实施正规的风险管理，这种情况就使得旅游业对各种各样的风险非常敏感，妨碍了它对澳大利亚经济和社会福利最大化的长期贡献。市场多元化是保证旅游出口抵御全球的不确定性和多样性所带来的消极影响的手段之一，多元化有助于风险分散和增加收益，也是危机管理战略的行之有效的方法。

在澳大利亚旅游绿皮书中，将总体的旅游市场划分为 12 个细分市场,并对每个市场的具体特征及发展趋势进行研究,同时开展针对性营销①。

● 背包旅游

"背包旅游"在过去的十年中飞速增长,是澳大利亚主要的细分市场之一。背包旅游者占到全部旅游人数的10%。2001年到2002年背包旅游者的花费达到26亿美元,其中24亿来自国际旅游者。鉴于背包旅游市场的巨大收益及良好的发展潜力,已经有专家建议政府对为背包旅游者提供住宿的饭店建立标准,比如房间的密度、停车位的空间距离,等等。

● 商务旅游

商务旅游市场是高收益的市场,包括会议和奖励旅游,具有延长停留时间,最大化利用已有基础设施和降低旅游的季节性特征的优势。2002年,约15%的旅行活动是与商务活动相关的,且商务旅游者2002年的人均花费为159美元,远远高于所有旅游者95美元的平均花费。据澳大利亚会议协会的数据显示,包价旅游为澳大利亚带来了11亿美元的收入,而商务和会议旅游则为澳大利亚带来了14亿美元的旅游出口收入。目前政府正致力于加强企业和政府间的合作以更好地为澳大利亚提供开展大型活动的机会。

● 自驾车、旅行车队、野营和摩托车旅游

这是国内旅游市场的又一趋势,在过去的五年中保持了每年14%的增长势头,而且旅游者大多在澳大利亚的郊区住宿,对促进乡村经济具有重要意义。

● 遗产旅游

文化和遗产旅游内涵广泛,包括艺术表演、博物馆、档案收集、遗产建筑、纪念地、社区文化活动和工艺品。澳大利亚联邦已经并且继续提供资金来支持一系列带有文化特色的旅游活动的开展。

● 游船和海上旅游

游船和海上旅游在过去的十年中得到了显著增长,游船班次从

---

① 澳大利亚旅游机构.澳大利亚旅游绿皮书.2004.

1993 年的 171 个增加到 2002 年的 746 个，增长幅度达到 436%，旅游的目的地数字也从 9 个增加到 23 个，游船业对澳大利亚经济贡献每年为 25 亿美元。

● 酿酒旅游

大约有 11%来澳大利亚旅游的国际旅游者在他们的停留期间会参观一个葡萄酒酿造厂，酿酒旅游也是一个高收益的细分市场。11%的旅游者会品尝当地的菜肴，因而食品和酒类旅游也是一个有发展前景的市场。

● 老年市场

被称为“灰色游牧一族”，他们有钱有闲。据罗伊摩根研究，超过 75%的 55 岁以上的澳大利亚老年人在 2002 年游览过澳大利亚，80%的该年龄段的人表示未来愿意出去旅游。澳大利亚联邦预计，到 2042 年，澳大利亚的人口将会增长 30%左右，达到 2500 万，55 岁以上的老年人数量的增长将会超过 55 岁以下的人，因而老年市场的潜力巨大。

● 土风旅游

澳大利亚独特的土著文化以及托雷斯海峡岛上的文化对旅游者尤其是海外旅游者具有很强的吸引力，土著居民的生活场景以及澳洲的艾尔斯岩使得澳洲享誉世界。截至 2002 年 6 月，11%的国际旅游者旅澳期间曾经感受过土著文化。

● 修学旅游

澳洲的修学旅游也是收益较高且潜力巨大的市场，尤其是针对亚洲市场开发的修学旅游活动。

● 生态旅游及探险旅游

澳大利亚的北昆士兰以热带自然风光闻名，为澳大利亚自然生态旅游及探险旅游的发展奠定了基础。

● 残疾市场

据 1998 年的数据显示，残障人士旅游为澳大利亚的旅游业贡献了 4.72 亿美元，因而这个市场也得到极大关注。

● 体育旅游

旅游研究局的分析表明，体育旅游者占到了国际国内旅游者的

5%,且日均花费高于其他旅游者。以2000年悉尼奥运会的举办为例,联邦政府总共赞助了6.6亿美元,同时国土资源部还提供了多种资源来支持体育活动的开展。据橄榄球世界锦标赛组委会的估计,2003年的橄榄球世界杯比赛会为澳大利亚带来5.5万旅游者,作为东道主举办2006年英联邦运动会也是一个很好的机遇。

另外,澳大利亚非常重视国际上的高收益客源市场。根据统计资料,2002年,每个到澳大利亚旅游的入境旅游者的平均花费为4 748美元(包括包价旅游和预付的国际航空费用)。其中,来自美国、德国和中国的旅游者的花费最高,分别为7 127美元,6 826美元和6 006美元,背包旅游者也是高消费的人群之一,平均消费5 319美元。旅游研究局的主要任务在于提供更好的市场信息服务以帮助旅游业界的人士可以实施更好的定位策略。

4.重视危机预防,提升抗风险能力

将澳大利亚政府所采取的应对机制与Fulkner提出的TDMF的应对模式相比,表明该应对机制明显缺乏一个事前阶段,包括对风险进行评估的能力,而且,政府的应对缺乏很多“酝酿”阶段的组成要素,而这些要素表明统一的危机管理规划必须建立在对可能的风险和风险发生时可能处于危险境地的人群加以鉴别的基础上。从前述的分析中我们可以看出,政府机构应该在危机发生前阶段作出应对,但它们并未进行风险评估,而且很多机构直到Ansett破产事件进入第三个阶段都未采取行动。

在过去的十年中,国际旅游的运营环境已经发生了巨大的变化,尤其是在过去的两年里更是如此。主要的改变包括:全球性的从远程旅游向近程旅游的转变、短时间假期的出现、全球安全问题的产生和经济的不确定性、航空服务的政治化、旅游者对远程旅游的信心下降。在这样的环境下,澳大利亚政府在对整体旅游政策进行调整的同时,更加关注对危机事件的管理。在澳大利亚的旅游绿皮书中,有专门的一节用来研究旅游业的危机管理问题。研究人员提交的文献和专家的建议普遍认为澳大利亚旅游业的危机管理实践仍然十分薄弱。很多公司的实践表明,识别风险和采取行动来减轻风险已经成了日常工作,但是几乎没有公司在业务运营中建立了正式的或系统的风险管理方法。

尽管有些旅游企业引入了风险管理，但是上升到产业层面的评估体系却还不多见。澳大利亚的旅游业评估联合有限公司提交的建议显示，整个澳大利亚只有不到 2 000 个旅游公司达到了澳大利亚旅游业的评估标准。

在关于未来旅游发展的全国性会议上，人们开始争论是否应该对一些风险和危机加以管理，它们包括自然灾难，比如棘冠海星(珊瑚的死敌)和 Irukandji 水母(有毒)的爆发、丛林火灾，特殊事件比如恐怖分子的袭击或者突然失去一个关键的交通服务运营商。

环境和遗产部门表示，单个企业的风险管理战略应该重视对旅游者所游览的自然和文化目的地负面影响，以及对资源的消极影响对它们的业务产生的可能的影响。

由于在旅游业内缺乏风险管理，因此很多提案和建议都强调有必要在业内齐心协力提高风险管理的意识和水平，重视风险管理、质量和评估系统与战略管理过程之间的关系。

目前澳大利亚政府已经采取了一系列的措施来帮助和支持旅游业应对各种不利的事件。这些措施包括在恐怖分子对美国发动“9·11”事件后推出公众责任险(比如与恐怖主义和战争相关的保险)，以及在旅游部长委员会支持下所实施的“全国旅游危机事件应对计划”(National Tourism Incident Response Plan)，该计划使业界可以通过咨询以应对未来可能发生的任何突发性冲击或危机事件。该计划是一个全面完整的政府危机管理计划，它为现有的国土资源部和联邦政府计划的协同应对提供了一个总体框架。此计划在 2003 年 3 月 21 日开始启动，在伊拉克爆发的第二次海湾战争的影响以及随后爆发的 SARS 所产生的更为广泛的影响方面发挥了作用，它提高了应对危机的反应能力，而且从美国“9·11”事件、Ansett 的破产和印度尼西亚巴厘岛的爆炸中获得的经验使得澳大利亚政府对危机的管理能力显著提高。该计划于 2003 年 8 月 7 日暂时停止，但在必要时候随时启动。此外，澳大利亚联邦宣布，在它们最近的预算中，五年中将会有总共超过 4.11 亿美元的预算用来加强国土安全，营造一个更为安全的澳大利亚,主要包括加强旅游信息沟通提供更广泛的保护措施,以及研究带有生物识别技术的护照等。

利用现有的资源来建立统一基金,并通过营销机构来支持国内外营销活动以应对外部环境的危机冲击是澳大利亚采取的又一项有效措施,它保证在紧急情况下具有可用资金,而不必再挪用或寻求更多的外部资源。

关于公众责任险的投保和成本也是很多业界人士关心的问题。公共责任险的保费上涨有很多原因,包括在“9·11”事件以后在保险金上的涨价,HIH 保险公司破产后保险业的重组,对公众责任的呼声日见增高和对赔偿金额的要求越来越多。政府对公共责任险的规制主要由国土资源部负责制定。但是,在这种情况下,澳大利亚联邦和国土资源部达成一个协议,同意在澳大利亚联邦政府领导下采取更广泛的全国性措施。目前,澳大利亚联邦和国土资源部已在一些领域采取行动,这些措施包括旨在涵盖中长期的投诉成本,通过更好的数据采集工作来提高保险业的透明度,同时各州还将改革其民事侵权的立法安排。

5. 全面提升旅游业的水平

澳大利亚政府在大力推广会议旅游和商务旅游的同时,也要求旅游业在产品和服务质量上跟进,并维护其高质量、高价值和多样性的形象。为此,澳大利亚政府支持业界建立一个全国范围的、自愿参加的质量认证体系,以确保公司达到其质量标准。

6. 提高参与性

澳大利亚政府继续与各州政府协同努力,探寻私营部门参与国家公园开发和投资的障碍,并检讨旅游业在自然保护区管理方面的发言权和投入问题。在不久前发布的题为“追求共同目标:旅游与自然保护的机会”的报告中,确定了要建立一种包括旅游业界和其他利益相关者各方在内的伙伴关系,并在政府和业界之间建立一个咨询论坛,保持二者之间的及时沟通。

7.3.5 结论与启示

总体来看,连续性危机使澳大利亚的旅游业受到巨大冲击,国际旅游影响明显，旅游业收入和就业减少。澳大利亚政府采取了一系列措施来应对危机事件，包括：

(1)改革管理机构，强化国家旅游战略。尤其是在2004年通过《澳大利亚旅游白皮书》和《澳大利亚旅游绿皮书》制定的发展规划，明确了发展重点和方向，并强调各个政府部门之间的通力合作，对澳大利亚进行一致性"国家品牌"营销。

(2)开展积极的市场营销战略，开发新的具有市场潜力的细分市场，通过市场多元化来发展新的市场机会，同时分散市场风险。

(3)设立专项基金以预防和解决危机事件的发生，同时，加强公众保险，提升旅游产业质量，提高公众参与性，这些做法具有普遍的借鉴意义。

与此同时，我们也看到，在西方政治制度下，政府对于大型企业的调节作用也在进一步加强。主要旅游运营商的危机由于牵涉面广，当危机来临时，便由企业危机演变成为政府危机。政府的干预可以提高解决危机的能力，但过度干预可能也会带来市场信号失灵和低效率的风险。因此解决危机的思路是通过政府干预还是"看不见的手"进行自然调节，还有待于检验。

7.4　SARS对加拿大旅游业的冲击和激活市场的实践

7.4.1　加拿大的SARS危机背景

SARS爆发前后，发生了一系列对加拿大旅游业和旅游机构产生消极影响的危机事件，如2001年美国"9·11"事件、2003年美伊战争、加元的飙升、加拿大西部的森林火灾、安伯塔农场的"疯牛病"事件以及2004年8月初北美东北部的大停电。这些事件使得加拿大的游客量大幅度下降，对旅游业而言，不啻于“几场大的风暴”。

多伦多不仅是著名旅游城市，也是加拿大最大的工商业和金融中心，其经济产出约占加拿大的20%。多伦多遭遇SARS第一轮攻击是在2003年3月初。那时，多伦多人对SARS近乎一无所知。与此同时，美国对伊拉克的战争一触即发。战争的威胁掩盖了很多问题，包括SARS疫情。

2003年2月，来自中国广东省的一名医生因参加在香港饭店举行的婚礼而感染了12位客人。这些客人返回他们的国家后又感染了加拿大、新加坡和越南的其他人。在加拿大，从受感染开始到世界卫生组织撤销对加拿大旅游警告的整个过程已在表7-10中详细列出。2003年春夏，发生在多伦多的SARS夺走了44条生命。

表7-10 加拿大SARS危机进程表

日期	发展情况
2003年2月23日	一名华裔妇女从香港参加婚礼回到加拿大，在婚礼上一位来自中国南方的客人将SARS病毒感染给她
2003年3月7日	首例SARS病例在北约克的慈恩医院被确诊
2003年3月13日	该名妇女（从香港参加婚礼回来）44岁儿子在医院死亡
2003年4月22日	世界卫生组织对多伦多发布旅游警告
2003年4月30日	世界卫生组织撤销对多伦多的旅游警告
2003年5月14日	多伦多从传染地区名单中退出
2003年5月20日	慈恩地区的病人感染了北约克郡的其他人
2003年5月22日	加拿大向世界卫生组织报告了在北约克郡出现的新病例
2003年5月26日	多伦多再次列入世界卫生组织疫区名单中
2003年6月2日	多伦多再次从传染地区名单中退出

资料来源：Babyn，C.，Bell，J. W，Monk，J，Montgomery，L，and Wilhelm，K. The Impacts of the Severe A Cute Respiratory Syndrome Crisis on Cultural Events and Organizations in Ontario. A Research Paper for the Ontario Region of the Department of Canadian Heritage. Trent University，2004.

7.4.2 SARS对加拿大旅游业的冲击

1.SARS对加拿大旅游业的冲击表现

多伦多是除了亚洲之外疫情最严重的城市，加拿大的SARS主要集中在多伦多，因而它被人们戏称为“北美SARS之都”。作为整个加拿大的经济引擎，多伦多对加拿大经济的作用就像美国的纽约对整个美国经济那么重要。受SARS的影响，多伦多地区的旅游活动急剧减少，国际游客及饭店出租率的下降程度史无前例，多伦多经济至少损失几十亿加元。从春末到夏天本应是多伦多的旅游旺季，但是各大饭店的空房率一直居高不下。

SARS对整个加拿大旅游活动产生了重大的影响，国际游客从1999年高峰期的5 000万一直下跌，2003年3月到加拿大的游客下降到340万，与上年相比减少了5.3%。以2002年为基点，2003年第一季度美国游客下降了12.2%。第二个季度(也是SARS最严重的时候)危机对旅游的影响进一步加深。在这期间，国际游客下降了14%，国际游客的开支下跌了13%，国际旅游赤字上升到11亿加元，旅游从业人员减少了2.4%(在这期间，季节性所需人员像往常一样增加)[①]。

受毕马威国际会计公司(KPMG)的委托，加拿大饭店协会发布关于SARS对旅游直接影响的报告。这个报告调查的时间是从2003年3月2日到5月31日。报告显示：多伦多旅游收入损失了1.86亿加元(饭店占38%，餐饮占24%，娱乐占9%，其他占29%)。多伦多旅游收入比2002年同期下降了28%，比其他城市下降更多(如温哥华13%，蒙特利尔12%，渥太华4%)。[②]

2003年秋毕马威国际会计公司(KPMG)报道，SARS的经济影响表现在加拿大六大主要市场旅游收入减少近十亿加元(参见表7-11)。虽然其他市场也受到影响，但多伦多和尼亚加拉瀑布旅游收入下降幅度最大。[③]

此外在多伦多经济中，华侨华人社团的经济受冲击最严重，特别反映在华侨华人经营的旅游业、餐饮业和与亚洲的贸易方面。多伦多约有30万华侨华人，占加拿大全国华裔人口的近三分之一。多伦多华人大多数从事服务业和与亚洲有关的贸易工作。许多华侨华人开办的旅游

① *Statistics Canada*. CANSIM, Table 427－0001.

② HVS. Canadian Lodging Outlook, 2003.

③ PKF Consulting. Hotelier, September, 2003.

公司损失巨大。多伦多唐人街餐饮业的情况也不乐观，华侨华人开办的一些商店也遭受较大损失。

表 7-11　2003 年 SARS 对加拿大六大旅游市场旅游收入的影响

城市	旅游收入的减少(百万加元)	比 2002 年同期下降的幅度(%)
多伦多	503	28
尼亚加拉瀑布	142	28
蒙特利尔	135	12
渥太华	18	4
卡尔加里	44	9
温哥华	159	13

资料来源：KPMG study reported by Canadian Press，October 15，2003.

加拿大旅游局 2003 年 7 月 8 日发布消息，指出从最乐观的角度来看，2003 年加拿大的旅游业因为 SARS 爆发而损失 5.19 亿加元，减少了近 5 300 个旅游就业机会。从悲观的角度来看，SARS 对加拿大旅游业造成的损失可能高达 18 亿加元。仅 2003 年 4 月，饭店业已预订出的客房中，就有 66.2 万间被取消，其中大部分游客是因为 SARS，少数游客因担心恐怖活动和伊拉克战争而取消行程。与 2002 年同期相比，全加拿大饭店业的损失估计有 9 200 万加元，仅安大略省的损失就达 6 000万加元，其中大多伦多地区占 3 900 万加元。2003 年政府与旅游业相关的税收减少 1.61 亿加元①。SARS 对多伦多的影响快速而深远。一个大型的国际癌症研究组织原本计划在多伦多举行年会，这项活动预期有 28 000 名代表参加。虽然多伦多医学健康办公室发出一封信，声称在人群中 SARS 传播的风险极低，但会议还是被取消了②。对多伦多，仅此一项损失就高达 1 500 万加元。此外，多伦多饭店业受 SARS 的影响较为严重，客房出租率降到季节性历史最低水平。相比于 2002 年的 68%，2003 年 4 月多伦多平均客房出租率才达到 46.6%。2003 年夏末多伦多客房出租率出现恢复的迹象，但仍落后于加拿大其他旅游

① *Statistics Canada*，CANSIM，Table 427—0001.

② GM. April 3，2004.

目的地[①]。

2. SARS形成巨大冲击的原因

(1)政府对SARS采取措施不及时

开始阶段加拿大政府对SARS没有给予足够重视,媒体对SARS的报道少得可怜,人们的防范意识淡薄。加拿大举国上下,从政府到媒体再到普通百姓最关心的是加拿大和多伦多的经济和声誉,SARS似乎还在其次,这成为多伦多疫情在2003年迟迟不能消除的一个原因。5月14日被摘去"SARS严重疫区"帽子的多伦多,于5月26日被世界卫生组织重新宣布为严重疫区。世界卫生组织因此得出结论:哪怕只剩1个病例都能够引起新一轮疫情爆发。过度乐观和防疫工作松懈,使多伦多付出了生命和经济损失的代价。美国疾病控制与预防中心的一份报告说,取消使用N95或类似口罩等日常接触预防措施,让多伦多不得不吞下自己酿造的苦酒。安大略省公共卫生官员科林·库尼亚后来悔恨地说:"人就是人,是人就得犯错误。"[②]

(2)其他危机事件的复合作用

2003年春SARS、伊拉克战争和加元升值等消极事件对安大略湖区旅游业造成极大破坏。虽然游客、赞助资金、旅游会员和销售收入的大量减少可能是由SARS造成的,但必须要考虑到整个经营环境。加拿大旅游部门在1999年至2000年旅游活动达到高峰。在20世纪90年代经济萧条时期,加拿大旅游业虽然达到相对较高水平,但旅游人数增长乏力,"9·11"事件之前就开始出现了周期性下降趋势。

旅游业作为出口行业,显然也会受到加元相对于美元的升值的影响,尤其是汇率变化频繁时期。2003年1月和11月期间,美元相对加元贬值了15%(图7-16)。美元贬值成为阻碍美国游客到加拿大旅游的

① Babyn, C., Bell, J. W, Monk, J, Montgomery, L, and Wilhelm, K. The Impacts of the Severe A Cute Respiratory Syndrome Crisis on Cultural Events and Organizations in Ontario. A Research Paper for the Ontario Region of the Department of Canadian Heritage. Trent University, 2004.

② Wall, G. Recovering from SARS: The Case of the Toronto Tourism. Paper prepared for the International Mediterranean Tourism Market (IMTM), 2004.

主要原因,而美国是加拿大最主要的目标市场。

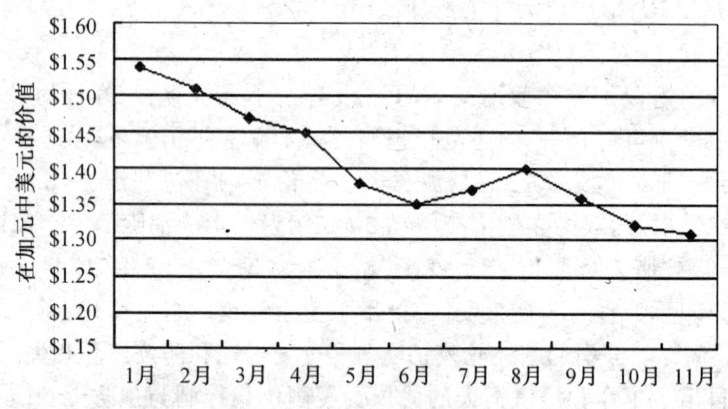

图 7-16 2003 年 1～11 月加元与美元的比价

资料来源:Bank of Canada, Financial Markets Department.

7.4.3 各级组织激活市场的措施

1.联邦及州政府

1995 年,加拿大国家旅游行政管理部门对其结构进行了大改组,由加拿大旅游委员会取代了完全由政府给予资金支持的"加拿大旅游组织"。加拿大旅游委员会由联邦政府、省政府(或者地区政府)和私人部门组成。这种合作有助于促进资金保障和与产业的密切合作。同时,这种关系在应对 SARS 危机时充分体现了出来。

(1)危机前和危机中①

作为联邦政府计划的一部分,2003 年 4 月 11 日多伦多市市长受联邦政府委托而做的报告称,政府将提供 6 亿 5 000 万税收缓解资金,目的是为了降低成本和价格,刺激人们乘飞机旅行。然而这并不是一项新举措,在 SARS 爆发之前航空公司一直在采取降价策略。SARS 使航空公司的境况更加窘迫。4 月 15 日,大家纷纷批评市长。为了应对其他

① Wall, G. Recovering from SARS: The Case of the Toronto Tourism. Paper prepared for the International Mediterranean Tourism Market (IMTM), 2004.

国家所发布的多伦多旅行警告以及禁止一些北美公司让员工去该城市旅游，多伦多市长从佛罗里达的旅行返回并许诺采取一些措施，但是他说现在只能做很少的事情去促销这个城市，他认为"在灾难之后投入大量的钱是不明智的"。在多伦多有大量的华人社区，很多人认为SARS是中国人的疾病。为了支持华人社区，联邦政府高级官员包括总理和各方面的政治候选人都到中国餐馆吃饭、拍照，试图减少近乎于种族歧视的恐惧[①]。

4月16日，尽管联邦、省和市政府的官员以及饭店业代表聚集在一起制定应对策略，在民众间还是存在大量的缺乏政治领导能力的批评言论。业界新闻发布人建议减少恐惧、重塑信心、开展宣传，举行特殊活动以便将人们聚集在一起，表明多伦多是有吸引力的和安全的。这位新闻发布人感慨道，多伦多缺乏一位像美国纽约市市长鲁道夫·朱里安尼(负责"9·11"事件之后纽约重建事业)一样的人物。4月19日，媒体发表了一篇关于多伦多SARS及旅游的文章。其中有部分内容是对广告公司总裁迈克·里根的采访。迈克·里根曾受聘去恢复"9·11"事件之后纽约城的繁荣。他提议所建立的目标要传递一种乐观的精神，SARS甚至不应该被提起。广告应展示人们过着正常生活并享受他们的生活，尤其是带着小孩的家庭，因为假如人们带着他们的小孩，这会呈现给所有的人一个安全的印象。

(2)危机后

4月24日，16个受害者因SARS死亡，多伦多市政委员会举行了长达十个半小时的紧急会议，争论联邦、省和市政府在广告预算上应该承担多少费用。会议进行到一半的时候，市长宣布政府不久将投入2 500万加元用于市场促销活动(多伦多政府出500万，省和联邦政府分别出资1 000万)。该公告是一系列措施中的一项，这些措施包括要求省政府给市政府征收饭店税的权利，这项权利在市政府会议结束时得到批准。4月29日，在加拿大卫生部官员发布新信息之后，旅行警告被解除。这距离最后发生的SARS病例已经有20天。然而破坏已经产

① GM, April 15, 2003.

生，人们预计至少要花两年时间才能使旅游业得到完全恢复。同一天，安大略省政府承诺在适当的时候免征五个月的旅游税，并投入 1 亿 1 800万加元用于全球性广告促销活动，并制定了 100 亿加元的商业恢复计划[①]。5 月 14 日，世界卫生组织将多伦多从受 SARS 感染地区名单中删除。5 月 22 日，安伯塔发现一例疯牛病使得整个情形更加复杂，同时也增加了人们对于旅游业恢复的担忧[②]。5 月 14 日，举行了大型的户外音乐会。一场名为滚石乐队的音乐会是多伦多旅游恢复联盟所采取的激活市场行动的一个重要组成部分。这项活动吸引了数十万的乐迷，是一个为饭店、餐馆和其他多伦多景点招徕顾客的策略。具有讽刺意味的是几年前这个乐队一直不受多伦多市的欢迎，其成员曾被指控吸毒。这场相当有争议的音乐会最终在 2004 年 7 月 30 日举行。在 7 月 27 日和 8 月 2 日之间，一项对信用卡开支的研究发现，与前一周相比，信用卡的消费增加了 7 520 万加元。其中餐馆增幅最大(59.2%)，紧随其后的是旅行和娱乐(20.6%)，其次是摄影和商店(18.5%)、药店(14.1%)、饭店(7.1%)、汽车租赁(5.1%)和零售(5.1%)。从绝对数量看，零售业收入增加了 3 960 万加元，餐馆增加了 2 090 加元，饭店增加了 190 万加元。饭店所增加的收入相对较少，表明这次活动吸引的主要是当地和地区一日游的旅游者而不是过夜旅游者。统计数据显示联邦和省政府将从游客的额外花销中获得 1 200 万加元的收入，而政府将滚石乐队和其他表演成员邀请到多伦多的资金投入为 500 万，所获收入是投入费用的 2.4 倍[③]。

同时，新成立的非营利性的社团——“多伦多 03 联盟”使用由加拿大五大主要银行提供的 100 万加元的“种子基金”，提出了一个名为“城市的夏季”的计划，在市内和周边地区推广文化和体育活动。一些著名艺人同意免费录制，并在电视和电台中做一些公益广告。其中最为成功的一项措施是销售廉价包价产品。该包价产品包括了饭店客房、精美的食物和低价的演出入场券。

① GM. April 30,2004.

② GM. May 22,2004.

③ GM. August 7,2004.

2004 年 1 月，多伦多饭店协会的成员签署了一个自愿协议，将饭店客房 3%的税收转嫁给游客。2 月 11 日，安大略省政府(在 SARS 期间没有掌权的新政府)宣布投入 3 000 万加元开展安大略湖的旅游促销，其中 280 万用于安大略湖北部地区，因为一些国际游客将多伦多看成是进入加拿大北部的门户。与 2003 年的 800 万元相比，2004 年多伦多旅游部门投入了 2 000 万加元用于促销活动。

安大略省政府对危机的反应最为积极。2003 年 6 月，多伦多市政府为“多伦多 03 联盟”、多伦多城市高级联盟的分会提供了 1 000 万加元在六大主要国际市场上推销多伦多。此外，加拿大人力资源发展中心提供资金成立的联邦夏季职业设计项目将 290 名学生安排到多伦多市的公园、大型艺术展览馆和艺术节、附近商业区的小型游街活动中。

2. 银行业

银行降息策略有助于刺激经济。为了在 SARS 和疯牛病爆发之后刺激加拿大疲软的经济，加拿大中央银行在 18 个月中第一次降低了它的关键利率，并把它的隔夜利率降低了 25 个基点，降至 3%，还把其银行利率降低了 25 个基点，降至 3.25%。

3. 利益相关群体

SARS 对加拿大多伦多华商的冲击巨大。为此，为了振兴经济，加拿大华商会进行了政府公关，商会代表向当局提出了七项旨在援助华商的建议：(1)继续推行有关 SARS 的公众教育，以防止 SARS 蔓延；(2)从紧急灾难基金中拨发紧急财政援助，尤其是向濒临倒闭的小型企业提供援助；(3)向受影响的商户提供免息货款；(4)放宽申领失业金的资格及规定，包括正式工和临时工；(5)削减及延后缴纳地税；(6)延缓包括货劳税(GST)及省销售税(PST)在内的各种税项；(7)制订短期及长远策略以重振本地旅游业。

4. 旅游业

受 SARS 影响最大的为多伦多市和安大略省。多伦多旅游业的利益主体对 SARS 的应对措施主要有：通过公共关系活动以解决在社区和国外出现的信息影响，推动私人和公共部门合作关系的形成如“多伦多 03 联盟”，目的在于制定和实施市场激活战略。“多伦多 03 联盟”得到联邦政府 1 000 万加元的资金，主要用于“多伦多，你属于这里”(Toronto You Belong Here)的活动；发起重塑多伦多旅游目的地形象的活动，邀请老牌乐队滚石乐队在登士维(Downsview)公园举行摇滚慈善演唱会；实行一系列的促销(饭店客房和剧院门票)以吸引加拿大国内游客，比较有名的是“拿出一点时间去旅游”(Time for a Little To)活动；协调价格策略，主要放在增加旅游产品的附加值上，而不是进一步降价；开展教育和拓展计划，向公众宣传多伦多受到 SARS 感染的机会很小。

安大略湖旅游复兴战略包括：旅游市场营销合作计划，旅游税收减免计划，目的地市场营销合作基金，大型活动市场营销和发展基金，社区发展基金，各种针对具体部门的基金如文化旅游市场营销基金。

由于加拿大在地理区位上与美国相近，在美国市场下降幅度明显的机遇下，加拿大旅游组织重点开展了对主要目标市场——美国市场的营销活动。2003 年至 2005 年，加拿大对美国的促销计划重点为：长途旅游先于短途旅游，以占有新的市场；旅游收益增长高于游客数量增长；创造旅游经历先于旅游目的地开发。在市场推广方法的使用上，由于资金有限，媒体关系和媒体推广成为广告活动的支持，并通过不同主题的市场活动，把加拿大与合作伙伴之间的项目融合起来。具体包括：以媒体关系和媒体为主体的促销运动；通过不同主题推销方法将加拿大“品牌化”；利用网络开展大规模营销等。

7.4.4 结论与启示

从加拿大各级组织应对 SARS 的措施，可以得出以下结论：

第一，必须高度重视危机可能产生的消极影响，并制定预案来对危机加以监控和防范。

第二，建立与媒体的合作，提供及时、准确的信息。SARS 的爆发被称为“信息泛滥”。危机发生的部分原因在于全球媒体的炒作。在对两千多篇与 SARS 相关文章的内容进行分析后，Drache 和 Feldman 发现信息的误导明显地存在于多伦多主要的报纸中，如《加拿大环球邮报》、

《多伦多星报》和《国家邮报》[①]。所以，危机发生前后必须要建立与媒体的合作关系，所有机构应采取积极的宣传策略，以告诉公众危机目前的状况和设施使用情况（如机场关闭、航班延期的事件）。同时必须提前准备好宣传策略以建立中心信息传播系统，该系统能够及时更新相关利益主体应对危机的信息。

第三，建立基础运营基金，提供各种财政和金融支持，稳定旅游业。这将有助于旅游业的长期恢复，并使机构更能经受未来的“风暴”。

第四，开展广泛的市场促销活动来建立和恢复公众的信心，必须建立弹性的预算体系，以确保危机后的激活旅游市场需求。

7.5　印度尼西亚巴厘岛爆炸对旅游业的冲击与激活市场的实践

7.5.1　巴厘岛的旅游业与巴厘岛爆炸

巴厘岛位于印度尼西亚爪哇岛（Java）的东海岸，总面积 2 095 平方公里，肥沃的火山土使水稻及其他粮食作物成为当地主要的经济支柱。与许多海岛一样，巴厘岛的经济尤其依赖旅游业[②]。巴厘岛居民在对外宣传中向人们展示了一个热带岛屿的天堂景象，使人们可以逃离世界的压力，同时它的独特风格也将它与印度尼西亚的其他地方区别开来，那就是这里拥有巨大的魅力和迷人的文化，这些特色源自当地居民每日生活中形成的独特印度教文化。来自世界各地的旅游者被吸引

---

① Drache，D and Feldman，S. *Media Coverage of the 2003 Toronto SARS Outbreak*. Toronto：Robarts Centre for Canadian Studies，York University，2003.

② Economist Intelligence Unit. Country Report，Indonesia. http//db. eiu. com，accessed February 28，2003.

至巴厘岛的度假地，这几乎占据了印度尼西亚的旅游业[①]。

2001年该岛吸引了大约250万旅游者，创造了14亿美元的收入，印度尼西亚当年的旅游总收入为54亿美元。国际旅游者占全国游客总数的一半，日本和澳大利亚是主要的客源市场，来访的旅游者分别为35 000人和25 000人。旅游占巴厘岛全部收入的80%，为岛上40%的人提供了就业机会，共有1 400个饭店和750个餐馆。统计数字表明了巴厘岛旅游业的重要作用。但同时，对旅游业的过分依赖的劣势也在2002年爆炸发生时凸显出来，来访旅游者锐减，“失去的天堂”的形象也被世界媒体广泛宣传。

爆炸发生在库塔岛两个相邻的俱乐部——帕迪迪斯科舞厅和萨瑞俱乐部，这里深受年轻旅游者的喜爱。爆炸发生的时间为2002年10月12日（星期六）的晚上，爆炸的巨大威力及随后的大火使人们无法辨认尸体。最终的死亡人数为191人，另有300人受伤，伤亡最多的是澳大利亚人和欧洲人，伤者中也有印度尼西亚当地人。相当于足球场大的一块地方被炸毁，450座建筑物遭到破坏。主要嫌疑犯为伊斯兰极端分子和基地组织成员，爆炸是基于反对伊斯兰复兴运动的背景，因为印度尼西亚90%的人都是穆斯林，东南亚的大部分政客也是穆斯林。国际恐怖分子网络的培植，伴随着反美情绪及某些地方对西方人和西方利益的敌对情绪，交战状态日益高涨[②]。爆炸对巴厘岛的旅游业产生了直接影响，进而对印度尼西亚的旅游业产生影响，这种影响在本地及周边国家和地区蔓延[③]。

---

① Iyer, P. Bali: On Prospero's isle. In Lechner and Boli, J. (Eds.) *The Globalization Reader*. Malden, MA: Blackwell, F. J., 2000, 111～117; Wall, G. and Nuryanti, W. Marketing challenges facing Indonesian tourism. *Journal of Travel & Tourism Marketing*, 1997, 6(1): 69～84.

② CDI. Terrorism Project. Washington: Center for Defense Information. http://www.cdi.org, accessed, 11 November, 2002.

③ Henderson, J. C. Terrorism and Tourism: Managing the Consequences of the Bali Bombings. *Journal of Travel & Tourism Marketing*, 2003, 15(1): 41～58.

7.5.2　爆炸危机对巴厘岛和印度尼西亚旅游业的冲击

在爆炸发生后，2 000 名旅游者几乎是立刻就决定缩减他们在巴厘岛的度假行程。2002 年 10 月 15 日，仅有 2 833 名国际旅游者登岛，而爆炸发生前的日平均来访人数为 4 650。尽管大马航空公司(Garuda)在爆炸发生后增加了航班，以应付旅游者的大量离开，但是此后服务和运力都下降了。巴厘岛占到了印尼国际航线的 60%，其中最能获利的是澳大利亚的旅游者，但是 40%来自澳大利亚的预订在 10 月 21 日被取消。所有类型的住宿设施都遭受了需求下降的打击，饭店出租率也从 10 月 13 日的 74.8%骤跌至 10 月 19 日的 33.4%；随后跌到了 10%。

餐馆零售商和旅游景点顾客减少，小公司前途堪忧，导游和手工业者处于危险境地，数量庞大的小贩也包括在内。印尼旅游和艺术部(ITCB)主席在 10 月底总结情况时说："如果我们不赶快行动，第二个爆炸就会发生，那就是经济爆炸。巴厘 90%的经济直接或间接地依赖旅游业。不只是饭店、航空公司、旅行社会受影响，出租车、服装、纪念品和食品产业都会遭受灾难。"①

恐怖暴行成为人们来巴厘岛和印尼其他地方旅游的障碍，官方预测 2002 年的游客来访量会比 2001 年降低 16%，2003 年的目标也由原来 450～470 万人次降低约 100 万，只达到 300 万人次②。旅游部门预计国际和国内市场将会分别损失 18 亿美元和 20 亿美元的收入，相当于印尼国民生产总值的 6.6%，导致 270 万人失业③。休闲和公务旅游同时也被取消，以亚太旅游协会(PATA)为例，它的第一届关于可持续旅游的年会原定在爪哇岛西部举行，但因为与会代表和发言人的无法前来而取消。随着澳大利亚、美国、英国和其他国家政府部门发布的警告，

---

① TTG TravelHub. Net. Domestic sectors in "solidarity" for Bali tourism, echo@orca. resonance. com. sg. October 30, 2002.

② TTG TravelHub. Net. Indonisia adjusts targeted arrivals, echo@orca. resonance. com. sg. November 22, 2002.

③ WTO. Tourism between 'moderate optimism' and 'structural changes', WTO Recovery Committee says, WTO News Release, November 19, 2002.

旅游业陷入了更加危险的境地。这些警告强烈建议人们不要到印度尼西亚各地旅游,呼吁国民回国而且要求不必要的外交人员撤退。

随后媒体发布了更多的覆盖东南亚地区的咨询。澳大利亚将文莱、柬埔寨、老挝、马来西亚、缅甸、菲律宾、新加坡和泰国列为"高风险"的国家①。英国对它的公民提高了文莱、柬埔寨、老挝、新加坡和越南的风险等级,美国向它的公民发布了对东南亚的风险警告,尤其是对马来西亚和菲律宾要提起特别关注②。其他国家像加拿大、德国、日本、芬兰、瑞典和葡萄牙都相继发出了预警通知,日本随后把澳大利亚也列为日本国民应提高警惕的国家之一。

这些关注旅游者安全的举措营造了一种恐怖的氛围,使得旅游运营商都不愿意推销警告中包括的东南亚国家。CNN 报道了度假旅游者的担忧,这些旅游者尽量避开整个地区,因而抑制了增长。马来西亚 2002 年 10 月份的游客人数暴跌了 28%,在很大程度上都是因为国际旅游警告。

7.5.3 印度尼西亚旅游部门的应对

在危机早期,政府的目标主要是救助受害者和疏导外国游客,同时配合激活旅游市场。新闻中心设在雅加达和巴厘岛。差不多 50 万美元被用于库塔岛的重建。建立了由产业部门、当地权威部门和中央政府组成的工作组。当地政府官员呼吁撤销旅游警告,认为这些会隔离印度尼西亚,阻止它的发展,也不利于与恐怖主义作斗争。由一百五十多名业界人士参加的全国会议持续了两天,讨论如何恢复该岛的形象问题③。印度尼西亚旅游和艺术部(ITCB)主席向受难者和他们的家人表达了哀悼,并发誓要反击恐怖分子,并说:"我们不能失去这一部分,否则我们将无法生存。因此我们不能恐慌,而是应该加倍努力地工作以便更好地立足。"中期的战略包括改变原有的计划,取而代之的是赴澳大利亚

---

① ADFAT. Travel Advice. Australian Department of Foreign Affairs and Trade. http://www.dfat.gov.au,accessed November 6,2002.

② US Department of State. Travel Warning and Consular Information Sheets. http://www.travel.state.gov. accessed November 6, 2002.

③ Jakarta Post. Regaining confidence, 6,October 24,2002.

指标正在以每年0.1个百分点的速度增长[①]。

(4)管理及经营风险

包括旅游发展在地域和结构上的不均衡，降低了旅游业的整体抗风险能力。我国的许多旅游资源往往分布在偏远的贫困地区，而客源则集中在东部和其他大城市等发达地区，因此旅游的发展对时间安排和空间移动具有极大依赖性。由于农村发展滞后，使当地应对突发性危机的能力和社会救援能力较低，呈现出对危机的脆弱性；同时，出于迅速脱贫致富的冲动，导致旅游开发中忽视环境和安全的现象十分普遍，部分地区旅游环境恶化，旅游交通、游览、住宿等设施安全性差，都对我国旅游业形成危机隐患；此外，现行"黄金周"休假制度使旅游供求高度集中，在增加经营困难的同时，也蕴涵着由于集中、拥挤和外显化而可能带来的突发性危机因素，例如北京密云元宵节踩踏事件。与此相反，整体上政府和旅游企业的管理的缺陷都有可能会是形成危机的诱因，现行政府组织体系中的条块分割容易造成在应对突发性危机上的难度。

8.1.3 由自然和人为灾害导致的技术性旅游危机

灾害发生的根本原因都在于自然界和人类社会这两大系统内部要素的紊乱失衡，以及两者之间相互不协调[②]。灾害是人类依赖的自然界中所发生的异常现象，对人类社会所造成的危害往往是触目惊心的。它们之中既有地震、火山爆发、泥石流、海啸、台风、洪水等突发性自然灾害，也有地面沉降、土地沙漠化、干旱、海岸线变化等在较长时间中才能逐渐显现的渐变性灾害；还有臭氧层变化、水体污染、水土流失、酸雨等人类活动导致的环境灾害。由于技术发展及人类活动的破坏，灾害的发生频率呈现出增加的趋势。人类要从科学的意义上认识这些灾害的发

① 杨宜勇，辛小柏.中国当前的收入分配格局及发展趋势.见：社会蓝皮书——2002年：中国社会形势分析与预测.北京：社会科学文献出版社，2002；李春玲，陈光金.中国目前社会阶层结构研究报告.见：社会蓝皮书——2002年：中国社会形势分析与预测.北京：社会科学文献出版社，2002.李强.中国社会分层结构的新变化.见：社会蓝皮书——2002年：中国社会形势分析与预测.北京：社会科学文献出版社，2002.

② 李经中.政府危机管理.北京：中国城市出版社，2003.20.

生、发展并尽可能减小它们所造成的危害，已是国际社会的一个共同主题。我国旅游业由灾害导致的技术性危机也逐步增多，主要包括：

(1)环境污染和生态危机导致的自然旅游资源消失的风险

自然旅游吸引物的吸引力在很大程度上与环境和生态相关。然而，由于环境和生态的脆弱性，一旦发生危机其影响将具有不可逆转性，从而造成永久性消失。旅游需要一个良好的生态环境，然而旅游本身也带来污染，产生垃圾、空气污染、拥挤等副产品。随着生态旅游的兴起，对生态的破坏也可能加剧。一旦生态破坏累积到一定程度将可能造成整个生态系统的突发性危机。正因如此，世界旅游组织一直致力于旅游业的可持续发展。目前我国虽然十分重视对生态环境的保护，但由于在认识上和实践中的偏差，"掠夺式"、"粗放式"、"病态膨胀"的旅游开发现象仍然十分盛行[①]。海南等地的海滩、新疆和内蒙的草原、黄山、九寨沟、张家界、丽江等自然旅游资源都面临景点游客流量过大、游客过于集中等问题。

(2)自然风化和人为失误引发的历史文化遗产永久性消失风险

历史遗产的价值在于其原生性，保护文化遗产是人类对后代的贡献和责任。文化遗产的自然风化和在人为使用过程中，其生命周期会受到影响。一旦遭到破坏，将造成无法弥补的损失。尽管人们无法完全阻止历史遗产的折损，但至少可以减少对它的破坏性使用。保护和利用历史文化遗产始终是一个两难悖论。历史文化遗产是我国独特和重要的旅游资源，也是我国旅游业可持续发展的基础。与自然遗产一样，由于认识和实践误区，我国许多珍贵文化遗产正在遭到自然和人为的破坏，如莫高窟、孔庙、长城等也面临游客流量过大而带来的污染毁损。

(3)组织和人为失误导致的旅游目的地景点和旅游设施突发性事故

再好的系统都有可能失效，危机存在于错误的组织程序和人们的行为中。组织和人为失误可能会导致旅游目的地吸引物和旅游设施出现各种突发性事故，其中最为典型的事件包括：空难、火灾、交通事故、设施事故等。尽管我国十分重视安全工作，建立了日常和"黄金周"安全

① 谢彦军．基础旅游学(第二版)．北京：中国旅游出版社，2004．401．

管理体系，并制定了相应的法律法规，如国家级的《旅游区(点)质量等级的划分与评定》、《旅游安全管理暂行办法》、《旅游安全管理暂行办法实施细则》，地方性的《黄山风景名胜区管理条例》、《广东省风景名胜区管理条例》[①]等，但受利益驱动而忽视安全和由于员工素质低下而不懂安全的现象仍然十分突出，各种安全事故层出不穷[②]。尽管有关部门制定了相应的法规法律，但这些法律法规更多为各部门自身针对诸如旅游风景区的旅游设施等一般安全隐患，对可能引发恶性事件的整个系统缺乏全面考虑。

(4)旅游者大规模流动带来的公共卫生危机

现代旅游建立在人口的大规模移动上，旅游者在传播文化和沟通思想的同时也带来了其副产品——疾病的全球蔓延。1914 年人们在国际间旅行还无须护照和签证，由于经济大萧条和“二战”使大规模全球旅行直到 20 世纪 50 年代才得以实现。发生在 1918 年美国堪萨斯的导致 200～300 万人丧身的传染病是由于美国军人到欧洲参战所致[③]。20 世纪 60 年代后国际旅游大规模发展，到 1996 年旅游人数达到 6 亿人次，其中 20%到 50%的人携带或面临某种疾病[④]。根据世界旅游组织预测，到 2020 年，国际旅游人数将达到 16 亿人次[⑤]。与此同时，拥挤的人群、城市化、到遥远地区的探险旅游等带来的生态压力也是导致公共卫生危机的原因。世界卫生组织指出：“由于人口增长、大规模旅行和人类与自然的更多接触使许多疾病产生或重新出现。”[⑥]而且与旅游有关的疾病和致命传染病在发展中国家的数量是发达国家的 50 倍[⑦]。自 1976 年以来，新发

---

① 郑向敏等. 旅游安全学. 北京：中国旅游出版社，2004. 158.

② 钟灵. 游轮海滩事故接二连三，安全问题浮出水面. 中国旅游报. 2000－5－1；中国民航事故调查报告. 中国民航档案馆. 1996.

③ Crosby, A. *America's Forgotten Pandemic: The Influenza Epidemic of* 1918. Cambridge, UK: Cambridge University Press, 1998.

④ Edgell, D. L., Sr. *Tourism Policy: The Next Millennium*. Chanpaign, IL: Sagamore, 1999.

⑤ WTO news. May 1,1997.

⑥ WTO. World Health. January-Februry 4,1997.

⑦ WIO. Bottom Line. 1999, June 15:3,16.

现了 36 种与热带雨林相关的疾病。然而面对蓬勃发展的世界旅游业，各国的重点主要在于获得更多的旅游者和旅游收入，很少将健康问题提到议事日程。他们往往将一个危险的、受到感染的和贫困的国家描述为一个未受污染的伊甸园。这些国家要么出于经济及发展压力不愿意公布疫情，或者根本没有监控能力来了解疫情①。SARS 引发的全球危机促使人们重视这一不容回避的话题，为此西方一些学者呼吁加大旅行中对公共卫生的监管，防止因旅游活动引发人类健康危机②。尽管 SARS 后我国加大了对公共卫生的投入并建立了一系列控制机制，但我国的公共卫生体系总体上还十分薄弱，尤其这一体系更多关注人们日常活动中的健康，对于旅行带来的健康疾病的控制等还很欠缺。我国人口众多，公共健康形势十分严峻，然而国内旅游和出境旅游的大幅度增长也必然带来疾病的进一步传播。资料显示，我国艾滋病人数的增长率远远高于发达国家，与旅游相关的人口的大规模流动加剧了这一状况。尽管我国成功地使 SARS 得到有效抑制，但未来发生其他传染性公共卫生危机的风险仍然存在。旅游者既可能是受害者，同时也是疾病的传播源，因此，加强对旅游者公共卫生的控制成为刻不容缓的问题。

8.2 我国旅游业应对未来可能性危机的对策建议

8.2.1 旅游危机前的相关对策

1. 制定国家突发性旅游危机应急预案

制定国家危机管理的整体战略和政策用于指导各级政府和整个社会的危机管理是政府危机管理体系的重要组成部分。目前我国危机管

① Garrett, L. *The Coming Plague*. New York: Farrar, Straus and Giroux, 1994, 74.

② Richter, L. K. International Tourism and Its Global Public Health Consequences. *Journal of Travel Research*, 2003, May: 340～347.

理已经纳入到国家战略和政策体系中，并颁布了《突发事件应急预案》，以阐明国家危机管理的目标和基本的政策选择。我国旅游业是国家社会经济中重要的组成部分，同时也是建立小康社会和和谐社会的重要方面。因此，必须把旅游危机管理纳入国民经济和社会可持续发展的总体战略之中。国家旅游局应在国家《突发事件应急预案》基础上，制定“旅游业突发事件应急预案”，它应具备强制性，是国家进行旅游危机管理的指南。旅游危机应急预案的内容要涉及对旅游危机的定义、分类、评价、预防、准备、应急、危机后的恢复和重建等各个方面。除了总体框架外，还应针对主要突发性旅游危机类型制定相应的具体行动方案，如对地震、洪水、恐怖主义、火灾等的行动指南。“旅游业突发事件应急预案”必须以国家《突发事件应急预案》总体框架为核心，并与其他部门预案相配套，从而实现协同效应。必须避免各部门各自为政、相互矛盾的现象。与此同时，地方政府在此框架下，根据各地实际制定相应的地方性实施办法，保证计划的权威性及可操作性。其目的就是通过尽可能隐蔽且不限制旅游者到来的程序提供一个安全的旅游环境。

2. 建立旅游产业风险评估和风险预警体系

政府要在旅游政策的制定中，把危机风险的认定和评估作为一个重要的方面和环节，以期收到防患于未然的效果。目前我国除“旅游黄金周”假日预警外，尚未建立系统的旅游风险评估和预警体系。因此，建议国家旅游局会同国家发改委、财政部、商务部、外交部、科技部等相关部门，共同制定相应政策和标准，指导我国旅游实践。具体包括：

(1)建立旅游产业预警系统

主要通过建立旅游卫星账户，准确测量危机对旅游产业及国民经济的影响，为国家衡量产业损害程度、制定相关产业政策提供基础信息。与此同时，为平衡供求关系，还应对主要旅游目的地、旅游产业运营指标(如国际旅游人数、国内旅游人数、航空机位利用率、饭店客房出租率、主要景点客流量、主要旅游线路包价等)进行监控，定期发布我国旅游产业景气指数，引导旅游者、旅游经营者和旅游投资者的行为。

(2)建立旅游自然灾害预警系统

建议在国家自然灾害预警体系中，建立针对旅游目的地的灾害预警体系,包括地质灾害、气候灾害等,通过预警来减少危机带来的风险。从可操作角度,至少应该对我国现有的世界自然遗产、世界历史文化遗产、主要旅游城市等建立专门的监控机制,包括气象、空气污染指数、海水污染指数等在内的信息,了解其受自然灾害和人为灾害冲击的可能性。

(3)建立针对旅游目的地社区的旅游危机警报发布机制

目前美国针对国际恐怖主义建立的国家恐怖主义危机警报系统分五个级别:第一个级别是绿色,表示恐怖袭击的危险很低;第二个级别是蓝色,表示恐怖袭击的危险处于一般状况;第三个级别是黄色,表示恐怖袭击的危险较大;第四个级别是橙色,表示恐怖袭击的危险很大;第五个级别是红色,警告恐怖袭击的危险非常严重。建议我国借鉴国外的某些合理做法,针对主要突发性危机建立警报制度,以加强政府与社会公众的沟通,提高政府应对危机能力。

(4)建立针对国际旅行的旅游危机警告发布机制

随着我国出境旅游目的地的不断增多和出境旅游的发展,为保障我国公民旅行权利,建议在外交框架基础上,建立公民出国旅行警告发布制度,并作为出境旅行的基本政策之一。具体可以参考美国、英国、德国、澳大利亚等国家的旅行警告体系。在发布旅行警告时,应根据世界旅游组织《全球旅游伦理规范》第 6 款的规定——政府发布(旅游警告)信息时应避免以不公正或夸大其词的方式妨碍东道国家的旅游业和他们自己国家经营者的利益——发布旅行警告。旅行警告的内容应当事先与东道国当局和有关的专业人员商讨。旅游警告应针对特定的区域而非整个国家,而且一俟情况恢复正常就应该及时取消,要避免报复性的旅游劝告①。

(5)建立强制性旅游开发"灾害环境评估"制度,该制度可以是现有"环境影响评估"的延伸。通过法律以减少因人为因素带来的旅游环境和生态危机。

3. 建立和完善政府旅游危机应急组织体系

旅游危机管理是各级政府、各个政府部门的职责和责任。把危机管

---

① 世界旅游组织. 全球旅游伦理规范. 1998.

理的职能整合到各级政府和各个政府部门的职能体系之中，整合到各级政府和各个政府部门的日常工作之中。国家级旅游危机应急组织体系如图8-1所示。

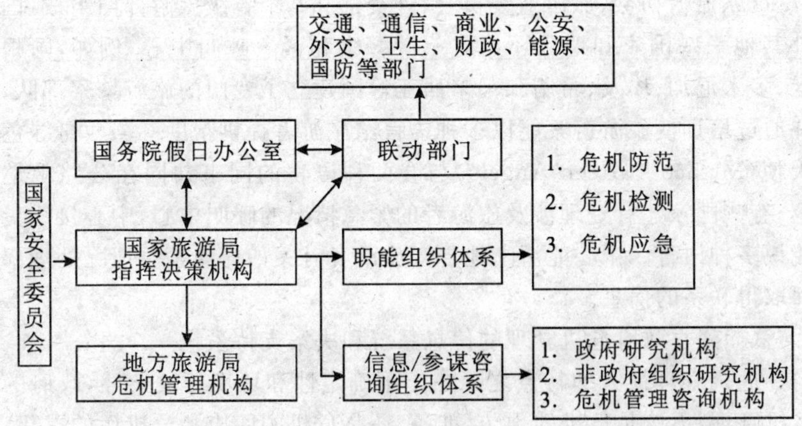

图8-1　国家级旅游危机应急组织体系

（1）建立统一领导、分工协调的旅游危机行政管理体制

国家旅游局在中央政府直接领导下，建立国家级旅游业危机管理的领导、指挥和协调机构。这一机构的主要职能在于：制定危机管理的战略、政策和规划；进行危机信息管理；进行危机风险的评估；在非危机时期，负责危机的预防和预警工作；在危机发生期间，负责领导与协调工作；负责危机管理的监督工作；对政府管理者和社会公众进行危机管理的教育和培训等。同时，建立若干在国家统一框架下、分权式的地方旅游危机应对机构，具体职能由地方旅游局承担。

（2）建立旅游与相关部门联动机制

考虑到危机的多样性和旅游业的综合性，应建立旅游与关联部门的联动机制，明确不同政府机构（如交通、卫生、国防等）承担某些特定危机管理的职能和职责，这样，便形成统一领导，分工协调的危机管理体制。相关部门应涵盖旅游产业链上的主要部门（如航空、铁路、公路、旅游景区景点、旅行社、饭店、餐饮、零售、文化、体育等），以及旅游活动支持系统，如基础设施（电力、能源、信息产业、水力等）和社会保障设施

(公安部、外交部、卫生部、司法部、民防部门、宣传部门、消费者协会等)等职能部门,由此构成旅游危机应对的协同机制。例如南非的旅游安全特别小组就是由环境与旅游事务部、国家警察部(the National Police)、旅游协会、旅游业委员会、外交部和9个省级旅游部门组成。国外其他一些国家和地区还建立旅游警察和紧急呼叫中心,例如,阿根廷、多米尼加、埃及、希腊和马来西亚等国建立了专门的旅游警察部队,并通过培训使旅游警察能以多种语言给旅游者提供帮助。墨西哥绿色天使(Mexico's Green Angels)与会两种语言的同事共同在公路上巡逻。有些国家建有处理涉及旅游者的紧急情况的呼叫中心,中心接线员能说多种语言。中心能清晰地告知旅游者有关如何与紧急情况处理部门取得联系的信息。

(3)建立政府危机管理的信息系统和决策支持系统

危机管理最大的特点之一在于不确定性和环境的复杂性,政府的危机管理,无论是危机的预防、准备,还是危机的回应和危机后的重建,必须建立在准确、全面、适时的信息基础之上。一个比较完善的危机管理信息和决策支持系统包括:数据库、知识系统、规范模型、危机的预警系统、电子信息技术的应用平台等。建议建立政府、行业协会及研究机构在内的参谋体系,以提高政府危机管理的能力。具体可以在国家旅游局下设立旅游研究中心,吸收政府、非政府组织、企业、学术机构和咨询机构代表协同开展研究。重点对影响国际国内旅游产业发展和自然、政治、经济、社会文化、技术等外部环境和内部优劣势进行分析预测,定期提供信息。一旦出现异常信号,将相关信息向政府及相关机构进行沟通,从而保持旅游业对危机的警觉性。

4. 建立政府和私人机构双重旅游危机物质和财政资源体系

物质资源和财政资源是危机管理的基础,它需要政府和私人组织等的参与。

从政府公共管理角度,必须正确认识旅游产业在国家社会经济中的地位。在公共预算中,政府尤其是旅游目的地政府,要加大直接服务于旅游者和旅游企业的基础设施的投入,提升目的地安全及抗风险的基础设施能力;此外,由于危机具有难以预期性,因此,建立旅游产业援助基金十分必要。包括:(1)把危机管理的预算纳入政府的预算体系之中,通过预算约束来强化危机管理职能。预留出预算以作为危机发生时紧急情况处理基金。通常,旅游危机预算可以用于对受损企业进行补贴,对受害旅游者进行例外救援和补偿,危机后为市场恢复开展额外营销活动等。(2)建立战略性危机应急资源的储备制度。应建立资源目录,以便在关键时期有效地调动资源。为此需要就突发性危机状态下资源的征用问题加以立法。(3)设立反危机基金,用于应对各种突发事件和危机,并且建立监督制度和程序以保证基金的合法、合理以及有效的使用。为快速灵活地应对紧急情况,应预先获得危机基金的使用许可,而无须再经过漫长的政治程序。这项资金一部分可纳入国家预算体系之中,另一部分可来源于旅行社平时交纳的质量保证金。建议将现行的《旅行社质量保证金》范围延伸为《旅行社质量与风险保证金》,为加强该基金管理,可以考虑引入市场机制,由政府、行业协会和企业共同进行基金运作,也可以采取建立风险同盟方式来提高基金使用效率。

从私人组织角度,建议建立和完善旅游保险体系。通过保险制度来分散旅游危机的风险和损失。一方面,完善现有的针对旅游企业等组织的保险制度,在一般财产险基础上,增加恐怖主义险等;与此同时,建立旅游者旅游风险保险体系,可以采取强制和自愿相结合的方式来提升对旅游者人身财物损失的风险管理,维护旅游者的权益。目前国内一些保险公司已经开始这方面的业务,如中意人寿保险的"境外旅行意外伤害保险及紧急救援医疗保险"等①。

5.加强旅游危机宣传教育,提高危机意识和应对危机能力

目的地危机管理的能力,取决于整个社会公民的危机意识和参与态度,必须做到:

(1)利用各种形式对社会公众和旅游者及从业人员进行危机预防和救助知识和技能的传播和教育。世界旅游组织《旅游业危机管理指南》建议各国在旅游目的地网站上为旅游者提供有关安全和紧急情况的信息。其中最重要信息包括:紧急电话号码、汇率、基本行为准则、限

---

① 中意保险工作室.五一境外游,意外有保险.北京晚报.2004－4－16(A16).

制性旅游地区、保留旅行文件复印件的重要性等。泰国国家旅游局网站提供的信息还包括阻止儿童卖淫及旅游者检举义务方面的严格法律。与此同时，世界旅游组织还鼓励旅游者学习食品安全知识。各国可以对世界卫生组织编写的《旅行者食品安全》有关如何避免旅行途中患病的信息进行改编，并在促销材料特别是在目的地网站上加以利用①。为此建议我国国家旅游局和各地旅游局在其官方网站增加上述内容，为旅游者提供安全向导；国家旅游局应为地方旅游业从业人员举办有关安全问题的专题讨论会，特别应鼓励公共安全部门与旅游业内的私人保安部门，比如当地警察部门与饭店保安部门建立伙伴关系，并以此在安全保障方面扮演积极的角色；此外，建议将旅游危机管理的教育和培训纳入旅游教育和培训之中，在旅游院校和企业中进行旅游危机管理知识和技能的教育和培训，提高旅游从业人员危机应对的意识和能力。为此，有关政府机构、教育和科研机构要加强旅游危机的研究，形成系统化的知识；要进行旅游危机教育的需求分析，明确旅游危机知识和管理教育的目标群体，并开展针对性教育培训，如针对旅游者的人身财产安全防范、食品安全常识、旅游目的地风险常识等；还有针对旅游行业的地震、火灾、飓风、恐怖主义、急救等。

(2)强化公众参与。通过各种形式教育和激励，使公众参与到危机管理中来。政府和企业的力量是有限的，没有公众的支持，政府和企业的努力将难以得到成效。同时，社会公众是危机事件直接威胁的对象。因此，公众也应该成为危机管理系统当中的积极参与者，这样才能最大限度地吸纳各种社会力量，调动各种社会资源共同应对危机，形成社会整体的危机应对网络。应实施公共认知项目以使当地居民意识到旅游之于他们所在社区的重要性，实施这样的项目可以激励社区居民报告可疑情况，从而有助于创造一个更安全的旅游环境。社会情景模拟练习是在为危机所作的准备中必不可少的一个极其重要的环节。通过模拟危机情势，未雨绸缪，防患于未然，不仅可以不断完善危机发生的预警

---

① WTO. *Crisis Guidelines for the Tourism Industry*. Madrid: World Tourism Organization, 2003.

与监控系统，也能够提升公众危机意识和参与程度。

8.2.2　旅游危机中的相关对策

"旅游危机中"指危机的爆发和消退阶段。危机出现后第一个 24 小时是非常关键的。非专业的反应会进一步加重对目的地的破坏，而合理的危机管理可以强化与客户间的关系并帮助目的地更快地从危机中恢复。重点在于控制生命和财产的损失，同时应启动沟通战略程序，以确保利益相关者和公众的利益以及信息的畅通。

1. 帮助和抚慰受害者，维护旅游者未来消费信心

(1)采取一切措施帮助受害者。危机发生后的第一次新闻发布会应说明将采取哪些措施以帮助受害者。因为媒体及公众对生命伤亡的关注远高于对旅游业的经济损失的关注。旅游业是人性化的行业，在危机发生时应展现其人性的一面。例如，在美国迈阿密海滩的一次警察追击中，有五名法国日光浴爱好者被碾死，事件发生后，当地旅游管理当局迅速安排悲痛欲绝的死者父母前来迈阿密，并亲自到机场会见了他们并整晚在医院陪伴他们。第二天晨报关于该事件的焦点不是警察部门的过错而是这位官员的私人介入。

(2)设立热线，保持与旅游者及其家人的信息畅通。这可以减少危机带来的恐慌。若有紧急呼叫中心则可成为危机中旅游者和他们家人的咨询热线，而若没有则需在危机过后迅速建立起来，中心的接线生应会多种语言并很了解安全问题——世界旅游组织《自然减灾手册》中就有有关热线问题的范例。应在新闻通报和目的地网站上公告热线号码。

2. 建立有效的危机管理的沟通机制

世界旅游组织认为，旅游业危机管理的主要途径有四个：沟通、宣传、安全保障和市场研究[①]。其中，基于诚实和透明之上的沟通是成功危机管理的关键。危机沟通主要包括政府与公众、旅游者的沟通，政府与新闻媒体的沟通，政府与旅游企业的沟通和政府部门之间的沟通。

---

① WTO. *Crisis Guidelines for the Tourism Industry*. Madrid: World Tourism Organization, 2003.

(1)建立旅游危机信息披露制度。从制度层面看,我国应完善现有新闻发布制度,以保障公众的知情权。对大型突发性公共危机必须建立强制性新闻发布会制度,根据危机情况决定相应的新闻发布时间、频率、方式和内容,保障信息的及时、主动、准确和客观。应实事求是地披露信息以维护诚信。不要试图掩盖事故,危机的真相终会大白,虚假消息或者掩盖真相所造成的危害可能甚于危机本身。

(2)采取适宜的沟通战略和策略。从技术层面看,一方面应确保重要通信基础设施的安全和信息沟通渠道的畅通;另一方面应建立危机信息沟通的正式组织。建议在突发性危机时成立新闻中心,协调和处理危机信息沟通事宜。必要时可以设立新闻发言人,根据危机影响范围和程度等及危机管理目标来进行新闻发布,以减少信息不对称引发的公众心理恐慌及消费信心和目的地声誉受损,同时获得同情、理解和支持,以加快危机的救助和复原,为危机的应对创造必要的外部环境。由于危机发生后媒体会迅速进行采访,因此需要预备一个装备有桌子、电话和数据线的房间供媒体使用,并用它来发布新闻简报。如果危机发生在别的地方,则应建立第二新闻中心,并指定一个与总部保持不间断联系的第二发言人。必须与安全部门一起帮助电视新闻记者进人最佳位置获取图片新闻报道。应建立正常通报的时间表,提供目的地的背景信息。应让警察部门、灾难救助部门、航空公司、饭店业协会、旅游经营商和世界旅游组织等其他向媒体提供危机新闻的部门充分了解旅游目的地的反应,以供他们在信息沟通时作为参考。应让这些“伙伴”了解如何与你的发言人联系,以便他们纠正任何可能的错误或获取更多的信息。

3.加强危机时的特别促销

(1)加强与旅游企业的沟通

不应让关键的业务伙伴依赖新闻媒体获得危机的有关信息,应向他们提供关于灾难程度、将对受害者提供的援助措施、安全部门正为结束危机所做的努力及为使危机不再发生而采取的措施等方面的详细资料。例如,在危机期间,英国旅游经营商们成功地运用召集会议的方法协调负责安全、促销和旅游政策的有关各方,保证了他们在同一时间得到同样的信息。在危机中或危机后迅速组织旅游经营商进行熟悉旅游

(Familiarization trips)是让他们自己评估实际情况的最好方法。

(2)在促销中突出安全信息

危机发生时并不是要推迟促销,而是应迅速调整信息内容以反映当前的形势及对目的地的安全关注。广告应显示出对受害者的同情或提供有关为结束危机而将采取的措施方面的信息,引导潜在旅游者通过热线电话或网站获取更详细的信息。

(3)寻求增加促销预算

危机发生时,政府会较平常更关注旅游业。应利用这种机会寻求增加促销预算——这是帮助旅游业重振和鼓励旅游者"回来"所需要的。

4. 向旅游企业提供金融援助和财政支持

在困难时期,政府需要与企业密切合作以确保旅游生产没有受到破坏性的损失,否则将会影响发展好时机到来时的恢复程度。用来鼓励旅游经营商、航空公司、游船公司在危机过后迅速恢复运营的措施,主要包括临时的税收激励、补贴、降低机场费、自由签证等。

8.2.3　旅游危机后的相关对策

"旅游危机后"指危机已经结束,组织开始恢复和学习的阶段。在此阶段必须注意以下几点:

1. 注重危机后的沟通

危机过后,激活市场的关键在于恢复旅游者信心。当媒体将注意力转向别的新闻事件的时候,危机造成的破坏还会在很长一段时间内持续影响潜在旅游者。信心的恢复需要加倍的努力,尤其是沟通和促销方面的努力。

(1)注意沟通内容的针对性。在沟通内容上,各级旅游组织应对目的地为恢复旅游业而采取的措施进行广泛宣传,通报目的地重振计划以及重振计划需要多长时间才能见成效,给新闻记者提供新闻通讯稿、社论材料、地图和照片等方面的信息。危机后的重振需要增加沟通方面额外的预算和人力资源,应发掘有积极意义的新闻。应将新闻报道转向反映旅游活动的常态方面的内容,比如专业旅游团队的到来或新的旅游吸引物和景点开业等,还可以发布一些与旅游业非直接相关的,诸如文化活动、科学发现、电影拍摄和购物趋势等方面的新闻。这样做的目的是要证明目的地旅游业运转如常。例如,埃及在危机后将考古发现或重新开放作为恢复战略的一部分广泛加以宣传,以吸引旅游者。

(2)注意沟通对象的有效性。由于媒体对旅游决策的影响巨大,因此,危机后应增加新闻记者的"熟悉旅游",促使新闻界回到目的地,并向他们展示重振所取得的成果。"熟悉旅游"的主题应放在目的地特殊的形象上,并应确保新闻记者与当地居民的充分接触。应集中进行大规模的正面报道以抵消危机时期潜在旅游者通过电视媒体报道而形成的负面印象。"熟悉旅游"的作用在于增加旅游目的地与媒体建立友谊的机会,这些记者和作家受到激励,以致在以后若干年内对旅游目的地仍予以特别关注。

(3)注意沟通的时机选择。利用有纪念意义的日子来进行促销,影响深远的危机将在周年和重要的纪念日子,如百日、半年、一年、两年,通常会再度引起媒体关注。这些重要的纪念时间提供了一个沟通良机,充分利用这些时机有助于改变市场的消极印象,化"危"为"机"。

(4)注意沟通地点选择。利用促销活动和旅游展销会来进行行业沟通是行之有效的手段,展示旅游目的地安全和复苏的最好方法就是在计划好的促销活动上发布新闻。危机无疑使目的地能在旅游展上吸引更多的注意力,从而有更多机会展示目的地的正面形象,同时也增加了发布有关结束危机的最新消息和未来进展的机会。

(5)注意沟通手段的选择。在信息化时代,利用旅游目的地官方网站或主要网站发布新闻可以实现即时、无限量和无边界的沟通。应在网站上提供尽可能多的新闻和深度信息。应在显著位置注明电讯发稿日期和地点以表明网站提供的是最新消息,必须每天更新那些能反映目的地在危机后重新恢复正常的积极信息。

(6)加强对行业的沟通。增加针对旅游经营商的"熟悉旅游"和大型活动。一俟情况允许,即邀请旅游经营商和旅游代理商进行实地考察,以了解目的地为旅游业重振所采取的具体措施。要组织大型活动和会议,以创造与旅游贸易伙伴和国际社会进行沟通的机会。我国在SARS后借"奥运"和"世博会"等契机,在海外开展了一系列促销活动,促进了危机后的恢复。但随着未来不确定性增大，潜在危机风险难以预期，建立以体验为核心的“国家品牌”战略，形成具有难以模仿和替代竞争优势的旅游目的地是抵御危机的最长久保证。这一方面在于积极有效的促销活动，同时还在于以创造产品价值和建立及维护声誉为核心的营销行动。

(7)认真对待旅游警告。应与已对本地发出旅游警告的国家取得联系。应定期提供大量有关危机的信息，包括危机发生的确切地点、为使该地区更安全而采取的具体措施、旅游者可放心前往哪些地区旅游等。应游说这些国家的政府取消旅游警告并邀请其代表亲自前往危机地考察实际情况。从美国、澳大利亚、加拿大、泰国等国家的经验中可以看出，危机中政府针对旅游者和旅游经营商的积极促销对于激活市场具有显著作用。

2.促进危机管理的多边合作和国际合作

在全球化的时代，一个国家或者地区出现的危机，不可避免地会产生国际化的影响，预防和管理各种各样的危机和灾难一直是国际社会、国际组织和地区组织长期以来致力于的事业。在共同抗击SARS的过程中，世界卫生组织(WHO)成为全球目光的焦点，SARS危机的处理突显出以WHO为代表的、独立于各国政府而存在的国际组织在国际事务协调中所发挥的重要作用，印度洋海啸也进一步体现出全球合作机制的重要性。因此，加强与旅游业有关的国际组织(如世界旅游组织、亚太旅游协会等)的合作，进一步参与其全球事务，交流旅游与危机信息，接受国际组织的指导与建议，同时加强政府间、企业间和非营利组织间的国际多边合作，提升我国旅游业的国际化程度，应该成为我国旅游业应对未来危机的一个方向。

加入全球旅游沟通活动是危机后旅游业激活市场的捷径。2003年7月2日至3日在马德里召开了第一届国际旅游沟通会议，其间世界旅游组织作了有关在全球范围内进行旅游业积极影响方面推广活动的陈述，该项活动主要包括口号、标识、海报、传单和30秒的公共服务宣传等5个方面，目的在于加强沟通，建立私人旅游企业与大型的国际旅游团体之间的联系。危机加强了人们的团结合作精神，这恰是快速恢复所需要的。应加强全国范围内各旅游促销机构的合作,加强公共部门和私人部门在营销方面的协同,寻求多国协同进行区域性促销和产品开发的可能性。

3.开发市场,填补危机后市场空档

在危机后应考虑实施新的市场战略,通过新市场开发来寻求市场替代,一个多元化的市场是旅游目的地抗击风险的基础。

(1)创造面向新的利基市场的产品是行之有效的手段。应注重开发那些最具抵抗力的细分市场,比如高尔夫球、滑雪等体育活动,文化活动和蜜月旅游市场的包价旅游产品。从一般性大众旅游向多元化细分市场发展是市场开发的趋势。

(2)瞄准有经验和有特殊兴趣的旅游者。越是有经验的旅游者和回头客对危机的敏感性就越低。那些具有特殊兴趣(如潜水、登山或考古)的旅游者无论如何都将到他们想去的地方充分享受。因此必须注意开发和稳定这些市场,进行深度旅游开发,以作为今后市场发展的重点。

(3)鼓励创造特殊价值。尽管价格对于市场具有十分重要的作用,但是通过提升价值、而不是在危机冲击地区进行价格大战或进行全行业大幅度削价,对于旅游目的地长期恢复具有更重要的意义。例如,马来西亚和斯里兰卡围绕周末度假和节庆活动创造了特殊供给。这里的关键不是提供更低的价格,而是提供真正物有所值的产品。

(4)迅速将促销转向极具潜力的市场。应为将促销转向那些最具反弹力的市场做好准备,这些市场通常是离目的地最近的客源市场,因为这些旅游者相对而言更熟悉目的地情况。应注意对那些不准备出游的市场的进行研究,例如由于美国人依然对出国旅游心存疑虑,所以"9·11"事件之后加勒比地区联合采取的一场旨在重新吸引美国旅游者的广告运动收效甚微。

(5)加强对国内市场的促销。国内市场替代是许多国家应对危机的有效手段,大国的国内旅游市场可弥补危机后重振进程中国际旅游需求的下降。危机通常首先冲击远程旅游市场,因此,政府和旅游企业可以充分利用人们的爱国主义情感来激发国内旅游和本地旅游的热情,从而加速危机后的复苏。例如，为维持当地饭店的运转，巴厘岛旅游委员会在恐怖爆炸案发生后加强了对国内旅游市场的促销力度。“9・11”事件以后，波斯湾地区的旅游者选择在离家更近的目的地度假，这使得迪拜、巴林和其他阿拉伯国家的饭店能够持续运转。

4.增强目的地未来的安全性

(1)评估安全程序。应在危机过后迅速对安全体系进行评估，以确保其正常有效。尤其注意不要使其成为目的地安全的障碍，更不要成为目的地负面形象的“贡献”因素，切忌让有关如何处理安全问题的“争论”吓跑了旅游者或者阻碍了旅游业的恢复。

(2)致力于提高服务和设施的质量。应鼓励根据旅游者感知调查的反馈来改进质量，为此可奖励那些质量改进方面工作出色的企业；还可设立旅游投诉部门，以使旅游者在所享受到的服务与预期不一致的情况下投诉有门。例如隶属国家消费者保护委员会领导的秘鲁旅游者保护部门就提供这样的服务，其中包括投诉仲裁、提供一般的旅游信息、对投诉进行分析以找出需要改进的方面。由国家旅游局和地方旅游局负责的我国旅游服务质量投诉体系的职能今后还应强化。

(3)重视调研。旅游者的消费信心是危机后激活市场的关键，因此，必须加强危机后客源市场对目的地的感知的研究，了解旅游者受到冲击的程度，考察他们到目的地进行旅游的意愿。同时应将调研信息加以反馈，促使旅游组织采取相应的促销活动来改变负面印象。今后应加强我国旅游市场调研体系的建立。

本章小结

综上所述，在全球化、社会不确定性和自然及人为危机的压力下，我国旅游业面临潜在的危机风险。具体包括：(1)由全球化导致的旅游危机，如由国际旅游引发的国际化风险、由国际经济的波动引发的经济不确定性风险、由旅游企业的国际化经营引发的运营风险、由信息技术全球化引发的旅游信息危机和我国出境旅游发展引发的旅游安全危机；(2)由社会冲突导致的旅游危机，包括国际政治风险、国内政治风险、社会风险、管理及经营风险；(3)由自然和人为灾害导致的技术性旅游危机，包括环境污染和生态危机导致的自然旅游资源消失的风险、组织和人为失误导致的旅游目的地景点和旅游设施突发性事故、旅游者大规模流动带来的公共卫生危机。

我国旅游业在应对未来可能的危机时，应把握好危机前、危机中和危机后这三个阶段，开展有效的危机应对和激活工作，使危机损失最小化。

在危机发生前，主要包括建立国家整体框架下的旅游突发性危机应急预案，建立危机预警体系，建立旅游部门及其他部门的危机应急联动机制，建立危机资源保障体系，加强危机意识培育，提高社区的参与程度。

在危机中，应注意做好危机沟通，危机救援和危机中的市场促销，保障信息畅通和产业的运营。

在危机后，重点做好市场的沟通，从而恢复旅游市场信心。应注重危机沟通的内容、对象、时机、地点、方式等的选择，提高沟通的针对性；必须加大危机促销力度，提升旅游者、旅游业和社会公众对目的地的认知；开发对危机敏感性低和具有潜力的细分市场，开展国内市场替代等；加强与国际旅游组织及其他机构的合作，促进市场的激活，同时注重危机后的安全评估，提高服务质量，重视市场调研，创造更好的旅游市场环境。

结束语

旅游业由于旅游消费具有精神消费、异地性、暂时性和体验性等特征，而且这种消费往往是提前购买，因此具有更强的心理上的敏感性和对形象的依赖性。此外，旅游产品具有综合性、不可分割性、生产消费同一性、季节性等特性，决定了其对危机具有更强的敏感性。

旅游危机包括自然和人为两类危机。自然灾害由于其自然性和不可避免性，其影响往往是暂时的。人为危机由于其诱因往往为人类失误造成，因此产生更严重的消极后果，对旅游者信心产生长期影响。

从现实来看，影响旅游业的突发性危机主要包括：自然灾害、战争、犯罪、恐怖主义、经济周期、公共卫生、环境污染及事故等方面，其对旅游业的冲击方式和后果不尽相同。

旅游危机的冲击根据不同的标准可以划分为不同的类型。按照内容划分，旅游危机的冲击通常分为经济影响、环境影响和社会文化影响；按照带来的社会价值划分，分为消极影响和积极影响；从影响的表现方式划分，可以分为隐形效应和显露效应；按照影响的时间划分，可分为即时效应和滞后效应。

危机冲击的特点体现为全球性、不可预期性、不可控性、波及性、迁延性、周期性。危机对不同的对象冲击表现存在差异。对旅游者冲击体现为：第一，有形影响及旅游行为改变；第二，精神影响和信心受损。决定旅游者对危机冲击反应的因素包括个体的风险因素、媒体的作用和旅游安全的溢出效应；对旅游企业的冲击表现为经营受损和在获得产业恢复所需资源上的压力；而对目的地则反映为对目的地声誉的损害。危机对旅游目的地声誉的冲击主要表现在：第一，危机对旅游者"认知"和决策产生影响；第二，危机对旅游目的地"资产的交易性"产生影响；第三，危机导致负面信息传播，造成对目的地声誉的损害。

测量危机冲击的方法多种多样，其中包括：Gurhan Aktas & Erru Gunla 危机影响分析、多变量分析框架、交叉影响与脆弱性分析等。本书作者提出，危机冲击度大小取决于危机强度、危机持续时间、与危机发生地距离和社区应对危机能力四个维度。

根据危机生命周期理论，旅游危机包括酝酿、潜伏、爆发、消退和解决五个阶段。与此相对应，激活旅游市场的框架机制包括 5R 战略，即弱化(Reduction)、准备(Readiness)、应急(Response)、恢复(Recovery)和解决及振兴(Resolution & Rejuvenating)。激活市场机制的要素机制包括：合作(Cooperation)、协调(Coordinated)、沟通(Communication)、责任(Commitment)和公众参与(Community Involvement)。从产业层面看，目的地政府的主要作用包括：危机时应急救援、及时沟通、产业救助、危机营销等；旅游企业在激活市场过程中必须树立危机意识，开展危机应急，保持业务连续性和利用“创造性破坏”来提升产业素质。激活旅游市场的战略包括成本领先战略、差异化战略和重点集中与替代战略；可供选择的策略包括多元化、转移、保险和自我承担等四个方面。

SARS 对我国旅游业产生了巨大冲击，政府及企业采取了众多措施来激活旅游市场，包括财政、税收、补贴、取消旅行社质量保证金等刺激措施，并针对目标市场开展了面向旅游经营商、社会公众的宣传广告运动。根据对旅游者及旅游企业的抽样调查发现，危机对旅游消费产生短期性巨大冲击，且不同人口结构对危机的反应也不尽相同。危机对旅游企业的调查结果基本验证了本书作者提出的危机冲击度与危机强度、危机持续时间、危机距离及社区应对危机能力相关的假设。

从世界旅游组织，美国、澳大利亚、加拿大、新加坡、印度尼西亚、巴西等国家，受印度洋海啸影响的国家对近年来突发性危机的冲击和激活市场实践分析结果显示，尽管危机类型多种多样，各国由于制度和应对危机的态度和手段存在差异，但激活市场的相同之处在于：在危机前制定相应的计划，开展大量的沟通行动来重新建立旅游者信心，给予旅游企业以财政和金融支持，开发新的市场和实施国内市场替代战略，进行危机学习。

我国旅游业面临的潜在危机风险包括：由全球化导致的旅游危机，由社会冲突导致的旅游危机与由自然和人为灾害导致的技术性旅游危机。

我国旅游业在应对未来可能危机时，应把握好危机前、危机中和危机后这三个阶段，开展有效的危机应对和市场激活工作，使危机损失最小化。在危机发生前，主要包括建立国家整体框架下的旅游突发性危机应急预案，建立危机预警体系，建立旅游部门及其他部门的危机应急联动机制，建立危机资源保障体系，加强危机意识培育，提高社区的参与程度。在危机中，应注意做好危机沟通，危机救援和危机中的市场促销，保障信息畅通和产业的运营。在危机后，重点做好市场的沟通，恢复旅游市场信心。应注重危机沟通的内容、对象、时机、地点、方式等的选择，提高沟通的针对性；必须加大危机促销力度，提升旅游者、旅游业和社会公众对目的地的认知；开发对危机敏感性低和具有潜力的细分市场，开展国内市场替代；加强与国际旅游组织及其他机构的合作，促进市场的激活，同时注重危机后的安全评估，提高服务质量，重视旅游市场调研，创造更好的旅游市场环境。

参考文献

1. 安东尼·吉登斯:《社会学》,赵序东等译,北京大学出版社,2003 年版,第 27 页。

2. 安塞尔·M. 夏普、查尔斯·A. 雷吉斯特、保罗·W. 格兰姆斯:《社会问题经济学》,第 15 版,郭庆旺译,中国人民大学出版社,2003 年版。

3. 澳大利亚旅游组织:《澳大利亚旅游白皮书 2004》。

4. 澳大利亚旅游组织:《澳大利亚旅游绿皮书 2004》。

5. 北京第二外国语学院"后 SARS 的中国旅游业"课题组:《后 SARS 的中国旅游业》,北京:2003 年 7 月。后 SARS 时代的中国旅游业国际研讨会。

6. 蔡红:《企业如何进行有效的危机管理》,《市场报》,1999 年 11 月 9 日。

7. 陈劲虹、华莉:《携程旅行网设立"自然灾害旅游体验保障金"》,金羊网,2005 年 1 月 11 日。

8. 崔友平:《经济危机理论述评及借鉴》,《财经理论与实践》,1999 年第 20 卷第 101 期,第 120～121 页。

9. 达莫达尔·古亚拉提:《经济计量学精要》,机械工业出版社,1999 年版,第 206 页。

10. 戴维·贝赞可、戴维·德雷诺夫、马克·尚利:《公司战略经济学》,武亚军译,北京大学出版社,1999 年版。

11. 德克·格莱泽:《旅游业危机管理》,安辉译,中国旅游出版社,2003 年版。

12. 邓冰、吴必虎、蔡利平:《国内外旅游业危机管理研究综述》,《旅游科学》,2004 年第 18 卷第 1 期,第 1～8 页。

13. 丁煌:《西方行政学说史》,武汉大学出版社,1999 年版,第 287～289 页。

14. 丁学良:《对印度尼西亚(1997～1998)经济危机的社会学观察》,《社会科学战线》,2002 年第 4 期。

15. 杜江:《旅游企业跨国经营》,旅游教育出版社,2000 年版。

16. 杜江等:《中国出境旅游发展报告》,旅游教育出版社,2005 年版。

17. 冯惠玲主编:《公共危机启示录——对 SARS 的多维审视》,中国人民大学出版社,2003 年版。

18. 高舜礼、任佳燕:《浅析"9·11"恐怖事件对中国入境旅游的影响》,《旅游调研》,2001 年第 11 期,第 35～38 页。

19. 国家统计局:《中国统计年鉴》,中国统计出版社,2003 年版。

20. 何光玮、李盛霖主编:《走出 SARS——中国旅游业的振兴与发展》,中国旅游出版社，2004年版。

21. 何建民：《后SARS时期旅游业与酒店业的经营管理策略》，《中国旅游报》，2003年。

22. 侯国林：《SARS型旅游业危机及危机后旅游业发展新思维》，《南京师范大学报（自然科学版）》，2004年第27卷第3期。

23. 胡鞍钢：《当前我国经济形势与宏观调控政策》，《中国国情研究分析报告》，2001年第53期。

24. 胡宁生：《中国政府形象战略》，中共中央党校出版社，1999年版。

25. 胡云乔：《管理》，《中国人才》，2002年第3期。

26. 黄淳、李彬：《不确定性经济学研究》，《经济学动态》，2004年第1期，第63～68页。

27. 黄福才、黄颖华：《论SARS后中国旅游业危机管理机制建设》，北京：2003年7月。后SARS时代中国国际旅游研讨会。

28. 霍士富：《危机管理与公关运作：理论、实务与事例》，台北超越企管公司，1996年版。

29. 嵇振年、周丰年：《SARS对旅游行业的影响及影响建议》，《旅游调研》，2003年第7期，第12～14页。

30. 江东权：《试论我国旅游企业的危机意识和风险管理》，《经济师》，2004年第9期，第37～139页。

31. 杰弗里·R.卡波尼格罗：《危机顾问》，中国三峡出版社，2001年版。

32. 鞠文风：《关于金融危机对去年中国旅游业影响情况的专题研究报告》，《旅游调研》，1999年第6期，第18～23页。

33. 匡林：《旅游业政府主导型发展战略研究》，中国旅游出版社，2001年版。

34. 李春玲、陈光金：《中国目前社会阶层结构研究报告——社会蓝皮书，2002年，中国社会形势分析与预测》，社会科学文献出版社，2002年版。

35. 李洪波、郑向敏：《目的地旅游安全事故范畴简析》，《北京第二外国语学院学报》，2004年第119卷第1期，第86～89页。

36. 李经中：《政府危机管理》，中国城市出版社，2003年版，第17页。

37. 李九全、李开宇、张艳芳：《旅游危机事件与旅游业危机管理》，《人文地理》，2003年第18卷第6期，第35～39页。

38. 李开宇、张艳芳：《中国入境旅游受突发性事件影响的时空分析及其对策》，《世界地理研究》，2003年第12卷第4期，第101～109页。

39. 李强：《中国社会分层结构的新变化社会蓝皮书——2002年：中国社会形势分析与预测》，社会科学文献出版社，2002年版。

40. 李树民、温秀：《论我国旅游业突发性危机预警机制建构》，《西北大学学报

(哲学社会科学版)》,2004 年 9 月第 34 卷第 5 期,第 45～48 页。

41. 李天元、王连义:《旅游学概论》,南开大学出版社,1999 年版。

42. 李学举:《中国的自然灾害与灾害管理》,《中国行政管理》,2004 年第 230 卷第 8 期,第 23～24 页。

43. 李子奈:《计量经济学》,清华大学出版社,2000 年版,第 104～106 页。

44. 梁昭:《东南亚金融危机对我国旅游业的影响》,《北京第二外国语学院学报》,1998 年第 83 卷第 6 期,第 46～47 页。

45. 林海:《当前世界减灾科技的现状与发展趋势》,《地球科学进展》,1994 年第 6 期,第 41～48 页。

46. 林汉川:《公关策划学》,复旦大学出版社,1994 年版。

47. 林香民、王庆鹏、李剑峰:《我国旅游业的发展与旅游安全研究》,《安全与环境工程 》,2003 年第 10 期,第 60～62 页。

48. 刘锋:《旅游地灾害风险管理初探》,达沃斯颠峰旅游景观设计中心网站,2003 年第 5 期。

49. 刘洪:《冲突分析理论的原理及其应用》,《技术经济》,1994 年第 11 期。

50. 刘惠:《企业危机的影响》,《沿海经济》,2000 年第 8 期。

51. 刘绛华:《试论冲突》,《求实》,1999 年第 12 期。

52. 刘亚于:《东南亚金融危机对现代经济学理论的挑战》,《北京商学院学报》,1998 年第 83 卷第 5 期,第 18 页。

53. 刘轶博:《论企业危机管理的系统策略》,《广东省社会主义学院学报》,2003 年第 3 期,第 47～49 页。

54. 刘赵平:《关于 1998 年洪涝灾害对旅游业影响情况的专题研究报告》,《旅游调研》,1999 年第 2 期,第 23～27 页。

55. 龙迪:《心理危机的概念、类别、演变和结局》,《青年研究》,1998 年第 12 期,第 42～44 页。

56. 泷泽正雄:《企业危机管理:组织迈向安全经营的法则》,徐汗章译,台北高宝国际有限公司,1999 年版。

57. 罗伯特・希斯:《危机管理》,王成、宋炳辉、金瑛译,中信出版社,2001 年版。

58. 马小军:《当代社会危机的类型分析与变量分析》,《理论前沿》,2003 年第 2 期,第 15 页。

59. 马勇、王勇:《SARS 冲击与中国旅游业的可持续发展》,《中国旅游报》,2003 年 5 月 30 日,第 7 版。

60. 马宗晋:《自然灾害与减灾》,中国地震出版社,1990 年版。

61. 迈克尔・波特:《竞争优势》,陈小悦译,华夏出版社,1997 年版。

62. 美国联邦紧急事务处理总署(FEMA):《商业与产业应急管理指南》,FEMA电子图书馆。

63. 孟祥青:《关于维护和改善21世纪初我国安全环境的几点思考》,《世界经济与政治》,2001年第7期,第27～32页。

64. 牛文元:《社会燃烧理论与中国社会安全预警系统》,北京:2001年11月26日。清华大学管理学院与中国行政管理学会联合举办的"社会变革中突发时间应急管理"专家研讨会讨论稿。

65. 诺尔曼·奥古斯丁等:《危机管理》,吴佩玲译,台北天下远见出版公司,2002年版。

66. 潘皓波、邱丹:《中国旅游业直面SARS》,《中国旅游报》,2003年5月。

67. 彭可珊:《中国现阶段缓发性灾害研究》,《北京联合大学学报(自然科学版)》,1997年第11卷第1期,第16～24页。

68.《普吉岛下月恢复旅游》,《新闻快递》,2004年第4期,第6页。

69. 泰国旅游局力促重启泰国游,http://finance.sina.com.cn,2005年1月20日。

70. 秦启文等:《突发事件的管理与应对》,新华出版社,2004年版,第19页。

71. 邱毅:《危机管理:二十一世纪新显学》,台北中华征信所企业公司,1999年版。

72. 任生德、解冰、王智猛、邹蓝:《危机处理手册》,新世界出版社,2003年版。

73.《深圳商报》,2001年11月23日。

74. 沈致远、李训经、雍炯敏:《研究危机:数学金融学的重要课题》,《科学》,1999年第2期。

75. 石培华、张吉林、彭凤军等:《SARS后的旅游经济重建与风险管理》,《旅游学刊》,2003年第18卷第4期,第8～11页。

76. 石培华:《"非典"后的经济重建与风险管理》,《旅游学刊》,2003年第18卷第4期,第46～47页。

77. 世界旅游组织:《全球旅游伦理规范》,1998。

78.《世界旅游组织将在普吉岛开会讨论恢复灾区旅游业》,www.XINHUANET.com,2005年1月18日。

79. Fink, S.:《危机管理》,韩应宁译,台北经济与生活出版事业股份有限公司,1987版。

80. 舒伯阳、何彪:《从SARS事件看中国旅游业的危机管理》,《中国旅游报》,2003年5月30日,第7版。

81. 宋林飞:《西方社会学理论》,南京大学出版社,1997年版,第388页。

82. Otto Lerbinger:《危机管理》,于凤娟译,台北五南图书出版公司,2001年版。

83. 汤敏:《世界经济放缓与国际恐怖事件对中国经济的影响》,《经济纵横》,2002 年第 2 期,第 42～45 页。

84. 王宁:《略论旅游业的危机管理——SARS 对旅游业影响的思考》,《华西师范大学学报(哲学社会科学版)》,2004 年第 5 期。

85. 王建平:《非典对提升饭店业经营管理的启示》,《旅游学刊》,2003 年第 18 卷第 4 期,第 11～13 页。

86. 王凯声:《SARS 与中国旅游业》,《SARS 与中国经济网络论坛征文》,2003 年。

87. 王绍光、胡鞍钢、丁元竹:《经济繁荣背后的社会不稳定》,《战略与管理》,2002 年第 3 期。

88. 维克多·密德尔敦:《旅游营销学》,向萍等译,中国旅游出版社,2001 年版,第 53 页。

89. 魏小安、付垒:《旅游业受 SARS 影响情况分析及对几个相关问题的辨析》,《旅游学刊》,2003 年第 18 卷第 4 期,第 14～23 页。

90. 魏小安、张凌云:《共同的声音》,中国旅游出版社,2003 年版。

91. 吴昂:《企业应学会危机管理》,《深圳商报》,1999 年 5 月 31 日。

92. 吴必虎、张晓、立咪咪:《中国大学生对旅游安全的感知与评价研究》,《桂林旅游高等专科学校学报》,2001 年第 3 期,第 62～68 页。

93. 吴小龙:《危机管理激活力》,《市场报》,2000 年 3 月 6 日。

94. 谢彦君:《基础旅游学》,中国旅游出版社,1999 年版,第 161 页。

95. 许文惠、张成福主编:《危机状态下的政府管理》,中国人民大学出版社,1998 年版。

96. 薛澜、张强、钟开斌:《危机管理——转型期中国面临的挑战》,清华大学出版社,2003 年版,第 6 页。

97. 杨兴柱、陆林:《旅游危机管理初步研究》,《旅游资源》,2004 年第 20 卷第 6 期,第 478～480 页。

98. 杨宜勇、辛小柏:《中国当前的收入分配格局及发展趋势,社会蓝皮书——2002 年:中国社会形势分析与预测》,社会科学文献出版社,2002 年版。

99. 叶国文:《预警和救援:从"9·11"看政府危机管理》,《国际论坛》,2002 年第 3 期第 3 卷,第 22～23 页。

100. 因特里格特等:《经济计量模型、技术与应用》,中国社会科学出版社,2004 年版,第 159～161 页。

101. 尹学萍:《毛泽东两类矛盾学说与西方社会冲突理论比较研究》,《毛泽东邓小平理论研究》,1994 年第 1 期。

102.《印度洋海啸》,《酒店文摘》,2004 年第 8 期,第 2～4 页。

103. Kavanaugh R. R.:《通过参与性学习提高饭店专业教育质量》,《中国旅游饭店》,2003 年第 5 期。

104. 于祖尧:《中国经济的内忧》,《战略与管理》,2002 年第 4 期。

105. 余津津:《现代西方声誉理论述评》,《理论经济学》,2004 年第 1 期,第 75 页。

106. 袁辉:《重大突发事件及其应急决策研究》,《安全》,1996 年第 2 期。

107. 张骁鸣、戴光全、保继刚:《从事件角度对 SARS 进行"危机管理"》,《旅游学刊》,2003 年第 18 卷第 4 期,第 7～8 页。

108. 张广瑞、魏小安主编:《中国旅游业:SARS 影响与全面振兴》,社会科学文献出版社,2003 版。

109. 张辉:《旅游经济论》,旅游教育出版社,2002 年版。

110. 张建:《旅游危机的诱因及对策初步研究成果》,《淮阴工学院学报》,2004 年第 13 卷第 4 期,第 9 页。

111. 张凌云:《危机与转机:后 SARS 中国旅游业在认识》,载自:何光玮、李盛霖:《走出"非典"——中国旅游业的振兴与发展》,中国旅游出版社,2003 年版,第 95～99 页。

112. 张岩松:《企业公共关系危机管理》,经济管理出版社,2000 年版。

113. 赵伟鹏、戴元祥:《政府公共关系理论与实践》,天津人民出版社,2001 年版。

114. 郑士贵:《管理冲突及其解决的可能性》,《管理科学文摘》,1998 年第 10 期。

115. 郑向敏等:《旅游安全学》,中国旅游出版社,2003 年版。

116. 中共中央党校教务部:《五个当代讲稿选编》,中共中央党校出版社,2000 年版,第 7 页。

117. 中国旅游统计年鉴编辑部:《中国旅游统计年鉴 2001》,中国旅游出版社出版,2001 年 9 月。

118. 中国旅游统计年鉴编辑部:《中国旅游统计年鉴 2002》,中国旅游出版社出版,2002 年 9 月。

119. 中国旅游统计年鉴编辑部:《中国旅游统计年鉴 2003》,中国旅游出版社出版,2003 年 9 月。

120. 中国旅游统计年鉴编辑部:《中国旅游统计年鉴 2004》,中华人民共和国国家旅游局编著,中国旅游出版社出版,2004 年 10 月。

121.《2004 年 1～11 月份我国入境旅游接待收汇情况》,http://www.cnta.com/22-zcfg/tj.asp。

122. 中国民航档案馆:《中国民航事故调查报告》,1996 年。

123.《统计显示 2004 年中国入境旅游人数首次突破 1 亿人次》,http://www.china.org.cn/chinese/TR－c/763929.htm;《2000 年中国旅游饭店统计公报》,http://www.cnta.com/32－lydy/2j/2000－tj.asp;《2001 年中国星级饭店统计公报》,http://www.cnta.com/32－lydy/2002/2001fdgb.htm。

124. 钟灵:《游轮海滩事故接二连三,安全问题浮出水面》,《中国旅游报》,2000 年 5 月 1 日。

125. 周玲强、邓娟:《旅游地灾害管理机制初探》,《后 SARS 的中国旅游业》,北京:2003 年 7 月。后 SARS 时代的中国旅游业国际研讨会。

126. 周玲强:《亚洲金融危机对我国国际旅游业的影响及对策研究》,《浙江大学学报》,1999 年第 1 期。

127. 朱文忠:《当代西方安全与危机管理理论对中国的启示》,《管理科学》,2003 年第 7 期。

128. 朱卓任:《国际饭店管理》,谷慧敏主译,中国旅游出版社,2002 年版。

129. 驻悉尼办事处:《旅游市场》,2004 年第 22 卷第 10 期,第 51 页。

130. 驻悉尼办事处:《市场调研》,2004 年第 24 卷第 12 期,第 27 页。

131.《辞源》第一部,商务印书馆,1979 年版,第 434 页。

132.《中国旅游报》,SARS 相关报道,2003 年 3～12 月。

133. Raphael R. Kavanaugh.《通过参与性学习提高饭店专业教育质量》,《中国旅游饭店》,2003(5)。

134.《2002 年中国星级饭店统计公报》,http://news.xinhuanet.com/zhengfu/2003－07/15/content_975121.htm。

135.《2003 年中国旅游业统计公报》,http://www.ycta.gov.cn/access/Article_Show.asp? ArticleID＝831;2004 年我国公出境人数增长迅速报道,http://www.csnn.com.cn/2005/ca302046.htm。

136. ADFAT.(2002) Travel Advice. Australian Department of Foreign Affairs and Trade. http//www.dfat.gov.au,accessed 6 November 2002.

137. Agarwal,S.(1999) Restructuring and local economic development: Implications for seaside resort regeneration in Southwest Britain. *Tourism Management*,20:511～522.

138. Ahmed, Z.(1996) The need for the identification of the constituents of a destination's image: a promotional segmentation perspective. *Review de Tourisme*,2:44～57.

139. Alpasian, M. C.(2002) Coping with a crisis century. *USA Today*. 131:18～19.

140. Ammerman, D. What's a Nice Company Like Yours Doing in a Story Like This? In Barton, L. (eds.) *New Avenues in Risk and Crisis Management*. Las Vegas, NV: UNLV.

141. Anscombe. F. J. and Aumann, R. J. (1963) A definition of subjective probability. *Annals of Mathematical Statistics*, 34:199～205.

142. APTA, (2003) Crisis: It won't happen to us! Expected the unexpected. Be prepared.

143. Arbel, A., & Bargur, J. (1980) A planning model for crisis management in the tourism industry. *European Journal of Operational Research*, 5(2):77～85.

144. Arnold, W. (1980), in Booth, S. (1993) *Crisis Management Strategy: Competition and change in modern enterprises*. New York: Routledge.

145. Arrow, K. L. (1965) *Aspects of the Theory of Risk-Bearing*. Helsinki: Yrjo Hahnsson Foundation.

146. Ascher, B. (1984) Obstacles to International Travel and Tourism. *Journal of Travel Research*, Winter.

147. Auerbach, A. H. When Travelers Are Targets: The Growing Threat of Kidnapping Abroad. *The Washington Post*, July 12, 1998.

148. Augustine, N. R. (1995) Managing the Crisis You Tried to Prevent. *Harvard Business Review*, 73(6):147～158.

149. Aziz, H. (1995) Understanding attacks on tourists in Egypt. *Tourism Management*, 16(2):91～95.

150. Babyn, C., Bell, J. W., Monk, J., Montgomery, K. W. (2004). The Impact of the Severe Acute Respiratory Syndrome Crisis on Cultural Events and Organizations in Ontario (Final Report), March, 2004, Ontario Region of the Department of Canadian Heritage.

151. Bach S. A. (1996) Tourist-related crime and the hotel industry: a review of the literature and related materials. In Pizam, A. and Mansfeld, Y. (eds.) *Tourism, Crime and International Security Issues*. New York: John Willey & Sons, 279～280.

152. Baloglu, S. (1997) The relationship between destination images and social-demographic and trip characteristics of international travelers. *Journal of Travel Research*, 36, 11～15.

153. Bar-On, R. R. (1996) Measuring the effects on tourism of violence and of promotional following violence acts. In Pizam, A. and Mansfeld, Y. (eds.)

Tourism, Crime and International Security Issues. New York: John Willey & Sons, 159～174.

154. Barton, L. (1994). Crisis Management: preparing for and managing disasters. *The Cornell Hotel and Restaurant Administration Quarterly*, 35(2): 59～65.

155. Barton, L. *Crisis in Organizations*. South-western College Publishing, 2001.

156. Baumo W. J. and Benhabib, J. (1989) Chaos: Significance, Mechanism, and Economic Applications. *Journal of Economic Perspective*, 3: 77～105, 79～80.

157. Bea, R. G. (1989) The role of human error in design, construction and reliability of marine structures, Ship Structure Committee SSC－378, Washington, 1 November.

158. Beirman, D. (2002) Marketing of tourism destinations during a prolonged crisis: Israel and the Middle East. *Journal of Vacation Marketing*, 8(2): 167～176.

159. Beirman, D. (2003) *Restoring Tourism destinations in Crisis: A strategic marketing approach*. Cambridge, MA: CABI Publishing.

160. Berman, R., and Roel, G. (1993) Encounter with death and destruction: The 1985 Mexico city earthquake. *Group Analysis* 26: 89～91.

161. Berry, J. L. (1991) *Long-wave Rhythms in Economic Development and Political Behavior*. Baltimore, Md.: Johns Hopkins University Press, 14～15.

162. Bignell, V. and Fortune, J. (1984) *Understanding Systems Failure*. Manchester: Manchester University Press.

163. Blake, A. and Sinclair, T. M. (2002) Tourism Crisis Management: US response to September 11. *Annals of Tourism Research*, 30(4): 813～832.

164. Bloom, J. (1996) A South African perception of the effects of crime and violence on the tourism industry. In Pizam, A. and Mansfeld, Y. (eds.) (1996) *Tourism, Crime and International Security Issues*. New York: John Willey & Sons, 77～90.

165. Bloom, J. (1996) A south African perspective of the effects of crime and violence on the tourism industry. In Pizam A. and Mansfeld, Y. (eds.) (1996) *Tourism, Crime and International Security Issues*. New York: John Willey & Sons, 91～102.

166. Booth, S. A. (1993) *Crisis Management Strategy*. London: Routledge.

167. Brewton C. (1993) Managing a Crisis: A Model for the Lodging Industry, *Cornell Hotel and Restaurant Administration Quarterly*, 28(3).

168. Brunt, P., Mawby, R. and Hambly, Z. (2000) Tourist victimization and the fear of crime on holiday. *Tourism Management*, 21:417～424.

169. Butler, R. (1980) The concept of tourist area cyacle evolution: implications for management of resources. *The Canadian Geographer*, (24): 5～12.

170. Burby, R. J. and Wagner, F. (1996) Protecting tourists from death and injury in coastal storms. *Disasters*, 20(1): 49～60.

171. Cammisa, J. V. (1993) The Miami experience: Natural and manmade disaster, 1992～93. In *Expanding responsibilities: A blueprint for the travel industry*. 24th Annual conference proceedings of travel and tourism research association, Whistler, BC, 294～295.

172. Campbell, T. (1999) Crisis Management at Coke. *Sales & Marketing Management*, September, 151(9): 14.

173. Caplan, G. (1964) *The Principles of Preventive Psychiatry*. New York: Basic Book.

174. Caplan, G. (1970) *The Theory and Practice of Mental Health Consultation*. New York: Basic Book.

175. Carter, W. N. (1991) *Disaster management: A disaster manager's handbook*. Manila: Asia Development Bank, xxiii.

176. Cassedy, K. (1991) *Crisis management planning in the travel and tourism management: A study of three destinations and a crisis management planning manual*. San Francisco: PATA.

177. Cassedy, K. (1992) Preparedness in the face of crisis: An examination of crisis management planning in the travel and tourism industry. *World Travel and Tourism Review*, 2: 169～174

178. Cavlek, N. (2002) Tour operators and destination safety. *Annals of Tourism Research*, 29(2): 493.

179. CDI. (2002) Terrorism Project. Washington: Center for Defense Information. http://www.cdi.org, accessed 11 November 2002.

180. Center for Business Research, (2002) Charleston Metro Chamber of Commerce.

181. Chan, N. W. (1995) Flood disaster management in Malaysia: An evaluation of the effectiveness of government resettlement scheme. *Disaster Prevention and Management*, 4(4): 22～29.

182. Charles, W. (1999) Three Systems Surrounded by Crisis. In *the Chinese Economy: A New Scenario*. A Conference Report, edited by Murray Weidenbaum and Harvey Sicheman. Philadelphia: Foreign Policy Research institute.

183. Charleston Metro Chamber of Commerce. (2002) Accommodations Occupancy Trends, Charleston & Dorchester Counties, South Carolina, April, data complied and disseminated by the Chamber, Charleston, SC.

184. Chesney, Lind and Lind I. Y. (1986) Visitors as victims; Crimes against tourists in Hawaii. *Annals of Tourism research*, 13:167.

185. Chris Ryan. (1991) *Recreation Tourism: A Social Science Perspective*. Routledge.

186. Chuck Gee. (1996) International Hotel Management. American Hotel & Lodging Institute.

187. Cindy, B., Bell, J. W., Monk, J., Montgomery, L. and Wilhelm, K. (2004) The Impacts of the Severe A Cute Respiratory Syndrome Crisis on Cultural Events and Organizations in Ontario. A Research Paper for the Ontario Region of the Department of Canadian Heritage. Trent University.

188. Clair, J. (1993) Turning poison into medicine: A grounded theoretical analysis of processes, pathologies, and designs in the detection of potential organizational crises. PhD dissertation, University of Southern California.

189. Claire B. (1999) What hazards and Disasters are likely in the 21st century —or Sooner? Natural Hazards Research Working Paper # 99, Natural Hazards Research and Applications Information center Institute of Behavioral Science University of Colorado.

190. Cockrell N. (1990) The Changing Role of International Travel and Tourism Organization. *EIU Travel & Tourism Analyst*, (5):87.

191. Cohen, E. (1987) *The tourist as victim and protégé of law enforcing agencies*. Bangkok: White Lotus.

192. Cohen, E. (1996) Touting tourists in Thailand: tourist-oriented crime and social structure. In Pizam A. and Mansfeld, Y. (eds.)(1996) *Tourism, Crime and International Security Issues*. New York: John Willey & Sons, 77~90.

193. Cohen, E. (1998) Tourism and AIDS in Thailand. *Annals of Tourism Research*, 15:467~486.

194. Cohen, E. (1974) Who is a tourist? A conceptual classification. *Sociological Review*, 22:527~553.

195. Coombs, W. T. (1999) *On Going Crisis Communication—Planning,*

Managing, and Responding. London: Sage Publications, Inc, 3.

196. Crichton M. T., Flin R. and Rattray W. A. R. (2000). Training Decision Makers—Tactical Decision Games. *Journal of Contingencies and Crisis Management*, 8(4): 208～217.

197. Crosby, A. (1990) *America's Forgotten Pandemic: The Influenza Epidemic of 1918*. Cambridge, UK: Cambridge University Press.

198. Crouch, G. L. (1994) The study of international tourism demand: a review of findings. *Journal of Travel Research*, 33(1): 12～23.

199. Curr, R. T. ed. (1981) *Handbook of Political Conflict: Theories and Research*. Collier & Macmillan Publishes Co., 7.

200. D'Amore L. J. and Anunza T. E. (1986) International Terrorism: Implications and Challenges to Global Tourism. *Business Quarterly*, November.

201. Dann, G. M. S. (1996) Tourists' images of a destination—an alternative analysis. *Journal of Travel and Tourism Marketing*. 5(1/2): 41～55.

202. D'Aveni, R. (1994) *Hypercompetition: Managing the Dynamics of Strategic Maneuvering*. New York: Free Press.

203. Davidson, R. (1989) *Tourism*. Pitman, 35.

204. De Albuquerque, K. and McElroy, J. (1999). Tourism and crime in the Caribbean. *Annals of Tourism Research*, 26: 968～964

205. De Albuquerque, K. (1981) *Tourism and crime in the Caribbean: Some lessons from the United States Virgin Islands*. In port-au-Prince, Haiti: the Third Annual Meeting of the Association of Caribbean Studies.

206. Dieudonnee T. B. (1988) *The First 24 Hours—A comprehensive guide to successful crisis management*. Basil Blackwell.

207. Diller and Scofidio. (1994) *Back to the Front: Tourism of War*. Basse—Noemandie: FRAC. Commerce, US Travel and Tourism Administration (USTTA).

208. Dirk Glaesser. (2003) *Crisis Management in the Tourism Industry*. Butterworth-Heinemann.

209. Doeg, Colin. (1995) *Crisis Management in the Food and Beverage Industry*. Chapman & Hall.

210. Douglas Foster. (1985) *Travel and Tourism Management*. Macmillan. 5, 83.

211. Drabek, T. E. (1995) Disaster responses within the tourism industry. *International Journal of Mass Emergencies and Disasters*, 13(1): 7～23.

212. Drabek, T. E. (1992) Variations I disaster evacuation behavior: Public responses versus private sector executive decision-making. *Disasters*, 16(2): 105～118.

213. Drabek, T. E. (1994) Risk perception of tourist business managers. *The Environmental Professional*, 16: 327～341.

214. Drache, D and Feldman, S. (2003) *Media Coverage of the 2003 Toronto SARS Outbreak*. Toronto: Robarts Centre for Canadian Studies, York University.

215. Drucker, P. F. (1980) *Managing in Turbulent Times*. Oxford: Butterwoth-Heinemann.

216. Drucker, P. F. (1995) *Managing in a Time of Great Change*. Oxford: Butterwoth-Heinemann.

217. Dunn S. W., Cahill M. F., Boddewyn J. J. (1979) *How Fifteen Transnational Corporations Manage Public Affairs*. Chicago: Crain Books.

218. Durocher, J. F. (1994) Recovery marketing: What to do after a natural disaster. *The Cornell HRA Quarter*, 35(2): 66～71.

219. Dwyer, L., Forsyth, P., Spurr, R. and Ho, T. (2004) Contribution of tourism by origin market to a state economy: A multi-regional equilibrium analysis. *Tourism Economics*, 9(4): 431～448.

220. Dwyer, L., Forsyth, P., Spurr, R. and Ho, T. (2004) Impacts of a Tourism Crisis: The Effect on the Australian Economy of the 2003 SARS and Iraq Induced Tourism Downturn.

221. Economist Intelligence Unit. (2002) Country Report, Indonesia. http://db.eiu.com, accessed 28 February 2003.

222. Edgell, D. L., Sr. (1999) *Tourism Policy: The Next Millennium*. Champaign, IL: Sagamore.

223. Edgell, D. L. (1990) *International Tourism Policy*. New York: Van Nostrand Reinhold.

224. Elliot, L. and Ryan, C. (1993) The impact of crime on Corsican tourism. *World Travel and Tourism Review*, 3: 287～293.

225. Erickson, P. A. (1999) Emergency Response Planning for Corporate and Municipal Managers, Academic Press.

226. Evans. F. J. (1987) Managing the Media: Proactive Strategy for Better Business-press relations, Quorum Books.

227. Fainstein, S. S. (2002) One Year on. Reflections on September 11th

and the War On Terrorism: Regulating New York City's Visitors in the Aftermath of September 11th. *International Journal of Urban and Regional Research*, 26(3):591～595.

228. Fakeye, P. C., & Cromptong, J. L. (1991) Image differences between prospective, first time, and repeat visitors to the Lower Rio Grande Valley. *Journal of Travel Research*, 30:10～16.

229. Faulkner, B. & Vilulov, S. (2001) Katherine, washed out one day, back on track the next: a post-morterm of a tourism disaster. *Tourism Management*, 22:331～344.

230. Faulkner, B. (2001) Towards a framework for tourism disaster management. *Tourism Management*, 22:135～147.

231. Feifer, M. (1985) *Going Places*. London: MacMillan.

232. Feinberg, G. (1985) *Solid Clues*. New York: Touchstone Books. 264.

233. Fink, S. (1986) *Crisis Management—Planning for the inevitable*. AMACOM, American Management Association.

234. Fink, S. Beak J. and Taddeo K. (1971) Organizational crisis and change. *Journal of Applied Behavior Science*, 1(1):15～37.

235. Fortune, J. and Peter, G. (1995) *Learning From Failure*. The System Approach, Chichester, John Willey.

236. Foster, D. (1985) *Travel and Tourism Management*. Macmillan, 50.

237. Friedman, M. and Savage. L. J. (1948) The utility analysis of choices involving risk. *Journal of Political Economy*, 56:279～304.

238. Frisby, E. (2002) Communicating in a crisis: the British Tourist Authority's response to foot-and mouth outbreak and 11th September, 2001. 9(1):89～100.

239. Frombling, S. (1993) Zielgrupopenmarketing im Fremdenverkehr von Regionen. Lang.

240. Fujii, E. T., and Mak, J. (1980) Tourism and crime: Implications for regional development policy. *Regional Studies*, 14:27～36.

241. Garrett, L. (1994) *The Coming Plague*. New York: Farrar, Straus and Giroux. 74.

242. Gartner, C. G., & Hunt, J. D. (1987) An analysis of state image change over a twelve-year period (1971～1983). *Journal of Travel Research*, 26: 15～19.

243. Gartner, W. C. and Shen, J. (1992) The impact of Tiananmen Square

on China's Tourism image. *Jouranl of Tourism Research*, 30(4): 47～52.

244. Gee, C. and Gain, C. (1986) Coping with crises. *Travel & Tourism Analyst*, June: 3～12.

245. Geipel, R. (1982) *Disaster and Reconstruction*. London: Allen and Unwin.

246. Genasi C. (2002) *Winning Reputations—How to be your own spin doctor*. Palgrave.

247. George, R. (2002) Tourist's perceptions of safety and security while visiting Cape Town. *Tourism Management*, in Press, Corrected Proof.

248. Glaeβer, Dirk. (2003) *Crisis Management in the Tourism Industry*. Butterworth-Heinemann.

249. Gleick, J. (1987) *Chaos: making a new science*. London: Heinemann.

250. Gleik, J. (1988) *Chaos*. New York: Penguine Book 3.

251. Goh, C. and Law, R. (2002) Modeling and forecasting tourism demand for arrivals with stochastic non-stationary seasonality and intervention. *Tourism Management*, 23(5): 499～510.

252. Goldstein, J. S. (1988) *Long Cycles: New heaven Come*. Yale University Press.

253. Gonzalez-Herreo, A. and Pratt, C. B. (1995) How to manage a Crisis Before or Whenever it Hits. *Public Relation Quarterly*, 40(1): 25～29.

254. Gonzalez-Herreo, A. and Pratt, C. B. (1996) An Integrated Symmetrical Model of Crisis-Communications Management. *Journal of Public Relations Research*, 8(2): 79～106.

255. Gonzalez-Herrero, A., & Pratt, C. B. (1998) Marketing crises in tourism: Communication strategies in the united states and Spain. *Public Relations Review*, 24(1): 83～97.

256. Goodrich, J. N. (2002) September 11, 2001 Attack on America: A Record of the Immediate Impacts and Reactions in the USA Travel and Tourism Industry. *Tourism Management*, 23(6): 573～580.

257. Granot, H. (1995) Proposed scaling of communal consequences of disaster. *Disaster Prevention and Management*, 4(3): 6.

258. Greenberg, M. (2003) The limits of branding: the World Trade center, fiscal crisis and the marketing recovery. *International Journal of Urban and regional Research*, 27(2): 386～416.

259. Guillen, M. (1983) A Realm of manifold possibilities. in *Bridges to in-*

finity. Los Angeles: Jeremy P. Tarcher, 92.

260. Gurhan Aktas and Ebru A. Gunlu. (2001) Crisis Management in Tourist Destination. In William F. Theobald. (2005) *Global Tourism*, 3rd edition. Elsevier: Butterworth Heinemann.

261. Gutieerez & Bordas(1993), Adapted from Glaeβer, Dirk. (2003) *Crisis Management in the Tourism Industry*. Butterworth-Heinemann.

262. Hall C. M. and O'sullivan. (1996) Tourism, political stability and violence. In Pizam, A. and Mansfeld, Y. (eds.)(1996) *Tourism, Crime and International Security Issues*. New York: John Willey & Sons, 105～122.

263. Hall, C. M. (1994) *Tourism in the Pacific Rim: Developments, Impacts and Markets*. London: Pitman; World Tourism Organization. (1992) *Global Tourism: Forecasts to the Year 2000* . Geneva: World Tourism Organization.

264. Hamel, G., and Prahalad, C. K. (1994) *Competing for the future*. Cambridge, MA: Harward Business School Press.

265. Hatty, H. and Hollmerier, S. (2003) Airline strategy in the 2001/2002 crisis—the Lufthansa example. *Journal of Air Transport Management*, 9(1): 51～55.

266. Hayward, C. (2001) Foot and mouth crisis slaughters rural tourism industry across UK. *Financial Management* (UK), 4.

267. Heath, R. (1998) Dealing with the complete crisis—the crisis management shell structure. *Safety Science*, 30(1～2): 139～150.

268. Henderson, J. C. (1999) Tourism management and the Southeast Asian economic and environmental crisis: A Singapore perspective. *Managing Leisure*, 4(2): 107～120.

269. Henderson, J. C. (2002) Managing a tourist crisis in Southeast Asia: the role of national tourism organizations. *International journal of Hospitality & Tourism Administration*, 3(1): 85～105.

270. Henderson, J. C. (2003a) Communication in a crisis: Fights SQ 006. *Tourism Management*, 24(3): 279～287.

271. Henderson, J. C. (2003b) Terrorism and Tourism: Managing the Consequences of the Bali Bombings. *Journal of Travel & Tourism Marketing*, 15(1): 41～58.

272. Henderson, J. C. (2000) War as a tourist attraction: the case of Vietnam. *International Journal of Tourism Research*, 4(2): 269～280.

273. Hermann, C. F., eds. (1972) *International Crises: Insights from Be-*

havioral Research. New York: Free Press.

274. Hollier, R. (1991) Conflict in the Gulf: Response of the tourism industry. *Tourism Management*, 12(1): 2~4.

275. Hopper, P. (2002) Marketing London in a difficult climate. *Journal of Vacation Marketing*, 9(1): 81~88.

276. http://www.tatnews.org, accessed 14 November 2002.

277. http://www.cctv.com/news/world/20030320/101436.shtml.

278. http://www.jcrb.com/zyw/n61/ca41586.htm.

279. http://www.sina.com.cn 2005 年 1 月 26 日.

280. HVS. (2003) Canadian Lodging Outlook.

281. Inskeep, E. (1991) *Tourism planning: An interacted and sustainable development approach*. Van Nostrant Reinhold.

282. Ioannides, D. and Apostolopoulos, Y. (1999) Political instability, War and Tourism in Cyprus: Effects, Management, and Prosepects for Recovery. *Journal of Travel Research*, 38(1): 51~56.

283. Iyer, P. (2000) Bali: On Prospero's isle. In Lechner and Boli, J. (eds.) *The Globalization Reader*. Malden, MA: Blackwell, F. J., 111~117.

284. Jaffa, S. (1997) *Safe As House*. London: Robinson Books.

285. *Jakarta Post* (2002, October 24) Regaining confidence, 6.

286. Janis, I. L. (1989) *Crucial Decisions—Leadship and policy making study of foreign-policy decisions and fiascos*. Boston: Houghton Mifflin.

287. Johansson, A. and Nyberg, L. (1996) Tourism conference on safety and establishment of a center. *Annals of Tourism Research*, 23: 724~725.

288. Jud, G. D. (1975). Tourism and crime in Mexico. *Social Science Quarterly*, 56: 324~330.

289. Keller, A. Z. and Al-Madhari, A. F. (1996) Risk management and disasters. *Disaster Prevention and Management*, 5(5): 19~22.

290. Kelly Nancy E. (2000) Trade Study Prescribes antidote against crisis. *American Metal Market*, 108(145): 1~2.

291. Kemmer, C. (1995) Resident and visitor safety and security in Waikiki. In *Security and Risk in Travel and Tourism*. Proceedings of the International Conference at Mid Sweden University, 75~83.

292. Khoon Koh. (2002) Explaining a Community Touristscape: An entrepreneurism model. 3(2): 29~62.

293. King, B. and Berno, T. (2002) Tourism and civil disturbances: an e-

valuation of recovery strategies in Fiji, 1987～2000. *Journal of Hospitality and Tourism Management*, 9(1): 46～58.

294. Kondratieff, N. D. (1984) *The Long Wave Cycle*. New York: Richardson and Snyder.

295. Koppel., B. (1997) Is Asia emerging or submerging? *Nortic Newsletter Studies*, (4): 5～10.

296. Kouzmin, A., Jarman, A. M. G. (1989) Crisis Decision-Making: Towards a Contingent Decision Path Perspective. In: Rosenthal Uriel, Charles Michael T. (ed.) *Coping with crises: The Management of Disasters, Riots and Terrorism*. Springfield: Charles C. Thomas.

297. Kreps, D. M. (1990) Corporate culture and economic theory. In James, E. Alt and Kenneth, A. Shepsle, editor, *Perspective on Positive political Economy*. Cambridge University press, Cambridge, 90～143.

298. Krugman, P. (1998) Saving Asia: It's time to get radical, "No free lunch", Fortune.

299. Kuo Chun-Min & Jin We. (2003) The impact on intervention events on the international hotels in Taiwan. in Kaye Chon, Cathy Hsu & Nobuyuki Okamoto (eds.) *Globalization and Tourism Research: east meets west*. Asia Pacific Tourism Association Tenth Annual Conference, Conference proceedings, 4～7 July, 2004 Nagasaki, Japan. 856～867.

300. Lagadec, P. (1993) *Preventing chaos in a crisis*. London: MacGraw Hill.

301. Lancaster, J. (1997) Killers Hunted Down Tourists in Egyptian Temple's Recesses. *The Washington Post*, November 17.

302. Lankford S. V. (1996) Crime and tourism: a study of perceptions in the Pacific Northwest. In Pizam, A. and Mansfeld, Y. (eds.)(1996) *Tourism, Crime and International Security Issues*. John Willey & Sons, 51～58.

303. Lazarus, R. S. (1986) The Psychology of Stress and Coping. In Spielberger & I. G. Sarason (eds.) *Stress and Anxiety*. Vol. 10 (p399～418). New York: Hemisphere.

304. Lea J. P. (1996) Tourism, realpolitik and development in South Pacific. In Pizam A. and Mansfeld, Y. (eds.) *Tourism, Crime and International Security Issues*. John Willey & Sons, 123～142.

305. Lea, J. (1988) *Tourism and Development in the third world*. Routledge.

306. LeBruto S. M. (1996) Legal aspects of tourism and violence, in Pizam, A. and Mansfeld, Y. (eds.) *Tourism, Crime and International Security Issues.* John Willey & Sons,297～310.

307. Lehrman, C. K. (1986) When fact and fantasy collide: crisis management in the travel industry. *Public Relations Journal*,42(4):25～28.

308. Leslie, D. (1999) Terrorism and Tourism: The Northern Ireland Situation—A Look behind the Veil of Certainty. *Journal of Travel Research*,38(1):37～40.

309. Levy D. J. (2003) Putting out the Fire. *Corporate Legal Times*, January:42～45.

310. Lifton, R. F. (1967) *Death in life.* New York: Simon & Schuster.

311. Litvin, S. W. and Alderson, L. L. (2003) How Charleston got her groove back: A Convention and Visitors Bureau's response to 9/11. *Journal of Vacation Marketing*,9(2):188～198.

312. Lovelock, B. (2003) Safety and Security in Tourism: Relationships, Management and Marketing. *Journal of Travel & Tourism Marketing*, 15(4): 269.

313. Lovelock, B. (2003) New Zealand Travel Agent Practice in the Provision of Advice for Travel to Risky Destinations. *Journal of Travel & Tourism Marketing*,15(4),259～279.

314. Lovelock, B. (2003) Safety and Security in Tourism: Relationships, Management and Marketing. *Journal of Travel & Tourism Marketing*, 15(4): 269.

315. Lynch, K. (1960) *The Image of the City.* Cambridge, MA: MIT Press.

316. Madsen, D. and Snow, P. G. (1991) *The Chairsmatic Bond: Political Behavior in Time of Crisis.* Cambridge, MA: Harward University Press.

317. Mannarelli, T., Roberts, K. H., and Bea R. G. (1996) Learning how organizations mitigate risk. *Journal of Contingencies and Crisis Management*, June,4(2):83～92.

318. Mansfeld, Y. (1996) War,Tourism and the "Middle east" factor. In Pizam, A. and Mansfeld, Y. (eds.)(1996) *Tourism, Crime and International Security Issues.* John Willey & Sons,265～278.

319. Mansfeld, Y. & Kliot, N. (1996) The tourism industry in the partitioned island of Cyprus. In Pizam, A. and Mansfeld, Y. (eds.)(1996) *Tourism,*

Crime and International Security Issues. John Willey & Son,187～202.

320. Mansfeld, Y. (1999) Cycles of war, terror, and peace: Determinants and management of crisis and recovery of the Israeli tourism industry. *Journal of Travel Research*,38(1):30～36.

321. Mansfeld, Y. and Kliot, N. (1996) The tourism industry in the partitioned Cyprus. 175～186.

322. Mason, P. Grabowski and Wei Du. (2005) Severe Acute Respiratory Syndrome. *Tourism and the Media in International Journal of Tourism Research*, 7(1):11～21.

323. Masuch, M. (1985) Vicious circles in organizations. *Administrative Science Quarterly*,30(1):14～33.

324. Mathieson, A. and Wall, G. (1982) *Tourism, Economic, Physical and Social Impacts.* Harlow: Longmans.

325. McElroy, J. And Dc Albuquerque, K. (1982) Crime and modernization: The U. U. Virgin Islands Experience. In Kingston, Jamaica: the Seventh Annual Conference of the Caribbean Association.

326. McElroy, J. And De Albuquerque, K. (1983) Crime in the context of Modernization: Theories and a Test case. In Charleston SC: The Twentieth Annual Meeting of the Southern Region.

327. McHenry, J. (1996) Panic-free PR crisis management. *Marketing Computers*,16(2):26～27.

328. Meyers, G. C., and Holusha, J. (1986) *When it Hits the Fan—Managing the Nine Crises of Business.* Boston: Houghton Mifflin Company.

329. Middleton, V. T. C. and Clarke, J. (2001) *Marketing in Travel and Tourism*,3rd edition. Butterworth-Heinemann.

330. Mihalic, T. (1996) Tourism and warfare—the case of Slovenia. In Pizam, A. and Mansfeld, Y. (eds.) *Tourism, Crime and International Security Issues.* John Willey & Sons,231～246.

331. Mill, R. C. and Morrison, A. M. (1985) *The Tourism System: An Introductory Text.* Englewood Cliffs, NJ: Pretence Hall.

332. Miller, D. (1993). The Architecture of Simplicity. *Academy of Management Review*,18(1):116～138.

333. Mitroff, I. I. (1994) Crisis Management and Environmentalism: A Natural Conflict. *California Management Review*,36(2).

334. Mitroff, I. I. (1988) Crisis Management: Cutting through the confu-

sion. *Sloan Management Review*, Winter:15～20.

335. Mitroff, I. I. (2004) *Crisis Leadership—Planning for the Unthinkable.* John Willey & Sons, Inc.

336. Mitroff, I. I. and Pearson C. M. (1993) *Crisis Management—a Diagnostic Guide for Improving Your Organization's Crisis-Preparedness.* San Francisco: Jossey-Bass Publishers.

337. Mitroff, I. I. and Anagnos, G. (2001) *Managing Crises Before They Happen—what every executive and manager needs to know about crisis management.* AMACOM American Management Association.

338. Mitroff, I. I. and Kilmann, R. H. (1984) *Corporate tragedies: product tampering, sabotage and other catastrophes.* New York: Praeger.

339. Mitroff, I. I., Pauchant, T. C., Finney, M. and Pearson, C. (1989) Do Some organizations Cause their Own Crises? The Cultural Profiles of Crisis-Prone Versus Crisis-Prepared Organizations. *Industrial Crisis Quarterly*, 3(4): 269～283.

340. Mitroff, I. I., Pauchant, T. C. and Shrivastava, P. (1988) The Structure of Man-made Organizational Crises: Conceptual and Empirical Issues in the development of a General Theory of Crisis Management. *Technological Forecasting and Social Change*, 33(2):83～107.

341. Mogan, N. and Pritchard, A. (1998) *Tourism Promotion and Power: Creating Images, Creating Identities.* Willey.

342. Murphy, P. E., and Bayley, R. (1989) Tourism and disaster planning. *Geographical Review*, 79(1):36～46.

343. Newkirk, R. T. (2001) The Increasing Cost of Disasters in Developed Counties: A Challenge to local Planning and Government. *Journal of Contingencies and Crisis Management*, 9(3):159～170.

344. Nicholas A. L. (2003) Using Third-party Advocates in a Crisis, *SCM*, 7(5):6～7.

345. Nicolette de Sausmarez. (2003) Malaysia's Response to the Asia Financial Crisis: Implications for Tourism and Sectoral Crisis Management. *Journal of Travel & Tourism Marketing*, 15(4).

346. Norman, W. S. (2003), *Outlook on U. S. Tourism: an Overview.* 2004 Domestic Outlook for Travel & tourism, Travel Industry Association of America, Washington, D. C., 35～62.

347. O'Conner, J. (1987) *The meaning of crisis: A theoretical introduction.*

New York: Basil Blackwell.

348. Ontario Region of the Department of Canadian Heritage. The Impacts of Severe Acute Respiratory.

349. Oxford English Dictionary, electronic edition (2002), accessed via the Internet at http://dictionary.oed.com, July 29.

350. Page S. J. (2003) *Tourism Management—Managing for Change*. London: Butterworth-Heinemann.

351. Page, S. J. and Meyer, D. (1996) Tourist accidents: an exploratory analysis. *Annals of Tourism Research*, 23:666~690.

352. Pauchant, T. C. and Mitroff, I. I. (1988) Crisis Prone versus crisis avoiding organizations: is your company's culture its own worst enemy in creating crises? *Industrial Crisis Quarterly*, 2(1):56~63.

353. Pauchant, T. C. and Mitroff, I. I. (1992) *Transforming the Crisis-Prone Organization: Preventing Individual, Organizational and Environmental Tragedies*. San Francisco: Jossey-Bass.

354. Pauchant, T. C., & Mitroff, I. I. (1990) Crisis management: managing paradox in a chaotic world. *Technological Forecasting and Social Change*, 38 (2):117~134.

355. Paul Leung, Creamy Kong. (2004) *A Typical Case of Crisis Management: The Outbreak of Atypical Pneumonia (SARS)*. Asia Pacific TourismAssociation Tenth Annual Conference Proceedings, Nagasaki, Japan, July 4~7, 2004. 71.

356. Payne, J. (1998) The Asian Financial Crisis and the Asian Development Bank (and is the crisis over?). Foreign Affairs and International Trade, Embassy of Canada, Manila, May 13.

357. Pearce, P. L. (1982a) *The Social Psychology of Tourist Behavior*. Pergamon.

358. Pearce, P. L. (1982b) Perceived changes in holiday destinations. *Annals of Tourism Research*, 9:145~164.

359. Pearson C. M. and Clair, J. A. (1993) Reframing Crisis Management. *Academy of Management Executive*, 23(1):59~76.

360. Pearson C. M. and Mitroff I. I. (1993) From crisis prone to crisis prepared: A framework for crisis management. *Academy of Management Executive*, 7(1):48~59.

361. Peat, F. D. (1991) *The philosopher's stone: Chao, synchronicity and*

the hidden order of the world. New York: Bantam.

362. Perrow, C. (1984) *Normal Accidents: Living with high Risk Technologies*. New York: Basic Books.

363. Pine, R., Chan, A., & Leung, P. (1998) The current and future impact of Asia's economic downtown on the region's hospitality industry. *International Journal of Contemporary Hospitality Management* 10(7):252～256.

364. Pine, R., Chan, A., and Leung, P. (1988) The current and future impact of Asia's economic downturn on the region's hospitality industry. *International Journal of Contemporary Hospitality Management*, 10(7):252～256.

365. Pitt, H. (2002) Is regulation right around the corner? *Wall Street & Technology*, 20(1):10～14.

366. Pitts, W. J. (1996) Uprising in Chiapas, Mexico: Zapata lives—tourism falters. In Pizam, A. and Mansfeld, Y. (eds.)(1996) *Tourism, Crime and International Security Issues*. John Willey & Sons, 215～228.

367. Pizam, A. (1999) A Comprehensive Approach to Classifying Acts of Crime and Violence at Tourism Destinations. *Journal of Travel Research* 38(1):5～12.

368. Pizam, A. and Mansfeld, Y. (eds.)(1996a) *Tourism, Crime and International Security Issues*. New York: John Wiley & Sons.

369. Pizam, A. (1996b) Does tourism promote peace and understanding between unfriendly nations? In Pizam, A. and Mansfeld, Y. (eds.) *Tourism, Crime and International Security Issues*. John Willey & Sons: 203～214.

370. Pizam, A. (1982) Tourism and crime: Is there a relationship. *Journal of Travel Research*, 20:7～10.

371. Pizam, A. (2002) Tourism and Terrorism. *Hospitality Management*, 21:1～3.

372. Pizam, A. (1978) Tourism's impacts: The social cost as the destination as perceived by its residents. *Journal of Travel Research*, 16(4):8～12.

373. Pizam, A. and Smith, G. (2000) Tourism and Terrorism: A Quantitative Analysis of Major Terrorist Acts and Their Impact on Tourism Destination. *Tourism Economics*, 6(2).

374. PKF Consulting, Hotelier September, 2003.

375. Plog, S. C. (1974) Why destination area arise and fall in popularity. *The Cornell Hotel and Restaurant Administration Quarterly*, 14(4).

376. Porier, R. A. (1997) Political risk analysis and tourism. *Annals of*

Tourism Research,24(3):675～686.

377. Pottorff, S. M. and Neal, D. M. (1994) Marketing implications for post-disaster tourism destinations. *Journal of Travel and Tourism Marketing*, 3(1):115～122.

378. Pratt, J. W. (1964) Risk aversion in the small and in the large. *Econometrica*, 32:122～36.

379. Prideaux, B. (1996) The tourism crime cycle: a beach destination case study. In Pizam, A. and Mansfeld, Y. (eds.)(1996) *Tourism, Crime and International Security Issues*. John Willey & Sons.

380. Prideaux, B. (1999), Tourism Perspectives of the Asian Financial Crisis. *Current Issues in Tourism*, 4(2):279～293.

381. Prideaux, B. (2003) The Need to Use Disaster Planning Frameworks to Respond to Major Tourism Disasters: Analysis of Australia's Response to Tourism Disasters in 2001. *Journal of Travel & Tourism Marketing*, 15(4):281～298.

382. Prideaux, B. Laws, E. and Faulkner, B. (2003) Events in Indonesia: Exploring the limits to formal tourism trends forecasting methods in complex crisis situations. *Tourism Management*, 24(4):475～487.

383. Prideaux, B. (1996) The tourism crime cycle: a beach destination case and social structure. In Pizam, A. and Mansfeld, Y. (eds.)(1996) *Tourism, Crime and International Security Issues*. John Willey & Sons, 59～76.

384. Prigoing, I., and Stengers, I. (1985) *Order out of chao's: Man's new dialogue with nature*. Hammersmith: Flamingo.

385. Punchant, T. and Douville, R. (1993) Recent Research in crisis management: A study of 24 authors' publications from 1986～1991. *International and Environmental Crisis Quarterly*, 7(1):43～63.

386. Quarantelli, E. L. (1988) Disaster Crisis Management: A Summary of Research Findings. *Journal of Management Studies*, 25(4):373～385.

387. Raab, C. & Schwer, R. K. (2003) The short- and long-term impact of the Asian financial crisisi on Las Vegas Strip baccarat revenues. *International Journal of Hospitality Management*, 22(1):37～45.

388. Ready, K. J. and Dobie, K. (2003) Real and Perceived Terrorist Threats: Effects of September 11, 2001 Events on the U. S. Motorcoach-Based Tourism Industry. *Journal of Travel & Tourism Marketing*, 15(4).

389. Reason, J. (1990) *Human Error*. Cambridge: Cambridge University

Press.

390. Rene Thom. (1989) *Structural Stability and Morphogenesisi*. trans. D. H. Fowler. Mass: Addison-Wesley, 12～100.

391. Rich, D. Z. (1997) *Crisis Theory*. London: Praeger.

392. Richardson, B. (1994) Crisis management and the management strategy: Time to "loop the loop". *Disaster Prevention and Management*, 3(3): 59～80.

393. Richardson, W. (1993a) Why we probably will not Save Mankind: A Natural Configuration of Crisis-proneness. *Disaster Prevention and Management*, 2(4): 32～59.

394. Richardson, W. (1993b) Identifying the Cultural Causes of Disasters: An analysis of the Hillsborough Football Stadium Disaster. *Journal of Contingencies and Crisis Management*, 1(1): 27～35.

395. Richter, L. K. (1999) After political turmoil: The lessons of rebuilding tourism in three Asian countries. *Journal of Travel Research*, 38(1): 41～45.

396. Richter, L. K. (2003) International Tourism and its Global Public Health Consequences. *Journal of Travel Research*, (May 2003): 340～347.

397. Richter, L. K. and Waugh Jr., W. L. (1986) Terrorism and tourism as logical companions. *Tourism Management*, 7(4): 230～238.

398. Richter, L. K. and William, L. R. (1999) Ethics challenges: Health, safety and accessibility in international travel and tourism. *Public Personnal Management*, 28(4): 605～615.

399. Richter, L. K. (1983) Tourism politics science: A case of not so being neglect. *Annals of Tourism Research*, 10: 313～335.

400. Rigby D. (2001) Moving upward in a downturn. *Harvard Business Review*, 79(6): 98～106.

401. Roman. R. A. (2001) *Harvard Business Review on Crisis Management*. Harward Business College Press, 1.

402. Rosenthal, U., and Pijnenburg B. (1991) *Crisis Management and Decision Making: Simulation Oriented Scenarios*. Boston: Kluwer Academic Publishers.

403. Rosenthal, U., Charles M. T. (1989) The World of Crises and Crisis Management. In Rosenthal U, Charles M. T., ed. *Coping with crises: The Management of Disasters, Riots and Terrorism*. Springfield: Charles C. Thomas.

404. Rosenthal, U. and Kouzmin, A. (1993) Gloobalizing an agenda for contingencies and crisis management: an editorial statement. *Journal of Contingen-*

cies and Crisis Management, 1(1): 1～12.

405. Ryan C. (1991) Tourism, Terrorism and Violence: The risks of wider World travel. *The Study of Conflict and Terrorism*, September.

406. Ryan C. and Kinder R. (1996) The deviant tourist and the crimogenic place —the case of and the New Zealand prostitute. In Pizam, A. and Mansfeld, Y. (eds.) *Tourism, Crime and International Security Issues*, John Willey & Sons, 23～36.

407. Ryan, C. (1991) *Recreation Tourism—A social science perspective*. Routledge.

408. Ryan, C. (1993) Tourism and crime: A intrinsic or accidental relationship? *Tourism Management*, 14(3): 173～183.

409. Ryan, C. (2003). *Recreation Tourism: Demand and Impact*. Channel View Publications.

410. Salah Wahab. (1996) Tourism and Terrorism: Synthesis of the problem with emphasis on Egypt. In Pizam, A. and Mansfeld, Y. (eds.)(1996) *Tourism, Crime and International Security Issues*. John Willey & Sons, 175～186.

411. Santana, G. (2001) Global safety and national security. In Wahab, S. & Cooper, V. (eds.) *Tourism in the age of globalization*. London: Routledge, 213～141.

412. Santana, G. (2003) Crisis management and tourism: Beyond the Rhetoric. *Journal of Travel & Tourism Marketing*, 15(4): 299～322.

413. Santana, G. (1995). Crisis management and the hospitality industry. In *Security and Risks in Travel and Tourism*. Proceedings of the International Conference at Mid Sweden University, 148～167.

414. Savage, L. J. (1954) *The Foundations of Statistics*. New York: Dover.

415. Schiebler S. A, Crotts J. C., and Hollinger R. C. (1996) Florida's tourists' vulnerability to crime. In Pizam A. and Mansfeld, Y (eds.) (1996) *Tourism, Crime and International Security Issues*. John Willey & Sons, 37～50.

416. Schumpeter, J. (1942) *Capitalism, and Democracy*. New York: Harper & Row, 132.

417. Senge, P. M. (1996) The Leader's New Work. Building learning organizations . In Starkey, K. (ed.) *How organizations Learn*. London: International Thomson Business Press, 288～315.

418. Sethi S. P. (1987) In human errors and industrial crises. *Columbia Journal of World Business*, Spring, 101～110.

419. Sethi S. P., Etermad and Luther K. A. N. New socialpolitical forces: the globalization of conflict, The Journal of Business Strategy:24～31.

420. Shane K. (2003) NY's OEM to issue crisis access cards for street firms. *Securities Industry News*,6/2/2003,15(22):11.

421. Sharpley, R. and Craven, B. (2001) The 2001 foot and outh crisis—Rural economy and tourism policy implication: A comment. *Current Issues in Tourism*,6(4):527～537.

422. Sheaffer, Z., Richardsn, B. and Rosenblatt, Z. (1998) Early-warning signals management: A lesson from Baring's crisis. *Journal of Contingencies and Crisis Management*,6(1):1～22.

423. Shrivastava, P. (1992) *Bhopal-Anatomy of a crisis*. 2nd Edition. London: Paul Chanman Publishing Ltd.

424. Shrivastava, P., Mitroff, I. I., Miller, D. and Miglani, A. (1988) Understanding Industrial Crises. *Journal of Management Studies*,25(4):283～303.

425. Sikich W. W. (2003) Integrated Business Continuity: Maintaining Resilience in Uncertain Times, PennWell.

426. Silver D. A. (2000) Interactive Week,10/30/2000, Vol. 7, Issue 44: 112.

427. Singapore Tourism Board. (1997a) 1996 *Annual Report on Tourism Statistics*. Singapore: Singapore Tourist Promotion Board.

428. Singapore Tourism Board. (1997b) *Performance of the Tourism Sector*. Singapore: Singapore Tourist Promotion Board.

429. Singapore Tourism Board. (1998) *Performance of the Tourism Sector*. Singapore: Singapore Tourism Board.

430. Siomkos, G. J. (2000) Managing airline disasters: The role of consumer safety perceptions and sense-making. *Journal of Air Transport management*,6(2):101～108.

431. Siomkos, G. J. (2000) Managing airline disasters: The role of consumer safety perceptions and sense-making. *Journal of Air Transport management*,6(2):101～108.

432. Sirivedhin, T. and Watengese, T. (1998) *Common Threads in Regional Banking System Distress*. The Economic Development Institute of the world Bank, Presented at the World Bank Seminar on Global Lessons in Banking Crisis Resolution for East Asia, Singapore, May 12～13.

433. Small Business Development Center,1995(3):3～8.

434. Smith Travel Research. (2002) Data disseminated by the company at a seminar sponsored by the Charleston Metro Chamber of Commerce Travel Council, June, Charleston, SC.

435. Smith V. L. (1996) War and its tourist attractions. In Pizam A. and Mansfeld, Y. (eds.) *Tourism, Crime and International Security Issues*. John Willey & Sons,247～264.

436. Smith, D. (1990) Beyond Contingency Planning: Towards a Model of Crisis Management. *Industrial Crisis Quarterly*,4(4):263～275.

437. Smith, D. (1993) Crisis Management in the Public sector: Lessons from the Prison Service. In Wilson, J. and Hinton, P. (eds.) *Public Service and the 1990's: Issues in public Service Finance and Management*. London: Tudor Press, 141～170.

438. Smith, V. L. (1996) War and its tourist Attractions. In Pizam, A. and Mansfeld, Y. (eds.) (1996) *Tourism, Crime and International Security Issues*. John Willey & Sons,247～264.

439. Smith, V. (1998) War and tourism. *Annals of Tourism Research*, 25 (1):202～227.

440. Somez, S. F. and Graefe, A. R. (1998a) Influences of terrorism risk on foreign tourism decision. *Annals of Tourism Research*,25(1):112～144.

441. Somez, S. F. and Graefe, A. R. (1998b) Determining Future Travel Behavior from Past Travel Experience and Perceptions of risk and safety. *Journal of Travel Research*,37(2):171～176.

442. Sonmez, S. F., Apostolopoulos, Y., & Tarlow, P. (1999) Tourism in crisis: Managing the effects of terrorism. *Journal of Travel Research*,38(1):13～18.

443. Sonmez, S. F., Bachmann, S. J. and Alien, L. R. (1994) *Managing Crises*. Clemson University.

444. Stafferd,G., Yu, L. and Kobina Armoo, A. (2002) Crisis management and recovery: Hhow Washington, D. C. hotels responded to terrorism. *The Cornell Hotel and Restaurant Administration Quarterly*,43:27～40.

445. Stallings, R. A., Schepart C. B. (1990) Contrasting local government responses to a Tornado Disaster in two communities. In R. T. Sylves, W. L. Waugh. (eds.) *Cities and Disaster: North American Studies in Emergency Management*.

446. Starbuck, W. H. and Milliken, F. J. (1998) Challenger: Fine-turning the odds until something breaks. *Journal of Management Studies*, 25(4):319～330.

447. Statistics Canada, CANSIM, Table 427—0001.

448. Staw, B., Scandelands, L. and Dutton, P. (1981) Threat rigidity effects in organizational behavior: A multilevel analysis. *Administrative Science Quarterly*, 26:501～524.

449. STB, (2002a) Singapore committed to safety for visitors. Singapore Tourism Board website. http://www.stb.com.sg, accessed 11November 2002. Singapore Tourism Board Press Release, 5 November.

450. STB. (2002b) Visit kits to boost ASEAN arrivals to Singapore.

451. Stead, E. and Smallman, C. (1999) Understanding Business Failure: Learning and Un-learning lessons from Industrial Crises. *Journal of Contingencies and Crisis Management*, 7(1):1～18.

452. Stiglitz, J. (2003) Globalization and the economic role of the state in the new millennium. *Industrial and Corporate Change*, 12(1):3～26.

453. Strozniak, P. (2001) Learn to spot early-warning signs, Industry Week/IW, 02/12/2001, 250(2), 11～12.

454. Tarlow P. E. and Muehsam, M. (1996) Theoretical aspects of crime as they impact the tourism industry. In Pizam A. and Mansfeld, Y. (eds.) (1996) *Tourism, crime and International Security Issues*. John willey & Sons, 11～22.

455. Tarlow, P. and Muehsam, M. (1996) Theoretical aspect of crime as they impact the tourism industry. In Pizam, A. and Mansfeld, Y. (eds.) (1996) *Tourism, Crime and International Security Issues*. John Willey & Sons, 11～22.

456. Tarlow, P. E. (2000) Creating safe and secure communities in economically challenging times. *Tourism Economics*, 6(2).

457. Tarlow, P. E. (2002) *Event Risk Management and Safety*. John Wiley & Sons.

458. Tedelis, S. (1998) What's in a Name? Reputation as a tradable asset, Stanford University, working paper.

459. Thayer, W. (1998) An inside look at the scary world of food safety scares. *Frozen Food Age*, April, 46(9):1～3

460. The Conference Board, A MERICA. ORG, 2004 Domestic Outlook for Travel & Tourism.

461. The School of Hospitality Business, Predicting Future Events and their

impact on the U. S. Lodging Industry 2007 and 2027. *International Hotel/Motel and Restaurant Show* — 2003, November 10, 2003. Michigan State University, New York City.

462. The Straits Times. (1998a) Haze Cost Singapore at least $104m, say environmentalists, February 12.

463. The Straits Times. (1998b) Haze set to cripple tourism, March 23.

464. The Sydney Morning Herald. (1997) No fast fix for Asian, 24 November.

465. Toft, B. and Reynolds, S. (1997) *Learning from Disasters: a Management Approach* (2nd ed.). Leicester, Perpetutity Press LTD.

466. Toft, B. (1990) The Failure of Hindsight, University of Exeter, unpublished PhD Thesis.

467. Tourism Authority of Thailand. (2002) Safety and Security measures by Thai Authorities.

468. TTG TravelHub. Net, (2002a, October 30). Domestic sectors in "solidarity" for Bali tourism, echo@orca. resonance. com. sg.

469. TTG TravelHub. Net, (2002b, November 22). Indonesia adjusts targeted arrivals, echo@orca. resonance. com. sg.

470. Turner, B. and Pidgeon, N. (1997) *Man-made Disasters* (2nd ed.). Oxford: Butterworth Heinemann.

471. Turner, B., Pauchant, T. and Douville, R. (1992) Current research on crisis management: A study of 24 leading scholars. *Industrial and Environmental Crisis Quarterly*, 7(1): 43～66

472. Turner, B. A. (1978) *Man-made Disasters*. London: Wykeham.

473. Turner, B. A. (1976) The organizational and Interorganizational Development of Disaster. *Administrative Quarterly*, 21: 378～397.

474. TWCrossroads. (2002) ETC: U.S. arrivals could be off by up to 15 per cent. accessed via the Internet at http:// twcrossroads.com, 14th August.

475. Ulrich, Beck (1995) *Ecological Polities in an Age of Risk*. Cambridge: Polity.

476. Ulrich, Beck. (1992) *Risk Society: Towards a New Modernity*. London: Sage.

477. Urry, J. (1990) *The Tourist Gaze: Leisure and Travel in Contemporary Sociologies*. London: Sage.

478. Urry, J. (1991) *The Tourist Gaze: Leisure and Travel in Contemporary*

Societies. Newbury Park, CA: Sage.

479. US Department of State. (2002) Travel Warning and Consular Information Sheets. http://www.travel.state.gov. accessed 6 November.

480. Wahab, S. (1996) Tourism and Terrorism: synthesisi of the problem with emphasis on Egypt. In Pizam, A. and Mansfeld, Y. (eds.)(1996) *Tourism, Crime and International Security Issues*. John Willey & Sons, 175～186.

481. Wall, G. (1996) Terrorism and tourism: an overview and an Irish example. In Pizam. A. and Mansfeld, Y. (eds.)(1996) *Tourism, Crime and International Security Issues*. John Willey & Sons, 143～158.

482. Wall, G. and Nuryanti, W. (1997) Marketing challenges facing Indonesian tourism. *Journal of Travel & Tourism Marketing*, 6(1): 69～84.

483. Wall., G. (2004) Recovering from SARS: The Case of the Toronto Tourism. Paper prepared for the International Mediterranean Tourism Market (IMTM).

484. Walster, E., Brscheid, E., and Walster, C. G. W. (1976) New directions in equity research. In Berkowitz (ed.) *Advances in experimental social psychology*. New York: Academic Press, 1～42.

485. Weber, M. (1947) *The Throry of Social and Economic Organizations*. (A. M. Henderson and T. Parsons, trans.) New York, NY: Free Press.

486. Wilkinson, P. (1993) Policy Study of Traveler Safety—Confidential Report for the World Trade & Tourism Council.

487. Woodside, A. & Lyonski, S. A. (1990) General model of travel destination choice. *Annals of Tourism Research*, 17: 432～448.

488. Woodside, A. and Lyonski, S. A. (1990) General model of traveler destination choice. *Annals of Tourism Research*, 17: 432～448.

489. World Bank, (2002) Vulnerabilities of Bali's tourism economy: A Preliminary Assessment. Informal World Bank Staff Paper, Retrieved June 20, 2003, from: Inweb 18. worldbank.org

490. World Bank. (2003) Confronting crisis: impacts and responses to Bali Tragedy. Retrieved June 20, 2003. from: www.balisos.com/pages/CGI/BaliUpdated—Jan—21—2003.pdf.

491. World Bank. (1998) Korean Reforms Boosted with Future US $ 2 Billion in World Bank Aid, The World Bank Group, New Release Number 99/1977/EAP, October 22.

492. World Tourism Organization. (1992) *Global Tourism: Forecasts to the*

Year 2000. Geneva：World Tourism Organization.

493. World Tourism Organization.（1998）WTO News：March-April 1998. Spain：World Tourism Organization.

494. World Trade Organization，TOURISM SERVICES，S/C/W/51，23 September 1998

495. Wright R.（2003）Don't be caught by surprise，Commercial Property News，5/16/2003，17(10)，p32～33.

496. WTO（Visa Asia Pacific）.（2005）The Post-Tsunami Global Travel Intentions Research. www.world-tourism.org. Accessed March 15，2005.

497. WTO.（1997）World Health，January-February 1997，4.

498. WTO.（1990）Classification of Tourism-Related Services，dated 23 October，MTN.GNS/TOUR/W/1/Rev.

499. WTO.（1991）Special report on the impact of the Golf crisis on international tourism.

500. WTO.（1993）Sustainable Tourism Development.

501. WTO.（1994a）Marketing plans & strategies of national Tourism Administrations.

502. WTO.（1994b）Document SEC/2/94/BM.

503. WTO.（1996）*Tourist safety and security*：*Practical measures for destinations*. Madrid：World Tourism Organization.

504. WTO.（1997a）Tourism Safety and Security.

505. WTO.（1997b）News，May 1997，1.

506. WTO.（1998a）Tourism—2020 Vision.

507. WTO.（1998b）Handbook on Natural Disaster Reduction in Tourist Areas. Madrid：World Tourism Organization.

508. WTO.（2002a）Tourism after 11 September 2001：Analysis，remedial actions and prospects. Madrid：World Tourism Organization.

509. WTO.（2002b）Tourism between 'moderate optimism' and 'structural changes'，WTO Recovery Committee says，WTO News Release，19 November.

510. WTO.（2002）The Impact of the September 11th Attacks on Tourism：The Light at the End of the Tunnel. Madrid：World Tourism Organization.

511. WTO.（2003a）Crisis Guidelines for the tourism Industry. www.world-tourism.org. accessed on July 7，2003.

512. WTO.（2003b）Tourism Statistics. www.world-tourism.org.

513. WTO.（2005）Press release，www.world-tourism.org. accessed on

January 13,2005.

514. WTO. Statement by Francesco Frangialli, Secretary-General of the World Tourism Organization, at the Third meeting of the Tourism Recovery Committee, (London, U. K., 12 November 2002WWW.)

515. WTO. (2005) WTO update shows high overall confidence in post tsunami recovery, www. world-tourism. org. Accessed on March 10.

516. WTTC. (2004) WWW. WTTC. org

517. www. ahla. org

518. www. ihra. org

519. Young, W. B. & Montgomery, R. J. (1998) Crisis management and its impact on destination marketing: A guide to convention and visitors Bureaus. *Journal of Convention and Exhibition Management*.

520. Zhang Wen, Gu Huimin & R. R. Kavanaugh, The Impact of SARS on Tourist Behavior in China. In Kaye Chon, Cathy Hsu & Nobuyuki Okamoto(eds.) *Globalization and Tourism Research: east meets west*. Asia Pacific Tourism Association Tenth Annual Conference, Conference proceedings, 4～7 July, 2004 Nagasaki, Japan, 868～881.

附录1 《SARS对中国旅游消费行为影响研究》调查问卷1

尊敬的女士/先生：

SARS对我国旅游业带来了一定的影响。为了准确客观地反映这一现状，北京第二外国语学院旅游管理学院《SARS后的中国旅游业》课题组组织了本次调研，希望得到您的支持。请在各题中您认为合适的项上打“√”。谢谢您的真诚合作。

北京第二外国语大学旅游管理学院

2003年6月

	完全同意	比较同意	不置可否	不太同意	完全不同意
1. SARS对我的正常工作和生活造成了很大影响。	5	4	3	2	1
2. SARS对我的生活态度和方式将产生很大影响。	5	4	3	2	1
3. SARS时期，我的商务及公务旅游完全取消。	5	4	3	2	1
4. SARS时期，我的外出休闲旅游活动完全取消。	5	4	3	2	1
5. 由于发生SARS，我认为在中国旅游是不安全的。	5	4	3	2	1
6. 今后12个月内，我将大幅度减少我的旅游计划。	5	4	3	2	1
7. SARS过后，我更愿意避免到拥挤的大城市去旅游。	5	4	3	2	1
8. SARS过后，我对参加户外及生态性旅游的兴趣大大增加。	5	4	3	2	1
9. SARS过后，我对旅游景区景点的卫生及安全性更加关注。	5	4	3	2	1
10. SARS过后，我会缩短外出旅游逗留时间。	5	4	3	2	1
11. 在选择旅游目的时，我会避开曾经是SARS疫情严重的地区。	5	4	3	2	1
12. SARS过后，我更愿意选择在本市及近郊旅游。	5	4	3	2	1
13. SARS过后，我参加团队旅游的可能性会减少。	5	4	3	2	1
14. SARS过后，我更愿意与家人及亲友一道旅游。	5	4	3	2	1
15. 我对公共娱乐场所卫生状况更加关心。	5	4	3	2	1
16. 我对出行乘坐交通工具的环境状况更加关心。	5	4	3	2	1
17. 如今旅游时，我对同行者健康情况更加关心。	5	4	3	2	1
18. SARS过后，我更愿意选择入住高质量的星级饭店。	5	4	3	2	1
19. SARS过后，我对下塌饭店的卫生及安全性更加关注了。	5	4	3	2	1
20. 在旅游就餐方式上，我更愿意选择实行分餐制。	5	4	3	2	1

21. 我今后将拒绝食用野味。 5 4 3 2 1

22. 我购买旅游生活用品时，对其卫生及安全性更加关注。 5 4 3 2 1

23. 我的性别：A)男 B)女

24. 我的年龄：A)18 岁以下 B)19～35 岁 C)36～55 岁 D)55 岁以上

25. 我的学历：A)小学 B)初中 C)高中 D)大学或以上

26. 我的职业：A)外资企业高级管理人员 B)国企高级管理人员 C)公司职员 D)民营及私营企业家 E)党政干部及公务员 F)工人 G)农民 H)军人 I)学生 J)离退休人员 K)教师 L)其他

27. 我的年收入：A)无收入 B)6000 元以下 C)6000～12000 元 D)12000～24000 元 E)24000 元及以上

28. 我来自：A)北京市 B)外地 C)海外

注：如果您对我们的结果感兴趣，请留下您的通讯方式，我们将非常高兴与您分享这一研究成果。

联系方式：________________________

对您的合作我们再次表示感谢！

附录2 《SARS对中国旅游消费行为影响研究》调查问卷2

尊敬的女士/先生：

SARS对我国旅游业带来了一定的影响。为了准确客观地反映这一现状，北京第二外国语学院旅游管理学院《SARS后的中国旅游业》课题组组织了本次调研，希望得到您的支持。请在各题中您认为合适的项上打"√"。谢谢您的真诚合作。

北京第二外国语学院旅游管理学院

2004年9月

	完全同意	比较同意	不置可否	不太同意	完全不同意
1. 我对SARS事件非常了解。	5	4	3	2	1
2. SARS时期，我的正常工作和生活受到了很大影响。	5	4	3	2	1
3. SARS时期，我的商务及公务旅游完全取消 。	5	4	3	2	1
4. SARS时期，我的外出休闲旅游活动完全取消。	5	4	3	2	1
5. SARS对我后来的生活态度和方式产生了很大影响。	5	4	3	2	1
6. SARS过后，我大幅度减少了我的外出旅游活动。	5	4	3	2	1
7. SARS过后，我更多选择参加户外及生态性旅游。	5	4	3	2	1
8. SARS过后，我缩短了外出旅游逗留时间。	5	4	3	2	1
9. 在选择旅游目的地时，我尽量避开曾经是SARS疫情严重的地区。	5	4	3	2	1
10. SARS过后，我减少了参加团队旅游的次数。	5	4	3	2	1
11. SARS过后，我更愿意与家人及亲友一道旅游。	5	4	3	2	1
12. SARS过后，我对旅游卫生及安全更加关注。	5	4	3	2	1
13. 我对中国旅游目的地非常了解。	5	4	3	2	1
14. 我经常在国内旅游。	5	4	3	2	1
15. 由于发生SARS，我认为在中国旅游是不安全的。	5	4	3	2	1
16. 我认为中国政府在SARS发生后采取的积极措施有助于其旅游形象的恢复。	5	4	3	2	1
17. 我认为新闻媒体宣传对于旅游者信心的恢复非常有效。	5	4	3	2	1
18. 我认为旅游企业采取的宣传促销措施对于旅游者信心的恢复非常有效。	5	4	3	2	1
19. 我认为旅游企业采取的降价措施对于刺激旅游需求非常有效。	5	4	3	2	1

20. 我认为在危机发生时，政府及企业提供的信息越透明，越有助于消除旅游者的不安全感。 5 4 3 2 1

21. 我的性别： A)男 B)女

22. 我的年龄： A)18 岁以下 B)18～35 岁 C)36～55 岁 D)55 岁以上

23. 我的学历： A)小学及以下 B)中学 C)大学及以上

24. 我的年收入： A) 无收入 B)6000 元以下 C)6001～12000 元 D)12001～24000 元 E)24000 元以上

25. 我来自： A)北京市 B)外省市 C)海外(请注明国家或地区)

注：如果您对我们的结果感兴趣，请留下您的通讯方式，我们将非常高兴与您分享这一研究成果。

您的联系方式：________________________________

对您的合作我们再次表示感谢！

附录 3 《SARS 对中国旅游企业的影响研究》调查问卷

尊敬的女士/先生：

以 SARS 为代表的突发性危机事件对我国旅游业带来了一定的影响。为了准确客观地反映这一现状，揭示我国旅游业面对危机的态度及采取的对策，同时为我国建立旅游产业危机管理体系提供决策依据，由北京第二外国语学院旅游管理学院承担的北京市哲学社会科学暨北京市教委《突发性事件影响与旅游产业应急机制研究》课题组组织了本次调研，希望得到您的支持。请在下列各项中您认为合适的项上打"√"。谢谢您的真诚合作。

北京第二外国语学院旅游管理学院

2004 年

	完全同意	同意	不置可否	不同意	完全不同意
1. SARS 使企业收入和利润大幅下降。	5	4	3	2	1
2. SARS 使企业的国际客人大幅下降。	5	4	3	2	1
3. SARS 使企业的国内客人大幅下降。	5	4	3	2	1
4. SARS 使企业的本地客人大幅下降。	5	4	3	2	1
5. SARS 对本地旅游安全形象造成了很大负面影响。	5	4	3	2	1
6. 我认为 SARS 期间，政府采取的减免税收政策对企业应对危机非常有效。	5	4	3	2	1
7. 我认为 SARS 期间，政府采取的财政补贴政策对企业应对危机非常有效。	5	4	3	2	1
8. 我认为 SARS 期间，政府采取的其他降低企业负担政策对企业应对危机非常有效。	5	4	3	2	1
9. 我认为 SARS 期间，政府开展了卓有成效的旅游市场营销工作，有利于市场恢复。	5	4	3	2	1
10. 我认为 SARS 期间，政府对危机的信息披露及媒体宣传非常有效。	5	4	3	2	1
11. 我认为 SARS 期间，政府与企业进行了很好的合作来应对危机。	5	4	3	2	1
12. 发生 SARS 前，本企业建立了完整的危机应急与管理体系。	5	4	3	2	1
13. 发生 SARS 前，本企业具有相应的危机应急与管理组织机构和人员。	5	4	3	2	1

14. 发生 SARS 前，本企业对全体员工开展了相应的危机应急与管理培训。	5	4	3	2	1
15. SARS 过后，本地旅游市场得到了迅速恢复。	5	4	3	2	1
16. SARS 过后，企业主要通过降价来恢复市场。	5	4	3	2	1
17. SARS 过后，企业主要通过广告宣传来恢复市场。	5	4	3	2	1
18. SARS 过后，企业主要通过降低成本来保持企业运营。	5	4	3	2	1
19. SARS 过后，企业主要通过开发新产品来保持企业运营。	5	4	3	2	1
20. SARS 过后，企业主要通过开发新市场来保持企业运营。	5	4	3	2	1
21. SARS 过后，企业主要通过转产或与其他企业合并来保持企业运营。	5	4	3	2	1
22. SARS 过后，国家建立了相应的旅游危机应急机制。	5	4	3	2	1
23. SARS 过后，地方政府建立了相应的旅游危机应急机制。	5	4	3	2	1
24. SARS 过后，企业建立了相应的旅游危机应急机制。	5	4	3	2	1
25. 我认为未来旅游突发性危机将越来越频繁地发生。	5	4	3	2	1
26. 我认为政府和企业建立旅游危机应急与管理体系非常必要。	5	4	3	2	1

27. 我对旅游市场及企业经营前景充满信心。

28. 本企业类型： A)独立饭店 B)国内集团饭店 C)国际集团管理饭店 D)旅行社 E)旅游景点 F)航空公司 G)其他

29. 本企业规模： A)大型企业 B)中型企业 C)小型企业

30. 本企业所在地：A)SARS 严重疫区 B)一般疫区 C)非疫区

31. 我的职务： A)高级管理人员 B)中层管理人员 C)一般管理人员

注：如果您对我们的结果感兴趣，请与北京第二外语学院旅游管理学院谷慧敏教授联系（010－65778454，bjguhuimin@sina.com），或留下您的通讯方式，我们将非常高兴与您分享这一研究成果。

您的联系方式：________________________

对您的合作我们再次表示感谢！

鸣　谢

2003年年初发生的SARS危机对我国产生了巨大冲击，旅游业在这场灾难中经历了全面停顿和灾后复苏。此时距离东南亚金融危机刚刚5年，离"9·11"事件仅仅不到两年时间。作为从事旅游业教学与科研的理论工作者，一个问题始终困扰着思绪——为什么当突发性危机来临时，旅游业总是经历同样的遭遇。马克·吐温曾说过："人们都在谈论天气，但却无所作为。"难道旅游业面对突发性危机就像人们面对天气一样无能为力吗？对这一命题的思索促成了本书的诞生。

在随后的日子里，我开始了由感性评判到理性思考的探索过程。从国内外理论文献的梳理到现实实践的调查，从"上天"到"入地"，研究的天地越来越开阔，对现象的感知也越来越清晰。当我们欣喜地看到我国旅游业终于从SARS阴影中走出来的时候，当我们看到面对印度洋海啸危机国际社会更加成熟地应对时，我深知对于这一问题的研究决不意味着终结，恰恰相反，它才刚刚开始。

在即将结束本书写作之际，我难以抑制内心的忐忑不安和感激。我的忐忑不安来自于我希望自己的心血能够如最初设计的研究目的那样能够对我国乃至世界旅游业健康及可持续发展有所贡献，这需要时间和实践来检验；我的感激之情来自于有太多的人给予我鼓励和支持，他们的名字我无法一一列举。

首先，我要感谢我的恩师卢东斌教授——我人生和学术生涯的"扳机"，在我学习期间给予的鼓励、教导和鞭策。三年来，卢教授谦恭、勤勉、严谨的治学态度，睿智的学术风格和思维敏捷性启发我进行研究的思想，他的渊博知识和对未知世界永不止步的探索精神赋予我求知的动力和标杆，他的循循善导和言简意赅的讲解为我开启了知识的大门，他对于改造现实的责任感和参与实践的能力引导我摒弃象牙塔式的被动学习，他对于事物的前瞻预见能力、对复杂现象的把握及整合能力、对发展趋势的高度敏感性帮助我造就成功的职业素质。没有卢教授的言传身教和付出的大量时间、精力和爱心，我的学术研究不可能达到现有的水平。

在此，我也要感谢所有为我们授课的中国人民大学的教师。他们在教给我们知识的同时，还赋予我们思考和研究问题的方法，同时还展示着他们的奉献和敬业精神，这是我们在获得学位之外更为宝贵的精神财富。我也要感谢中国人民大学的邓荣霖教授、国家行政学院的周绍朋教授、北京大学杨开忠教授对本书选题、研究思路、研究方法等方面给予的宝贵建议。他们的渊博学识和精辟见解为我的探索开辟了捷径。

感谢我所工作的单位——北京第二外国语学院的领导和同事，杜江校长、段建国书记、王志佑教授、陈维雅教授、魏翔老师、张凌云教授、吴承忠教授、刘大可教授、吕勤教授、秦宇老师、马爱萍教授、王一民主任、韩玫丽教授、郭强老师、邵德阳老师等，他们为我的学习和研究给予了各种支持和激励，使我的研究课题得到北京市哲学社会科学规划项目资金资助，从而使这一浩大的工程得以顺利完成。

由于我国对危机管理的研究刚刚起步，各种资料还很欠缺。尤其在国外文献和实践方面资料十分匮乏。为了尽可能使本研究保持理论前沿，需要检索国际最新研究成果。在此，我要感谢所有给予我帮助的机构和人员。美国休斯顿大学给予我开展研究的高级访问学者机会，使我得以使用其图书馆和学术期刊网络进行资料查询，John Bowen 教授、De Franco 教授等给予了大力支持，使我在半年的访学期间得以实现预期目标；美国乔治华盛顿大学 Lurry Yu 教授、美国普渡大学 Rapheal Kavanaugh 教授、加拿大滑铁卢大学 Geffrey Wall 教授、德国 Karlsruhe University of Applied Sciences 大学 Gerd Schwandner 教授、美国普渡大学 Liping Cai 教授和 Alastaire Morrison 教授、澳大利亚维多利亚 Lindsay Turner 教授、Brian King 教授、Nada Kulen 教授、澳大利亚南十字大学的 Dick Braithwaite 教授对本书的选题、研究思路提供了许多建设性的意见，并通过电子邮件和邮寄方式提供了大量国内难以查到的文献资料。

此外，在国内调研中，首都旅游集团副总裁张润钢先生、国家旅游局匡林处长、窦群处长、贺静处长、李泽华先生、厦门悦华饭店总经理许慕涵先生、天津泰达集团酒店管理公司 CEO 高天明先生等提供了大量一手的资料，并就研究思路等提出了有益的建议，他们的思想促使我的研究能够全面考虑中国的现实需要。

本书的写作采用了实证研究方法，需要进行大量艰苦细致的实地调查研究、统计数据的收集、调查数据的输入和处理，还有浩如烟海的文献整理等工作。中国旅游饭店协会蒋齐康副会长、马伟萍女士和赵小川先生帮助进行了最为困难的针对旅游企业的问卷调查，保证了实证研究的成果。我的硕士研究生杨会娟、郑转玲、滑欣、俞聪、张阿琴、杨国丽、王淑芳、王雪、孙怡、邹兆莎、陈慧萍、田春霞等同学帮助我完成了本课题针对旅游者的现场调查、数据统计和部分文献收集整理工作，在这一过程中，我们相互学习和鼓励，没有他们的努力和奉献，本次研究难以以现有面貌呈现在读者面前。

我还要感谢每一位关心我、帮助过我的中国人民大学的同学们，是他们让我在学习的同时，体会到交流的价值和生活的乐趣。

最后，也是最重要的，我要感谢我的丈夫刘忠——我生命中最重要的“转折点”，还有我的女儿刘珠怡——我快乐的源泉和向上的动力，他们在我学习的三年时间里给予我精神上的支持、关怀、理解和宽容，以及无数默默无闻的帮助和奉献，他们是我生命中最珍贵的财富。

对一切给予我关怀和帮助的人们，我心存感恩。谨以此书献给他们。

谷慧敏

2007 年 1 月